KB042401

제2판

피해자학

이윤호

Victimology

박영사

2007년 본서가 처음 출간됐을 당시만 해도 "피해자학(victimology)"은 워드 프로세스인 한글 프로그램의 맞춤법에 맞지 않는 단어로 표기될 정도로 낯선 용어였다. 또, 당시 피해자학에 대한 국내의 학문적 관심은 주로 형사사법 절차상 피해자의 권리보장 및 제도적 보호와 관련된 규범학적 관점이 절대다수였고, 사회과학 내지 범죄학 관점에서의 피해자학은 상대적으로 소외된 것도 사실이다. 하지만, 2020년 지금을 생각해보면, 피해자에 대한 사회적·학술적 관심과 제도적 성취는 괄목할 만한 성장을 이루었다고 본다.

2005년 「범죄피해자구조법」이 「범죄피해자보호법」으로 전면 개정되었고, 2010년에는 「범죄피해자보호기금법」이 제정됨에 따라 국내의 범죄피해자에 대한 보호 및 지원은 더욱 촘촘해졌다. 검찰의 범죄피해자 보호제도는 법 제정 초기보다 더욱 다양해졌고, 2015년 경찰은 피해자보호의 원년을 선포하고 피해자 전담경찰관을 전국에 배치하였다. 또, 한국피해자지원협회(KOVA)나 범죄피해자지원센터(KCVC)와 같은 민간의 활동 역시 왕성하게 이루어지고 있다.

그 사이 피해자학에 대한 국내의 다양한 저술도 이루어졌다. 대학의 교재는 물론 범죄피해자 심리상담 지원을 하고자 하는 민간자원봉사자를 위한 교육 목적의 교재들도 다수 발간되었다. 본서의 초판에서는 피해자학에 대한 사회과학적 관점의 연구성과물을 정리하여 제시하고, 피해자학과 관련한 다양한 이슈들을 소개하는 데 집중하였던 점에서 다소 차이가 있다. 개정판 역시 그러한 관점은 유지하고자 하였다.

다만, 교재의 내용이 학부학생이 혼자서 학습하기에는 다소 어렵다는 평이 있었다. 이에 개정판에서는 최대한 쉬운 표현으로 내용을 전달하고자 하였다. 또, 15주로 진행되는 대학 강의 실정에 맞게 14개의 장으로 내용을 보완하였다. 1장부터 4장까지는 피해자학의 개념과 유형, 연구방법, 관련 이론으로 구성하였고, 5장부터 8장까지는 피해자와 가해자의 책임공유와 범죄피해 과정의 역동성, 그리고 그 결과와 영향에 대해 다루고 있다. 또, 9장부터 13장까지는 형사사법과 피해자학, 피해자, 피해자의 권리, 지원과 옹호, 범죄피해 예방 및 예측 등 형사정책과 관련된 내용을 구성하였고, 마지막으로 14장에서는 피해자학의 나아갈 방향에 대해 구분하여 정리하였다.

초판 발간 이후 정말 오랜만의 개정판임에도 불구하고 대학교재에 적합한 분량과 내용구성에 집중하는 것을 최우선의 과제로 삼았기에 미진하다고 생각되는 부분들이 여전히 남아있다. 최근 국내에서 활발하게 나타나고 있는 회복적 사법과 관련한 시민단체의 활동이나 특별한 유형의 범죄피해, 범죄피해자의 심리 등이 그것이다. 이러한 아쉬움은 또 다른 여백으로 남겨두고 추후 지속적인 자료축적과 연구로 보완할 것을 약속하고자 한다. 모쪼록 본서가 피해자학을 공부하는 후학들에게 작은 도움이나마 되기를 바라는 마음이다.

2020년 2월
목멱산 기슭 연구실에서
이 윤 호

　　냉전의 종식과 더불어, 범죄와 범죄에 대한 두려움이 심각한 사회문제의 하나로 각종 여론조사에서 나타나고 있다. 그만큼 시민들의 안전에 대한 욕구도 높아지게 되고 범죄로부터의 안전이 곧 우리의 삶의 질의 지표로서 등장하기에 이르렀다. 이러한 견지에서 형사사법기관을 중심으로 가능한 자원과 노력을 총동원하여 범죄문제에 대처해 왔다. 그러나 지금까지의 각종 형사정책은 안타깝게도 범죄자를 검거하고 기소하며, 재판하고 교정하는 형사사법절차를 중심으로 하는 가해자 정책에 초점을 맞추었을 뿐, 피해자의 보호와 배려와 같은 피해자 정책에는 큰 관심을 두지 못하였던 것이 사실이다.

　　뿐만 아니라 학문적으로도 어쩔 수 없이 지금까지의 전통적 범죄학이나 형사정책은 누가, 어떤 범죄를, 무슨 이유와 동기에서, 어느 정도 행하고 있으며, 이들 범죄자들에게 무엇을 어떻게 할 것이며, 그러한 범죄를 예방하기 위해서는 또 무엇을 어떻게 할 것인가를 중심으로 하는 소위 '가해자 중심(Offender-centered)' 또는 '가해자 지향(Offender-oriented)'의 편향적 접근이 주류를 이루어 왔다.

　　결국, 형사정책, 형사사법제도, 그리고 범죄학 모두에서 가해자는 있으나 범죄의 다른 한 당사자인 피해자는 존재하지 않게 되어 피해자는 소위 '잊혀진 존재(Forgotten Being)'가 되었고, 그 결과 형사정책과 범죄학도 어쩌면 반쪽의 정책이고 학문이 되고 말았다. 그러나 모름지기 모든 범죄는 가해자가 있으면 피해자도 있게 마련이며, 따라서 범행의 동기나 원인 등 범죄현상의 올바른 이해를 위해서는 가해자와 피해자의 상호작용과 역할의 파악과 분석이 전제되어야 하는 것이다.

　　물론 지금까지 피해자학이 전혀 연구되지 않은 것도 아니며, 피해자학이란 이름의 저술이 전혀 출간되지 않은 것도 아니다. 형사정책에 있어서 피해자와 피해자학의 중요성을 인식함에 따라 적지 않은 피해자학이 저술되었지만 대부분은 규범학자들에 의한 피해자의 권리와 지원과 배려와 같은 법률적, 규범학적 접근에 초점을 맞추고 있어서 피해자학의 이론, 피해자화의 이해, 피해의 측정과 정도, 피해자의 이해, 피해자화의 영향, 피해자와 형사정책의 관계 등 피해자학의 이론적, 학문적으로 중요한 많은 부분들이 논의되지 않거나 논의가 부족한 면이 없지 않았다.

따라서 본서는 기존의 피해자학에서 주로 다루고 있는 피해자의 법률적 권리와 지위, 피해자에 대한 지원과 배려와 같은 제도와 정책도 어느 정도 개관하였으나 기존 출판물에서 결하기 쉬운 다양한 피해자학의 이론적, 학술적 논의를 중심으로 규범학이기보다 사회과학적 접근을 통하여 기술하였다. 종합하자면, 본서는 범죄피해를 사전에 방지하고, 발생한 범죄에 대해서는 그 피해를 최소화하며, 피해를 회복시키고, 피해자의 역할과 책임의 규명은 물론, 피해자의 권익과 지위를 신장시키고, 피해자를 지원하고 배려할 수 있는 형사정책의 모색을 목적으로 하였다.

나름대로의 노력에도 불구하고 저자의 능력과 경륜 및 지식이 일천한 관계로 부족한 부분이 적지 않으리란 걱정도 없지 않지만 감히 용기를 내어 출판을 결정한 것은 피해자학이 저자의 오랜 관심분야이고 중요한 형사정책의 한 분야이면서도 제자리를 찾지 못하고 있다는 아쉬움, 그리고 부족한 부분은 앞으로 지속적으로 보완하겠다는 의지가 크기 때문이다.

끝으로 본서는 많은 사람들의 도움으로 출판이 가능했기에 지면으로나마 먼저 고마움을 전하고 싶다. 졸고임에도 출판을 맡아준 박영사, 원고를 정리해 준 저자의 오랜 제자이자 이제는 학문의 동반자가 된 원주 한라대학교 경찰행정학과의 남재성 교수, 저자의 연구실 조교로서 수차에 걸친 교정을 맡아 준 동국대학교 대학원 경찰행정학과 박사과정의 김순석, 김대권 군을 비롯한 대학원의 류채형, 박보라 양 그리고 멀리 있으나 가까이 있으나 존재 그 자체만으로도 항상 큰 힘이 되어 준 아내와 두 아들 모두에게 진심으로 감사하는 바이다.

2007년 6월 이른 여름
목멱산 기슭 연구실에서
이 윤 호

Contents

Chapter 01
피해자학의 의의

Chapter 02
범죄피해 연구와 측정

Chapter 03
피해자학이론

Chapter 06
피해자와 가해자

Chapter 07
범죄피해의 영향

Chapter 10
형사사법과 피해자

Chapter 11
피해자의 권리와 형사사법

Chapter 12
피해자 지원과 옹호

피해자학의 의의

피해(Victimization)의 개념과 유형

1. 피해의 개념(The Concept of Victimization)

피해의 개념은 매우 복잡하다. 비록 다양한 문헌에서 쓰이고 있지만 '피해'를 규정하거나 설명하려는 시도조차 찾아보기 쉽지 않은 실정이다. 그 결과, 1980년도에 출간된 영국의 'Shorter Oxford English Dictionary'에서도 '피해'라는 뜻의 'Victimization'을 명사로 규정하지 않고 동사인 'Victimize'로 분류하여 '누구에게 고통이나 불편함을 초래하다. 또는 누구를 희생시키다. 무엇을 완전히 파괴하다' 등으로 설명하고 있다. 더구나, 이보다 더 전문화된 1983년판 '범죄학사전 (Dictionary of Criminology)'에서도 피해(Victimization)라는 단어를 찾을 수가 없다.

일반적으로 '피해'라는 단어는 부정적 의미를 함축하고 있다. 어떠한 외부세력이나 개인, 집단, 조직에 의해 원치 않은 일이 발생되었거나, 바람직하지 않은 결과나 부정적 영향의 하나라는 느낌을 갖게 한다. 이는 손상, 해악, 손실, 불편함, 불안전함, 고통의 초래와 일련의 피해 등을 함축하고 있다. 또한 피해자화는 힘과 권한의 불균형이나 불안정을 내포하여, 더 강하고 더 힘 있는 가해자 (victimizer)와 약하고 무력한 피해자(victim)라는 것을 함축하고 있다.[1]

---

[1] E. A. Fattah, *Understanding Criminal Victimization: An Introduction of Theoretical*

따라서 '피해'라는 용어는 어느 일방이 다른 일방을 약탈하는 의미를 함축하고 있다는 것을 알 수 있다. 이러한 점에서 피해의 적절한 개념화에 핵심적인 것이 무엇인지를 인식하는 것은 문제가 되지 않을 수 있지만, 상대적으로 용어가 가지는 적정한 개념적 한계를 인식하는 것은 문제가 될 수 있다. 즉, 피해의 개념화에 어떤 종류의 약탈은 포함되어야 하고 어떤 종류의 약탈은 제외되어야 하는가의 문제인 것이다.[2]

이처럼 피해의 개념은 그 형태, 종류, 유형이 워낙 다양하기 때문에 문제가 되는 것이다. 범죄피해(Criminal Victimization)는 그러한 피해의 아주 작은 한 부분에 지나지 않는다. 사람들은 범죄나 형법과는 무관한 행동이나 우연한 사고로 인해 사망하거나 부상을 당하기도 하고 재산상의 손실을 입기도 한다. 그 결과 우리는 공해, 산업재해, 질병, 전쟁, 차별 등과 같은 경우에도 '피해자 또는 희생자(victim)'라는 단어를 사용하는 것이 보편적이다. 뿐만 아니라, 범죄에 대한 개념이나 정의가 심각한 다수의 해악은 제외하면서 때로는 범인성이나 심각성이 의문스러운 다른 많은 행위는 포함시키고 있다. 따라서 우리의 형법마저도 일부 피해는 인식하고 있으나, 일부는 도외시하며, 우리가 무엇을 범죄로 낙인하고 취급할 것인가에 대한 결정은 반드시 객관적 해악을 반영하는 것도 아니다.[3]

2. 피해의 근원(The Sources of Victimization)

'피해'의 무한한 다양성은 모든 종류의 피해자와 피해를 논의, 분석, 검증하는 것을 실용적이지 못한 일로 만들기 때문에 어떤 방법으로든 일종의 유형화나 분류가 필요하게 된다. 그러나 이러한 유형화도 그 기준에 따라 다양할 수 있기 때문에 우리가 범죄피해를 논한다는 점에서 피해의 근원(sources)에 따라 분류하는 것은 바람직한 시도일 수 있다. 이것은 범죄에 의한 피해와 비범죄적 기타 원천에 의한 피해의 분리가 가능하기 때문이다. 그러나 여기서도 피해의 근원은

Victimology, Scarborough, Ontario: Prentice-Hall Canada Inc., 1991, p. 4.

2 E. A. Fattah and V. Sacco, *Crime and Victimization of the elderly*, New York: Springer Verlag, 1989 참조.

3 R. Elias, *The Politics of Victimization: Victims, Victimology and Human Rights*, New York: Oxford University Press, 1986 참조.

그림 1-1   피해의 근원

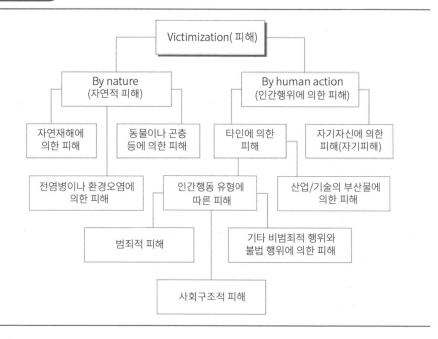

다양하고 복잡하며 상호작용하고 중복되기 때문에 상호 배타적인 유형화는 할 수 없다.

위의 <그림 1-1>처럼, 이러한 사정을 감안하여, Fattah는 먼저 자연과 인간에 의한 피해를 구분하고, 인간에 의한 것을 다시 자신과 타인에 의한 것으로 구분한 다음, 타인에 의한 것을 또다시 인간행동과 산업 및 기술의 부산물에 의한 것으로 세분하고, 인간행동에 의한 것을 범죄, 사회구조, 기타 비범죄적 행위에 의한 것으로 분류하고 있다. 이를 종합하면, 결국 자연적 피해, 자기-피해, 산업적/기술적 피해, 구조적 피해, 범죄적 피해, 그리고 비범죄적 피해라는 여섯 가지 유형으로 나눌 수 있다.4

먼저 자연적 피해(natural victimization)는 다양한 자연적 원인에 의한 피해이다. 예를 들어, 쓰나미, 지진과 같은 자연재해(natural disaster), 바이러스나 박테리아 등에 의한 전염병이나 환경오염(natural health hazard), 그리고 동물이나 곤충 등(natural predatory agents)에 의한 피해가 있다.

---

4 Fattah, *op. cit.*, pp. 6-12.

자기-피해(auto-victimization)는 자기 스스로가 자신에게 가하는 피해로서 자살이나 자해 등 피해를 가하는 사람과 고통을 받는 사람이 동일한 경우이며 해로운 것인 줄 알면서도 하는 약물이나 알콜의 남용과 같은 다수의 피해자 없는 범죄가 좋은 예라고 할 수 있다.

　　산업적/기술적 피해(industrial/technological victimization)는 산업과 기술의 발전으로 인한 피해로서 체르노빌 원전사고가 기술발전으로 인한 피해의 대표적인 예라면 산업적 피해의 예로는 산업공해로 인한 피해가 있다.

　　구조적 피해(structural victimization)는 우리사회의 사회적 구조나 권력구조와 관련된 피해로서 대부분이 부와 권력 등 불평등의 결과라고 할 수 있다. 특히 인권위반과 같은 권력의 남용은 구조적 피해의 가장 보편적 형태이며, 그 외에도 다양한 형태가 존재한다. 그 예로 가부장적 사회에서의 여성, 인종 또는 종교적 소수자, 가지지 못한 사람(the have-nots), 소외자, 각종 장애자 등이 빈번한 구조적 피해자가 되고 있다. 구조적 피해는 그 형태가 다양하여 인권의 위반과 같은 권력의 남용이 가장 보편적 형태라고 할 수 있다. 구체적으로 구조적 피해의 경우 인명의 살상을 초래하지는 않을 수도 있으나 심리적, 정치적, 경제적, 사회적 영향은 지대하며, 인종차별주의나 성차별주의는 태어나면서 시작하여 죽을 때 끝나는 지속적인 '과정(processes)'이라는 데 더 큰 문제가 있다. 또한 종교나 이념 또는 관습 등에 의하여 야기되는 문화적 피해(cultural victimization)와 그 맥을 같이 하기 때문에 이 둘을 구분하기란 쉽지 않다. 그 예로 종교적, 인종적 소수집단은 그들이 정치적 권력도 없고 경제적 능력도 없다는 점에서는 구조적 피해자인 동시에 백인우월주의 사회에 산다는 점에서는 문화적 피해자이기도 하다. 마찬가지로 여성도 사회적, 경제적, 권력적 지위라는 면에서 구조적 피해자이지만 동시에 남성우월주의가 팽배한 문화 속에서 살아야 한다는 점에서는 문화적 피해자인 것이다.

　　범죄 피해(criminal victimization)는 범죄행위로 인한 피해로서 전체 피해의 극히 일부에 지나지 않는다. 그러나 피해의 범주를 범죄행위에 의한 것으로 제한하더라도 범죄유형이 매우 다양하기 때문에 그 범죄 피해의 유형 또한 다양하다.

　　비범죄적 피해(noncriminal victimization)는 지금까지 분류한 다섯 가지 형태의 피해에 해당되지 않는 피해라고 할 수 있다. 간접흡연으로 인한 비흡연자의 피해, 언론의 가십(gossip)으로 인한 피해, 질투나 시기 또는 증오로 인한 피해, 아동에 대한 감정적 피해자화 등이 비범죄적 피해의 예가 될 수 있다.

이 밖에도 일부에서는 위에서 분류한 유형과 다른 유형의 피해도 제시하고 있는데, 주로 논의되는 피해유형에는 기업피해, 집합적 피해, 제도적 피해, 복수피해, 무작위피해, 순간적 피해와 지속적 피해, 직접피해와 간접피해 등이다.5

그 중에서도 가장 먼저 논의할 수 있는 것이 기업피해(corporate victimization)이다. 기업피해는 현대 사회에서 가장 해악이 크고, 광범위한 피해 유형의 하나이다. 그럼에도 불구하고 다수의 기업에 의한 피해는 형법의 대상조차 되지 않고 있다. 바로 이러한 이유에서 광범위한 피해를 초래하는 기업활동과 행위를 '기업피해' 또는 '화이트칼라 피해(White-collar victimization)'로 구분하고 있다. 기업피해는 다수의 하위유형이 있을 수 있고, 대부분은 서로 부합되지만 기업범죄성(corporate criminality)과 기업피해가 반드시 일치하지는 않는다.6

대다수의 기업피해는 그 피해자가 집합적이라는 점에서 어느 정도는 집합적 피해(collective victimization)의 한 형태라고도 할 수 있지만, 이는 단지 집합적 피해의 한 가지 형태에 불과하며, '집합적'이라는 단어가 말해 주듯이 개인뿐만 아니라 전체 집단을 지향하거나 영향을 미치는 피해만을 일컫는다. 일부의 경우에는 집단이 확산적이어서 구성원들의 공통점이 거의 없거나 전혀 없으며, 집단이 특정한 실체(specific entity)로 표적되지 않으며, 오히려 피해의 행동이 특정한 인구를 표적으로 하는 경우가 더 많다. 그래서 집단의 구성원은 그 집단의 소속이라는 것 때문에 피해자가 되는 것이다. 인종청소(genocide)가 인종적, 종교적 집단을 향한 집합적 피해의 대표적인 예라고 할 수 있다.

제도적 피해(institutional victimization)의 경우 다른 피해유형과의 차이점은 피해의 위치(location)이다. 즉 피해자화가 학교와 같은 개방된 시설이나 제도 또는 교도소와 같은 폐쇄된 시설과 제도 안에서 발생한다는 점이다. 제도적 피해에 있어서 피해자-가해자 관계는 제도 밖에서 일어나는 피해와의 관계와는 다를 수 있다. 교도소에 수용되는 것 자체가 일종의 구조적 피해를 구성함과 동시

---

5 Fattah, *op. cit*, pp. 13-18.

6 M. E. Wolfgang and S. I. Singer, "Victim categories of crime," *Journal of Criminal Law and Criminology*, 1978, 69: 379-394.

에 학대, 모독 등 다양한 형태의 피해가 가능한 것이다.

피해자조사(victim survey) 결과 대부분의 사람들은 단 한 번의 피해도 경험하지 않는 반면에 일부는 동일한 피해를 여러 번 경험한 것으로 알려져 있는데 이런 반복된 피해(repeated victimization)를 복수피해(multiple victimization) 또는 연속피해(series victimization)라고 한다. 그런데 복수피해에도 성격이 다른 두 가지 형태의 피해, 즉 동일 또는 반복피해(repeat victimization)와 이종피해(cross−crime victimization)가 있다. 반복피해는 동일한 유형의 범죄피해를 여러 번 경험하는 것이라면, 이종피해는 상이한 유형의 범죄피해를 여러 번에 걸쳐 경험하는 경우를 말한다. 그러나 복수피해에 있어서 한 가지 관심을 가져야 할 것은 피해자화가 단순한 우연의 결과인지 아니면, 피해자 측의 어떤 구조적 또는 행위적 취약성(vulnerability)과 관련된 것인지, 또는 가해자와 피해자의 특정한 관계에 기인한 것인지를 밝히는 것이다.

무작위피해(random victimization)는 가장 비관습적인 범죄피해에 해당된다. 일반적으로 범죄피해는 특정한 표적을 대상으로 행해지고, 보통 범죄자들 역시 무작위로 피해자를 선택하지는 않는 것으로 알려져 있다. 그러나 소비자사기 등과 같이 특정한 개인이나 가구 또는 조직을 표적으로 하지 않는 기업범죄의 피해의 경우 무작위피해로 볼 수 있다. 뿐만 아니라 미국 고등학교에서의 총기난사나 다수의 테러에 의한 피해도 일종의 무작위피해에 속한다고 할 수 있다.

피해의 전형적인 개념은 피해를 짧은 기간 동안의 단일사건으로 보는 것(instantaneous victimization)이라고 할 수 있으나, 반면에 지속적인 피해자화의 상태(continuing victimization)도 있다. 즉, 범죄피해가 오랜 시간을 두고 지속되는 것을 말하며, 학교에서 지속적으로 금품을 갈취 당하는 학생, 포주에게 탄압받는 매춘부, 폭력의 두려움 때문에 헤어지지 못한 채 매 맞는 여성 등이 이에 해당되는 피해자라고 할 수 있다.[7]

한편, 피해를 간접적인 것과 직접적인 것으로 구분하고 있는데, 직접피해(direct victimization)는 살인, 강간과 같이 개인이 범죄의 직접적인 목표가 됨으로써 그 개인이 직접적, 개인적으로 영향을 받는 것이다. 범죄의 결과, 사람들은

---

7 A. Biderman, "Source of data for victimology," *Journal of Criminal Law and Criminology*, 1981, 72(2): 789−817.

자신의 안전에 대하여 점점 더 많은 두려움을 가지게 되고 따라서 자신의 삶의 질이 악화될 수도 있는데 이를 우리는 범죄에 대한 두려움(fear of crime)이라고 하며 또한 이를 간접피해(indirect victimization)라고 한다.

3. 피해자학의 범위

피해자학의 논쟁 중 하나는 학문의 범위를 범죄피해자라는 협의의 피해로 제한할 것인가 아니면 일반적 또는 전체적 피해라는 광의로 확대할 것인가의 문제이다. 한편에서는 피해자학의 가장 큰 결점은 범죄피해자와 범죄피해 외에는 거의 고려하지 않은 채 배타적으로 범죄학적 경계로서 피해자학을 한정하는 것이라고 주장한다. 이들은 피해자학적 연구들이 범죄학에서 시작했기 때문에 범죄학 안에서의 역할을 수용했다는 점을 비판하는 것이다. 그래서 이들은 피해자학이 범죄학을 넘어야 하고, 피해자학이 현재의 전통적 임무를 수행하는 것뿐만 아니라 보다 광의의 범죄규정, 피해에 대한 정부와 사회적 근원, 그리고 피해를 양산하는 문화도 고려하는 보다 큰 역할을 수행해야 한다고 본다. 이러한 관점에서 보면 피해자학은 다른 종류의 피해자, 가해자, 피해유형도 고려하도록 해야 한다. 이것이 곧 인권에 대한 새로운 피해자학이 되는 것이다.[8] 광의의 피해자학은 분명하고, 정확하고, 규정할 수 있는 경계가 없으며, 만약 모든 고통이 다 피해라면 과연 피해자가 아닌 사람은 누가 있을까라는 의문이 제기되기도 한다.[9]

따라서 이러한 견해가 주류 피해자학을 대표하지는 않는다. 즉, 피해자학이 범죄 상황의 피해자행위를 연구하는 데 집중하는 것이 보다 생산적일 수 있다는 것이다. 이러한 관점의 피해자학은 범행 중의 피해자행위, 피해자의 대응, 피해를 극복하기 위한 서비스, 처우의 제공 등을 연구한다. 이러한 접근은 보다 유용하며, 피해자학적 노력의 주류를 반영할 수 있다고 본다.

그렇다면 왜 범죄피해인가? 범죄피해를 선택하고 다른 유형의 피해를 제외하기로 결정하는 이유는 다른 유형보다 범죄피해가 더 크고 심각하다는 의미는

---

8 Elias, *op. cit.*

9 E. E. Flynn, "Theory development in victimology: An assessment of recent progress and of continuing challenges," in H. J. Schneider(ed.), *The Victim in International Perspective*, Berlin: De Gruyter, 1982, pp. 96－104.

아니다. 더구나 다른 피해보다 고통과 물질적 비용이 더 크고 심각하며, 오래 지속된다는 것을 보여주기 위한 것도 아니다.

물론 앞에서 언급한 것처럼 범죄피해로 한정하는 것은 지나치게 제한적이고 범죄학의 전통적 경계 속으로 국한시킨다는 비판을 받을 수도 있다. 형법에 의하여 처벌될 수 있는 유해한 행위와 비범죄화된 유해한 행위 사이의 경계는 다분히 인위적이며 자의적일 수 있다. 다수의 비범죄적 피해도 범죄적 피해와 그리 다르지 않을 수도 있다. 양자가 모두 유사한 특징을 가지며, 동일한 결과와 영향을 초래할 수도 있다. 그럼에도 불구하고 피해자학의 범위를 범죄피해로 제한하는 것은 이론적, 실무적 장점이 더 많기 때문이다.

과학적 학문으로서 피해자학도 그 주제를 규정하고, 특정화하여, 윤곽을 그릴 필요가 있다. 범죄학의 한 분과 또는 분야로서 피해자학을 완벽하게 다룰 수는 없지만 전적으로 또는 우선적으로 범죄피해에 관심을 가지는 것은 당연하다. 범죄학과의 연계를 차단하고 인간의 모든 피해까지 그 범위를 확대함으로써 피해자학이 얻을 수 있는 것은 아무것도 없다. 그럴 경우 오히려 피해자학의 전문성이나 특수성만 상실되고 과학적 특성마저도 잃고 말 것이며, 사회과학의 한 분야로서 객관성, 중립성, 비규범적 특성도 위태로워질 수 있다.

SECTION 02 피해자학의 역사적 발전[10]

1. 피해자의 재발견: 피해자학의 등장배경

오늘날까지도 범죄피해자의 지위는 많은 변화가 있었지만 국가를 위한 증인에 지나지 않는다. 형사사법제도는 거의 대부분의 시간과 에너지를 범죄자를 통제하는 데 쓰고 있다. 1940년대, 범죄활동의 이해와 범죄원인의 파악이라는 선입견 속에서 피해자가 재발견되었지만, 흥미로운 것은 피해자를 동정의 가치

---

10 이 부분은 W. G. Doerner and S. P. Lab, *Victimology* (2nd ed.), Cincinnati, OH: Anderson Publishing Co., 1998, pp. 3−21을 기초로 한 것임.

가 있는 존재가 아니라 자신의 범죄피해에 대한 기여자나 책임자로서 인식했다는 점이다. 학자들은 범죄행동의 기원을 더 잘 이해하려는 희망에서 가해자와 피해자의 관계를 들여다보기 시작한 것이다.

범죄자에게는 교정처우나 교화개선이라는 이름으로 다양한 프로그램을 제공하지만 정작 그 범죄의 피해자는 모든 것을 스스로 해결하도록 방치해 왔다. 이처럼 피해자는 자신의 사건조차 통제를 상실함에 따라 결국 사건을 경찰에 신고하고 증언하는 두 가지 역할에 그치고 만다. 그러나 만약 이것이 유죄협상(Plea bargain)에 들어가면 그 역할마저도 필요가 없게 된다. 심지어 자신의 사건에 대한 처리, 과정, 진행상황, 그리고 결과에 대해서도 통보받지 못한다. 그러나 지난 50년대 후반부터 이처럼 철저하게 소외되던 피해자들에게 새로운 관심을 갖기 시작했으며 사실상 재발견되기에 이르렀다.11 이렇게 피해자의 재발견에 이르기까지에는 피해자관련 사회운동, 언론, 관련업계, 그리고 피해자학의 영향이 많았다고 할 수 있다.

1) 사회운동

범죄피해의 고통을 겪었다는 것 외에는 집단으로서의 피해자들은 공통점이 거의 없다. 따라서 이들을 하나의 자조집단(self-help group)으로 조직하고 더 큰 사회운동으로 승화시키기란 쉽지 않다. 그럼에도 불구하고, 70년대 접어들면서 범죄피해자운동이 싹트기 시작하였다. 다양한 피해자들을 결집시킬 수 있었던 것은 자칫 무력하게 느낄 수밖에 없는 피해자들이 형사사법과정에의 참여, 상호지원, 실무지원 등을 통하여 자신의 삶에 대한 통제력을 다시 확보할 수 있다는 믿음 때문이었다.12

피해자운동의 확산에는 법질서운동(law-and-order movement), 여성운동(women's movement), 그리고 민권운동(civil rights movement)과 같은 사회운동이 크게 기여하였다. 법질서운동이 60년대 처음으로 노상범죄 피해자들에게

---

11 A. Karmen, *Crime Victims: An Introduction to Victimology* (4th ed.), Belmont, CA: Wads-worth, 2001, pp. 3-4.

12 B. Smith, J. Sloan, and R. Ward, "Public support for the victims' rights movement: Results of a statewide survey," *Crime & Delinquency*, 1990, 36(4): 488-502.

더 많은 관심을 가질 것을 촉구하였다. 당시 범죄의 급증으로 법과 질서의 주창자들은 형사사법제도가 사회의 규칙을 따르지 않는 일탈자들에게 철퇴를 가해야 한다는 강경하고 보수적인 입장을 취하였다. 이들은 우리 사회가 억울하게 처벌받는 것보다는 피해자가 되는 것을 더 걱정해야 된다고 주장하였다. 사법정의의 척도가 법을 준수하는 무고한 시민에게는 불리하고 오히려 법을 위반한 나쁜 사람들에게 유리한 것으로 간주되었다. 법과 질서의 준수를 강조한 주창자들이 그렸던 피해자 지향의 사법제도에서 형벌은 신속하고 확실해야 한다. 범죄자들에 대한 관대함은 중단되어야 하고, 더 많은 범죄자들이 더 오랜 기간 동안 구금되어야 하며, 보석이나 가석방 또는 보호관찰은 축소되어야 한다는 것이다.

피해자와 관련하여 여성운동이 기여한 바는 바로 남성들에게 피해를 당하고도 자신들이 필요로 하는 도움을 남성지배의 형사사법제도로부터 받지 못하던 여성피해자들을 지원하기 시작한 것이다. 여성운동가들은 이러한 이유 때문에 강간과 배우자폭행에 반대하는 운동을 했다. 이들은 위기센터(crisis center)와 쉼터(shelter)를 세워 고통과 혼란을 겪고 있는 강간과 배우자 폭행 피해자들에게 도움을 주었을 뿐만 아니라 가부장적 전통과 법률을 바꾸기 위한 활동을 했다. 이와 유사한 것으로서 아동보호운동도 학대받은 아동피해자에 대한 보호를 향상시켰다.

뿐만 아니라 인권, 아동의 권리, 노약자의 권리와 관련된 다양한 사회운동들도 피해자의 상황을 향상시키는 데 상당한 기여를 했다. 인권운동은 원래 피의자나 수형자에 대한 헌법적 보호나 적법절차의 보장 등에 초점을 맞추고 있으나 두 가지 중요한 소송을 통하여 노상범죄의 피해자들에게도 도움을 주었다. 경찰의 전문화를 요구함으로써 더 많은 교육과 훈련을 받고 더 높은 요구수준을 지켜야 하는 전문화된 경찰에 의해 피해자들도 더 빠르고 더 효과적인 서비스와 처우를 받을 수 있게 된 것이다. 또한 법 앞의 평등(Equal protection under the law)을 강조함으로써 과거에는 차별을 받을 수도 있었던 소외계층 또는 소수계층의 사람들까지도 형사사법기관의 보호를 받을 수 있게 되었다.

2) 언   론

언론은 피해자의 어려운 처지를 보도함으로써 피해자의 재발견에 지대한 공헌을 하였다. 과거에는 지면의 대부분을 범행의 동기, 가해자의 배경, 가해자에 대한 처벌 등 가해자에게 할애한 반면, 가해자로 인하여 고통을 받은 피해자에게 는 작은 관심밖에 보이지 않았었다. 그러나 최근 들어 언론에서도 피해자가 겪은 각종 손상과 감정, 그리고 피해자에 대한 부조와 같은 피해자의 입장과 처지도 비교적 자세하게 기사화하고 있다. 이러한 보도를 통하여 비피해자도 피해자의 행동과 반응을 더 잘 이해하고 그들에게 동정심을 가질 수 있도록 하는 것이다.

3) 기   업

기업집단도 범죄예방을 위한 재화와 용역을 생산, 판매함으로써 피해자의 재발견에 기여하고 있다. 유쾌하지 않은 경험을 통하여 고통을 겪은 피해자들은 추가적인 범죄피해로부터 자신을 보호할 것으로 믿는 도구와 서비스를 찾는 적 극적인 소비자가 되기 마련이다. 잠재적인 피해자들이 범죄예방을 위한 재화와 용역의 구매가 자신의 범죄피해 가능성을 줄여 줄 것이라고 확신한다면 훨씬 더 큰 시장을 형성하게 될 것이다.

2. 피해자학의 출현과 발전

그렇다면 과연 피해자학이란 무엇인가? 일부에서는 피해자학이 범죄학의 하위분야 또는 특수한 분야라고 믿고 있다. 사실, 모든 범죄사건에는 가해자와 피해자가 있기 마련이다. 다른 일부에서는 피해자학이 워낙 광범위하기 때문에 독립된 하나의 학문분야도 될 수 있다고 주장한다. 어떤 경우이건, 초기의 연구 들은 대부분 피해자 유형론에 상당한 노력을 기울였다.

1) 출현의 배경

피해자학의 학문적 근원은 40~50년대 범죄학자들의 연구로 거슬러 올라가 게 된다. 물론 당시에는 법을 위반한 사람에게 관심이 집중되었지만 일부 범죄학 자들이 범죄문제의 해결책을 찾는 과정에서 피해자의 중요성을 깨닫게 되었다.

60년대에는 피해자에 대한 관심이 더욱 강조되었던 시기이다. 범죄연구에 있어서 가장 방치된 분야의 하나가 바로 범죄피해자였다. 그러나 범죄행동과 범죄피해를 예방하는 데 있어서 피해자의 존재와 역할이 재조명되었다. 특정 개인이나 기업이 범죄피해자가 될 확률이 아주 높고 특정 장소에서 범죄가 발생할 확률이 더 높다는 것을 구체적으로 설명할 수만 있다면 범죄의 예방과 통제가 훨씬 더 생산적일 수 있다는 것이다.13

사실 60~70년대 동안 가해자 자신들도 어떤 면에서 빈곤, 실업, 차별 등의 피해자라고 인식되는 경향이 있었다. 그렇지만 많은 사람들이 그렇다면 가해자들에 의해서 피를 흘리고 상처를 입은 법을 준수하는 무고한 진짜 피해자는 누구이며 그들의 고통은 어떻게 할 것인지 의문을 가지게 되었다. 이러한 의문에 대한 답으로 불법행위로 인한 일부 유형의 피해자는 더 좋은 대우를 받아야 마땅하다는 합의에 이르게 되었다.

피해자학은 현재 범죄행위로 인하여 사람들이 겪게 되는 신체적, 감정적, 재정적 손상에 대한 과학적 연구로 인식되고 있다. 따라서 피해자학자들은 가해자가 가한 부상과 손실의 영향뿐만 아니라 형사사법제도에 의한 피해자의 처리에 대해서도 노력을 기울이고 있다.

2) Von Hentig의 '범죄자와 그 피해자(The Criminal and His Victim)'

범죄학자였던 Von Hentig는 과연 무엇 때문에 피해자가 되는지에 대해 관심을 갖기 시작하였는데, 여기서 그는 범죄자-피해자 양자관계가 핵심요소라는 것을 깨닫게 되었다. 즉, 피해자가 종종 범죄행동의 기여요인, 예를 들어 궁극적인 피해자가 처음에는 공격자였지만 어떤 이유로 피해자가 되었는지를 말한다. 이러한 그의 주장은 단순히 범죄사건의 결과만을 보면 진짜 피해자와 진짜 범죄자에 대한 왜곡된 인상을 줄 수 있다는 점을 암시하는 것이다. 상황을 좀 더 면밀히 살펴보면 피해자가 자신의 피해에 주요 공헌자가 될 수도 있음을 보여준다는 것이다. 따라서 그는 피해자를 소위 '선동요원(agent provocateur)'으로 의미를 확대하여, 피해자의 범죄촉진기능(crime-provocative function)에 더 많은 관심을 가져야 하며, 행위자와 피해자 사이의 상호관계를 깊이 이해한다면, 범죄의 발

---

13 Task Force on Assessment, "The victims of crime," in the President's Commission on Law Enforcement and Administration of Justice, *Task Force Report: Crime and Its Impact —An Assessment*, Washington, DC: US Government Printing Office, 1967, pp. 80-84.

견에 대한 새로운 접근법이 열릴 것이라고 주장하였다.[14]

물론 그는 모든 피해자가 자신의 피해에 기여한 것으로 믿지는 않는다. 대부분의 피해자 기여는 자신이 통제할 수 없는 특성이나 사회적 지위에서 발생하기 때문이라고 믿었다. 그 결과, 그는 피해자화에 대한 성향에 따라 피해자를 13개 유형으로 분류하였다. 그가 분류한 대부분의 피해자 유형은 피해자들이 사회적, 경제적, 신체적, 정치적, 문화적 약자들로서 신체적, 사회적, 심리적 불리함으로 인하여 가해자에게 저항할 수 없는 경우임을 보여주고 있다. 그의 유형론은 피해자가 항상 범죄행동의 일차적 원인임을 함축하지는 않는다. 다만, 피해자 특성이 피해자화에 기여할 수도 있다는 점을 암시하고 있다. 따라서 피해자가 결정요인들 중의 하나로 취급되고, 가해자와 피해자 사이에 사악한 공생 또는 협력관계가 성립될 수 있다는 점을 지적하고 있다.[15]

3) Mendelsohn의 연구

소위 '피해자학의 아버지'라고 불리는 Mendelsohn은 범죄자와 피해자 사이에 일어나는 역동성에 관심을 갖고 피해자, 목격자, 증인 등을 대상으로 한 면담을 통하여 범죄자와 피해자 사이에 강한 대인적 관계(interpersonal relationship)가 있음을 발견하였다. 이를 토대로 그는 피해자비난의 정도에 대한 법률적 고려를 기초로 하여 피해자를 6단계로 분류하였다.[16]

첫 번째 유형은 '완전히 무고한 피해자(completely innocent victim)'로서 이들은 가해자의 공격 이전에 아무런 유발적 또는 촉진적 행위를 하지 않았다. 두 번째 유형은 '경미한 잘못이 있는 피해자(victim with minor guilt)' 또는 '무지로 인한 피해자(victim due to ignorance)'로서 피해자화 이전에 자신들을 함정에 빠지게 하는 무언가를 무심코 부주의로 한 불행한 사람이라고 할 수 있다. 세 번째 유형은 '가해자만큼이나 유책한 피해자(victim as guilty as offender)'와 '자발적 피해자(voluntary victim)'로서 자살과 부도덕한 사기성 범죄에 가담하다가 피해를

---

14 H. von Hentig, *The Criminal and His Victim: Studies in the Sociology of Crime*, New Haven: Yale University Press, 1948, p. 450.

15 *Ibid.*, p. iii.

16 B. Mendelsohn, "The Victimology," *Etudes Internationale de Psycho—sociologie Criminelle*, 1956, July: 23 − 26; Doerner & Lab, *op. cit.*, p. 6에서 재인용.

입은 사람과 기타 피해자 없는 범죄가 여기에 해당된다. 네 번째 유형은 '가해자보다 더 유책한 피해자(victim more guilty than the offender)'로서 피해자가 범행을 유발시킨 상황인데, 상대방에게 아주 학대적인 언행을 하다가 맞게 된 사람 혹은 상당수의 자기방위적 행동의 피해자가 여기에 해당될 수 있다. 다섯 번째 유형은 '가장 유책한 피해자(The most guilty victim)'로서 처음에는 가해자로서 범죄 상황에 개입하였으나 본인이 통제할 수 없는 상황으로 인하여 피해자가 된 경우라고 할 수 있으며, 집주인에게 총격당한 주거침입강도범이 이 유형에 해당되는 대표적인 예이다. 마지막 유형은 '가상 또는 상상적 피해자(simulating or imaginary victim)'라고 하여 자신이 도박으로 잃은 돈을 강도당한 것처럼 가장하는 사람이다. 그의 이러한 유형화는 범행에 있어서 피해자의 상대적 유책성(relative culpability)을 파악하는 데 유용한 것이라고 할 수 있다.

4) Schafer의 피해자 유형론

Schafer는 '기능적 책임(functional responsibility)'이라고 하는 견지에서 피해자-가해자 관계를 기초로 피해자를 7가지 유형으로 설명했다. 첫째는 '무관한 피해자(unrelated victim)'로서 피해자에게는 책임이 없으며 단지 피해자가 가해자의 불행한 표적이었던 경우라고 할 수 있다. 두 번째는 피해자도 책임을 공유하는 '유발적 피해자(provocative victim)'로서 가해자가 피해자의 행위나 행동에 반응하는 것이다. 세 번째는 '촉진적 피해자(precipitative victim)'로서 피해자가 스스로 자신을 위험한 시간과 장소에 처하게 함으로써 스스로를 피해자가 될 수 있도록 만드는 경우이며 따라서 피해자에게도 약간의 책임이 있다고 보는 것이다.

네 번째는 '생물학적으로 연약한 피해자(biologically weak victim)'이며 이들은 노약자처럼 연약한 자신의 신체적 조건 때문에 가해자에게 끌리는 표적이 되는 경우로서 당연히 피해자에게는 책임이 있을 수 없다. 다섯 번째는 '사회적으로 연약한 피해자(socially weak victim)'로서 이들은 사회적 소수계층으로서 사회에 적절하게 통합되지 못하여 가해자의 쉬운 표적이 되는 경우이며 따라서 이들에게도 책임이 있을 수 없다. 여섯 번째는 '자기피해자화(self-victimizing)'인데, 이는 약물, 매춘 등 피해자 없는 범죄 가담자들이고 따라서 모든 책임이 피해자 자신에게 있다. 마지막 유형은 정치적 이유로 피해를 받는 '정치적 피해자(political victim)'로서 이들에게도 아무런 책임이 없다고 볼 수 있다.[17]

3. 피해자촉진(Victim precipitation)에 대한 경험적 연구

1) Wolfgang의 '살인의 유형(Patterns in Criminal Homicide)'

Wolfgang은 미국의 필라델피아에서 발생한 살인사건을 조사한 결과, 전체의 26%가 피해자촉진의 결과였다고 밝혔다. 그는 피해자촉진살인(victim precipitated homicide)을 궁극적인 피해자가 '자신의 결과적인 살해자에게 먼저 물리력을 사용한 경우'라고 정의하였다.[18] 그는 전형적인 피해자촉진살인에 해당되는 몇 가지 요소를 제시하였는데, 첫째는 가해자와 피해자가 과거 대인관계가 있었다는 것이다. 즉, 피해자는 전혀 모르는 완전히 낯선 사람보다는 자신이 알고 있는 사람에게 살해당할 확률이 더 높다는 것이다. 두 번째로, 살인행동은 사소한 의견불일치로부터 일어난다는 것이다. 물론 이 경우 상황이 단기적일 수도 있고 때로는 장기적인 대치상태의 결과일 수도 있다. 세 번째는 피해자촉진살인의 대부분은 피해자의 음주가 보편적인 요소라는 것이다. 이 경우, 피해자가 음주로 인하여 자제력을 잃거나 자신을 보호하고 방어하지 못하기 때문일 수 있다.

2) Amir의 '강간의 유형(Patterns in Forcible Rape)'

Amir는 일정 기간 미국 필라델피아에서 발생한 강간사건에 대한 경찰기록을 분석한 결과, 그 중 19% 정도가 소위 '피해자촉진'이었다는 주장을 하였다. 그가 말하는 피해자촉진은 실제로 피해자가 성적 관계에 동의했으나 실제 행동 전에 철회하거나 가해자가 제안했을 때 충분히 강력하게 대응하지 않은 경우였다. 특히 여성이 외설적인 것으로 해석될 수 있거나, 성적 관계를 바라는 것처럼 보일 수 있는 언어나 몸짓으로 인하여 빠지게 된 위험한 상황이라고 한다.[19]

Wolfgang의 살인연구에서처럼, Amir도 범행을 촉진하는 데 조력을 했던 다

---

17 S. Schafer, *The Victim and His Criminal: A Study in Functional Responsibility*, New York: Random House, 1968 참조.

18 M. E. Wolfgang, *Patterns in Criminal Homicide*, Philadelphia, PA: University of Pennsylvania, 1958, p. 252.

19 M. Amir, *Patterns in Forcible Rape*, Chicago: University of Chicago Press, 1971, p. 266.

양한 요소들을 제시했는데, 그 중에서도 음주, 특히 피해자의 음주가 피해자촉진 강간에 있어서 핵심적인 요인으로 지목하였다. 양 당사자 모두가 음주를 했을 때 성적 피해자화의 위험이 가장 높았다고 한다. 그 밖에 그는 여러 가지 여성의 유혹하는 행위도 중요한 요소로 꼽고 있는데, 그에 의하면 그러한 행위는 가해자로 하여금 헛된 기대를 갖게 한다는 것이다. 이러한 인식을 바탕으로, 그는 가해자가 범행의 유일한 원인과 이유로 간주되어서는 안 되며, 피해자가 항상 무고하고 수동적인 입장은 아니라고 주장하였다. 그래서 그는 피해자의 역할과 그것이 범행에 미치는 영향이 피해자학의 주요 관심이 된다고 주장하였다.[20]

3) 피해자촉진 연구에 대한 비판

피해자촉진의 개념, 특히 Amir의 주장은 경찰기록에 대한 문제, 절차적 문제, 그리고 잘못된 이론적 개념 등에서 비판을 받았다. 하지만 일부에서는 피해자촉진 개념에 대해 보완하고자 노력하였다. 예를 들어, Franklin은 피해자촉진의 저변에 놓인 네 가지 가정을 비판하였다.

우선, 범죄행동은 피해자의 행위로 설명될 수 있다는 가정이다. 그러나 아무런 범죄행위가 일어나지 않은 상황에서도 촉진으로 파악되는 많은 요인들이 나타날 수 있다. 예를 들어, 야간에 술에 만취한 상태로 걸어서 집에 돌아갔지만 범죄피해를 당하지 않을 수 있는 것처럼 촉진 그 자체만으로는 범죄행위를 일으키는 데 충분하지 않다. 둘째, 피해자촉진은 다만 피해자가 신호를 보낼 때만 가해자가 행동을 시작한다고 가정하고 있으나, 이는 많은 범죄자가 사전에 미리 계획하며, 단순히 다른 사람의 행위에 반응하는 것은 아니라는 점을 간과하고 있다. 셋째, 피해자의 행위가 범행을 일으키는 필요충분조건이라는 가정은 잘못된 가정이라는 것이다. 오히려 그 반대가 사실에 가까우며, 실제로 다수의 범죄자들은 피해자가 어떠한 행동을 보이는가에 상관없이 범행하며, 잠재적 피해자가 촉진을 하더라도 일부 사람들은 범행할 기회를 갖지 못할 때도 있기 때문이다. 끝으로, 피해자의 의사도 피해사건으로 판단 또는 평가할 수 있다고 가정하고 있다. 그러나 그것이 사실이라면 범죄를 행한 사람을 확실하게 파악하는 것 이상의 형사절차는 필요 없게 되지만, 형사제도는 행동과 관계없이 의지 또는

---

20 *Ibid.*, pp. 275－276.

표 1-1	가해자와 피해자의 상대적 책임성에 따른 유형분류[21]		
가해자 의사정도	피해자 가담정도		
	분명한 유발	일부가담	거의 또는 전혀 가담 안 함
의도적 의사	동일	가해자 더 책임	전적 가해자 책임
일부 의사	피해자 더 책임	동일	가해자 더 책임
거의 또는 전혀 의사 없음	순수 피해자촉진	피해자 더 책임	동일

의사의 다양성을 가정하고 있다.

이러한 비판 외에도 더 중요한 문제는 피해자촉진은 가해자를 언급하지 않는다는 사실이다. 모든 범죄자들에게 일탈적 행위에 가담하고자 하는 욕구와 욕망은 동일한 것으로 가정하나, 이러한 가정은 옳지 않다. 일부 범죄자는 적극적으로 범행에 용이한 상황을 찾아 나서지만 일부는 그러한 의사나 의지를 가지고 있지 않다. 여기서 가해자와 피해자가 동시에 고려되는 통합된 접근이 필요해지는 것이다.

바로 이러한 점을 고려하여 Curtis는 다양한 정도의 피해자촉진을 표로서 나타내고 있다. 즉, 그는 가해자의 범행의사와 피해자의 유발을 통합하여 순수한 피해자촉진에서부터 전적인 가해자책임에 이르는 5가지 촉진정도를 제시하였다. <표 1-1>을 보면, 심지어 전적으로 피해자가 유발한 경우에도 가해자도 동등하게 책임이 있는 파트너가 된다는 것이다. 여기서 중요한 것은 바로 피해자촉진을 유일한 또는 현저한 영향이라기보다는 상대적 기여요소로 인식할 필요가 있다는 것이다.

4. 피해자학과 범죄학

피해자학은 사회학, 심리학, 사회복지, 의학 등 다양한 학문으로부터 도움을 받는 일종의 학제간 또는 다학제적 학문이라고 할 수 있다. 물론 학문적으로나 조직적으로나 피해자학은 비행, 테러, 마약 등과 같은 범죄학 속의 하나의 전

---

21 L. A. Curtis, *Criminal Violence: National Patterns and Behavior*, Lexington, MA: D. C. Heath, 1974, p. 95.

문영역으로 이해되고 있다.

　　비록 최근의 분파라고 하지만 피해자학은 여러 면에서 모태라고 할 수 있는 범죄학과 유사한 점을 가지고 있다. 범죄학자들은 왜 다수의 사람들은 범행하지 않는데 일부 사람들은 범행에 가담하는지, 그 원인을 파악하기 위해서 범죄자의 배경과 동기들을 알고자 한다. 한편 피해자학자들은 대다수의 개인이나 기업 등은 범죄의 표적이 되지 않는데 일부가 범죄의 표적이 되는지, 그들의 취약성과 이유를 발견하고자 노력한다. 그리고 범죄학자들은 대부분의 사람들은 어쩌다가 한 번쯤은 일탈할 수 있지만 극히 일부만이 직업적 범죄자가 된다고 본다. 피해자학자들은 누구나 잘못된 시간과 장소에 있음으로써 불행을 경험할 수 있다는 것을 알고 있지만 왜 일부 사람들은 계속해서 피해자가 되는지 궁금해 한다. 물론 법은 범죄자에게 불법행위에 대하여 개인적인 책임을 묻지만, 범죄학자들은 사회적, 경제적, 정치적 조건들이 어떻게 범죄활동을 조장하는가를 탐구하듯이, 피해자학자들은 일부 사람들이 모험을 하고 자신을 위험에 빠뜨리는 속성을 검증하고자 한다.

　　범죄학자들은 불법행위에 가담하는 사람들에 관한 정보와 자료를 수집하여 분석하고, 피해자학자들은 불법행위로 인하여 손상을 당한 사람들에 관한 정보와 자료를 찾게 된다. 범죄학자들은 분석의 결과를 범죄예방전략(crime-prevention strategies) 고안에 적용하고, 피해자학자들은 자신이 찾아낸 유형과 추세를 위험축소전술(risk-reduction tactics) 개발과 검증에 활용한다.

　　범죄학자들이 피의자, 용의자, 피고인이 실제로 어떻게 다루어지는지를 들여다보듯이, 피해자학자들은 형사사법기관과 사람들에 의하여 피해자가 실제로 어떻게 처우되는가를 검증하고자 한다. 범죄학자들은 범죄자들이 무엇을 필요로 하는가를 평가하고 재범을 줄이기 위한 각종 프로그램의 효과성을 검증하고, 피해자학자들은 피해자의 감정적 문제를 파악하고 피해회복을 용이하게 하기 위한 각종 프로그램의 유용성을 평가하려고 한다. 범죄학자들은 지역사회와 사회 전체에 대한 범죄의 사회, 경제적 비용을 계산하려고 하고, 피해자학자들은 피해자들의 개인적 손실과 비용을 추정하려고 한다.

　　그러나 범죄학과 피해자학이 다른 점도 없지 않다. 범죄학자들은 연구대상을 불법행위로 제한해야 한다는 데 동의하지만, 피해자학자들은 연구대상의 경계에 대해서 합의에 이르지 못하고 있다. 또한 피해자학은 범죄학처럼 확실한 학파의 개념을 가지고 있지 않다. 물론 범죄학이나 피해자학이 정치적 이념, 즉 보수, 자유, 혁신-비판적 이념이 연구대상의 선정에 있어서 중요한 역할을 하고 있다. 보수주의적 피해자학은 주로 노상범죄에 초점을 맞추고, 자유주의적 입장에서는 노상범죄뿐만 아니라 부패한 정부 관료나 부주의한 기업에 의한 피해까지도 포함시키는 등 연구대상을 확대한다. 또한 혁신적·비판적 피해자학은 피해의 문제가 우리 사회에 만연한 착취적, 약탈적, 억압적 관계로부터 발생하는 것으로 보고 있다.

5. 새로운 피해자학의 출현

Mendelsohn은 피해자학자는 효과적인 대책을 강구하기 위하여 피해 원인의 조사를 목표로 삼는다고 하였으나, 인간은 다수의 인과적 요소로부터 고통을 받기 때문에 단지 범죄피해에만 초점을 맞추는 것은 지나치게 협소한 관점이라는 비판이 제기되었다. 그래서 이 분야의 진정한 의미를 함축하기 위해서는 보다 총체적인 용어, 예를 들어 일반피해자학(general victimology)이 필요하다는 주장이 나오게 되었다.

Mendelsohn에 의하면, 일반피해자학의 피해는 범죄자에 의한 피해, 자신에 의한 피해, 사회 환경의 피해, 기술의 피해, 그리고 자연환경의 피해라는 5가지 형태의 피해로 구성된다. 여기서 범죄자에 의한 피해는 전통적 피해자학의 주제이고, 자신에 의한 피해는 자살과 같은 자신에게 가한 다양한 고통을 포함한다고 하였다. 또한 사회 환경에 의한 피해는 인종차별과 같은 개인, 계층, 집단 억압이며, 기술적 피해는 핵이나 산업오염과 같은 사회가 과학혁명에 의존함에 따른 희생이며, 자연환경의 피해는 홍수와 지진 등에 의한 것을 의미한다.

Medelsohn의 공식과 맥을 같이 하는 것으로서, Smith와 Weis는 일반피해자학에 의해 적용되는 영역을 <그림 1-2>로 제시하였다. 그림에 의하면, 일반피해자학에는 피해자규정의 형성, 규정의 적용, 피해후의 피해자의 대응행위, 그리고 피해자에 대한 사회적 반응 등 4가지의 주요 관심영역이 있다. 의약품이

---

22 Doerner and Lab, *op. cit.*, p. 15, 그림 1.5.

그림 1-2　피해자학 분야에 있어서 연구와 응용영역의 일반모형[22]

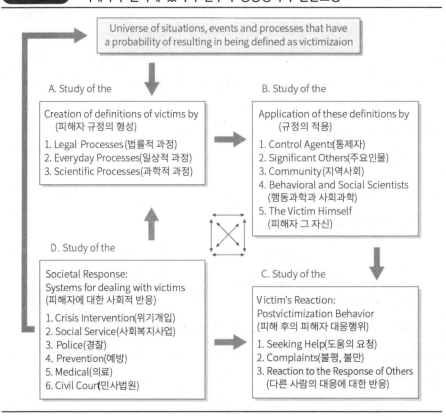

모든 환자와 모든 질병을 다루고, 범죄학이 모든 범죄자와 모든 형태의 범죄에 관심을 가지듯이, 피해자학도 사회가 관심을 가지는 모든 관점의 피해와 모든 피해자에 대하여 관심을 가져야 한다는 것이다.[23]

　　그러나 최근에 와서는 관심의 초점이 지금까지의 일반적 접근보다는 소위 비판피해자학(critical victimology)으로 옮겨가고 있다. 비판피해자학의 주창자들은 기존의 피해자학이 범죄의 기초, 즉 무엇이 범죄인가에 대한 기본조차 의문시하지 않고, 왜 특정행위가 제재되는가라는 의문을 경시하고 있다. 이는 결과적으로 잘못된 방향으로 발전해 왔다고 주장하는 것이다.

　　따라서 비판피해자학의 핵심은 어떻게 특정행위가 범죄로 규정되고 왜 그

---

23 Mendelsohn, *op. cit.*, p. 21.

렇게 되는지, 그 결과 피해자학의 전문야가 어떻게 그 특정한 일련의 행동에 초점을 맞추게 되었는가의 문제라고 할 수 있다. 이러한 개념은 Mendelsohn이 말하는 '사회 환경의 피해자'와 크게 다르지 않다. 사실, 힘 있는 사람들에 의한 다수의 범죄가 형법의 대상조차 되지 않고 있고, 그 결과 그러한 범죄의 피해자도 피해자학의 논의대상조차 되지 못했다는 것이다.

SECTION 03 피해자학의 분류

1. 피해자학의 틀

피해자학은 Mendelsohn과 Von Hentig가 시작한 것처럼 그 학문적 사고에 따라 상이한 바탕을 가지고 있다. 그러나 대부분은 크게 두 가지 갈래로 피해자학적 의제가 나뉜다. 그 하나는 인권(human rights)의 피해자학(victimology)에 관심을 쏟는 것으로서 피해자학을 하나의 독립된 학문으로 보는 것이고, 다른 하나는 범죄의 피해자에게 더 밀접한 관심을 가져서 피해자학을 범죄학의 하위영역 또는 하위학문으로 보는 것이다.[24]

그러나 피해자학에 대한 틀을 마련한다는 것은 수많은 어려움에 직면하게 된다. 그 중의 첫 번째는 바로 Fattah[25]가 지칭한 것처럼 '인본주의적 피해자학(humanistic victimology)'과 '과학적 피해자학(scientific victimology)'을 풀어헤치는 것이다. Fattah는 이러한 구분을 통해서 피해자관심에 대한 학계와 실무자들 사이의 불편한 관계(uncomfortable relationship)를 자세하게 설명하고자 하였다. 그러나 학술적 사고와 실무자의 관심 사이의 연계는 쉽게 풀릴 수 없는 것이다. 이러한 연계는 학문의 이론과 실무에 뿌리 깊게 자리하고 있다. 이것 때문에 Karmen은 피해자학적 논쟁에서 보수적(conservative), 자유주의적(liberal), 혁신

---

24 R. I. Mawby and S. Walklate, *Critical Victimology: International Perspectives*, London: SAGE Publications, 1994, p. 8.

25 E. A. Fattah, "Victims and victimology: The facts and the rhetoric," *International Review of Victimology*, 1989, 1(1): 43−66.

-비판적(radical-critical)이라는 세 가지 경향을 지적하고 있다. 그에 따르면 이들 모두는 학문의 범주를 각각 다르게 정하고 있으며, 피해자운동(victims' movement)에 있어서 그 위치도 다르게 자리 잡고 있다.[26]

Karmen에 따르면, 피해자학에 있어서 보수적 성향은 다음과 같은 네 가지 방식으로 규정하고 있다. 노상범죄의 피해자에 대한 특별한 관심을 두어야 하는 문제로서의 범죄에 초점을 맞추고, 사람들에게 자신의 행동에 대한 책임을 묻고자 하며, 자기의존(self-reliances)을 강조하며, 응보적 사법정의(retributive justice)의 개념에 초점을 맞추고 있다. 반면에 자유주의적 성향의 피해자학은 노상범죄뿐만 아니라 소위 '특실범죄(crimes of suites)'까지도 분석에 포함시키고, 피해자를 전반적으로 다시 피해자로 만드는(make victim whole again) 소위 2차 피해를 우려하고 있다. 또한, 적절한 형벌 또는 형사전략으로서 배상(restitution)과 화해 또는 조정(reconciliation)의 가치를 고려함으로써 보수주의적 초점을 확대하고 있다. 한편 혁신-비판적 성향의 피해자학은 자유주의적 성향보다 더욱 피해자학의 범주를 넓히고자 하여, 모든 형태의 인간적 고통(human suffering)을 포함시킨다. 또한, 그러한 고통을 만드는 데 있어서 피해는 사건 자체만큼이나 형사사법제도(criminal justice system)도 문제라고 보기 때문에 '인권을 위반하는 제도적 잘못(institutional wrongdoing)'[27]도 합법적인 연구영역으로 고려되고 있다.

2. 실증주의 피해자학(Positivist Victimology)

Miers는 '작위적 형태의 피해(non-random patterns of victimization)에 기여하는 요소들의 파악과 폭력성 대인범죄의 초점, 그리고 자신의 피해에 기여했을 수 있는 피해자를 파악하려는 관심'을 실증주의 피해자학의 주요특징으로 정의했다.[28] 그런데 이러한 특성들은 사실 Karmen의 '보수주의 피해자학(conservative victimology)'과 꼭 들어맞으며, Walklate[29]의 '관습적 피해자학(conventional

---

26 A. Karmen, *Crime Victims: An Introduction to Victimology*, Pacific Grove, CA: Brooks Cole, 1990 참조.

27 *Ibid.*, p. 12.

28 D. Miers, "Positivist victimology: A critique," *International Review of Victimology*, 1989, 1(1): 3-22.

victimology)'과 상통한 것이라고 할 수 있다. 사실 이러한 유형의 피해자학의 주요특징 중 하나는 실내에서 더욱 빈번하게 발생하는 다양한 형태의 학대, 강간, 폭력과 같은 유형의 범죄피해(crime victimization)를 배제하고 노상범죄에 초점을 맞추고 있다는 점이다. 마찬가지로, 관습적/보수적 피해자학은 대체로 기업범죄(corporate crimes)의 피해자에 대한 고려를 게을리 하고 있다. 이러한 상황들은 Miers가 실증주의 피해자학에서 의미하는 바를 완전하게 개관하지는 못한다고 할 수 있다.

피해자학에 있어서 실증주의의 영향과 관련된 문제점은 실증주의의 영향이 학계나 실무자들에게 일부 중요한 정보를 제공하지 않았다는 의미는 아니다. 그래서 Fattah의 경우 실무자들이 실증적 연구 결과들에 귀를 기울이지 않는다고 비판하고 있으며,[30] 특히 범죄피해조사의 발전이 범죄피해의 의문점들을 형사정책의 의제로 삼게 하는 데 매우 영향력이 있었던 것도 사실이다. 물론 그러한 정보가 어떤 면에서는 범죄의 위험성을 경시하기 위해서[31] 반대로 다른 한편에서는 범죄의 위험성을 강조하기 위해[32] 정치적으로 이용된 점도 분명히 있다.

따라서 실증주의는 피해자학의 발전에 매우 강력한 영향을 미쳐 왔다. 대표적으로 범죄피해조사와 같은 실증주의적 연구결과는 '범죄예방(crime prevention)'으로부터 '피해예방(victimization prevention)'으로의 이동을 이끌기도 했다.[33] 영국에서는 보수당이 이러한 변화를 '사회적 책임(social responsibility)'과 '능동적 시민정신(active citizenship)'으로서 옹호해 왔다.[34] 전반적으로 이러한 유형의 정치적 경향은 특정한 피해자운동(victims' movement)과의 보다 특수한 연계성을 반영하는 것이다.

29 S. Walklate, *Victimology; The Crime and the Criminal Justice Process*, London: Unwin Hyman, 1989 참조.

30 Fattah, *op. cit.*

31 M. Hough and P. Mayhew, "The British Crime Survey," *Home Office Research Study* 76, London: HMSO, 1983.

32 *President's Task Force on Victims of Crime Final Report*, Washington, DC: US Government Printing Office, 1982.

33 Karmen, *op. cit.*

34 J. J. M. van Dijk, "More than a matter of security: Trends in crime prevention in Europe," in Heidensohn and Farrell(eds.), *Crime in Europe*, London: Routledge, 1991, pp. 27-42.

이러한 견지에서 Karmen은 보수주의 피해자학에 대한 자신의 이해를 피해
자운동과 연계시키고 있다. 그에 따르면, 피해자학에 있어서 보수주의와 피해자
운동은 범죄자들에게 자신의 범행에 대하여 처벌된다는 것을 알림으로써 피해
자를 만족시키는 응보적 사법정의의 보증자로서 형사사법제도를 보고 있다.35
일부 경우 피해자운동은 응보적 사법에 되돌아갈 수 있는 여건을 마련하고 그에
우선순위를 둔다는 점에서 보수주의 피해자학과 피해자운동의 상호관계가 어느
정도 더 강하다고 주장할 수 있을 것이다.

3. 급진적 피해자학(Radical Victimology)

급진적 피해자학의 출현은 피해자학이 모든 범죄피해자에게 관심을 가져야
한다고 주장한 Mendelsohn의 연구로 거슬러 올라간다. 급진적 피해자학은 급
진적 범죄학과 거의 같은 시기에 출현하였다. 비록 급진적 피해자학이 급진적
범죄학에 끼친 영향은 거의 없다는 일부의 주장에도 불구하고 이들 사상이 거의
같은 시대에 출현하였다는 점에 대해서는 일부 합의점도 찾을 수 있다.36 궁극
적으로 보면 급진적 피해자학은 경찰권의 피해자, 전쟁의 피해자, 교정제도의
피해자, 국가폭력의 피해자, 모든 종류의 억압피해자에 대한 관심을 가지고 있
는 것이다.37

Quinney에게 있어서 이들 피해자들에게는 대안적 관점의 개발이 필요하였
고, 대안적 관점은 가해자와 피해자 모두에 대한 자본주의 국가에서의 법률의
역할에 의문을 제기하고 있다. 물론 이러한 의문은 서구의 자본주의 사회에만
국한된 것은 아니며 사회주의 사회에서도 제기되는 것이기도 하다. 그 밖에도
급진적 피해자학이 갖고 있는 또 다른 장점은 피해자운동에 대한 의문을 보다
직접적으로 제기한 것이다.

급진적 피해자학은 인권을 핵심적 관심으로 하는 하나의 학문적 차원이다.

---

35 Karmen, *op. cit.*, p. 11.

36 D. D. Friedrichs, "Victimology: A consideration of radical critique," *Crime and Delin-
quency*, 1983, April: 283－294.

37 R. Quinney, "Who is the victim?" *Criminology*, 1972, November: 309－329.

인권을 포함하는 피해자학은 범죄피해자와 그들의 권리로부터 관심을 돌리지 않으며, 오히려 보다 보편적인 인권에 대한 관심을 확고하게 펼치고자 한다. 이처럼 피해자학에 대한 광의의 규정은 Mendelsohn의 업적을 반영하는 것이며, 법률적 권리부분에 여성운동이 제기한 일부 쟁점도 포함시킬 수 있다. 이러한 인권적 관점은 피해자를 만들어내는 국가의 역할에 대한 고려도 가능하게 할 뿐만 아니라 상당한 과학적 잠재력도 가지는 것으로 간주된다. Elias에 의하면, 인권기준은 피해자학에 단순히 공식적인 피해자학적 규정이 아닌, 실제 피해(actual victimization)의 보다 객관적인 척도를 포함하는 경계를 제공한다.38 Elias는 이 '객관적 척도(objective measure)'를 발전시키기 위하여 피해자학을 '인간의 상대적 고통(relative human suffering)'에 대한 관심으로 보고, 이러한 고통은 객관적으로 합의될 수 있다고 가정한다.39

이러한 관심을 공유하는 데 있어서 여성운동 내부적으로 파생된 일부를 제외하고는 그러한 시각으로부터 나온 연구결과가 많지는 않지만, 여성해방론적 피해자학을 구축하는 데 몇 가지 분명한 이론적, 이념적 문제는 남아 있다. 물론 이러한 혁신적 관점이 실증주의적 피해자학의 관점에 도전하는 점도 있지만 보편적 기준의 적용가능성을 가정함으로써 실증주의에 슬그머니 빠져들기도 한다. 이러한 피해자학의 관점은 사회를 합의적인 것으로 보지 않고 법률과 국가가 억압할 수 있는 상당한 권한을 인정하고 있다. 따라서 이러한 관점은 우리 눈에 보이는 피해자를 만들어내는 데 있어서 그리고 피해의 과정을 만들고 추가하는 데 있어서도 함의가 있다. 'Amnesty International'과 같은 조직의 관심사가 이러한 입장의 피해자학으로부터 그리 멀게 벗어나는 것은 아니다.

이와 같은 피해자학의 특수한 요소는 연구결과로 명문화, 문서화되는 것보다 오히려 수사학적인 면이 더 클 수도 있지만 그 영향은 보다 실질적인 급진적 피해자학의 또 다른 변형일 수도 있다. 급진피해자학의 이념과 맥을 같이하여 범죄학에서도 범죄피해자에게 관심을 두는 이념들이 출현하였다. 이론적으로 그리고 경험적으로 영향을 미친 '혁신적 좌파 현실주의(radical left realism)'가 범죄

---

38 R. Elias, "Transcending our social reality of victimization: Towards a new victimology of human rights," *Victimology*, 1985, 10: 6–25.

39 R. Elias, *The Politics of Victimization*, Oxford: Oxford University Press, 1986, p. 245.

피해자를 심각하게 다루고 있다. Young에 의하면, 70년대 초 범죄의 정치경제학을 주장하였던 혁신적 관점들이 범죄의 실제 피해자들을 등한시했음을 지적한다.[40] 범죄학에서의 좌파 현실주의의 출현은 사람들이 범죄피해자화의 사회적·지리적 분포의 차이를 인식하게 했다. 이를 통해 범죄피해를 실제로 '사람들이 경험하는' 문제로 보고 '정확한 피해자학(accurate victimology)'을 요구함으로써 기존 범죄학이 피해자를 제외하였던 점을 수정하려고 하였다.[41]

이러한 움직임은 실증주의와 궤를 같이 하여 지역별로 실제 범죄의 피해자에 관한 더 자세한 자료를 제공할 수 있게 하였고, 범죄란 희귀하게 발생하는 것이라는 견해를 불식시키는 데 많은 영향을 미칠 수 있었다. 또, 관습적 범죄의 피해자인 집단이 터무니없이 '상업범죄(commercial crime)'의 피해자가 되고 있음을 발견하기도 하였다.

급진적 피해자학의 인권에 대한 전념은 매우 중요한 것이지만 아직도 정치적, 개념적 의문들이 상대적으로 제대로 해소되지 못하고 있는 실정이다. 급진적 피해자학에서 적용되고 있는 인권의 개념은 매우 광범위하다. 단지 생명, 자유, 행복의 추구뿐만 아니라 개인의 존엄성과 인성의 자유로운 개발에 불가피한 경제적, 사회적, 문화적 권리와 자신과 가족의 건강과 웰빙(wellbeing)에 적절한 기준까지도 관심의 대상으로 삼고 있다.[42] 따라서 피해자의 권리(victims' rights)가 우파(right-wing)의 전유물만은 아니지만, 광범위한 인권개념을 사용하여 명확한 경계를 제시하지 못했다.

한편, 급진적 피해자학은 국가를 문제로 삼지만 역사적으로 계층을 제외한 피해과정의 특수성을 고려하지 않았으며, 또한 전통적으로 모든 법률이 다 특정한 자본주의 목표를 지향하지 않는다는 것도 고려하지 않았다고 한다.[43] 더불어, 관습적·약탈적 범죄의 피해자들이 겪는 고통에 대한 혁신주의의 무감각이 궁극

---

40 J. Young, "The failure of criminology: The need for radical realism," in R. matthews and Young(eds.), *Confronting Crime*, London: Sage, 1986, pp. 23-24.

41 J. Young, "Risk of crime and fear of crime: A realist critique of survey-based assumptions," in M. Maguire and J. Pointing(eds.), *Victims of Crime: A New deal?*, Milton Keynes: Open University Press, 1988, pp. 164-176.

42 Mawby and Walklate, *op. cit.*, p. 16.

43 D. O. Friedeichs, *op. cit.*, p. 111.

적으로 인본주의적 메시지조차 축소시킨다는 비판도 받고 있다. 혁신적 좌파 현실주의자들은 이러한 비판을 극복하기 위하여 범죄피해의 정도를 측정함에 있어서 사회적 계층뿐만 아니라 인종·성별·연령이라는 변수들도 포용하고자 한다. 이론적으로는 이들이 범죄의 구성에 있어서 국가의 역할을 인정하지만 여전히 등한시되는 쟁점이기 때문에 범죄피해 과정에 대한 부분적이고, 왜곡된 인식을 형성하고 있다.

피해자학에 있어서 혁신주의는 피해자학을 법률로 규정된 범죄의 피해자에 우선적으로 관심을 가지는 인식 틀에서 법률과 국가를 문제로 삼는 것의 중요성을 인식하는 틀로 이동시키고 있다. 그러나 이러한 인식은 대부분 법과 사회적 계층의 관계와 국가의 역할을 지나치게 단순하게 이해한다. 이들 쟁점들을 유용하게 탐구할 수 있는 일관된 연구들이 부족했고, 또한 여러 면에서 실증주의로부터 크게 벗어나지 못했다. 이러한 한계점은 비판적 피해자학에서 보완할 수 있을 것이다.[44]

4. 비판적 피해자학(Critical Victimology)

비판적이라는 용어는 여러 가지 상이한 방법으로 이용되어 왔지만 Miers는 비판피해자학을 실증주의와 관련된 한계점을 개선하고자 하였다. 그에 의하면, 다수의 개인과 집단이 피해자라는 낙인을 가질 수는 있지만, 비판피해자학은 누가 그 낙인을 적용할 권한을 가지고 있는가, 그리고 그러한 결정에서 어떤 고려사항이 중요하게 적용하는가에 의문을 갖는다.[45]

여기서 Miers는 피해자학에 있어서 실증주의의 균형을 바로잡기 위한 시도에 우선적으로 사회심리학과 상징적 상호작용주의의 관점을 활용하고자 했다. 이들 이론적 관점들은 '이상적 피해자(ideal victim)'의 개념이 일상적으로 어떻게 해석되는지에 대해서도 영향을 미칠 수 있다.

비판피해자학은 그 자신의 낙인에는 관심을 가지고 있으나, 그 낙인의 구성

---

44 *Ibid.*

45 D. Miers, "Positicist victimology: A critique. Part 2: Critical victimology," *International Review of Victimology*, 1990, 1(3): 219−230.

에는 관심을 가지지 않는다는 비판을 받기도 한다. 이것이 부분적으로는 왜 비판피해자학의 범주가 피해자학을 법률의 테두리 속에 남기게 하는가를 설명하고 있다. 또한, '비판적'이라는 용어의 사용도 그러한 낙인화과정의 기술을 더 범위가 넓은 사회적 구조에 연계시킬 수 있도록 효과적이고 대안적인 과학적 의제의 설정을 용이하게 하지 않는다.

02

범죄피해 연구와 측정

SECTION 01 범죄피해자 연구의 필요성[1]

과학적 또는 실증주의적 범죄학의 태동 이래 범죄학자들은 왜 어떤 사람은 범죄자가 되고 어떤 사람은 되지 않는가에 대한 이유를 알아내고자 노력해 왔다. 이를 위하여 그들은 범죄자는 어떤 점에서 비범죄자와 다른 면이 있는지 여부를 찾고자 노력하였다. 마찬가지로 왜 어떤 사람은 범죄의 피해자가 되고 어떤 사람은 되지 않는가는 피해자학자들의 주요 관심이 아닐 수 없다. 범죄피해는 과연 무작위로 일어나는가? 단지 우연, 불행, 불운 때문인가? 범죄피해자는 전체 국민을 대표하는 표본인가? 피해자는 비피해자와 다른 점이 있는가? 범죄자들은 자신의 표적을 선택하는가? 한다면 어떻게 하는가?

그뿐이 아니다. 왜 특정인이나 특정집단은 다른 사람이나 다른 집단에 비해 더 자주 피해를 당하는가? 왜 특정표적은 반복적으로 피해를 당하는가? 범죄피해 위험성의 차이는 어떻게 설명할 것인가? 다른 사람보다 더 범죄피해성향이 크고 취약하다면, 그 이유는 무엇인가? 이러한 피해성향의 특성은 무엇이며 취약성의 요소는 어떤 것인가? 피해자로서의 운명은 존재하는가? 반복피해자는 존재하는가? 범죄자 전형과 같이 피해자도 그 전형이 있는가? 피해자가 초래하거

---

1 E. A. Fattah, *Understanding Criminal Victimization: An Introduction of Theoretical Victimology*, Scarborough, Ontario: Prentice−Hall Canada Inc., 1991, pp. 84−86.

나 촉진되는 데 용이한 피해도 있을 수 있는가? 피해자의 몸짓, 움직임 또는 자세 등 잠재적 가해자에게 자신의 취약성을 보여주는 비언어적 신호는 있을 수 있는가?

이러한 많은 의문들은 과거 전통적 범죄학에서 연구의 주요 초점이었던 것들과는 다른 연구주제와 쟁점들을 제기한다. 더불어 범죄현상을 보다 완벽하게 그리고 그 복잡성을 자세하게 분석하고 이해하기 위해서는 범죄자와 피해자에게 동일한 관심이 주어져야 하는 것이다. 범죄현상을 더 잘 이해하기 위해서는 범죄피해자에 대한 연구가 필수적이거나 적어도 불가피한 몇 가지 이유가 있다.

많은 경우, 피해자가 의식적으로 또는 무의식적으로 동기과정(motivational process)은 물론이고 범행 이전에 범죄자의 정신적 사고(mental reasoning)나 합리화의 과정에 개입된다. 일부 경우에는 범죄행위의 동기가 특정한 피해자를 중심으로 발전되기 때문에 범행의 이유와 특정 표적의 선택이유를 이해하기 위한 과정에서 피해자의 역할과 장소가 조사되어야 할 필요가 있는 것이다.

범행이란 다수의 요소가 작용하는 과정의 산물이다. 대부분의 경우, 범죄는 단순한 행동(action)이라기보다 외적 자극과 환경적 자극에 대한 반응(reaction)이거나 과잉반응(overreaction)이라고 할 수 있다. 이들 자극의 일부는 바로 피해자로부터 초래될 수도 있으며, 따라서 피해자가 범행을 야기하는 범죄적 상황과 환경의 중요한 요소이다.

즉, 범행에 이르게 한 일련의 상호작용을 이해하지 않고는 범죄행동을 완전히 이해할 수 없다. 또한 기존의 범죄이론들이 단지 정적인 설명만 하는 데 범죄란 역동적이기 때문에 가해자, 범죄행동, 피해자가 범행에 이르게 한 전체적인 상황의 불가분의 요소로 보는 역동적 접근을 통해서만 설명될 수 있다.

범죄행위의 기원을 범죄자의 속성과 특성에서 찾으려는 것은 지나치게 단순한 접근이다. 이러한 접근법은 왜 범죄자와 동일한 속성, 동일한 특성을 가진 사람이라도 범행하지 않는가, 그리고 왜 범죄자가 특정한 상황에서 특정한 시간에 특정한 피해자에게 특정한 범행을 하는지를 설명하지 못하고, 범죄행위를 실체화하는 데 있어서 상황적 요소의 중요성을 무시하거나 의도적으로 최소화하게 된다. 피해자와, 그들의 특성, 가해자와의 관계와 상호작용, 그리고 피해 전이나 피해과정에 있어서 가해자의 동기적, 기능적 역할에 관한 연구가 범죄학을 범죄자의 속성과 자질에 대한 정적이고 일방적 연구로부터 범죄행위를 일방적 행동이 아니라 상호작용의 역동적 과정의 산물로 보는 관점으로 변화시킬 수 있다.

뿐만 아니라, 피해자에 대한 연구는 일반적인 정보로서의 가치도 가지고 있다. 범죄피해의 빈도와 유형에 관한 정보를 제공하여 위험확률의 측정과 위험수위의 설정을 가능하게 해 준다. 또한 범죄피해에 대한 성향, 두려움, 반응, 그리고 피해의 결과와 영향에 관한 정보도 제공해 준다. 바로 이러한 정보는 합리적 형사정책의 마련, 범죄예방전략의 평가, 취약한 표적을 보호하기 위한 대책 마련, 안전의 향상, 삶의 질의 향상을 위해서 반드시 필요한 것이다.[2]

전통적으로 특히 경찰과 법원 등의 형사사법절차에서 피해자는 형사사법의 사결정에 강력한 영향을 미친다. 대다수의 경우, 피해자는 사건을 신고하거나 안 함에 따라 형사사법제도나 기관을 동원하고 안 하고를 결정한다. 더구나 피해자의 특성, 태도, 행위와 그들의 가해자와의 관계가 경찰이 사건을 공식적으로 처리할 것인지 비공식적으로 처리할 것인지를 결정하는 데 중요한 영향을 미치게 된다. 따라서 피해자에 대한 연구는 형사사법제도의 기능에 대한 이해의 향상뿐만 아니라 형사사법제도의 의사결정능력의 향상에도 지대한 영향을 미치게 된다. 이를 위해서는 형사사법에 있어서 피해자의 역할에 대한 이해가 필요하다.

범죄피해자에 대한 사회의 의무를 보다 충실하게 수행하고 피해자를 돕기 위하여 피해자에 대한 범죄의 영향과 결과에 대한 깊이 있는 지식을 가져야 한다. 상이한 범죄피해자의 다양한 필요에 대한 적절한 지식은 피해자 부조와 보상과 같은 효과적인 피해자 서비스를 위한 전제이다. 형사사법제도에 대한 피해자의 인식과 태도, 범죄피해를 신고하지 않는 이유, 형사사법제도에 협조하지 않으려는 이유를 보다 잘 이해함으로써 그들의 인식을 향상시키고 협조를 증진시킬 수 있다.

현대 범죄학은 기회의 개념에 더 많은 관심을 보이고 있다. 다수 범죄의 범행은 대체로 그러한 범죄를 범할 기회의 기능으로 이해되고 있다. 기회는 다시 잠재적 피해자의 행위에 의하여 상당한 영향을 받는 것으로 간주되고 있다. 이

---

2 I. Anttila, "Victimology: A new territory in criminology," in *Scandinavian Studies in Criminology*, Vol. 5, Oslo: Universitetsforlaget, 1974, pp. 7–10; Fattah, *op. cit.*, p. 85에서 재인용.

러한 이유로, 피해자의 행위와 태도에 대한 이해의 증진은 범죄예방에 상당한 가치를 가지고 있다. 피해자에 기초한 범죄예방 전략은 전통적인 가해자에 기초한 것보다 몇 가지 장점을 가지고 있다. 피해자에 기초한 예방은 표적을 견고히 하고, 범행을 더 어렵고 그래서 별 이익이 되지 못하게 하는 데 목적이 있다. 이러한 환경적 접근에 있어서 잠재적 피해자의 역할은 우선적인 것이다.

그러나 이러한 피해자 중심의 연구에도 위험은 따르기 마련이다. 우선, 실질적인 위험은 관심의 대상이 개별 범죄자로부터 개별 피해자로 이동할 수 있는 가능성이다. 이처럼 가장 협의관점에서의 개인 중심의 연구는 범죄자와 피해자를 독립적인 것으로 간주하게 된다. 물론 좀 더 세련된 연구라면 상호작용 과정과 일반적인 상황적 요소도 고려하지만, 심지어 그렇다고 하더라도 사회일반과 범인성의 정도와 관련된 문제가 무시된다면 연구결과도 의사결정에는 크게 중요한 것이 되지 못한다. 또한, 피해자 중심의 연구에 있어서 관심의 증대는 개별 피해자가 쉽게 파악될 수 있는 범죄행위의 유형에 대한 지나친 강조로 이어질 수 있다. 이는 폭력, 절도, 성폭력과 같은 전통적 유형의 범죄에 대한 연구의 집중을 초래하게 된다. 그 결과, 쉽게 피해자를 파악할 수 없는 상당 부분의 범죄는 외면당하게 된다.

SECTION 02 범죄피해의 측정

범죄피해의 정도를 측정한다는 것은 형사사법기관이나 범죄연구자들의 오랜 숙원이라고 할 수 있다. 이를 위하여 이들은 세 가지 주요 자료에 의존하고 있다. 첫 번째 자료인 공식범죄통계는 가장 전통적이고 보편적인 것이지만 적지 않은 문제점이 지적되어 그 대안의 필요성이 요구되어 왔다. 그 결과 나타난 대안이 사람들에게 일정 기간 동안 자신이 범한 범행에 관하여 묻는 소위 자기보고식조사(self-reported survey)가 보편적 대안으로 활용되었으나 피해자학의 목적을 위해서는 매우 제한적이라고 할 수 있다. 여기서 사람들에게 자신이 피해를 당한 사건에 관하여 질문하는 피해자조사(victim survey)가 피해자학적 목적에 더 합당한 세 번째 대안으로 등장하게 되었다.

범죄측정이라는 공동의 목표에도 불구하고 이들 전략의 어느 것도 단독으로는 우리 사회에 과연 어느 정도의 범죄피해가 발생하는가라는 의문에 충분하고 결정적인 답을 제공하지는 못한다. 각각의 방법이 범죄문제를 다른 시각에서 보고 있으며, 확연한 장점과 결함을 동시에 가지고 있다.

1. 공식범죄통계(Official Crime Statistics)

통계란 중요한 정보를 나타내는 의미 있는 수치이다. 피해자학자들은 연구를 위하여 범죄와 피해자에 관한 정확한 통계를 필요로 한다. 통계를 수집하고, 계산하고, 분석함으로써 피해자학자들은 누가 강도를 가장 많이 자주 당하며, 강도가 공격할 때 자신을 어떻게 보호하는가 등을 알아낼 수 있게 된다. 이를 위하여 피해자학자들은 처리나 가공되지 않은 수치(raw numbers), 계산된 비율 (computed rates), 찾을 수 있는 유형(detectable patterns), 보여줄 수 있는 추세 (demonstrable trends), 그리고 통계적으로 끌어낸 전형(profiles) 등을 관찰하게 된다.[3]

가공되지 않은 수치는 '지난 해 100명이 살해되었다'는 것처럼 실제 피해빈도를 보여주고, 피해율은 '인구 10만 명당 피살률'과 같이 피해위험성을 비율 또는 백분율로 표현하는 것이다. 유형은 '살인이 농어촌보다 도시지역에서 더 많이 발생한다'는 것처럼 자료의 분석으로부터 나오는 관계나 연계를 반영하는 것이며, 추세는 '지난해에 비해 피살될 위험이 증감하였다'와 같이 연도가 바뀜에 따라 조건이 어떻게 변하는가를 나타낸다. 또한 이러한 전형은 피살자의 대부분이 도시의 가난하고 젊은 남자라는 식으로 주어진 상황에서 보편적이거나 일반적인 인상을 나타내는 통계적 초상이다.

그런데 공식범죄통계는 다음과 같은 장점과 특징을 가지고 있다고 한다. 먼저, 범죄자료를 매년 정기적으로 취합함으로써 연도별, 지역별 비교를 가능케

---

3 A. Karmen, *Crime Victims: An Introduction to Victimology* (4th ed.), Belmont, CA: Wadworth, 2001, p. 42.

한다는 점이다. 두 번째는 공식통계는 표준화된 범죄규정을 적용함으로써 범죄유형별 비교를 가능하게 해 준다. 세 번째는 공식통계가 특정한 범죄에 대한 다량의 상세한 정보를 수집하기 때문에 범죄와 범죄자에 대한 유형과 추세를 파악하는 데 매우 유용하다.[4]

이와 같은 여러 가지 장점과 유용성에도 불구하고 범죄통계는 범죄의 상태에 대한 정확한 척도라고는 할 수 없다. 공식적으로 기록된 범인성은 실제 범인성의 표본에 지나지 않는 것이어서 공식적으로 기록된 범인성과 실제 범인성간에는 항상 간극이 있기 때문이다. 실제 또는 전체 범인성은 항상 알려지지 않은 계수일 수밖에 없는 것이다. 공식통계는 통계를 수집, 정리, 처리하는 데 이용되는 방법상의 문제점에 기인한 몇 가지 결함을 갖고 있다. 통계의 정확성과 그로 인한 통계의 활용도는 암수(dark figure)의 존재로 더욱 타격을 받기 마련이다. 여기서 암수란 실제 범행은 되었으나 이런 저런 이유로 발각되지 않고, 신고 되지 않았으며, 따라서 기록되지 않은 모든 범죄라고 할 수 있다.

이러한 공식범죄통계의 다양한 문제점에 대해서는 이미 잘 알려져 있지만 주요한 문제점을 요약한다면 다음과 같다. 우선, 경찰통계는 발각되고, 신고되고, 기록된 범행에 국한되며, 법원이나 교정통계는 더욱 제한적이다. 다시 말해 피해자나 목격자가 경찰에 신고하지 않은 어떠한 사건이라도 통계에서 제외되기 때문에 사회의 실제 범죄수준을 대체로 과소보고하기 마련이어서 공식통계는 범죄활동보다는 경찰활동을 반영하는 것이라고 할 수 있다.

또한, 범죄나 범죄자에 대한 공식통계는 통계를 작성하는 형사사법기관의 한계와 편견에 따라 그리고 능력과 열의에 따라 달라지게 된다. 기관에 따라서는 자신의 문제를 숨기거나 인상을 제고하기 위하여 통계를 왜곡하거나 불완전한 자료를 제공할 수도 있는 것이다.[5]

그리고 공식범죄통계는 여러 가지 인위적 요인의 영향을 받기 때문에 범죄의 실질적인 변화가 없이도 통계상 변화가 나타날 수도 있는 것이다. 예를 들어,

---

4 W. G. Doener and S. P. Lab, *Victimology* (2nd ed.), Cincinnati, OH: Anderson Publishing Co., 1998, p. 24.

5 R. McCleary, B. C. Nienstedt, and J. M. Erven, "Uniform crime reports as organizational outcome: Three Time−series experiments," *Social Problems*, 1982, 29: 361−372.

경찰력의 증강이나 정책의 변화, 암수의 변동, 경찰활동의 효율성 등으로 인하여 범죄통계의 변화가 초래될 수도 있다. 그리고 공식범죄통계는 범죄수치를 범죄율과 관련된 생태학적 변수나 요소와 연계시키지도 않는다. 더구나 공식범죄통계는 범죄에 대하여 범죄학적 분류보다 법률적 분류를 활용하기 때문에 범죄학적 분류에 따라 다소 동질적 범주로 재분류되지 않는 한 사회과학자들에게는 큰 도움이 되지 않는다.6

피해자학과 관련하여 공식범죄통계의 더 중요한 문제는 공식통계가 범죄자와 피해자에 대한 충분한 정보와 자료를 제공하지 못한다는 것이다. 즉, 공식통계는 피해자, 피해자의 여건, 범행의 상황에 대한 정보나 기타 가치 있는 정보를 거의 담고 있지 않다. 이러한 사실은 법집행기관이 범죄피해자보다는 범죄자를 다루는 것을 더 지향하기 때문에 전혀 놀라운 것은 아니다. 특히 피해자학의 중요한 관심사항 중의 하나가 피해자와 가해자의 관계라는 점을 고려한다면 더욱 문제가 된다. 따라서 공식통계는 범죄피해의 이해에는 큰 도움이 되지 못하며 그 결과 범죄피해의 연구에 중요한 자료와 정보를 얻을 수 있는 다른 대안을 모색하게 되는 것이다.

2. 자기보고식조사(Self-report Survey)

일부에서는 숨은 비행연구(hidden-delinquency studies)로도 일컬어지고 있는 이 자기보고식조사는 범죄, 비행, 그리고 무엇보다도 형사사법기관에 의하여 발각되고, 검거되고, 처리되지 않은 범죄자들에 관한 자료를 보완하는 대안이라고 할 수 있다. 그래서 피해조사와 이 숨은 비행 연구, 즉 자기보고식조사는 동전의 양면이라고 할 수 있다. 피해조사에서는 표본으로 선택된 조사대상자들에게 정해진 기간 동안 특정한 범죄의 피해를 경험하였는지 여부와 피해를 당했다면 피해사실을 경찰에 신고하였는지 여부를 묻게 된다. 자기보고식조사에서는 조사대상자들에게 정해진 기간 동안 특정한 비행이나 범죄행위를 범하였는지 여부와 검거여부에 대해서 묻게 된다.

지금까지 자기보고식조사는 몇 가지 중요한 사실을 발견하였으며 범죄학의

---

6 Fattah, *op. cit.*, p. 27.

발전에도 기여한 바가 적지 않다. 우선, 비행의 빈도와 분포에 관한 일부 광범위하게 알려졌지만 잘못된 신념이 지적되었고, 둘째로 낙인 이론적 관점의 발전에 간접적으로 도움을 주었다. 뿐만 아니라, 자기보고식조사는 비행이 과거 우리가 생각했던 것처럼 하류계층의 전유물이 아니며 전 계층에 분포하며 오히려 사회계층보다는 나이와 더 관련된 것으로 파악되고 있다. 또한 절대 다수의 사람들이 생애 한 번 이상 기존법률에서 범죄행위로 분류될 수 있는 행위를 행하였지만 단지 그 중 극히 일부만 발각되고, 검거되고, 기소되어 처벌을 받는다는 사실을 밝히고 있다. 더구나 비행을 하지만 공식적인 형사사법절차를 거치지 않은 대부분의 청소년들은 법을 준수하는 시민으로 성장하고 범죄와 무관한 정상적인 삶을 영위한다는 사실도 지적하고 있다. 따라서 자기보고식조사의 주요한 공헌은 적어도 대부분의 남자 십대 청소년들의 생활에서 비행이란 '정상적(normal)'이고, '발전적(developmental)'이며, '일시적(transitory)'인 단계 또는 과정으로 본다는 점이다.[7]

3. 피해자조사(Victim Survey)

1) 개   관

피해자조사의 도입은 의심의 여지가 없이 범죄학의 지난 40여 년 중 가장 흥미로운 진전의 하나라고 할 수 있다. 조심스럽게 진행된다면 피해자조사는 일부관점에서는 공식통계보다 우수한 범죄 자료를 제공할 수 있다. 피해자조사방법에 의한 자료와 공식수치를 비교하면 조사에 포함된 범행의 암수범죄 규모를 추정할 수 있게 해 준다. 공식수치로 볼 수 있는 것보다 범죄의 상태에 대한 보다 현실적인 그림을 제공할 뿐만 아니라 피해자조사는 공식통계보다 다음과 같은 장점을 가지고 있다.

피해자조사는 만약 좋은 설문지가 사용되고 면접자가 잘 훈련만 된다면 형사사법기관에 의하여 수집된 것보다 더 자세한 정보를 제공할 수 있다. 피해자조사가 보여주는 범인성의 시간적, 지리적 분포에 대한 그림은 공식통계에 의하여 제공되는 것보다 범죄의 현실에 더 가깝다. 또한 피해자조사는 보통 범죄피

---

7 E. Doleschal, "Hidden crime," *Crime and Delinquency Literature*, 1970, 2(5): 546−572.

해의 위험성이 높고 낮음에 관련된 다수 요인에 관한 자료와 다양한 집단의 위험성 분포에 관한 자료를 제공해 준다. 그리고 피해자조사는 범죄피해 이후 피해자가 겪는 영향, 피해의 결과, 그리고 범죄피해에 대한 피해자의 대응에 관한 정보도 제공해 준다. 한편, 피해자조사는 다양한 형사사법기관과 그들의 업무수행결과, 그리고 각 기관이 고객에게 제공하는 서비스의 질을 평가할 수 있게 하며, 이웃감시와 같은 범죄 감소와 예방을 위한 프로그램의 효과성을 평가할 수 있게 해 주기도 한다. 더불어 피해자조사는 형사사법기관과 피해자의 상호작용의 정도나 상호작용의 부족함에 대한 정보를 제공하며, 형사사법기관의 업무수행과 그들에 대한 피해자의 만족도를 측정할 수 있게 해 주어서 결국 사법제도에 대한 공공의 태도를 측정할 수 있게 해 준다. 뿐만 아니라 피해자조사는 시민들의 범죄피해에 대한 두려움과 실제 피해위험성이나 피해경험과의 관계도 측정할 수 있어서 객관적 피해위험성과 그러한 위험성에 대한 주관적 인식의 차이를 알 수 있다. 끝으로 피해자조사는 자신의 피해사실을 경찰에 보고하지 않는 피해자의 수와 그들의 특성 및 피해사실을 신고하는 피해자와의 차이점에 관한 가치 있는 정보를 제공해 주며, 이는 특정한 범죄피해를 신고하지 않는 이유도 알 수 있게 해 준다.[8]

2) 피해자조사의 발전

(1) 제 1 세대 피해자조사

초기의 피해자조사는 이러한 조사를 통하여 과연 일반시민들로부터 민감한 정보를 얻을 수 있을지 여부와 형사사법기관이 이렇게 얻어진 피해자에 기초한 사실들을 어떻게 이용할 수 있는지를 검증하기 위한 일련의 광범위한 타당성연구에 지나지 않는다고 할 수 있다. 이를 위하여 면접자가 조사 참여자에게 지난 12개월 동안 자신에게 일어났던 사건에 관하여 묻고 그 중에서 가장 최근 발생한 두 사건과 가장 심각했던 두 사건에 관한 보다 상세한 정보를 얻으려고 했다.

이 조사결과는 매우 극적인 것이었지만 그 유용성을 의심할 만한 충분한

---

8 Fattah, *op. cit.*, pp. 30−31.

문제점도 발견되었다. 우선, 경찰이 인지한 것보다 두 배 이상의 범죄가 발생하였다는 주장은 매우 적은 수의 피해자에 기초한 것이어서 극소수의 관찰만으로 그러한 결론을 추정한다는 것은 문제라고 할 수 있다.[9] 두 번째로 조사된 사건을 일련의 전문가 집단에 의뢰한 결과 그 중 1/3 이상이 실제 범죄사건이 아닌 것으로 판명되어 제외되었다고 하는데, 이는 결국 조사설문의 글귀나 문항에 결함이 있을 수 있음을 보여주고 있다. 세 번째 문제는 바로 주관적 기억과 관련된 것이다. 즉, 일부 참여자들이 사건이 발생한 정확한 시기를 잘못 알고 있어서 조사기간이 지난 사건까지 포함시키고 있었다는 지적이다. 이와 관련된 또 다른 문제는 바로 기억력의 문제로서 조사기간 내에 일어난 사건임에도 잊어버리고 제대로 응답하지 않았다는 것이다. 여기서 조사기간이 지난 것까지 포함시키는 소위 '끼워넣기(telescoping)'는 사실보다 과장하는 것이고 반대로 '기억력 쇠퇴(memory decay)'는 사실보다 피해를 축소하게 된다. 따라서 조사결과의 정확성은 이 두 가지 상이한 문제의 균형에 달린 것인데 만약 정확하게 끼워넣기와 기억력 쇠퇴가 상쇄되지 않는다면 조사결과 추정치는 부정확한 것일 수밖에 없게 된다.[10] 또 다른 문제는 표본과 관련된 것으로서 표본이 무작위로 추출되지 않았고, 18세 이하는 제외되었으며, 모든 범죄가 가정에 대한 범죄로 계산되었기 때문에 편견의 여지가 있는 것으로 지적되었다. 그 밖에도 설문의 개념상의 문제, 범죄발생지역의 불분명, 범행이 아니라 피해자의 계산 등도 문제로 지적되었다. 이러한 문제에도 불구하고 시민들은 자신의 피해경험에 관한 질문에 기꺼이 답할 의향이 있다는 것을 알게 되었고 따라서 더 세련된 피해자조사의 필요성을 각인시켜 주었다는 긍정적인 공헌도 하였다.[11]

(2) 제 2 세대 피해자조사

2세대 피해자조사는 1세대 조사에서 지적되었던 조사대상자의 기억 정확도를 검증하기 위한 노력이라고 할 수 있다. 여기서 이용되었던 전략은 경찰기록

---

9 J. Garofalo, "Victimization surveys," in B. Galaway and J. Hudson(eds.), *Perspectives on Crime Victims*, St. Louis, MO: Mosby, 1981, p. 99.

10 A. L. Schneider, W. R. Griffith, D. H. Sumi, and J. M. Burcart, *Portland Forward Records Check of Crime Victims*, Washington, DC: National Institute of Law Enforcement and Criminal Justice, 1978, pp. 18 – 19.

11 Doerner and Lab, *op. cit.*, p. 31.

과 피해자조사 자료를 비교하는 것이었는데 소위 '역방향 기록 검사(reverse records check)'와 '순방향 기록 검사(forward records check)'가 그것이다. '역방향 기록 검사'는 먼저 경찰기록에서 피해자를 찾아서 이들에게 피해자조사를 행하여 그 결과를 경찰기록의 내용과 비교, 평가하는 것이다. 실제 검사결과, 통상 3개월이 지나면서 점점 더 기억해 내지 못하였으며 범행유형에 따라서도 기억력의 차이가 있었고 적지 않은 '끼워넣기'현상도 발견되었다고 한다.[12]

한편, '순방향 기록 검사'는 먼저 조사 대상자에게 피해조사를 한 다음, 그 내용을 경찰에 확인하는 방식이다. 실험 결과, 자신의 피해사실을 경찰에 신고하였다고 답한 조사 대상자의 1/3 가량이 경찰기록에서 찾을 수 없었으나, 확인된 사례의 경우는 경찰기록과 조사내용이 매우 유사하였다고 하지만 '끼워넣기'의 문제는 여전하였다고 한다.[13] 이러한 '끼워넣기'의 문제를 해결하기 위하여 일부에서는 일종의 기간별 '묶음(bounding)'을 제안하는데, 예를 들어서 매 분기별 피해사실을 따로 따로 물어서 지난 12개월 동안의 피해를 종합하자는 것이다.

이들 제2세대 피해자조사는 그 이후의 조사도구에서 개선되었던 다수의 요인들을 파악하는 데 기여한 것으로 알려지고 있다. 우선, 과거 피해에 대한 매우 일반적인 질문보다는 구체적인 질문을 함으로써 더 정확한 정보를 얻을 수 있고 더 정확하게 기억해 낼 수 있다는 것을 알게 되었다. 또한 가급적 짧은 기억기간(6개월 이내)을 정함으로써 끼워넣기나 기억력 쇠퇴의 문제를 상당히 줄일 수 있었으며, 분기별로 기간을 묶음으로써 끼워넣기의 문제도 상당히 줄일 수 있었다. 개별 조사대상자 스스로에게 자신의 피해에 대해서만 답하게 하는 것이 가구주를 대상으로 가족들의 피해까지 조사하는 것보다 바람직하며, 끝으로 설문문항을 조심스럽게 만듦으로써 공식통계의 규정에 근접하게 하여 두 자료를 비교할 수 있게 하였다.[14]

---

12 M. J. Hindelang, *Criminal Victimization in Eight American Cities: A Descriptive Analysis of Common Theft and Assault*, Cambridge, MA: Ballinger, 1976, pp. 46–53.

13 Schneider et al., *op. cit.*

14 Hindelang, op. *cit.*, pp. 57–68.

(3) 제 3 세대 피해자조사

미국의 전국범죄조사(National Crime Survey)로 대표되는 것으로서 초기 기술적 연구에서 지적된 다수의 지적들을 함축한 조사였다. 끼워넣기나 기억력 쇠퇴의 문제를 해결하기 위하여 면접을 6개월 단위로 묶어서(bounding) 3년 동안에 걸쳐 가구주가 아니라 가구의 구성원 모두를 대상으로 실시하였다. 이 전국범죄조사가 직면했던 부담의 하나는 바로 조사대상에서 빠지는 사람과 남는 사람의 문제였다. 즉, 이 조사에서는 표본이 거주자가 아니라 가구를 기초로 이루어졌기 때문에 첫 조사의 참여자가 이사를 나가고 새로운 거주자가 입주하게 되어 사실상 조사대상자가 바뀌게 되는 경우가 생기게 되었다.

(4) 제 4 세대 피해자조사

전국범죄피해조사(National Crime Victimization Survey)라고 하는 것으로서, 지금까지 지적된 문제점이나 보완할 필요가 있는 사항을 개선하기 위한 시도였다. 우선 참조기간을 더 짧게 하여 응답자의 기억을 향상시킬 수 있는지를 시험하였는데, 그에 따르는 비용이 지나쳐서 그 이후에는 활용되지 않았다. 또한 응답의 정확성을 높이기 위해 피해에 대한 자세한 설명을 제공하는 시도(probing, screen questions)도 하였는데 이는 오해의 소지가 있어서 더 개선될 여지가 있는 것으로 판명되기도 하였다. 한편, 조사기간에 이사를 가게 되는 문제를 해결하기 위하여 가구가 아니라 조사 대상자를 기초로 표본을 추출하자는 제안도 추적에 따른 시간과 노력 등 절차적 문제로 타당성이 없는 것으로 판명되기도 하였다.

3) 피해자조사의 문제점과 한계

(1) 일반적 문제점

가. 표   본

표본의 대표성이 확보되지 않는다면 정보의 신뢰도(reliability)에 문제가 생기고 따라서 결과의 일반화(generalization)가 어려워지는 것인데, 일반적으로 진정한 대표성이 있는 표본을 추출하기란 매우 어렵다. 특히 전국 단위로 이루어지는 피해자조사의 경우는 표본의 대표성을 확보하기가 더욱 어려운데 실제로 과대표출(overrepresentation)과 과소표출(underrepresentation)을 경험하고 있다.

가구를 표집 대상으로 하고 18세 이상 거주자만을 면접하기 때문에 기업이나 18세 이하 시민의 피해조사는 제외되기 마련이다. 또한 면접자가 주로 주간에 가정을 방문하여 면접하기 때문에 직장생활을 하지 않는 주부나 노인 등이 과대 표출되고 직장인은 과소 표출되고 있다. 또한 조사대상이 되는 강력범죄는 비교적 발생빈도가 높지 않기 때문에 표본의 크기가 충분하지 않으면 사례의 수가 불충분해지고 통계적 분석이 어려워지게 된다.[15]

　　그리고 표본의 모든 구성원을 다 면접할 수 없는 것도 문제가 되고 있다. 지정된 사람이 이사를 가고 추적이 불가능하거나, 표출된 가구가 빈집일 수도 있고, 또 모든 면접대상자가 다 면접에 응하지 않을 수도 있으며, 면접에 응하더라도 모든 질문에 성실하게 응답하지 않을 수도 있기 때문이다.

나. 비　용

　　표본의 대표성을 확보하기 위해서도 충분한 크기의 표본이 필요하지만 지나치게 큰 표본은 실질적으로 큰 비용의 부담을 요하게 된다. 피해자조사의 비용문제는 대체로 지나치게 큰 전국 규모의 표본과 면접자가 가구를 방문하여 대면면접(face-to-face interview)을 이용한다는 점에 기인하고 있다. 따라서 표본의 크기를 줄임으로써 일부 비용문제를 해결할 수도 있으나 이는 표본의 대표성을 심각하게 훼손할 수 있기 때문에 일부에서는 우편을 통한 설문조사나 전화면접의 방법을 활용하기도 한다.

(2) 오　류

가. 고의적 오류(Deliberate Errors)

　　피해자조사는 전적으로 조사에 협조하고 질문에 정보를 제공할 응답자의 선의와 의지에 의존하게 된다. 뿐만 아니라 정보의 정확성은 응답자의 성실성, 진실성, 그리고 질문을 이해하고 피해사건을 기억할 수 있는 능력에 달려 있다. 그러나 문제는 어떤 표본에서나 정직하지 않거나 자신의 피해에 대하여 모두 털어놓지 않는 응답자가 있기 마련이다. 그런데 응답자가 자신의 범죄피해에 관하여 진실을 숨기면서도 면접자를 만족시키고 협조적인 것처럼 보이게 하는 두 가

---

15 Fattah, *op. cit.*, p. 35.

지 방법이 있다.

우선, 거짓말은 의도적으로 면접자에게 정보를 잘못 전하거나 판단을 그르치게 하는 것을 의미한다. 응답자가 사건을 만들어 내거나, 사실을 과장하거나 왜곡하고, 의도적으로 경미하거나 해당되지 않는 사건을 크게 부풀리는 등이 여기에 해당된다. 또한 응답자들은 피해의 심각성이나 정도, 빈도, 발생일자, 손실의 정도, 범죄자의 속성, 또는 행동의 특이성 등에 관해서도 거짓말을 할 수 있다.

한편 자신의 피해사실을 면접자에게 말하지 않는 경우도 있다. 여러 가지 이유로 응답자들은 조사에 응하기는 하지만 자신이 경험한 피해를 면접자에게 말하지 않거나 피해사실은 말하지만 더 이상 자세한 내용에 대해서는 말하려 하지 않을 수도 있다. 특히 가정폭력이나 성폭력 피해자에게서 이러한 경우를 쉽게 찾을 수 있다. 따라서 이러한 유형의 범죄피해는 과소보고(underreport)될 가능성이 있는 것이다.

나. 비의도적 오류

피해자조사에서 의도하지는 않았지만 있을 수 있는 오류는 피해사실을 모르거나(unknowing), 잊어버렸거나(forgetting), 피해시기를 잘못 알고 있거나(telescoping), 질문을 오해하거나(misunderstanding the questions), 사건을 잘못 알고 있어서(misdefining the incidents) 생기는 오류라고 할 수 있다.

여기서 설명이 필요한 것은 응답자들이 자신의 피해발생시기를 제대로 기억하지 못해서 일어나는 착오에 기인한 것이다. 물론 이것도 기억력과 관련된 것인데, 시간이 흐름에 따라 응답자들의 기억력도 쇠퇴해지기 때문에 피해발생시기를 정확하게 기억하지 못해서 조사기간 외에 발생한 사건을 기간 내에 발생한 것으로 잘못 아는 경우이다. 조사기간 전에 발생한 사건을 기간 내에 발생한 것으로 기억하여 응답할 수 있으며, 조사기간 이후에 발생한 것을 기간 내에 발생한 것으로 잘못 알고 응답하기도 한다. 이러한 문제를 해결하기 위한 방안으로 조사기간을 분기별로 묶어서 조사하거나 조사대상기간을 짧게 할 것을 제안하고 있다.

(3) 한 계

과연 피해자조사가 범죄피해를 제대로 측정할 수 있다는 가정이 옳은가? 범죄피해자조사는 피해자가 분명하게 파악될 수 있는 범죄사건의 피해를 측정하는 데 초점이 맞춰져 있다. 따라서 기업범죄나 피해자 없는 범죄의 피해를 측정하는 데는 문제가 발생하게 된다. 피해자 없는 범죄의 경우는 피해자가 동시에 가해자이기 때문에 문제가 있고, 기업범죄는 피해자들이 일반적으로 피해사실을 잘 알지 못하기 때문에 문제다.

또한 피해자조사는 사람들의 기억력과 참여의지 또는 비용의 문제로 대부분 쉽게 기억될 수 있는 중요범죄로 제한하기 때문에 모든 유형의 범죄피해를 다 조사할 수 없다. 뿐만 아니라 피해자조사는 18세 또는 12세 이상의 사람으로 조사대상을 제한하기 때문에 대상에서 제외된 사람들의 피해도 조사될 수 없다. 또한 피해자조사는 사람을 중심으로 하기 때문에 일부 조직도 피해자가 될 수 있음에도 불구하고 조사에서 제외되고 있다. 이러한 이유로 피해자조사도 사회의 범죄피해를 완전히 측정하는 데 한계가 있다는 지적을 받고 있다.

(4) 피해자조사와 공식통계의 비교

피해자학자들에게는 피해자조사가 공식통계보다는 훨씬 더 다양한 통계를 제공하고 있다. 그러나 공식통계도 나름대로의 장점이 있으며 따라서 피해자조사와 공식통계가 배타적이라기보다는 상호 보완적인 것으로 고려되어야 한다.

공식통계는 살인피해자에 관한 정보를 얻을 수 있는 유일한 근원이며, 지리적으로 기초한 자료를 얻을 수 있는 곳이기도 하다. 그러나 공식통계는 강도나 강간을 당한 사람들에 관해서는 어떠한 기술도 제공하지 못한다. 이에 비해, 피해자조사는 경찰에 신고되지 않은 사건에 대해서도 정보가 수집되기 때문에 보다 포괄적이고 완전하다고 할 수 있다. 매년 정기적으로 하는 피해자조사는 지역사회 주민과 경찰의 긴장이나 협조의 수준과 정도, 법집행기관의 기록능력의 향상, 강력한 집중단속 등의 영향을 받지 않는다. 그러나 피해자조사는 응답자의 진술에 전적으로 의존해야 하며, 또한 조사대상에서 제외되는 사람들의 피해에 대해서는 어떠한 정보도 제공할 수 없다.

한편, 공식통계와 피해자조사가 동일한 범죄에 대한 자료를 수집하더라도 때로는 양자가 엄격하게 비교되지 못할 수도 있다. 우선, 강간과 같은 일부 범죄의 개념이 같은 수치라도 동일한 사건을 계산한다고 보기 어려울 수 있다. 또한 공식통계에서는 인구 10만 명당 발생건수를 계산하지만 피해자조사에서는 12세 이상 인구 1,000명당 피해건수로 계산하고 있다. 따라서 양자를 비교할 때 많은 문제가 생길 수 있고, 더구나 피해자조사는 추정치에 불과하며 표본오류(sampling error)의 가능성이 항상 존재하기 때문에 더욱 그렇다.16

SECTION 03 범죄피해의 정도와 유형

1. 범죄피해정도의 지표

범죄피해의 빈도와 양을 평가하기 위하여 여러 가지 다른 지표(indicators)가 이용될 수 있으나, 건수(figures)와 비율(rates)이 가장 보편적인 지표로 이용되고 있다. 건수는 범죄피해의 빈도(incidence)를 나타내는 지표이며, 비율은 범죄피해의 유포정도(prevalence)를 나타내는 지표라고 할 수 있다. 건수는 우리에게 특정지역에서 정해진 기간 동안 얼마나 많은 피해사건이 경찰에 신고 되거나 피해자조사에 보고되었는가를 알려주는 것이다. 2005년에 서울시에서 1,000건의 강도피해가 보고되었다고 하는 것을 예로 들 수 있다. 그러나 피해건수만으로는 그것이 인구규모, 가구 수, 자동차 대수와 관련되지 않는 한 범죄피해가 얼마나 확산되고 널리 퍼져있는지 그 정도를 알 수가 없다. 그래서 우리는 2005년 서울시민 10만 명당 10건의 폭행피해가 보고되었다라고 함으로써 피해정도에 대해서 더 많은 것을 알 수 있게 된다.

이러한 유용함에도 불구하고, 이들 두 지표가 완전한 것은 아니다. 우선 피해자조사에서 나온 수치나 건수는 단지 추정치(estimates)에 불과하며 따라서 오류의 가능성이 있고, 또한 비율도 범죄피해분포의 비대칭이나 왜곡으로 인하여 호도될 수도 있기 때문이다. 피해자조사로 나타난 수치는 추정치에 불과하다.

---

16 Karmen, *op. cit.*, p. 53.

즉, 정해진 기간 동안 표본의 범죄피해만 측정하므로 전국 규모의 조사라고 할지라도 전 국민의 모든 범죄 피해사건을 측정하지는 못한다. 따라서 모든 다른 추정치와 마찬가지로 피해의 추정도 오류가 발생하는 것이다. 물론 오류의 정도는 표본의 크기와 대표성과 이용된 방법론 등 다수의 요소에 따라 달라질 수 있다.[17] 한편, 범죄 피해비율이 호도될 수 있다는 것은 보통 범죄 피해발생비율을 인구 10만 명당 몇 건으로 나타내는데 이는 인구 10만 명당 몇 사람이 그 범죄의 피해를 당할 것이라는 의미를 가지고 있다. 그러나 범죄피해는 전체 인구에서 동일하게 또는 균등하게 분포되는 것은 아니다. 따라서 일부 인구 집단은 거의 피해를 겪지 않는 반면 소수의 사람들은 반복적으로 피해를 입는 편중현상이 나타난다. 그러므로 복수피해자화(multiple victimization)라는 측면을 간과하고 인구 10만 명당 피해건수(피해비율)를 피해자화 위험성(risk)의 지표로 보는 것은 매우 잘못된 일이다. 즉, 복수피해자화는 반복적으로 피해를 당하는 불행한 소수집단이 직면한 위험성은 과소평가하고 반대로 피해를 거의 경험하지 않는 일반시민들의 위험성은 과대평가하게 되기 때문이다.[18]

2. 일반적 이해

범죄피해의 빈도와 그 가시성을 이해하는 데는 몇 가지 보편적 경험이 적용되고 있다. 우선, 범죄피해가 심각할수록 그 발생빈도는 낮아진다는 것이다. 즉, 폭력피해가 보편적으로 기타 범죄에 비해 적게 발생하고 피해빈도도 낮음에도, 폭력범죄가 재산범죄보다 더 심각한 것으로 간주된다. 따라서 폭력범죄가 재산범죄에 비해 적게 발생하고 피해빈도도 낮기 마련이다. 그러나 일부 범죄피해는 매우 희박하지만 그러한 범죄피해가 지나치게 심각한 것이어서가 아니라 그러한 범죄가 발생하는 상황이 보편적이지 않기 때문인 경우도 있다.

한편, 범죄피해가 심각할수록 보고될 확률도 그만큼 높아진다고 한다. 살인

---

17 Fattah, *op. cit.*, p. 49.

18 R. F. Sparks, "Surveys of victimization: An optimistic assessment," M. Tonry and N. Morris(eds.), *Crime and Justice: An Annual Review of Research*, Chicago: University of Chicago Press, 1981, pp. 1–60.

의 경우 신고율이 가장 높고 결과적으로 암수율은 가장 낮은 범죄로 알려지고 있다. 피해자와 가해자 모두가 불법적인 활동에 연루되어 있고 그러한 활동이 범죄피해에 직결되는 경우와 같은 일부 특수한 사례를 제외하고는 대부분 보고되지 않은 범죄피해사건은 그 심각성이 낮은 것으로 가정된다. 이와 관련하여 실제 범행이 이루어진 사건이 미수에 그친 사건에 비해 보고될 확률이 더 높다고 한다. 이러한 일반적 성향은 피해자조사에서도 확인되고 있다. 미국의 경우 65%의 특수폭력에 비해 단순폭력은 46%만이 경찰에 신고되었다는 점을 예로 들 수 있다. 물론 예외도 있는데, 피해의 심각성 외에도 심각한 범죄가 과소보고되고 심각하지 않은 범죄피해가 과대보고되는 다른 특수한 요인들이 있다고 한다. 강간은 매우 심각한 범죄임에도 불구하고 신고율이 아주 낮은 반면, 자동차 절도는 그 피해가 덜 심각함에도 불구하고 신고율이 아주 높은 범죄의 하나라는 사실이 좋은 예라고 할 수 있다.

또한 피해자와 가해자의 사회적 거리감이 클수록 범죄피해가 발생할 확률도 높아진다고 한다. 즉, 피해자와 가해자가 사회적으로, 개인적으로 가까울수록 피해확률은 낮아지는 반면 멀어질수록 높아진다는 것이다. 물론 사회적, 개인적 거리가 가까울수록 신고율 또한 낮아진다고 한다. 따라서 피해의 심각성이 동일하다면 친지나 측근보다는 낯선 사람에 의한 범죄피해가 당국에 신고될 확률이 더 높아진다고 할 수 있다.

그리고 대체로 범죄피해는 나이가 많아짐에 따라 감소하는 것으로 알려지고 있다. 10대 후반에서 20대 후반이 비행과 범인성이 가장 높은 것과 마찬가지로 범죄피해도 예외는 아니다. 즉, 노인들이 젊은 사람들에 비해 범행할 확률도 낮지만 그만큼 범죄피해를 당할 확률도 낮다는 것이다.

그렇다면 범죄피해의 일반적 현상은 어떤 모습일까? 무엇보다도 범죄피해는 그리 흔하지 않다. 언론의 편향되고 충동적이고 자극적인 보도는 범죄가 너무나도 빈번하게 발생하고 따라서 범죄피해도 일상적인 것이라는 호도된 인상을 갖게 하지만 실상은 범죄피해가 그렇게 빈번하게 발생하는 것은 아니라는 사실이다. 또한 범죄피해는 모든 사람들에게 균등하게 분포되지 않으며 범죄피해의 위험성도 모든 사람들에게 동일하지 않다고 한다. 범죄피해가 모든 사람에게 균등하게 분포되지 않을 뿐만 아니라 시간과 장소에 따라서도 균등하게 분포되지 않는다. 즉, 범죄피해는 계절, 요일, 그리고 시간에 따라서 또는 도시와 농촌 그리고 지역이나 위치 또는 장소에 따라 다양하게 분포된다.

한편, 사람들의 일반적인 생각과는 달리 범죄의 피해가 다른 원인에 의한 피해보다 그 손상의 정도가 심하지 않다고 한다. 신체나 재산상의 손상원인으로서 범죄는 자동차사고, 산업재해, 자연재해보다 더 중요하지 않다는 것이다.[19] 또한 대부분의 범죄피해는 실제로 그 결과가 심각한 것이 아니라고 한다. 살인이나 강간과 같은 범죄를 제외하고는 강력범죄라고 일컬어지는 대부분의 범죄피해는 그 특성이나 결과에 있어서 그 피해가 심각하지 않다는 것이다. 대부분의 범행이 극단적으로 과소보고되는 특성이 있는 것도 바로 범죄피해의 경미함이라는 특성 때문이라고 한다. 이러한 가정은 피해사실을 경찰에 신고하지 않는 가장 보편적인 이유가 바로 피해정도가 경미하기 때문이라는 조사결과로 확인되고 있다.

3. 범죄피해의 위험성

범죄피해율(victimization rate)은 우리가 범죄피해자가 될 위험성(risk)을 보여주기 위한 것이지만 기존의 방식은 그 위험성에 대해서 많은 것을 보여주지 못하고 있다. 이는 바로 범죄피해의 확률에 있어서 현격한 차이가 있기 때문이다. 즉, 범죄피해의 가능성은 사람의 특성과 시간과 공간에 따라 다양한 가용기회의 과다에 따라 매우 다양해질 수 있다는 것이다. 따라서 위험성관련 피해율(risk-related victimization rate)이 모수에 기초한 피해율(population-based victimization rate)보다 피해확률의 지표로써 훨씬 더 우수하다. 그래서 일부에서는 가장 의미 있는 범죄통계는 특정지역에서의 범죄피해의 잠재적 기회에 관련된 것이라고 주장한다. 실제, 뉴욕과 LA에서의 인구 1,000명당 자동차절도건수가 각각 12건과 20건이었으나 자동차 1,000대당 건수는 뉴욕과 LA에서 각 53건과 34건이었다는 사실이 이를 입증하고 있다.[20]

---

19 Sparks, *op. cit.*, p. 17.

20 W. G. Skogan, "Crime and crime rates," in W. G. Skogan(ed.), *Sample Surveys of the Victims of Crime*, Cambridge, MA: Ballinger, 1976, pp. 105-120.

그렇다면 이 범죄피해의 위험성을 더 잘 계산하고 보여줄 수 있는 대안은 없는가? 범죄피해의 위험성에 대한 잠재적 피해자의 인식은 특정유형의 범죄피해에 대한 위험성이 현재와 같이 일반 모집단이 아니라 상대적으로 특정한 인구집단이나 환경적 기회와 관련되는 경우 지금과는 매우 달라질 수 있다고 한다. 다시 말해서 범죄피해의 위험성이 의미 있는 것이 되기 위해서는 그 위험성에 영향을 미치는 적어도 기본적인 변수와 관련되어야 한다는 것이다. 예를 들어, 자동차사고를 당할 위험성은 다른 변수 외에도 운전하는 사람의 수나 운전하는 시간의 길이와 같은 변수에 크게 좌우된다. 따라서 노인층의 자동차사고 위험률이 낮은 것은 그들이 주의운전을 하기 때문일 수도 있지만 운전하는 사람의 수나 운전하는 시간이 적기 때문일 수도 있는 것이다. 마찬가지로 자동차절도도 인구 몇 명당 몇 건이 아니라 자동차 몇 대당 몇 건이어야 하고, 강간도 인구 몇 명당이 아니라 여성 몇 명당 심지어 젊은 여성 몇 명당 몇 건으로 파악할 필요가 있는 것이다.

한편, 대부분의 범죄피해의 위험성은 대체로 생활양식(life-style)과 관련된다. 이러한 위험성은 불가피할 뿐만 아니라 바람직한 사회적 과정인 한 어느 정도는 받아들여질 수도 있는 것이라 할 수 있다. 이러한 도시생활 유형의 현대적 추세와 관련된 범죄피해 위험성은 사람들이 현대사회에 일상적으로 참여함에 따라 야기되는 최소수준의 위험성을 나타낸다. 이러한 위험성을 절대적 위험성(absolute risk)이라고 한다. 반면에 생활유형에 기인한 기본적인 위험수준 이상의 범죄피해 위험성은 상대적 위험성(relative risk)이라고 한다. 이 추가적인 취약성, 상대적 위험성은 작위적으로 분포되는 것이며 영향을 받게 되는 사람의 삶의 질에 긍정적으로 작용하지는 않는다. 절대적 위험성의 증대는 현대사회의 가치 있는 덕목의 하나인 사회화 기회의 증대를 반영하는 것인 반면 상대적 위험성의 증대는 사회경제적 불이익을 양산하는 생활기회와 부의 불균등한 분배와 같은 바람직하지 못한 현실을 반영하는 것이다. 따라서 범죄발생률의 현저한 감소보다는 범죄피해 위험성의 균등한 분포가 가장 정의롭고 현실적인 범죄통제전략의 목표일 수도 있는 것이다.[21]

---

21 S. J. Smith, *Crime, Space, and Society*, Cambridge: Cambridge University Press, 1986; Fattah, *op. cit.*, p. 57에서 재인용.

4. 범죄피해의 시간적 유형

범죄피해의 시간적 유형은 대부분 계절, 요일, 그리고 시간대별 차이와 관련된 것이다. 우선 범죄피해와 계절의 관계는 초기 범죄학자들이 굳게 믿었던 것으로서 범죄피해가 계절의 변화로 인한 온도와 기후의 영향을 받는다는 것이다. 예를 들어, 대인범죄는 무더운 여름에, 재산범죄는 추운 겨울에 정점에 달한다는 식이다. 이러한 믿음의 근거에는 추운 겨울에는 생활필수품이 더 많이 필요해지기 때문에 이를 충족하기 위해서 도구적 범죄(instrumental crimes)인 재산범죄가 증가하게 된다. 더운 여름에는 사람들이 야외에서 보내는 시간이 많아지고 따라서 대인접촉이 많아지기 때문에 표출적 범죄(expressive crimes)가 많이 발생하게 된다는 가정이 깔려 있다.

1) 계절과 범죄피해

계절과 범죄피해의 관계에 대한 현대의 연구들도 비교적 위와 유사한 결론에 도달하는 경우가 많다. 일례로 미국 필라델피아에서의 살인의 월간분포를 연구한 Wolfgang은 살인이 여름에 가장 많이 발생하고 겨울에 가장 적게 발생하였다는 사실을 밝혀냈다. 이에 따라 계절과 살인사건의 수는 중요하지는 않지만 약간의 상관성은 있다고 결론을 내린 바 있다. 그러나 그가 높은 상관성을 관찰하지 못한 것은 살인의 이질적 특성에 기인한 것으로 보인다. 즉, 경제적 동기에 의한 강도살인은 여름이 아니라 겨울에 정점에 달하여 재산범죄와 유사한 계절적 형태를 보였기 때문에 강도살인과 기타 살인을 구분하지 않아서 계절과 살인의 상관성이 높게 나타나지 않았다는 것이다.[22] 이러한 계절과 범죄피해의 관계의 중요성이 과거에 비해 약화된 것은 사실이지만 비교적 최근에도 연구되고 있다. 살인, 강간, 폭력과 같은 '격정범죄(crimes of passion)'는 계절과의 상관성이 상대적으로 없지만 경제적 범죄에는 계절별 다양성이 존재하는 것으로 보고되고 있다. 그런데 전국규모의 표본조사 결과에서는 지금까지 알고 있던 유형과는 상치되거나 맞지 않는 계절별 유형이 나타났다고 한다. 결과적으로 범죄피해율

---

22 M. E. Wolfgang, *Patterns in Criminal Homicide*, Philadelphia: University of Pennsylvania Press, 1958, p. 101.

의 계절별 다양성이 보편적이라거나 시간이 흘러도 변하지 않는 정적인 것이라고 믿어야 할 아무런 이유가 없다는 것이다.23 실제로 기후가 생리적 변화나 기분의 변화가 아니라 사회적 상호작용의 증감(폭력 범죄)과 기회의 증감(재산범죄)을 통하여 범죄에 영향을 미친다면 지난 수년에 걸친 사회적 상호작용의 정도와 기회구조의 다양성과 변화로 인해서 범죄에 상당한 변화가 나타나야 하는데, 이러한 변화는 통계적으로 나타나기도 하였다.

물론 절도와 추운 기온을 연계시키는 고전적 이론은 현재 의심을 받고 있지만 범죄와 기후의 관계는 지금도 타당한 것으로 보인다. 그러나 보다 적절한 연계는 환경적 기회라고 할 수 있을 것이다. 무더운 여름에 절도가 성행하는 것은 기후로 인한 생활유형의 변화와 그로 인한 범행기회의 증대와 관련이 있는 것이다. 무더운 기후로 출입문이나 창문을 열어 두거나 야외활동으로 집을 비워 두는 경우가 많아져서 주거침입절도에 그만큼 취약하고 더 많은 기회를 주기 때문이다.24

결론적으로, 범죄와 계절의 관계가 아직도 그 정당성을 가지기는 하지만 더 깊이 있는 연구를 필요로 하며, 분명한 것은 과거 온도의 변화로 인하여 기후가 인간의 감정과 생리적 변화에 미치는 영향에서 현재는 춥고 더운 기후로 인한 범죄기회의 변화로 관심의 초점이 이동하고 있다는 것이다.

2) 요일과 범죄피해

폭력적 범죄피해는 주로 주말에 많이 발생한다. 하지만, 범죄피해가 요일별로 균등하게 분포되는 것은 아니라고 한다. 앞서 언급한 Wolfgang의 연구에서도 살인사건이 토요일에 가장 많이 발생하고 반면에 화요일에 가장 적게 발생하였다고 한다. 반면에 Canada의 Vancouver에서는 살인사건이 토요일이 아니라 일요일에 가장 많이 발생하였고 화요일이나 수요일에 가장 적게 발생한 것으로 조사되었다. 이와 같은 주말집중현상은 살인 이외의 기타 대인폭력범죄에도 마

---

23 L. R. Mc Pheters and W. B. Stronge, "Testing for seasonality in reported crime data," *Journal of Criminal Justice*, 1973, 1: 125–134.

24 *Crime and Seasonality, National Crime Survey Report* (NCJ–64818), Washington, DC: Department of Justice, Bureau of Justice Statistics, 1980, p. 31.

찬가지인 것으로 알려지고 있다. 이러한 주말집중현상은 폭력범죄는 대부분 접촉과 관계의 갈등을 요하는데, 주말의 여가와 유흥생활이 바로 그러한 기회를 증대시키기 때문인 것으로 이해되고 있다. 주말에 사람들이 사회적 상호작용을 집중하고 이를 위하여 음주가 수반되기 때문이라는 것이다.25

3) 시간과 범죄피해

폭력피해가 대부분 낮 시간보다는 밤 시간에 많이 발생하는 것처럼 범죄피해가 하루 중 시간대별로 그 발생빈도가 다르다고 한다. 실제 조사결과도 이를 증명해 주고 있는데, 미국 피해자조사에 의하면 폭력피해는 전체의 절반 이상이 밤 6시에서 이튿날 새벽 6시 사이에, 그 중에서도 저녁 6시부터 12시 사이가 가장 많은 부분을 차지하였다. 흥미로운 사실은 모르는 사람 사이의 폭력은 주로 밤에, 그러나 아는 사람 사이의 폭력은 주로 낮에 발생하였다는 것이다. 그러나 폭력범죄와는 반대로 소매치기와 같은 절도는 주로 아침 6시부터 저녁 6시까지의 낮 시간에, 주거침입절도는 밤에 주로 발생한 것으로 알려지고 있다.

5. 범죄피해의 지리적·공간적 유형

지금까지의 조사결과와 공식통계에 따르면, 대인폭력범죄의 경우 범죄피해율이 도시거주자에게 가장 높으나, 도시교외거주자와 농촌지역거주자 사이에는 그 차이가 그렇게 크지 않은 것으로 보고되고 있다. 주거침입절도의 경우도 대도시에서 가장 많았고, 도심지역이 도심 외곽지역보다 발생빈도가 더 높은 것으로 알려지고 있다. 그 밖에 폭력범죄, 자동차절도, 강도, 폭행, 소매치기 등 거의 모든 범죄피해가 대도시에서 가장 많이 발생하고 도심외곽지역과 농촌 지역의 순으로 발생하는 것으로 나타나고 있다.

한편, 특정한 지역 내에서도 범죄피해가 발생하는 정확한 위치나 장소에 따라 범죄피해의 정도나 빈도가 달라질 수 있다고 한다. 그런데 이러한 미시적 공간유형은 연령이나 성별과 같은 피해자와 가해자의 특성과 결합하여 상이한 공간적 유형을 더 잘 설명하고 이해할 수 있게 한다. 이를 위해서는 범죄자와 피

---

25 Fattah, *op. cit.*, pp. 65–66.

해자가 다른 지역과 위치에서 보내는 시간의 정도를 고려할 필요가 있다. 그러
나 아직은 범죄피해의 빈도를 다양한 지역에서 보내는 시간과 연계시키는 연구
는 이루어지지 않았다.

03

피해자학이론

SECTION 01 피해자학의 주요개념

1. 피해의 기본요소(Basic Elements of Victimization)

1) 범죄와의 근접성(Proximity to Crime)

피해에 있어서 가장 중요하고도 기본적인 개념이 바로 범죄와의 물리적 근접성이라고 할 수 있다. 즉, 범죄발생장소와 가까이 있을수록 또는 범죄다발지역에 가까울수록 범죄피해의 위험성이 높아지기 마련이라는 주장이다. 따라서 여기서 말하는 근접성(proximity)이란 범죄의 잠재적 표적 또는 대상이 사는 곳과 상대적으로 많은 수의 범죄자가 발견된 또는 범죄가 빈번하게 발생하는 지역과의 물리적 거리(physical distance)로 나타내고 있다.[1]

범죄다발지역에 거주하는 사람일수록 범죄피해자가 될 위험성이 더 높은 이유는 범죄자와의 접촉빈도를 증대시킬 가능성이 그만큼 높기 때문이다. 사람들이 많은 시간을 집 주변에서 보내고, 범죄자들이 자신의 거주지에서 가까운 곳에 있는 표적을 선택한다는 사실이 범죄다발지역에 사는 것으로 인한 부정적 영향을 보여주고 있다. 범죄다발지역과의 물리적 근접성의 척도는 도시와 농촌

---

1 L. E. Cohen, J. R. Kluegel, and K. C. Land, "Social inequality and predatory criminal victimization: An exposition and test of a formal theory," *American Sociology Review*, 1981, 46: 505–524.

등 거주지역, 소득수준이나 실업률 등 사회경제적 특성, 거주지역의 안전인식 등이 이용되고 있다.[2] 근접성의 지표나 척도가 무엇이든 근접성과 범죄피해의 위험성은 상관관계가 있다는 것이 많은 실증적 연구결과로서 입증되고 있다.[3]

2) 범죄의 노출(Exposure to Crime)

범죄자들과 피해자 사이의 물리적 거리를 반영하는 근접성과는 반대로 '범죄의 노출'은 범죄에 대한 그 사람의 가시성(visibility)과 접근성(accessibility)의 표시이다.[4] 따라서 건물이나 주거공간이 홀로 떨어져 있거나, 출입구가 다수이거나, 후미진 구석에 위치하고 있다면 침입절도에 그만큼 더 많이 노출된 것이라고 할 수 있다. 또한 자신의 일상활동과 생활양식이 스스로를 특정한 시간과 특정한 상황에서 특정한 유형의 사람들과 함께 있어서 자신을 위험하고 취약한 상황에 방치한다면 그 사람은 그만큼 더 많이 폭력 등의 범죄 위험에 노출되는 것이다. 예를 들어, 공공장소에서 보내는 시간과 대인범죄피해의 위험성은 직접적으로 연관이 된다는 것이다. 특정 개인이 범죄에 노출되는 정도는 그 사람이 범죄에 얼마나 취약한(vulnerable)가를 보여주는 것이라고 할 수 있다.[5] 이는 외곽에 위치한 건물이나 가옥은 그만큼 범죄에 많이 노출되는 것이고, 위험한 시간에 위험한 지역을 가거나 있어야 하는 사람은 그만큼 강도나 폭행의 위험을 더 많이 안고 있는 것이다.

이처럼 개인이 범죄에 노출되는 정도는 대체로 그 사람의 일상적 활동(routine activity)과 생활양식(lifestyle)에 달려 있다고 한다. 그런데 노출의 정도는

---

2 *Ibid.*; M. Hough, "Offenders' choice of targets: Findings from victim surveys," *Journal of Quantitative Criminology*, 1987, 3: 355–369; J. P. Lynch, "Routine activity and victimization at work," *Journal of Quantitative Criminology*, 1987, 3: 283–300; R. J. Sampson and J. D. Wooldledge, "Linking the micro-level and macro-level dimensions of lifestyle-routine activity and opportunity models of predatory victimization," *Journal of Quantitative Criminology*, 1987, 3: 371–393.

3 T. D. Miethe and R. F. Mierer, "Criminal opportunity and victimization rate: A structural choice theory of criminal victimization," *Journal of Research in Crime and Delinquency*, 1990, 27: 243–266; D. A. Smith and G. R. Jarjoura, "Household characteristics, neighborhood compositions, and victimization risk," *Social Forces*, 1989, 68: 621–640.

4 Miethe et al., *op. cit.*, 1990.

5 Cohen et al., *op. cit.*

대부분 가정 외적 활동의 특성과 정도라는 측면에서 측정되는데, 대표적으로 개인의 주요한 일상활동이나 여가활동 등을 위해 야간에 외출하는 빈도나 집을 비우는 평균시간 등을 지표나 척도로 이용하고 있다.[6]

상대적으로 위험성이 높은 야간시간에 위험성이 높은 공공장소 등에 많이 놓이게 되는 사람일수록 그만큼 범죄에 많이 노출되고 따라서 범죄피해의 위험성이나 가능성도 그만큼 높아지게 된다는 것이다. 그러나 이에 대한 연구결과는 상반된 것이 많아서 범죄의 노출과 피해가능성의 관계가 확실치는 않다.[7]

3) 표적의 매력성(Target Attractiveness)

표적의 매력성이란 범죄에 있어서 특정한 표적이 범죄자에게 상징적, 경제적 가치가 있다고 평가되고 인식되기 때문에 범행의 대상으로 선택된다는 논리에 기초하고 있다. 범죄표적으로서의 매력은 표적의 가치뿐만 아니라 표적의 크기나 물리적 저항의 정도가 좌우하며, 가치가 크고 그 크기와 저항은 작은 것이 매력적인 표적이라고 할 수 있다. 구조적 선택모형에 의하면, 범죄표적을 선택할 때 중요한 것은 표적과 관련된 상이한 가치(differential value)와 주관적 유용성(subjective utility)이라고 한다. 여기서 표적의 매력성은 고가이거나 이동이 용이한 재화의 소지 여부, 공공장소에서의 보석패용 여부, 사회경제적 지위나 가족의 소득 등을 활용하여 측정하고 있다.[8] 그러나 지금까지의 연구는 일치된 결과를 내놓지 못하고 있다.[9]

---

6 *Ibid.*; Sampson & Woolledge, *op. cit.*; J. L. Massey, M. D. Kohn, and L. M. Bonati, "Property, crime and routine activities of individuals," *Journal of Research in Crime and Delinquency*, 1989, 26: 378–400.

7 L. Kennedy and D. Forde, "Routine activity and crime: An analysis of victimization in Canada," *Criminology*, 1990, 28: 378–400.

8 Miethe and Mierer, *op. cit.*

9 Cohen et al., *op. cit.*; T. D. Miethe, M. Sttafford, and D. Sloan, "Lifestyle changes and risk of criminal victimization," *Journal of Quantitative Criminology*, 1990, 6: 357–376; T. D. Miethe, M. Houghes, and D. McDowall, "Social change and crime rates: An evaluation of alternative theoretical approaches," *Social Forces*, 1991, 70: 165–185.

4) 보호능력(Capable Guardianship)

보호능력이란 범죄피해의 대상이 될 수 있는 사람이나 물품에 대한 범죄의 발생을 미연에 방지하기 위한 보호나 방어의 능력이라고 할 수 있다. 따라서 개인의 보호능력은 그 사람의 대인적 또는 사회적인 면과 물리적인 측면을 모두 내포하고 있는 것이다. 사회적 보호능력은 가족구성원, 이웃주민과의 친분 또는 협조의 정도 등을 예로 들 수 있고, 물리적 차원의 보호능력은 주로 표적의 견고화(target hardening)와 같이 방범시설이나 장치를 통해서 확보될 수 있는 것이다. 물론 여기에는 가로등이나 보호 조명 설치 및 경비원 고용과 같은 감시역량 강화도 물리적 보호능력을 갖추는 방법의 하나이다. 그러나 어떠한 형태의 보호능력이건 보호능력의 강화는 곧 범죄자에게 범행 비용을 증대시키게 되어 결국에는 범행과 피해의 기회를 축소시키게 된다.[10] 실제로 대부분의 시민들이 다양한 형태의 방범시설이나 장비를 갖추며, 집단적인 자율방범활동에 참여하는 것으로 알려지고 있으나, 이들 보호활동의 효과에 대해서는 그 견해가 엇갈리고 있다.[11] 이처럼 일관적이지 못한 연구결과는 사람들이 피해의 결과로서 사전 범죄예방 전략을 취하는 '피해 효과(victimization effect)'로 이해되기도 한다.[12] 또는 대부분의 연구가 피해 위험성에 영향을 미치는 다른 요소들을 충분히 통제하지 않아서 보호받는 사람과 받지 못하는 사람의 차이가 생활양식, 표적매력, 근접성 등 범죄피해의 가능성에 영향을 미치는 보호행동이나 기타 요소의 억제효과에 기인한 것인지 확인할 수 없기 때문일 수도 있다.

---

10 Miethe & Meier, *op. cit.*, p. 51.

11 T. D. Miethe, "Citizen−based crime control activity and victimization risks: Examination of displacement and free−rider effects," *Criminology*, 1991, 29: 419−439; D. P. Rosenbaum, "The theory and research behind neighborhood watch: Is it a sound fear and crime reduction strategy," Crime and Delinquency, 1990, 33: 103−134.

12 T. D. Miethe, "Citizen−based crime control activity and victimization risks: An examination of displacement and free−rider effects," *Criminology*, 1991, 29(3): 419−431.

2. 전통피해자학의 주요개념

1) 피해자촉진(Victim Precipitation)

Wolfgang은 피해자촉진이라는 용어가 피해자가 범죄에 직접적인 원인제공자 역할을 하는 살인사건에 적용되는 것으로 자신의 저서인 '살인의 유형'에서 규정하고 있다. 그에 따르면, 이 경우 피해자의 역할은 결과적으로 자신의 가해자가 된 살해범에게 무력을 먼저 사용하고 말다툼 등에서 먼저 가격한 것으로 그 특징을 설명하고 있다. 자신의 이러한 규정에 따르면, 전체 살인사건의 26% 정도가 여기에 해당된다고 한다. 결국, 일부의 경우 피해자자체가 곧 살인사건의 결정적 인자라는 것이다.[13]

2) 생활형태(Lifestyle)와 범죄피해자화

생활형태 또는 생활양식의 개념은 직업적 활동과 여가활동을 포함한 개인의 일상적 활동(routine daily activities)으로 이해하는 일종의 개인적 범죄피해자화의 모형을 일컫는 것이다. 이 모형에 따르면, 개인은 연령이나 성별과 같은 인구사회학적 변수와 관련되는 구조적 특성과 역할기대에 의해서 강요받는 존재이다. 개인은 그러한 강제나 강요에 순응하게 되고 그것은 곧 생활양식이라는 매일의 일상에 반영된다고 한다. 따라서 개인의 일상활동과 위험성이 높은 범죄피해자화 상황에 노출이 서로 직접적인 관련이 있다는 것이다.[14]

그런데 Garofalo는 이 모형에 대한 결점을 다음과 같이 지적하였다. 우선, 가설의 문제로서 집 밖으로 나가지 않는 사람이라면 누구나 노상범죄의 위험에 노출되지 않고 범죄피해자가 될 확률도 당연히 낮을 수밖에 없는 것이어서 오히려 가설로서의 가치가 별로 없다고 보았다. 또, 생활양식이라는 개념이 지나치게 애매모호하고, 이러한 접근법은 정책응용에는 부적절하다고 주장하였다. 더구나, 노상범죄 위험성에 노출을 강조한 나머지 많은 폭력적 대인범죄, 예를

---

13 E. A. Fattah, "Some recent theoretical development in victimology," *Victimology*, 1979, 4(2): 198-213, p. 202에서 재인용.

14 M. J. Hindelang, M. R. Gottfredson, and J. Garofalo, *Victims of Personal Crime: An Empirical Foundation for a Theory of Personal Victimization*, Cambridge, MA: Ballinger, 1978, pp. 241-250.

들어 가정폭력이나 성폭력과 같은 범죄의 경우 노상이 아닌 실내공간에서 발생하고 있음에도 불구하고 생활양식 모형으로는 설명될 수 없는 한계를 가지고 있다.[15]

3. 기타 관습적 피해자학의 주요개념

Sparks는 이미 기술한 피해자촉진(victim precipitation)으로 시작하는 피해자화과정의 5가지 특징을 열거한 바 있다. 그가 제시한 첫 번째 특징은 유인요소(facilitator)로서의 피해자에 관한 것으로서 비록 피해자가 범죄에 있어서 능동적 역할을 하지는 않았더라도 의도적으로, 무심코, 또는 게을러서 자신을 특별한 위험에 놓이게 함으로써 범행을 용이하게 할 수 있다는 것이다. 예를 들어서 특정지역에 강도가 증가하고 있음을 알면서도 자신을 보호하지 않은 사람은 강도를 당할 확률이 그만큼 높아지기 마련이다. 그가 열거한 두 번째 개념은 취약성(vulnerability)으로서, 자신을 특별한 위험에 처하게 하는 어떠한 것도 하지 않아도 자신이 가지고 있는 속성으로 인해서 위험에 처하게 되는 상태를 말한다. 그러나 취약성에도 상이한 유형이 있는데, 방어공간(defensible space)과 같이 환경과 관련이 있는 생태적 취약성(ecological vulnerability), 사회의 특정한 집단에 속함으로써 생기게 되는 지위취약성(status vulnerability), 빠져나오기 쉽지 않은 특정한 상황과 관련이 있는 역할취약성(role vulnerability)이 그 예라고 할 수 있다. 세 번째 특징은 기회를 주지 않으면 범죄는 확실하게 예방된다는 것이며, 네 번째는 표적의 매력성(attractiveness)이며, 다섯 번째 특징은 소위 면피성(impunity)이라고 할 수 있는 것으로 예를 들어 동성애자와 같이 피해자가 자신의 범죄피해를 신고할 확률이 낮기 때문에 피해자로 선택되는 경우를 말한다.[16]

---

15 J. Garofalo, "Lifestyle and victimization: An update," in E. A. Fattah(ed.), *From Crime Policy to Victim Policy*, London: Allen & Unwin, 1986, pp. 151－152.

16 Wilson, C. Criminal Victimisation : The influence of Interpersonal

1. 범죄연구의 기초

범죄를 연구하기 위해서는 범죄자, 피해자, 그리고 피해자와 범죄자를 결합시키는 상황을 모두 이해해야만 한다. 그동안 범죄학자들은 이들을 각각 분리하여 연구해 왔을 뿐 하나의 통합된 틀 속에서 연구하지는 않았다. 범죄학이론 역시 개별적인 이론은 존재해 왔지만, 모두를 함께 결합시킨 이론은 존재하지 않았다. 물론 하나의 이론으로 그 모두를 설명하기를 기대한다는 것은 비현실적이기 때문에 그 한계를 지적하는 것은 합리적이다.

초기 범죄학자들은 범죄를 단지 범죄자의 활동으로만 이해하였다. 범죄를 설명하기 위해서 그들은 범죄자와 범죄자가 활동하는 사회적 여건을 이해해야만 하였다. 그러나 60년대 접어들면서부터 일부 범죄학자들이 피해자와 피해자의 사회적 여건도 중요하다는 것을 인식하기 시작하였다. 초기 전통적 관점에서는 대다수의 다른 사람들은 범행을 저지르지 않는데 일부 사람들은 왜 범행을 저지르는지를 이해하는 데 있어서 범죄자의 동기를 요체로 다루었다. 이러한 전통은 현대 범죄학까지도 지배적인 실정이다.

그러나 범죄에 대해서 알려지거나 회자되고 있는 것이 무엇이든지 한 가지 분명한 사실은 피해자화의 위험이 무작위적으로 분포되는 것은 아니라는 점이다. 모든 피해자 조사자료에 의하면 폭력범죄의 피해자화율은 남성, 젊은층, 미혼이거나 이혼자, 실업자, 빈곤층, 그리고 도시거주자에게 더 높으며, 재산범죄도 유사한 분포를 보이는 것으로 알려지고 있다.

이러한 사실과 관련하여 범죄학자들이 오랫동안 범죄의 발생에 있어서 기여자로서 피해자의 역할에 관심을 가져왔다. 그러나 피해자화에 대한 체계적 이론이 개발된 것은 불과 지난 20~30년에 지나지 않는다. 대안적으로 '일상활동(routine activity)', '생활양식(lifestyle)', 또는 더 일반적으로는 '범죄기회(criminal opportunity)' 접근법으로 일컬어지기는 하지만 이들 각 이론은 범죄활동과 관습적 활동 사이의 상호작용적 관계를 강조하고 있다. 이러한 관점에서 보면, 위험한 상황에의 노출을 증대시키고, 자기방어나 보호수준을 감소시키며, 범죄표적으로서의 인식된 가치나 매력을 높이는 준법시민들의 일상활동이 범죄행동을 위한 물리적 기회를 제공하며 그들의 피해위험성을 증대시키게 된다는 것이다.

기존 피해자화 이론들의 저변에 깔린 기본 가정은 범죄자들이 범죄표적을 선택할 때 어느 정도의 합리성(rationality)을 행사한다는 것이다. 이러한 '사고하는 또는 이성적 범죄자(reasoning criminals)'는 비록 정보, 시간, 능력의 한계로 제약을 받지만 범죄자들이 높은 주관적 가치와 낮은 기대비용을 갖는 특정한 표적을 선택하는 것으로 가정되고 있다. 일단 범죄자가 범행을 결정하면 다양한 피해자 특성과 상황적 요소들이 표적선택 과정에 영향을 미치는 것으로 간주되고 있다. 범죄의 사회적, 공간적 분포를 이해하기 위해서는 기존의 피해자화 이론들이 범죄자들의 범행의사를 표출할 수 있는 물리적 기회를 만드는 데 있어서 잠재적 피해자의 일상적 활동과 생활양식의 역할에 일차적 중요성을 두고 있다.17

이제 범죄는 가해자와 피해자, 그리고 그 둘을 엮는 상황 또는 사회적 여건 모두를 필요로 한다는 것이 분명한 사실이다. 범죄율과 개인의 범죄피해 위험성은 그러한 사회적 여건이나 상황에 따라 매우 다양할 수 있다. 여기서 사회적 여건과 상황은 물리적, 사회적 차원이 있는 일종의 미시적 환경(micro-environment)이라고 할 수 있다. 사회적 상황이나 여건의 중요성은 범죄가 다른 환경보다 특정한 환경에서 더 많이 발생한다는 사실 하나만으로도 쉽게 설명된다. 예를 들어서 인구의 이동성과 이질성이 높고 반면에 경제적 기회가 적은 지역이 일반적으로 범죄피해율이 더 높다는 것이다. 그러나 이러한 집합적 단위 내에서도 개인의 범죄피해 위험성은 그 사람의 일상적 활동(routine activity)과 생활양식(lifestyle), 범죄다발지역과의 근접성(proximity), 주민과 이웃의 범죄통제활동에 따라 다양할 수 있다고 한다. 그러나 일부에서는 범죄 조장 요소의 영향은 바로 사회적 상황이나 여건에 좌우된다고 주장한다. 예를 들어서 비록 야외활동이 많고 사전주의에 소홀한 사람이라도 범행기회가 많고 동기가 부여된 범죄자들이 많은 지역과 가까운 곳에서는 자신의 범죄피해 위험성에 영향을 받는다는 것이다. 이처럼 범죄는 진공상태에서 발생하지 않기 때문에 범죄의 이해를 위해서는 매우 중요하며, 이러한 미시환경의 요소들이 개인의 범죄피

---

17 이 부분에 대한 자세한 내용은 D. B. Cornish and R. V. Clark, *The Reasoning Criminal: Rational Choice Perspectives on Offending*, New York: Springer-Verlag, 1986 참조.

해 위험성에 미치게 되는 영향을 결정하게 된다는 것이다.[18]

따라서 범죄와 범죄피해에 대한 완전한 이해를 위해서는 범죄자, 피해자, 그리고 상황이 동시에 고려될 수 있어야 한다. 피해자와 가해자의 직접적인 접촉을 요하는 약탈적 범행의 발생에는 몇 가지 조건을 필요로 한다. 구체적으로, 시간과 공간적으로 가해자와 범죄표적의 결합, 주위사람들로부터 보호받지 못하는 피해자가 없다면 살인은 불가능하다는 것이다. 반대로, 범죄피해에 대한 일상활동 접근의 기본전제는 활동유형의 구조적 변화가 동기화된 가해자, 적정한 표적, 보호능력의 부재라는 약탈적 범죄의 세 가지 필요조건을 시간과 공간적으로 집중시키는 데 영향을 미침으로써 범죄율에 영향을 미치게 된다는 것이다. 다시 말해서, 약탈적 범죄는 가해자, 피해자, 조장 환경이 없이는 불가능하다는 것이다.[19]

약탈적 범죄가 적어도 어떤 사회적 상황에서 가해자와 피해자를 요한다는 사실은 분명하지만 과거 대부분의 연구들이 이들 필요조건 중에서 적어도 하나를 도외시해 왔다는 것이다. 특히, 긴장이론, 사회통제이론, 차별적 접촉이론 등 범인성에 대한 전통적 이론들은 범죄동기의 원인과 근원은 강조하지만 잠재적 피해자의 특성과 행동이 범행의 기회에 어떻게 영향을 미치는지에 대해서는 침묵하고 있다. 반대로, 일상활동이나 생활양식과 같은 피해이론들은 특정한 표적의 선택을 결정하고 개인의 위험성에의 노출과 취약한 상황을 증대시키는 요소들은 파악하지만 범행동기를 조장하거나 증진시키는 사회적 요건에 대해서는 거의 관심을 두지 않고 있다. 바로 이 점을 바탕으로 일부에서 이들 두 이론을 하나의 모형으로 통합하려는 시도를 하고 있다.[20]

18 T. D. Miethe and R. F. Meier, *Crime and Its Social Context: Toward an Integrated Theory of Offenders, Victims, and Situations*, Albany, NY: State University of New York Press, 1994, pp. 3–4.

19 L. E. Cohen and M. Felson, "Social change and crime rate trends: A routine activity approach," *American Sociological Review*, 1979, 44: 588–608.

20 Meithe & Meier, *op. cit.*, p. 5.

2. 범인성과 범죄동기의 이론(Theories of Criminality)

범인성(criminality)이론은 범죄의 잠재성(potential)에 관한 이론, 즉 잠재적 범죄자를 만드는 충분조건(sufficient conditions)의 이론이다. 대부분의 이론에 의하면 사람들은 범행의 동기가 주어질 때 범죄자가 된다. 그러나 범죄유형에의 가담과 같은 범인성(criminality)의 설명과 범죄사건인 범죄(crime)의 설명에는 중요한 개념적 차이가 있으며, 각각의 임무를 위해서는 상이한 이론이 요구될 수 있다.21 범인성 이론은 대부분 범죄의 특수한 사례를 설명하는 데 관심을 두지 않고 현재 범죄경력을 강조하는 것과 같이 범인성 유형(patterns of criminality)을 설명하는 데 관심을 두고 있다. 반대로, 피해이론은 특정한 범죄행동을 설명하기 위하여 피해자의 생활양식에 더욱 집중해 왔다. 다시 말해서, 대부분의 범인성 이론은 범죄동기나 의사를 범죄사건의 상황과 직접 연계시키지 않기 때문에 범죄에 대한 이론이 아니다. 동기가 부여된 범죄자의 존재는 특정한 범죄가 왜, 언제, 어디서 일어나는가에 대한 부분적인 대답밖에 줄 수 없는 것이다.

소위 '합리적 선택(rational choice)'의 관점에서 보면 범죄자도 범죄의 이익과 비용을 저울질하는 과정을 거쳐서 범죄와 범행대상을 선택한다. 거의 모든 범죄가 합리적 선택의 요소를 지니고 있다는 것이다. 그러나 모든 인간행동이 의사결정의 요소들을 포함하기 마련이지만 특정인이 다른 사람들에 비하여 선택에 있어서 더 자유로울 수 있는 것이다. 범죄를 단지 쾌락주의적 계산의 결과로 고려하는 것은 인간 의사결정의 본성을 지나치게 단순화하는 것이며, 어떠한 조건에서 사람들이 범죄를 선택하는가라는 범죄학의 가장 중요한 이론적 의문을 미결로 남기게 한다. 또한 만약 행위자가 그 행동으로부터 어떠한 이익을 인식하고 그 이익이 검거되어 처벌받는 비용을 능가한다면 그 범죄가 합리적이라고 할 수 있을 것이다. 그러나 거의 모든 범죄자는 검거될 것이라는 인식은 하지 않고 범행의 이익만 인식하기 때문에 이러한 가정은 사실상 아무런 의미가 없는 것이다. 즉, 자신의 이익과 관련된 어떤 이유에서 범죄자가 범행한다고 주

---

21 T. Hirschi and M. Gottfredson, "The distinction between crime and criminality," in T. F. Hartnagel and R. A. Silverman(eds.), *Critique and Explanation: Essays in Horner of Gwynne Nettler*, New Brunswick, NJ: Transaction Books, 1986, pp. 55−69.

장하는 것은 범죄자와 비범죄자가 어떻게 다른지에 대해서는 아무런 설명도 해주지 못한다. 그래서 중요한 의문은 일부 사람이 한때는 범죄에 가담하지만 다른 대부분의 시간에는 범죄에 가담하지 않고, 일부 사람이 범행을 저지르지만 다른 대부분의 사람들은 범행을 저지르지 않는 조건이 무엇인가라고 할 수 있다. 그런데 합리적 선택의 개념은 그러한 조건을 파악하지 못하고 있다.[22]

고전주의나 실증주의에서 그 철학적 기초가 무엇이건 범죄학 이론들은 범죄학적 탐구의 적절한 종속변수는 범죄행위가 아니라 범죄자의 욕망이나 동기라는 데 의견을 같이하고 있다. 범죄자에 무관심한 범죄이론은 없으며, 대부분의 이론은 범죄자의 동기에 관심을 두고 있다. 이처럼 범죄학자들은 전통적으로 범죄자를 이해함으로써 범죄를 이해하려고 시도하였다. 그러나 이러한 전통은 개인의 지나친 강조와 그로 인한 환원주의(reductionism)의 경향과 피해자나 장소와 같은 범죄가 발생하는 상황의 경시라는 적어도 두 가지 문제를 안고 있다.

3. 피해와 범죄기회의 이론(Theories of Victimization)

'피해자-가해자 문제(victim-offender problem)', '범죄의 이중구조(duet frame of crime)', '형벌의 쌍(penal couple)', 그리고 보다 일반적인 것으로 '피해자-가해자 관계(victim-offender relationship)'와 같은 표현이 범죄의 이해에 있어서 범죄피해자의 중요성을 여실히 보여주고 있다.

1) 피해이론의 역사적 기초

기존 피해자화 이론은 피해자촉진(victim precipitation)에 관한 연구와 피해자화 조사의 개발이라는 두 가지 연구전통에 기인한 바가 적지 않다. 50년대 후반 Wolfgang에 의한 피해자의 범죄가담에 관한 최초의 체계적인 연구 이후 피해자촉진이라는 용어는 살인, 폭행, 강간, 강도와 같은 모든 직접접촉 약탈범죄에 보편적으로 쓰이게 되었다. 어떤 범죄의 경우이건 피해자촉진은 피해자가 어떤 유형의 행동을 시작함으로써 결과적으로 자신을 피해자로 이끌게 된다는 분명한 사건의 시간적 순서를 중시한다. 즉, 피해자 자신이 자신의 피해를 촉진시

---

22 Meithe & Meier, *op. cit.*, p. 12.

켰다는 것이다. 이러한 피해자촉진 개념의 중요성은 많은 살인사건의 경우 누가 가해자로 혹은 피해자로 낙인되는가는 우연(chance)의 문제라는 사실로 분명히 밝혀지고 있다.

그렇다면, 이러한 피해자촉진범죄에 대한 연구가 기존의 피해자화 이론의 출현에 영향을 미친 이유는 무엇인가? 우선, 명백한 피해자촉진이 폭력범죄의 설명에 있어서 피해자행동의 중요성을 확산시켰다. 하지만 위험하거나 취약한 상황에 가담하거나, 공공장소에서 판단을 제대로 하지 못하거나, 재물을 제대로 보호하지 않거나, 잠재적 범죄자들과 규칙적으로 교류하는 등 비교적 덜 직접적 이긴 하지만 시민들도 자신의 피해에 기여할 수 있다는 사실에 대한 관심도 한 몫하고 있다고 한다. 두 번째로, 피해자촉진의 개념은 규정 자체만 보더라도 범죄에 대한 비난의 일부를 피해자의 행동에 두고 있음을 알 수 있다. 피해자촉진의 연구가 사실은 정치적으로나 대중적으로 비난의 소지도 안고 있다는 사실 때문에 학자들이 시민의 일상활동과 생활양식이 어떻게 범죄기회 제공에 기여하는가를 연구하도록 했을 수 있다고 한다.

범죄피해조사가 이루어지기 전인 60년대 말과 70년대 초까지만 해도 경찰에 신고된 범죄에 대한 공식통계와 범행에 대한 자기보고식조사가 범죄활동에 대한 유일한 기록이었다. 그러나 이들 자료는 범죄피해자의 특성과 행동에 관한 어떠한 체계적 정보도 제공하지 못하였다.

심지어 개발의 초기단계에서도 범죄피해조사는 범죄에 대한 근본적인 의문을 제기하였다. 범죄피해조사는 범죄의 분포와 정도에 대한 대안적 척도를 제공하고, 범죄 신고와 관련된 요소들을 파악하며, 피해자에 대한 범죄피해의 결과에 관한 자세한 정보를 제공해 준다. 이러한 피해자조사가 피해자학의 출현에 가장 기여한 것은 범죄피해조사가 범죄의 발생장소, 부상의 정도, 피해자-가해자관계와 같은 범죄의 생태학(ecology of crime)과 피해자의 인구사회학적 특성에 대한 자세한 정보를 제공한다는 점이다. 기존의 피해 이론에 의하여 설명되는 사회적 사실은 바로 범죄피해조사에서 파악된 피해자의 특성과 범죄의 분포이다.

2) 생활양식-노출이론(Lifestyle-Exposure Theory)

생활양식-노출이론은 범죄피해에 대한 최초의 체계적 이론의 하나로서 처음에는 상이한 사회집단에 따른 폭력피해 위험성의 차이를 설명하기 위한 것이었지만 재산범죄까지 포함할 수 있도록 확대되었고, 표적-선택과정의 보다 정교한 이론의 기초를 형성하고 있다.[23] 생활양식-노출이론의 기본가정은 피해자화 가능성의 인구사회학적 차이는 생활양식의 차이에 기인한다는 것이다. <그림 3-1>이 보여주는 것처럼, 생활양식의 다양성은 범죄피해의 위험성이 높은 시간대와 장소 등에의 노출의 차이와 관련되기 때문에 중요한 것이다.

이와 같은 관점에서 보면, 개인의 생활양식이 범죄피해의 위험성을 결정하는 핵심적 요소라고 할 수 있다. 여기서 생활양식이란 '직장과 학교 등 직업적 활동과 여가활동 모두를 포함한 일상적인 활동'으로 규정되고 있다.[24] 생활양식의 차이는 <그림 3-1>에서도 알 수 있듯이 구조적 제약과 다양한 역할기대에 대한 개인의 집합적 반응 또는 적응에 의해서 사회적으로 결정되는 것이다. 이 이론모형에서 보면, 연령, 성별, 인종, 소득, 혼인상태, 교육, 직업과 같은 지위특성(status characteristics)은 개인의 행위선택을 제약하거나 가능케 하는 구조적 장애와 적절한 행위에 대한 공유된 기대치를 수반하기 때문에 약탈범죄와 중요한 상관이 있는 것이라고 할 수 있다. 이러한 문화적, 구조적 기대에 대한 집착이 유사한 상황에 놓인 다른 사람과의 접촉과 일상활동 유형의 설정으로 이어지게 된다. 이렇게 형성된 생활양식과 교류접촉이 개인의 피해자화 기회를 증대시키는 위험하거나 취약한 상황에의 노출을 제고시킨다는 것이다.

최근의 양성평등을 위한 노력에도 불구하고 아직도 성역할과 기회구조에 남녀의 차이가 있다고 한다. 이러한 차이는 어디서 누구와 시간을 보내는지와 같은 기본적 활동, 일상적 활동에 있어서 감독의 정도, 낯선 사람을 접할 가능

---

23 M. Hough, "Offenders' choice of targets: Findings from victim survey," *Journal of Quantitative Criminology*, 1987, 3: 355-369; T. D. Miethe and R. F. Meier, "Opportunity, choice, and criminal victimization rates: A theory of a theoretical model," *Journal of Research in Crime and delinquency*, 1990, 27(3): 243-266.

24 M. S. Hindelang, M. Gottfredson, and J. Garofalo, *Victims of Personal Crime*, Cambridge, MA: Ballinger, 1978, p. 241.

그림 3-1　생활양식-노출 모형

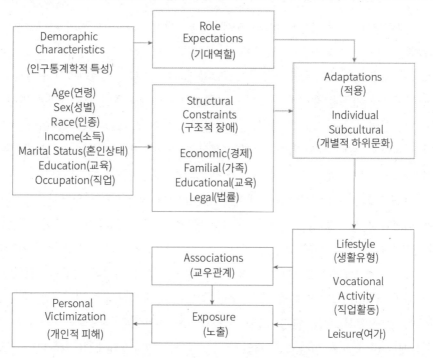

Source: Hindelang, Michael, Michael Gottfredson, and James Garofalo. 1978. Victims of Personal Crime. MA: Ballinger. Reproduced with permission from Michael Gottfredson. Figure 3.1 Hindelang et al.'s(1978) Lifestyle-Exposure Model.

성, 위험한 공공장소에의 노출 등에 있어서 차이를 초래하게 된다. 그래서 여성은 남성에 비해 사적인 가정활동을 더 많이 하고, 공공행위에 대한 감독이 높아지며, 매우 위험한 사람과 장소에의 노출이 낮아지며, 결과적으로 자신의 범죄피해에 대한 상대적 위험성을 낮추게 된다는 것이다. 남성은 여성과는 반대의 경우로 볼 수 있어서 전통적인 생활양식 상의 성별차이가 남성의 상대적으로 높은 범죄피해 위험성을 설명하는 것으로 말할 수 있다.

　기타 생활양식과 범죄의 노출에 대한 강력한 결정요인의 하나는 바로 경제적 자원과 가족의 소득수준이라고 할 수 있는데, 그것은 소득수준에 따라 그 사람의 다양한 사회생활의 양식이 결정되기 때문이다. 소득이 낮을수록 주거, 교통, 사교생활, 여가활동과 관련된 선택을 심각하게 제약받기 때문이다. 그 결과,

그들은 범죄에 취약한 또는 범죄가 다발하는 환경을 벗어날 수 있는 능력이 제한되기 마련이고 따라서 그만큼 범죄의 위험에 많이 노출되는 것이다. 그러나 소득수준이 높은 사람은 보다 쉽게 위험하거나 취약한 상황에서 벗어날 수 있게 마련이다. 따라서 소득수준이 그 사람의 생활양식을 결정하게 되고 이것이 피해 위험성의 차이로 이어지게 된다.

결론적으로 생활양식 – 노출이론은 성별이나 소득수준의 차이가 그 사람의 생활양식의 차이를 가져오고 이것이 위험성의 차이를 초래하여 결국 범죄피해 위험성의 차이까지 초래하게 된다는 요지이다. 이처럼 생활양식이 피해 가능성에 영향을 미치는 것은 생활양식의 차이가 특정한 시간과 장소 및 특정한 상황하에서 특정한 유형의 사람과 상호작용할 위험성에 영향을 주기 때문이라는 것이다.25

3) 일상활동이론(Routine Activity Theory)

Cohen과 Felson이 발전시킨 이 이론은 앞의 생활양식 – 노출이론과 유사점이 많다. 두 이론 모두가 관습적인 사회에서 일상활동이나 생활양식이 어떻게 범죄의 기회구조를 제공하는가를 강조한다. 또, 두 이론은 범죄의 사회생태학이나 범죄피해에 대한 개인의 위험성을 이해하는 데 있어서 범죄자의 동기와 기타 범인성 관점의 중요성은 그렇게 중요하게 여기지 않는다. 그러나 두 이론의 근본적인 차이는 일상활동이론이 처음에는 시간의 흐름에 따른 범죄율의 변화를 설명하기 위해서 개발된 것인 반면, 생활양식 – 노출이론은 사회집단에 따른 피해위험성의 차이를 설명하기 위하여 제안되었다는 사실이라고 할 수 있다.

Cohen과 Felson에 의하면, 일상활동유형의 구조적 변화가 동기가 부여된 범죄자, 적절한 표적, 보호능력의 부재라는 직접접촉 약탈범죄의 세 가지 필수 요소의 시간적, 공간적 집중에 영향을 미침으로써 범죄율에 영향을 미친다고 한다. 따라서 세 가지 조건 중 어느 하나라도 부족하다면 범죄를 퇴치하는 데 충분하다는 것이다. 또한 보호받지 못하는 매력적인 표적이 있는 한 범죄자의 범행동기를 부추길 구조적 조건의 변화가 없이도 범죄율의 급증은 얼마든지 가능하게 된다. 이는 기타 일반 범인성 이론과는 달리 60~70년대 미국에서 범인성

---

25 Meithe & Meier, *op. cit.*, pp. 34 – 35.

을 조장하는 조건이 감소했음에도 불구하고 범죄는 증가한 사실을 설명할 수 있게 해준다는 점에서 매우 중요한 것이다.[26]

일상활동이론의 기본적 가정은 관습적 사회에서의 다양한 사회적 변화가 범죄기회를 증대시킨다는 것이다. 예를 들어서, 강도는 현금이나 보석과 같이 쉽게 움직일 수 있고 비싼 값으로 되팔 수 있는 표적을 가장 선호하는데, 제품의 크기는 줄이고 값 비싼 내구제품의 수요를 증대시키는 생산과 제조활동의 변화가 이러한 범죄피해에 대한 이들 제품의 매력을 증대시키는 것으로 볼 수 있다. 마찬가지로, 시민들의 사전주의조치 강화는 잠재적 범죄자의 잠재적 범죄표적에 대한 접근성을 줄이기 때문에 장기적으로는 범죄율을 낮출 수 있는 것이다. 이와는 반대로, 현대사회의 다양한 일상활동의 변화는 여가활동의 증가와 그로 인한 가정생활의 축소, 그리고 독신생활자 증대에 따른 매력적인 범죄표적의 제공은 증가시키는 반면 보호능력의 수준은 낮추기 때문에 결과적으로 범죄기회를 증대시키게 된다.[27]

이를 종합하자면, 일상활동이론은 잠재적 피해자가 높은 가시성(visibility), 접근성(accessibility), 그리고 매력성(attractiveness) 등 높은 표적적합성(target suitability)을 가지고 있으나 보호능력(guardianship)은 낮을 때 약탈범죄의 위험성이 가장 높다고 예측할 수 있다는 것이다.

4) 대안적 이론모형

생활양식-노출과 일상활동이론이 개인의 범죄피해위험과 집합적 범죄피해율을 설명하는 데 가장 폭넓게 적용되어 왔으나, 최근 이들 관점들을 보다 직접적으로 통합하고, 표적선택의 과정을 설명하기 위한 보다 분명한 개념적 틀을 도출하고, 범죄피해위험에 대한 일상활동과 생활양식의 특정한 상황별 효과를 시험하기 위한 연구가 시도되고 있다.

---

26 Cohen & Felson, *op. cit.*, p. 589.

27 L. E. Cohen and K. C. Land, "Sociological positivism and the explanation of criminality," in M. Gottfredson and T. Hirschi(eds.), *Positive Criminology*, Beverly Hills, CA: Sage, 1987, pp. 43–55.

(1) 구조적-선택모형(Structural-Choice Model of Victimization)

기존의 피해 이론들은 약탈범죄의 필요조건으로서 동기가 부여된 범죄자에 대한 물리적 근접성, 위험성이 높은 환경에의 노출, 표적의 매력성, 그리고 보호능력의 부재의 중요성을 강조하고 있다. 그런데 기존의 이론들로부터 두 가지 핵심적인 가정을 도출할 수 있다. 우선, 일상활동 유형과 생활양식이 잠재적 범죄자와 피해자의 접촉을 증대시킴으로써 범죄기회구조를 창출한다. 두 번째, 사람이나 물품의 주관적 가치와 그 보호성의 수준이 특정한 범죄표적의 선택을 결정한다. 이 둘을 결합하면, 이러한 가정들은 일상활동이 일부 사람이나 재화를 더 큰 위험에 처하게 할 수도 있지만, 사회─공간적 상황에서 특정한 범죄피해자의 선택은 하나의 표적이 다른 표적에 비해서 가지는 기대효용성(expected utility)에 의해 결정된다는 것을 함축하고 있다.28 이 수정된 이론모형에서는 근접성과 노출이 사회적 상호작용의 특성을 유형화하고 개인의 소질이 그 사람을 더 위험한 상황에 미리 처하기 쉽게 하기 때문에 '구조적' 특징으로 고려되는 반면, 매력성과 보호성은 사회적─공간적 상황에서의 특정한 범죄표적의 선택을 결정하기 때문에 '선택' 요소를 대변하게 된다.

이 구조적─선택모형이 기존 피해이론의 유용한 통합이라고 할 수 있는 몇 가지 이유가 있다. 첫째, 일상활동이론에 의해서 제기된 바와 같이 범죄기회구조에 기여하는 거시적─역동적 요소와 생활양식─노출이론에서 응용된 것처럼 특정한 표적의 선택을 결정하는 미시적 수준의 과정 모두를 강조하기 때문이다. 둘째, 매력성, 근접성, 보호성, 노출이 피해의 필요조건이며, 따라서 이 중 어느 하나만 부족하더라도 약탈범죄를 제거하는 데 충분하다는 입장을 견지하고 있다. 셋째, 이 모형은 촉진요소와 소질요인을 분명하게 구분하고, 특히 특정한 환경에서의 생활이 위험한 상황에 대한 그 사람의 노출과 근접성을 증대시키지만, 그 사람이 범죄피해자가 되고 안 되고는 다른 대안과 비교한 그 사람의 주관적 효용성에 달렸다. 넷째, 일상활동과 생활양식이 약탈범죄의 위험성에 대하여 가지는 상황에 따른 특정한 효과(context─specific effects)를 강조한다. 예를 들어,

---

28 T. D. Miethe and R. F. Meier, "Opportunity, choice, and criminal victimization rates: A theory of a theoretical model," *Journal of Research in Crime and Delinquency*, 1990, 27(3): 243─266.

표적매력성과 보호성은 범죄기회구조가 약한 지역의 거주자들의 피해위험성에는 거의 영향을 미치지 못한다. 그러나 범죄자들이 집중된 지역에서는 범죄기회구조가 매우 강하기 때문에 매력성이나 보호성과 상관없이 모든 거주자가 동등하게 범죄피해자가 되기 쉽다.[29]

(2) 표적-선택 과정의 개념화

일상 활동과 생활양식-노출이론은 범죄율을 설명하고 왜 특정 집단이 다른 집단에 비해 더 높은 범죄피해의 위험성을 갖게 되는가를 명확히 하려고 한다. 상이한 인구사회학적 집단의 범죄피해 위험성의 차이는 잠재적 범죄자, 위험한 시간과 장소에의 노출을 증대시키는 일상활동과 생활양식의 차이에 기인하지만, 특정한 사회-공간적 배경에서의 특정한 범죄피해자의 선택을 설명할 수 있는 적절한 미시적 수준의 이론을 발전시키지는 못하고 있다. 이는 두 이론이 범인성과 범죄자 동기와 관련된 요소들에 대한 관심을 거의 보이지 않기 때문이다.[30]

그러나 이들 이론을 더 자세히 살펴보면 범인성에 대한 두 가지 분명한 인상을 찾을 수 있다. 우선, 범죄기회이론의 저변에 있는 묵시적 가정에서 범죄자의 동기는 적어도 부분적으로는 외부의 물리적 제약의 부재에서 야기된다는 것이다. 범죄의사는 범행의 대상으로서 적절한 사람이나 사물이 있고, 직접접촉 약탈범죄의 성공적인 완수를 억제하거나 억제하는 것으로 인식되는 다른 사람이나 대상의 존재와 같은 보편적인 물리적 제약이 없을 때 행동으로 옮겨진다는 것이다. 둘째, 범죄자들은 비록 아무리 미숙하더라도 범죄 표적의 선정에 있어서 나름대로의 선택을 한다는 것이다. 표적-선택 과정을 설명하는 데 있어서 가장 큰 희망을 주는 것은 기존의 피해자화 이론의 저변에 깔린 범죄행위의 합리성 개념이라고 한다.[31]

'사고하는 또는 이성적 범죄자(reasoning criminals)'라는 관점에서 보면, 범

---

29 T. D. Miethe, M. C. Stafford, and J. S. Long, "Social differentiation in criminal victimiza-tion: A test of routine activities/lifestyle theory," *American Sociological Review*, 1987, 52: 184-194.

30 Cohen & Land, *op. cit.*

31 *Ibid.*

70   Chapter 03 피해자학이론

그림 3-2　표적선택 설명을 위한 틀

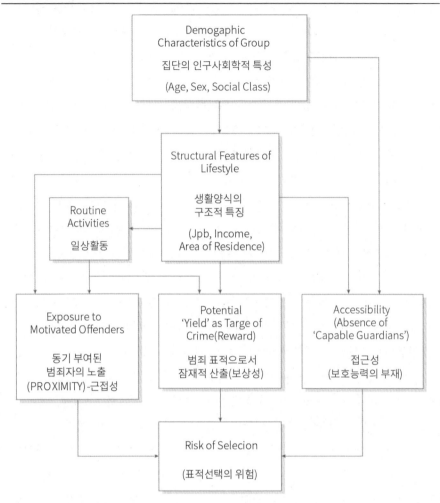

Source: Hough, Michael, 1987. "Offenders' Choice of Targets: Findings from Victim Surveys," *Journal of Quantitative Criminology*, 3: 355-369, Reproduced with permission form Plenum Press.
Figure 3.2 Hough's Framework for Explaining Target Selection.

죄자는 범죄행위로부터 이익을 추구하고, 적은 노력으로 많은 소득을 얻거나 발각의 위험성이 낮은 피해자를 선택하려고 한다. 범행을 결심하고 이어서 특정한 범죄피해자를 선택하는 것은 시간의 제약, 능력, 에너지, 제한된 정보, 그리고 대안의 존재여부에 따라 영향을 받게 되는 것이다. 그럼에도 불구하고, 범죄자는 어느 정도의 계획과 예견을 하게 되고, 상황적 위기에 자신의 행위를 적응시키게 된다. 정보를 선별적으로 처리하고 걸러냄으로써 합리적 범죄자는 일련의 잠재적 피해자 집단으로부터 최대한의 보상이 예상되는 표적을 선택하는 것으로 알려지고 있다. 실제로 강도의 경우 검거될 가능성이나 발각될 위험성, 잠재적 보상이나 소득, 그리고 범행의 용이성이 표적선택에 있어서 중요한 요소임이 유죄가 확정된 강도범들과의 면접조사결과 밝혀지고 있음이 이를 보여준다.32

Hough에 의하면, 다음의 <그림 3-2>처럼 만약 한 집단의 구성원이 다른 구성원에 비해 더 빈번하게 범죄표적으로 선택된다면 그것은 그들이 동기가 부여된 범죄자들에게 더 빈번하게 노출되거나(근접성), 범죄자에게 더 많은 이익을 제공하여 표적으로서 더 매력적이거나(보상), 또는 범죄피해에 대한 방어가 부족하거나 보다 쉽게 접근할 수 있어서 더 매력적이거나(보호능력의 부재)와 같이 세 가지 조건 중에서 적어도 하나를 충족시키기 때문이다. 이러한 접근의 장점은 근접성, 매력성, 또는 보호성의 차이가 개인의 범죄피해 위험성의 차이를 설명할 수 있고, 이들 특성을 소유하고 있는 사람은 특히 범죄에 취약하다는 것을 분명하게 보여준다는 점이다. 그런데 표적-선택 요소에 있어서 이러한 차이는 개인의 일상 활동과 생활양식에 의하여 결정되는 것이다.33

물론 이 수정모형이 표적-선택 과정에 있어서 생활양식과 일상활동의 역할을 분명히 하지만, 아직도 몇 가지 부족한 면이 있다. 우선, 근접성, 매력성, 그리고 보호성의 부재라는 조건에서 범죄피해가 가장 발생하기 쉽지만, 그 중 어느 요소가 가장 중요한 것인지는 분명하게 밝히지 않고 있다. 그리고 약탈범죄의 유형에 따라 표적-선택 요소가 매우 다양함에도 불구하고 이 모형에서는 바로 특정 범죄에 따른 차이점을 간과하고 있다. 또한 특정 범죄유형만을 보더라도 범죄자가 초보자냐 아니면 전문가냐에 따라 표적선택과 관련된 요소에서 상당한 차이가 있는 것으로 보임에도 불구하고 이 점 또한 제대로 고려되지 않았다. 그럼에도 불구하고, 이 수정모형은 일상 활동과 생활양식-노출이론의 원

---

32 D. B. Cornish and R. V. Clarke, *The Reasoning Criminal: Rational Choice Perspectives on Offending*, New York: Springer-Verlag, 1986 참조.

33 M. Hough, "Offenders' choice of targets: Findings from victim surveys," *Journal of Quantitative Criminology*, 1987, 3: 355-369.

형에 비해서는 상당히 진전된 것이라고 할 수 있다.[34]

(3) 피해모형에 있어서 사회적 배경 또는 여건의 영향

약탈범죄의 기본적 관점은 피해자와 범죄자가 시간과 공간적으로 접근된 사회적 여건 또는 배경에서 발생한다는 점이다. 이러한 특성을 감안한다면, 사회적 여건이 피해자화 이론과 직접적으로 통합되지 않았다는 것이 이상할 따름이다. 일상 활동과 생활양식－노출이론이 약탈범죄의 필요조건으로 위험하고 취약한 상황에의 근접과 노출의 중요성을 인식하고 있지만 광의의 사회적 여건이 어떻게 피해자화의 위험성에 영향을 미치는가에 대한 분명한 설명은 부족하다. 그러나 다양한 방법으로 사회적 여건이 범죄의 발생을 용이하게 하거나 제약하는 것으로 알려지고 있다.

범인성에 관한 거시－사회학적 이론들의 주요 공헌은 범죄와 관련된 구조적 조건을 파악하는 것이라고 할 수 있다. 이러한 구조적 조건이 범죄를 용이하게 하는 것은 그러한 구조적 조건, 예를 들어 빈곤, 인구이동 또는 인구의 이질성 등이 잠재적 범죄자의 규모를 증대시키기 때문이다. 이들 범죄를 유발할 수 있는 구조적 조건이 갖춰진 지역에 가까울수록 그 사람의 범죄피해의 위험도 커지게 마련이다.

그런데 기존의 피해자화 이론에 의하면, 사회적 여건이 약탈범죄에 영향을 미치는 또 다른 방법이 바로 범죄기회의 공급을 증대시키는 것이라고 한다. 매일의 일상활동이 범죄기회를 창출하기 때문에, 공공활동의 수준이 높고, 값비싸고 이동이 편리한 소비재가 많으며, 물리적 보호성의 수준이 낮은 지역이 범죄율이 높은 것으로 가정되고 있다. 사실, 자신의 일상 활동이나 생활양식과는 관계없이 단지 그러한 '매력적'인 지역에 산다는 것만으로 다른 사람들보다 범죄에 더 취약할 수 있다.

안전에 대한 사전주의가 범죄를 감소시킬 수 있다는 연구결과들이 광의의 사회적 여건이 어떻게 개인의 범죄피해 위험성에 영향을 미치는가를 보여주는 좋은 예라고 할 수 있다. 보호성의 한 형태로서, 방범견을 키우거나 경보장치를 설치하는 등 안전을 위한 사전주의조치들이 자신의 범죄위험성을 줄일 수 있지

---

34 Miethe & Meier, *op. cit.*, pp. 43－44.

만, 이웃한 지역의 다른 사람들이 취한 사전주의조치가 자신의 범죄피해 위험성에 어떤 영향을 미칠 수 있는지는 분명하지 않다. 이러한 의문은 바로 범죄전이(crime displacement)의 문제로서, 이웃주민의 사전주의조치가 범죄를 사전에 주의하지 않는 사람들에게 옮겨가게 하기 때문에 자신에게는 부정적인 영향을 미칠 수 있는 것이다.[35] 그러나 이와는 반대로 소위 '무임승차효과(free-rider effect)'에 따르면 이웃주민의 사전주의조치가 일반적으로 이 지역은 범행하기에는 위험한 곳이라는 인상을 잠재적 범죄자에게 심어주기 때문에 이웃주민들의 사회통제활동으로부터 이익을 얻을 수 있다는 것이다. 둘 중 어느 경우이건, 요점은 범죄통제에 있어서 지역사회 배경이나 상황이 범죄기회의 유용성과 개인의 범죄피해위험을 결정한다고 할 수 있다는 것이다.

그런데 지역사회 여건이란 다양한 형태를 취한다. 우선, 범죄다발지역(hot-spot) 가까이 생활하는 것은 잠재적 범죄자 밀집지역과의 근접성으로 인하여 매우 유해한 것이며, 두 번째는 동기가 부여된 범죄자에의 노출과 근접성은 공식, 비공식적 사회통제가 낮은 지역에서만 중요할 수 있는 것과 같이 일상 활동과 생활양식은 특정한 여건에서만 피해위험성에 영향을 미칠 수 있다. 특정지역이 사회통합과 사전주의가 강하면 이들 사회통제기제만으로도 범죄를 억제하고 범죄에의 노출과 근접성이라는 부정적 영향을 상쇄하는 데 충분한 것이다. 이와는 반대로 특정지역에 값 비싼 소비재가 풍부하다면 그러한 소비재를 소유하지 않은 사람에게도 재산범죄 피해의 위험성이 커진다는 주장도 가능하다. 범죄전이와 무임승차효과에 관한 예측의 갈등처럼, 이 경우도 개인의 범죄피해 위험성을 증대시키는지 아니면 감소시키는지는 분명치 않다. 그럼에도 불구하고 여기서 중요한 것은 범죄피해 위험성은 거주자의 일상 활동과 그 지역의 구조와 구성(structure and composition of community) 양자 모두의 기능으로 간주되고 있다는 사실이다.[36]

---

35 T. Gabor, "Crime displacement and situational prevention: Toward the development of some principles," *Canadian Journal of Criminology*, January 1990, pp. 41-73; T. D. Miethe, "Citizen-based crime control activity and victimization risks: An examination of displacement and free-rider effects," *Criminology*, 1991, 29(3): 419-431.

36 L. W. Sherman, P. R. Gartin, and M. E. Buerger, "Hot spots of predatory crime: Routine activities and the Criminology of place," *Criminology*, 1989, 27(1): 24-55.

이처럼 피해자화의 연구에 개인의 생활양식과 사회적 여건 모두를 포함시키는 것이 중요한 것은 몇 가지 이유가 있다. 우선, 사회학적 이론의 주요전제가 사회적 조건이 사람들의 활동을 제약하기도 하고 가능하게도 한다는 점이다. 개인의 생활양식이 범죄에 대한 자신의 취약성에 영향을 미친다는 것을 부정하는 것은 아니지만, 대부분의 사회학적 이론들은 사회적 조건이 개인의 특성과 무관하게 범죄피해 위험성에 직접적인 영향을 미친다고 가정하고 있다. 둘째, 개인적 영향이라고 추정되는 것 중 다수가 지역사회 역동성을 반영하는 것일 수 있다는 사실이다. 예를 들어, 미혼이나 젊다는 것이 범죄피해 위험성에 미치는 강력한 영향은 보편적으로 그러한 사람의 생활양식에 기인한다는 것이다. 그러나 독신이나 청년일수록 잠재적 범죄자들이 더 많고, 내적 사회통제(internal social control)가 더 낮으며, 공공활동(public activity)이 더 많은 유동적(transitional) 지역에 거주할 가능성이 더 높다는 사실은 개인의 생활양식과 사회적 여건의 유기적 관계를 보여주는 것이다. 이러한 측면에서 지역사회 여건(community context)을 포함시키지 않는 것은 개인의 특성과 범죄피해 위험성의 관계를 잘못 파악하는 것이 되고 만다.[37]

4. 범인성이론과 피해이론의 통합

지금까지의 논의에 따르면, 범죄가 발생하기 위해서는 동기가 부여된 범죄자, 가치 있는 피해자나 표적, 범행을 용이하게 하는 사회적 여건이라는 적어도 세 가지 필요조건이 있다. 따라서 가해자기초이론(offender-based theory), 피해자이론, 기회이론을 포함한 대부분의 사회학적 범죄이론들이 이들 세 가지 조건을 기초로 하고 있다. 그러나 중요한 것은 필요조건이 충분조건은 아니며, 범죄에 대한 완전한 설명을 위해서는 범죄자와 피해자 특성이 결합되는 조건에 대한 관심이 요구된다.

---

37 Miethe et al., *op. cit.*; D. A. Smith and G. R. Jarjoura, "Household characteristics, Neighborhood composition, and victimization risk," *Social Forces*, 1989, 68: 621-640.

1) 두 이론의 호환성(Compatibility)

최근 30여 년에 걸쳐 범죄원인연구의 새로운 추세 중 하나는 설명력을 높이기 위한 이론의 통합이다. 이론의 통합은 범죄에 대한 더 정확하고 더 포괄적인 모형을 제공할 수도 있다. 따라서 범죄학에 있어서 통합이란 전혀 새로운 것은 아니다. 사실 어떻게 보면 대부분의 피해이론도 어느 정도는 이전 이론들의 합병과 통합이라고 볼 수 있다. 그러나 아직 범인성 이론과 범죄피해이론의 포괄적 통합은 이루어지지 않고 있는 실정이다.

지금까지 우리는 대부분의 범인성 이론을 범죄자동기에 대한 결정론적 이론으로 간주해 왔기 때문에 범죄는 특정한 생물학적, 사회적, 경제적, 그리고 환경적 조건들에 의해서 양산되는 것으로 인식해 왔다. 그러나 중요한 것은 이들 범인성 이론의 어느 하나도 범죄행위에 가담하는 능력을 문제점으로 고려하고 있지 않다는 사실이다. 즉, 일단 범행의 동기나 욕구가 있으면 범죄는 일어나는 것으로 가정되는 것이다. 대부분의 약탈범죄의 범행에는 피해자나 표적, 범행을 용이하게 하는 여건, 일정한 기술이나 신체적 능력, 그리고 범행을 위한 도구 등 단지 몇 가지 기본적 전제가 있을 뿐이라는 것을 고려한다면 그러한 인식은 충분히 이해할 수 있는 것이다. 그러나 이러한 시각은 잠재적 피해자의 행동이 범죄기회의 제공을 결정한다는 사실을 반영하지 못한다. 특정한 지역에 범죄기회가 넘친다면 그 사실 하나만으로도, 즉 범죄기회만으로도 범죄에 필요한 유일한 동기가 될 수 있다. 실제로 기존의 상황적 범죄예방대책과 환경설계를 통한 범죄예방 등은 범죄욕구는 범죄를 용이하게 하는 환경을 제거함으로써 제한될 수 있다는 가정에 따라 범죄동기는 거의 무시하고 있다.[38] 이러한 기존 범인성 이론의 근본적인 약점은 생활양식과 일상 활동에 따라 생기는 범죄기회가 어떻게 범죄동기의 표출을 가능하게 하거나 제약하는가를 고려하지 않는다는 점이다.

피해이론은 범죄의 기회구조와 범죄표적의 선택과 관련된 요소를 직접적으로 다루고 있다. 범죄기회이론은 잠재적 범죄자에 대한 잠재적 피해자의 노출과

---

38 R. V. Clarke, "Situational crime prevention: Theory and practice," in M. Tonry and N. Morris(eds.), *Crime and Justice: An Annual Review of Research*, Vol. 4, Chicago: University of Chicago Press, 1983, pp. 225–256.

근접성을 증대시킴으로써 어떻게 일상 활동과 생활양식의 특성이 약탈범죄를 용이하게 하는가를 지적하고 있다. 위험하고 취약한 상황에의 근접성과 노출이 그 사람을 이미 더 높은 범죄피해의 위험성에 처하게 하지만, 이러한 특정한 환경에서 그 사람이 실제 피해자가 되고 안 되고는 범죄표적의 매력과 표적의 보호능력에 달렸다는 것이다. 이런 시각에서 보면 범죄자는 가장 적은 비용으로 가장 큰 이익을 제공하는 범죄표적을 선택하는 합리적 행위자이다. 그러나 범인성 이론에서 중요하게 다루는 범죄동기를 양산하거나 사회적 제재를 약화시키는 사회적 영향력을 피해이론에서는 대부분 무시하고 있다.[39]

그런데 범인성 이론과 피해이론의 통합은 범죄가 범죄가담의 결정(범행)과 특정한 범죄피해 대상의 선택(표적−선택)이라는 두 가지 과정을 내포하고 있음을 인식하는 것이다. 두 가지 결정 모두가 범죄를 완전하게 이해하기 위해서 고려될 필요가 있는 것이다. 적정한 범죄표적과 범행을 용이하게 하는 여건이 없는 범죄의사는 결코 이루어질 수 없다. 따라서 잠재적 피해자나 범죄자의 행동과 사회적 여건을 무시하는 범죄이론은 불완전한 것이 되어버린다.

피해이론에 있어서 합리적 의사결정자로서의 범죄자에 대한 관점은 대부분의 범인성 이론의 저변에 깔린 범죄원인의 결정론 관점과는 반대라고 할 수 있다. 그러나 범행과 표적−선택이 범죄생태학에 있어서 전혀 다른 별개의 과정이라는 것을 고려한다면 그러한 인식이 전혀 양립할 수 없는 것은 아니다. 외적 영향력이나 내적 사회통제의 부재가 개인으로 하여금 자신의 문제에 대한 범죄적 해결을 추구하게 할 수 있지만 범행할 범죄유형과 특정 표적의 선택이라는 견지에서 행위자는 상당한 선택의 여지를 가지게 된다.

2) 휴리스틱 모형(Heuristic Model)[40]

범죄사건에 대한 완전한 설명을 위해서는 범죄자, 피해자, 그리고 그 둘을 함께 결합시키는 사회적 여건에 대한 관심을 필요로 한다. 대부분의 범죄학적 이론들이 범죄자 특성을 다루고, 최근의 문헌들은 피해자 행위와 특성을 탐구해 왔다. 대인적 환경과 물리적 환경의 요소 둘 다를 포함하는 사회적 여건이란 범

---

39 Miethe & Meier, *op. cit*.
40 Miethe & Meier, *op. cit*.에서 제시된 통합모형을 중심으로 기술하였음.

그림 3-3   범죄사건의 발견적 모형

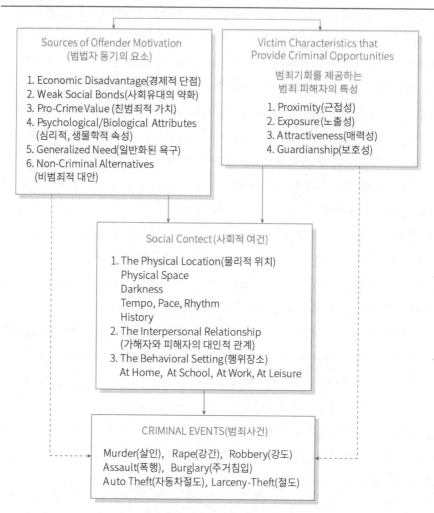

Figure 4.1 Heuristic Model of Criminal Events.

죄의사와 매력적인 피해자 특성이 행동으로 옮겨지는 곳이라고 할 수 있다.

　범죄자의 동기와 피해자 특성에 의하여 제공되는 범죄기회는 서로 연관되지만 그 관계의 방향은 분명하지 않다. 특히, 동기를 가진 범죄자가 적절한 표적을 찾을 수도 있지만 반대로 잠재적 피해자의 특성이 범죄의사를 생성시킬 수도 있는 것이다. 그러나 광범위한 사회적 여건이 범죄에 기여하지 않는 한 범죄행동이 범죄의사와 매력적인 피해자 특성의 존재만으로 반드시 초래되는 것은 아니다.

통합모형에 의하면, <그림 3-3>의 점선 부분처럼 범죄자의 동기, 피해자의 특성, 그리고 사회적 여건의 연계가 이상적이거나 최적의 경우가 아닐 때도 범죄가 발생할 수 있다. 예를 들어, 범죄동기가 너무 강해서 범죄자가 가장 매력적인 표적, 시간, 장소를 선택함에 있어서 건전한 판단력을 행사하지 못할 수도 있다. 다수의 격정에 의한 폭력범죄나 극심한 빈곤으로 인한 도구적 재산범죄가 이 경우에 해당될 수 있다. 반대로, 매력적이고, 접근이 용이하며, 보호되지 않은 범죄표적으로 인한 범죄기회와 범행을 용이하게 하는 사회적 여건이 범행하지 않고 그냥 지나치기에는 너무나 좋아서 심지어 사전 범행동기가 전혀 없었고 범행을 부추길 만한 상황이 없는 사람까지도 범행에 가담할 수 있는 것이다. 따라서 범죄자, 피해자, 사회적 여건의 통합은 범죄사건의 가능성을 극적으로 증대시키지만, 범죄는 심지어 이 중 단 하나의 요소만 존재하더라도 가능한 것이다.

위 모형에 의하면, 범죄자들이 가지는 범죄동기의 원천은 경제적 불리함, 사회적 유대의 취약함, 친범죄적 가치, 심리적 또는 생물학적 속성, 금전이나 성과 같은 일반화된 욕구, 비범죄적 대안의 존재 여부 등 다양한 요소를 포함하고 있다.

한편, 위 모형에서는 피해자로 인한 범죄기회도 중시되고 있는데, 일상 활동과 생활양식-노출이론이 파악하는 범죄기회를 창출하는 피해자의 기본적 특성은 바로, 범죄자와의 근접성, 범죄위험성이 높은 상황에의 노출, 표적의 매력, 그리고 보호의 부재라고 할 수 있다. 이들 요소들의 존재가 범죄에 기여하는 사회적 여건을 규정하는 데 도움을 주지만 피해자의 특성도 사회적 여건과 관계없이 범죄사건의 가능성에 독자적인 영향을 미치는 것으로 가정되고 있다.

범죄자의 동기를 강화하고 피해자의 위험성을 높이는 요소들도 진공상태가 아니라 둘을 엮어서 그 영향을 증대시키는 사회적 여건에서 작동하는 것이다. 그러나 사회적 여건은 본 통합이론의 저변에 있는 핵심적 요소들 중에서도 과거에는 가장 잘 다루어지지 않는 요소였다.[41] 최근 들어 그 중요성이 강조되고 있

---

41 G. D. LaFree and C. Birkbeck, "The neglected situation: A cross-national study of the situational characteristics of crime," *Criminology*, 1991, 29(1): 73-98; R. N. Davidson,

는 사회적 여건은 물리적 위치, 가해자와 피해자의 대인적 관계, 그리고 범행의 시간에 피해자의 활동을 확립하는 행위여건(behavioral setting)을 포함하는 미시적 환경(micro-environment)이라고 할 수 있다.

"Micro-environments of violence," in D.J. Evans and D.T. Herbert(eds.), *The Geography of Crime*, New York: Routledge, 1989, pp. 59-85.

04

범죄피해자화의 이해

SECTION 01 피해자와 표적의 선택

　만약 범죄의 피해자가 무작위로 선택된다면, 범죄피해자는 전인구에 골고
루 분포되어야 하고, 범죄피해의 위험과 비율도 동일하리라 기대된다. 그러나
범죄피해를 인구집단이나 지역별로 분류하면 전혀 사실과 다르다는 것을 알
수 있다. 이는 곧 일종의 선택과정이 존재함을 의미한다. 일반적으로 범죄자는
자신의 피해자나 표적을 무작위로 아무렇게나 선택하지 않으며, 특히 재산범
죄나 이윤지향의 범죄를 행하는 범죄자는 대부분 자신의 피해자와 대상을 합
리적으로 선택하는 이성적 행위자로 알려지고 있다. 즉, 그들은 사고하는 범죄
자(reasoning criminals)라고 할 수 있다. 그래서 이 사고하는 범죄자는 범행대상
을 전적으로 무작위로 또는 처음 나타난 피해자나 대상을 선택하지는 않는다는
것이다.

　비록 비교적 최근까지 피해자/표적 선택에 대해서 많은 연구와 논의가 이
루어지지 않았으나 합리적 — 선택(rational — choice)의 관점이 관심을 얻기 시작
하면서 이에 대한 경험적 연구가 행해지고 있다. 그 대표적인 예로 60년대에
이루어진 강도·살인범죄의 피해자 선택에 관한 연구결과는 두 가지 분명한 유
형의 피해자가 있음을 보여주고 있다. 첫 번째 유형은 '교체될 수 없는 피해자
(nonexchangeable victims)'로서 다른 사람이 피해자가 될 수 없고 이미 정해진

사람만 피해자가 될 수 있는 부류이다. 두 번째는 '교체될 수 있는 피해자(exchangeable victims)'로서 다수의 잠재적 표적으로부터 가해자가 선택하는 누구라도 피해자가 될 수 있는 선택된 피해자이다.1

이러한 피해자/표적 선택은 우리로 하여금 왜 특정개인이나 표적이 다른 개인이나 표적에 비해 범죄피해의 가능성이 더 높으며, 일부가 다른 일부에 비해 피해자로서 더 보편적인가를 더 잘 이해할 수 있게 해주며, 왜 특정 표적이 다른 표적에 비해 더 빈번하게 피해자가 되고 일부는 반복적으로 피해를 당하는가를 이해할 수 있게 해준다. 즉, 표적선택은 피해의 상이한 위험성은 물론이고 누범피해(recidivist victimization)와 다중피해(multiple victimization)와 같은 현상의 이해에 상당한 기여를 할 수 있다. 뿐만 아니라, 이는 또한 보호와 예방의 기술, 전략, 정책의 개발과 잠재적 피해자와 표적에 대하여 범죄피해를 피할 수 있는 전략을 제공하는 데 매우 유용할 수 있다.

1. 교체 가능한 피해자와 교체 불가능한 피해자

표출적 폭력(expressive violence)행위나 근친상간(incest)과 같은 일부 성범죄 또는 영아살해(infanticide)의 경우는 실제 피해자의 선택은 없다. 이 경우 피해자는 범죄 자체가 그 특정한 사람에게만 범해질 수 있다는 점에서 특정적이고 이미 정해져 있는 것이다. 따라서 이 경우는 특정 피해자를 대치할 수 없기 때문에 피해자는 교체가 불가능한 것이다. 소위 '격정의 범죄(crimes of passion)'가 '교체될 수 없는 피해자'의 개념을 대변한다고 할 수 있다. 이 경우, 가해자는 공격할 대상을 선택하는 것이 아니라 자신의 격정이나 분노나 갈등을 초래한 그 사람을 공격하게 되어 피해자는 이미 지정된 것이다. 치정이나 복수 또는 원한, 보험금으로 인한 살인이나 추격하는 경찰관의 살해나 정당방위로서의 살인도 아무나 살해하는 것이 아니라 바꿀 수 없는 사람을 살해하는 것이므로 진정한 의미에서 피해자나 표적의 선택은 없는 것이다.

반대로 교체 가능한 피해자/표적의 경우는 강도나 강간범과 같은 잠재적

---

1 E. A. Fattah, *Understanding Criminal Victimization: An Introduction to Theoretical Victimology*, Scarborough, Ontario: Prentice−Hall Canada Inc., 1991, p. 223.

범죄자는 광범위한 범주의 교체 가능한 피해자/표적 중에서 선택할 수 있다. 범행을 계획하는 범죄자의 입장에서 보면 일부가 다른 일부에 비해 더 매력적이고, 더 적절하며, 더 접근이 용이하게 보일 수 있다. 자신의 기호에 따라 선택되거나 다른 사람이 제외됨으로써 선택되는 피해자가 가해자의 입장에서는 가장 적절한 표적인 것이다. 특정한 피해자/표적과 무관하게 범행이 결정된다면 그때 선택된 피해자/표적은 교체 가능한 피해자/표적이라고 할 수 있으나, 반대로 범행결정이 특정한 피해자/표적에 직결된 것이라면 그 범죄의 피해자는 교체가 불가능한 피해자가 되는 것이다.

일반적으로 교체 불가능한 피해자는 범죄자와 특정한 관계가 있으며, 바로 이 관계가 범행을 야기하고, 지지하고, 형성하게 만드는 것이다. 그러한 경우의 상황은 기회를 기다리거나 추구하는 범죄자들이 직면하는 상황과는 매우 다른 것이다.

일반적으로, 표출적 폭력(expressive violence)행위는 대체로 교체 불가능한 피해자를 상대로 행해지나, 도구적 폭력(instrumental violence)의 행위는 종종 교체가 가능한 피해자를 상대로 행해지고 있다. 대부분의 대인범죄가 교체 불가능한 표적을 대상으로 하는 반면에 대부분의 재산범죄는 교체 가능한 표적을 대상으로 행해진다고 한다. 그러나 교체 가능한 피해자와 불가능한 피해자의 구분이 절대적인 것은 아니다. 즉, 같은 유형의 범죄라도 상황에 따라서 교체 가능한 표적이 피해자일 수 있고 불가능한 표적이 피해자일 수도 있는 것이다.

그러나 일반적으로 기회의 개념은 교체 불가능한 범죄보다는 교체 가능한 범죄에 더 많이 적용될 수 있다. 피해자촉진이나 피해자유발과 같은 개념은 전적으로 교체 불가능한 피해자에게만 적용된다. 이에 반해, 매력성(attractiveness), 취약성(vulnerability), 성향(proneness), 접근성(accessibility), 태만과 부주의와 같은 개념은 교체 가능한 표적과 불가능한 표적 모두에 적용될 수 있다. 이때, 이들 특성은 교체 불가능한 피해자보다 교체 가능한 피해자에 더 빈번히 적용된다.

2. 선택과정

피해자/표적선택은 당연히 교체 가능한 피해자/표적과 범죄자가 의도적으로 선택을 하는 범죄와 관련된 것이다. 심지어 동일한 유형의 범죄를 범하는 범죄자들도 각자의 범행수법이 매우 다양함을 보여주는데, 그 중 하나가 바로 피해자/표적 선택이다. 즉, 범죄자들이 자신의 피해자 선택방법, 선택하는 표적의 유형, 특정한 피해자/표적을 선호하는 이유 등이 다르다고 한다. 그렇다고 이것이 범죄자들 자신이 좋아하는 대로 피해자/표적을 가리고 선택할 수 있다는 것을 뜻하지는 않는다. 대부분의 경우, 범죄자들의 선택은 긴급성, 관리가능성, 접근성, 이용가능성 등과 같은 다양한 요소로 인하여 상당한 제약을 받게 된다. 또한 일부 범죄자들은 다른 범죄자들보다 이러한 요소들을 더 많이 고려한다. 이는 특정한 상황이 다른 상황에 비해서 더 많은 선택의 가능성을 제공하기 때문이다. 다시 말해서, 피해자/표적선택은 범죄자, 범행, 상황의 유형에 따라 매우 다양할 수 있다. 선택의 정교함의 정도, 선택과정의 기간, 범행계획에 있어서 선택과정의 시간적 순서 등도 범죄, 범죄자, 상황에 따라 큰 차이가 있을 수 있다.

Blazicek[2]은 이러한 피해자/표적선택을 일종의 인지적 의사결정과정 (cognitive decision−making process)으로 보고, 대인적 인식(interpersonal perception)과 위험부담(risk taking)에 기초한 피해자/표적선택의 사회심리학적 모형을 제안하였다. 이 모형에서 가해자는 범죄기회상황을 인지적으로 사정하고 평가하는 합리적 조작자(rational operator)로 간주된다. 이 모형은 평가적 차원(evaluative dimension), 잠재력차원(potency dimension), 그리고 역동성차원(dynamic dimension)의 세 가지 주요 차원으로 구성되어 있다. 평가적 차원은 특정한 개인이 피해자/표적으로 매력성이 있는지 여부에 대한 가해자의 인식과 인지적 사정이라고 할 수 있다. 반면에, 잠재력차원은 선택된 피해자/표적의 잠재적 저항과 범행에 방해가 되는 피해자나 목격자의 행동에 대한 가해자의 인지적 평가이며, 역동성차원은 어떠한 잠재력요소가 실제로 수행되고 실행될 것인가 그 가능성의 인식을 의미한다. 그런데 이 모형에서는 피해자저항의 가능성이라는 견지에서 평가되는 위험성측정이 핵심적 초점이라고 할 수 있다. 따라서 피해자/표적 선택과정에 대한 더 깊이 있는 이해를 위해서는 위험성 외에 특정한 피해자나 표적의 선택과 결정에 영향을 미치고 결정하는 다른 다양한 요소와 차원이 추가된 모형의

---

2 D. L. Blazicek, "The criminal's victim: A theoretical note on the social psychology of victim selection," *Journal of Crime and Justice*, 1979, 1: 113−131.

개발이 요구된다.

3. 피해자/표적선택의 통합적 이해

1) 근접성(Proximity)

영역성(territoriality)은 사람들의 정상적이고 일탈적인 행위에 있어서 핵심적인 개념이기 때문에 표적이나 피해자 선택에 있어서 중요한 영향을 미친다. 범죄자나 잠재적 범죄자들은 자신이 안전하고 편안하게 느끼며, 빠르고 효율적인 탈출을 할 수 있도록 충분한 지식을 가지고 있는 지역에 집착하기 마련이다. 범죄활동의 유형이 범죄자와 피해자/표적 사이의 물리적 거리와 관련이 있다는 상당한 증거자료로 인하여 영역성, 근접성, 이동성의 요소를 피해자/표적선택과정의 모형에 포함시킬 필요가 있다. 많은 범죄에 있어서 피해자와의 물리적 근접성이 필요한 요소가 된다. 예를 들어, 대부분의 폭력과 성범죄는 피해자와의 신체적 접촉을 필요로 한다. 폭력이나 살인과 같은 대인범죄는 총기를 사용하지 않는 한 원거리에서는 이루어질 수 없는 것이다.

대부분의 범죄자들은 자신의 범행을 위하여 먼 거리를 이동하지 않는다. 물론 재산범죄를 범하는 범죄자들이 대인범죄를 범하는 범죄자들보다는 더 멀리 이동하는 것으로 알려지고 있다. 범행을 위하여 이동하는 것은 심지어 동일한 범죄의 상이한 형태에 따라 매우 다양할 수 있다. 예를 들어, 무장강도가 비무장강도보다 더 멀리 이동한다. 반면에 노상강도는 자신의 주변환경에서 피해자를 고른다고 한다.3

(1) 숙지성(Awareness)

표적을 선택하기 위해서 범죄자는 표적의 존재에 대해서 잘 알고 있어야 할 것이다. 예를 들어서, 절도범은 절도기회를 제공하는 장소에 대해서 알지 못한다면 결코 범행할 수 없을 것이다. 이 범행을 위한 장소가 범죄자의 '숙지(인지)공간(awareness space)' 안에 있어야 한다. 이러한 숙지(인지)공간은 범죄자가

---

3 J. L. Le Beau, "The Journey to rape: Geographical distance and the rapists' method of approaching the victim," *Journal of Police Science and Administration*, 1987, 15(2): 129－136; R. Lejeune, "The management of mugging," *Urban Life*, 1977, 6(2): 123－148.

일부 지식을 가지고 있는 모든 장소의 집합이며, 전체 지역환경의 한 부분이다. 그러나 범죄자가 자신이 알고 있는 모든 장소를 고려하는 것은 아니며, 성공의 가능성이 가늠되고 손익분기점 이상의 수익성이 기대되는 장소만 고려하는 것이다. 숙지(인지)공간은 다시 '탐색 공간(search space)'으로 좁혀지고, 다시 '범죄 활동 공간(criminal activity space)'으로 더욱 좁혀진다.[4]

(2) 친숙성(Familiarity)

대부분의 경우 근접성은 지역과 피해자/표적에 대한 더 많은 친숙성을 의미한다. 연구자들에 따르면, 강도가 특정한 표적을 선택하는 것은 그 표적이 위치한 지역에 대한 자신의 친숙성의 정도에 영향을 받는다고 한다. 그것은 그 지역과 표적에 대한 자신의 지식이 강도현장으로부터의 성공적인 탈출의 기회를 제공할 것으로 느끼기 때문이다. 범죄자들은 범행현장에 근접할수록 그 지역과 표적에 대해서 더 잘 알기 때문에 범행과 탈출의 성공 가능성이 더 높다고 생각하게 된다는 것이다.

(3) 안전감(Feelings of Safety and Security)

지역에 대한 친숙성은 안전감과 직결된다. 사람들은 자신이 잘 모르는 곳보다 자신이 잘 알고 있는 지역에서 더 안전하게 느끼기 마련이다. 더구나 범죄자들은 자신이 익숙하지 않은 표적보다 익숙한 표적을 공격하는 것에 더 자신감을 가지기 마련이다.[5]

2) 매력성(Attractiveness)

피해자/표적의 매력성은 매우 상대적이고 주관적인 선택범주라고 할 수 있다. 피해자/표적의 매력은 범행의 형태에 따라 매우 다양해질 수 있다는 점에서 상대적일 수 있다. 또한, 특정 범죄자에게 매우 매력적인 피해자/표적도 다른 범죄자에게는 전혀 매력적이지 않을 수도 있다는 점에서 피해자/표적의 매력의 평

---

4 G. F. Rengert and J. Wasilchick, *Suburban Burglary—A Time and Place for Everything*, Springfield, IL: Charles C. Thomas, 1985, p. 55.

5 M. Maguire and T. Bennett, *Burglary in a Dwelling*, London: Heinemann Educational Books Ltd., 1982, p. 82.

가는 주관적이다. 그럼에도 불구하고, 일반적으로 어느 특정 범죄자에게나 피해자/표적의 매력은 특정 피해자/표적의 긍정적 특징과 부정적 특징, 그리고 위험성의 인식과 잠재적 보상을 저울질함으로써 결정된다.

수익성은 금전적 이득을 위한 범죄의 피해자/표적의 매력을 판단하는 데 있어서 일차적 고려사항이다. 반면에 성범죄의 경우는 피해자의 신체적 매력과 기타 개인적 특성이 그 사람의 매력을 결정하는 데 중요한 요소이다. 물론 납치유인이나 스토킹과 같은 일부 약탈적 범죄도 피해자의 개인적 특성이 매우 중요한 의사결정요인이 될 수 있다.[6]

3) 접근성(Accessibility)

비록 피해자/표적이 매력적일지라도 어떤 이유에서건 접근이 불가능하거나 매우 어려운 경우가 있을 수 있다. 따라서 잠재적 범죄자가 피해자/표적에 얼마나 쉽게 접근할 수 있는지가 피해자/표적으로서 좋고 나쁨에 대한 전반적인 평가에 기여하리라고 가정하는 것은 지극히 당연하다. 다른 조건이 동일하다면 접근이 용이한 피해자/표적일수록 당연히 더 매력적일 수 있다는 점에서 접근성이 매력성의 특징으로 고려될 수도 있는 것이다.

범죄자들이 쉽게 접근할 수 있는 지역을 선호한다는 점에서 접근성이 범죄다발환경을 설명하기 위한 주요개념으로 활용되기도 한다. 실제로 범행의 기회, 검거의 위험성, 친숙성, 그리고 접근성이 범죄분포의 변량을 73% 이상 설명할 수 있다는 연구결과가 발표되기도 하였다. 폭력범죄, 성범죄, 그리고 재산범죄와 같은 다수의 범죄가 대체로 피해자/표적에의 접근성이라는 견지에서 설명될 수 있다는 것이다. 이런 점에서 접근성이 가정폭력, 근친상간, 매춘부와 택시기사를 대상으로 하는 범죄의 설명요인으로 활용되기도 한다.[7]

---

6 R. Lejeune, "The management of a mugging," *Urban Life*, 1977, 6(2): 123–148; D. L. Blazicek, "The criminal's victim: A theoretical note on the social psychology of victim selection," *Journal of Crime and Justice*, 1979, 1: 113–131.

7 W. Goode, "Violence among intimates," in D. J. Mulvihill, M. M. Tumin, and L. A. Curtis(eds.), *Crimes of Violence*, A Staff Report Submitted to the National Commission on the Causes and Prevention of Violence, Washington, DC: US Government Printing Office, 1969, pp. 941–977.

(1) 시간적 접근성(Temporal Accessibility)

대부분의 상가가 영업시간을 제한함으로써 잠재적 범죄자들의 접근을 불가능하게 만들거나 어렵게 한다. 그래서 24시간 영업을 하는 편의점은 길어진 영업시간 때문에 잠재적 범죄자들이 접근할 수 있는 여유를 더 많이 주고 있다. 반면에 은행은 영업을 일찍 마감함으로써 은행 강도가 접근할 수 있는 기회를 줄여서 접근을 그만큼 더 어렵게 하고 있다.

(2) 물리적 접근성(Physical Accessibility)

상가나 은행 등의 제한된 시간적 접근성이 반대로 물리적 접근성을 쉽게 만들게 된다. 빈 상가나 은행의 점포는 절도범들이 쉽게 침입할 수 있기 때문이다. 그러한 자유로운 접근 때문에 절도범들이 빠르고 효율적으로 범행할 수 있게 하는 것이다. 반대로 주거공간은 제한된 접근으로 인하여 범행의 표적으로서 부정적으로 고려될 수도 있다. 그러나 강도와 절도의 특성상의 차이로 인하여 접근의 용이함은 강도보다는 절도에 있어서 더 중요한 고려사항이라고 할 수 있다. 주거침입절도의 경우 접근성이 표적선택에 있어서 가장 우선적인 고려사항인 것으로 알려지고 있다.

(3) 위치(Location)

많은 경우, 표적의 지리적 위치가 강도나 절도범들의 접근성에 밀접한 연관이 있다고 한다. 잠재적 범죄자들이 표적에 도달하기 위한 물리적 거리에서 설명하였지만, 이러한 표적의 근접성이나 거리 외에도 다른 특징들도 표적의 매력이나 접근성을 증대시킬 수 있다고 한다. 예를 들어, 주거침입절도의 피해는 도로설계로 인한 접근의 정도와 상당한 관련이 있다는 것이다. 이는 침입과 도주의 용이성에 기인한 것으로 알려지고 있다.[8]

(4) 공간배치(Layout)

접근성과 관련된 물리적 공간배치의 하나는 출입구의 수라고 할 수 있다. 출입구가 많다는 것은 절도나 강도범들의 출입의 방법과 기회를 그만큼 더 많이

---

8 P. J. Brantingham and P. L. Brantingham, "The spatial patterning of burglary," *Howard Journal*, 1975, 14: 11−23.

제공한다는 것이다. 또한 외부의 관찰자나 목격자에게 단지 제한된 가시성(visibility)만을 제공하는 표적도 선호되고 있다고 하는데, 그것은 내부에서 일어나고 있는 것을 외부에서 보기 어렵게 만들기 때문이다.

4) 관리가능성(Manageability)

강간과 같은 일부 범죄는 피해자와의 직접적인 대면을 요하고, 범행에 성공하기 위해서는 공격자가 피해자를 강제하고 통제할 수 있으며 어떠한 피해자의 저항도 무력화시킬 수 있어야 한다. 따라서 잠재적 범죄자는 피해자가 얼마나 쉽게 위협받을 것이고, 저항할 확률은 얼마나 되며, 고분고분 따르도록 강제할 수 있는 가능성은 얼마나 되는가 등의 요소를 고려하게 된다는 것이다. 그런데 이러한 피해자에 대한 관리의 가능성은 한편으로는 매력성의 특징으로 고려되기도 한다. 저항할 가능성이 낮고, 쉽게 위협되고, 가해자의 요구에 순순히 따르도록 강제하기 쉬운 피해자가 더 매력적인 피해자이기 때문이다.

5) 위험성(Risk)

잠재적 범죄자의 인지공간(awareness space)이나 탐색공간(search space) 내에 있는 모든 잠재적 피해자/표적이 다 훌륭한 또는 적절한 피해자/표적은 아니다. 해당 피해자/표적을 좋은 또는 나쁜 피해자/표적으로 만드는 표적의 특성은 다양할 수 있지만, 특정 표적의 선택과 동시에 실제 범행에 성공하는 어려움과 관련된 위험부담(risk)의 평가가 반드시 포함되어야 한다. 물론 일부 비이성적, 비합리적 범죄자도 있지만 대부분의 범죄자는 심리학적으로 지극히 정상이라고 할 수 있다. 일부 범행은 너무나 감정적이거나 정서적이어서 위험부담의 고려가 이루어지지 않지만 대부분의 경우 범행하는 사람은 일부 사전주의조치를 취하기 마련이다.[9]

범행을 준비하거나 피해자/표적을 선택할 때 범죄자들은 범죄 상황의 위험부담, 그리고 범행목표 달성의 성패확률이라는 두 가지 일차적, 우선적 관심을 가지게 된다. 범죄자들이 성공의 가능성을 극대화하면서 실패하거나 붙잡힐 가

---

9 P. J. Brantingham and P. L. Brantingham, *Patterns in Crime*, New York: Macmillan, 1984, p. 36.

능성은 최소화할 수 있는 잠재성이 있는 피해자/표적을 선택하고 범행계획을 수행하려는 것은 자연스러운 일이다. 취약하고, 보호받지 못하는 피해자/표적의 선택은 부정적인 결과를 줄일 수 있는 한 가지 방법이 된다. 범죄자가 범행 후나 무언가 잘못되었을 때 쉽게 달아날 수 있는 피해자/표적의 선택은 위험부담을 줄일 수 있는 또 다른 한 가지 방법이다. 범죄예방으로서 표적의 견고화(target hardening)라는 기존정책은 쉬운 표적이 어려운 표적보다 더 선호되고, 더 매력적이며, 더 자주 선택된다는 것을 전제로 하고 있다.

(1) 보안(Security)

경보기, 자물쇠, 감시카메라, 보안견, 기타 보안장치는 범죄자가 범죄목표를 성공적으로 달성하는 것을 더 어렵게 만들고 검거의 가능성을 높임으로써 잠재적 강도나 절도범에게 표적의 매력성을 떨어뜨린다. 이러한 표적의 견고화가 아마추어나 기회주의적 범죄자를 제지하거나 억제시킬 수 있을지 모르지만, 경험이 많고 범행의 결심이 단호한 일부 범죄자를 단념시키는 데는 그렇게 효과적이지는 않다. 오히려 빈집, 가옥의 형태와 크기, 가능한 출입과 탈출로, 가시성 등과 같은 요소가 표적선택에 어느 정도 영향을 미칠 수 있다고 한다. 그러나 표적선택에 있어서 이들 요소의 중요성은 매우 주관적이라고 평가받으며 강한 의지, 과신, 낙관 등이 더 중요시되고 있다. 또한 접근과 감시의 요소가 보안수준보다 피해자화의 유형을 설명하는 데 더 중요하다고 한다.[10]

(2) 감시성(Surveillance)

이처럼 일반적인 보안장치는 경험이 많고, 전문적이고, 결의가 단단한 절도범을 특별히 억제시키는 것 같지는 않지만 사람이나 기계적 수단에 의한 표적의 감시는 표적의 선택에 강력한 영향을 미치는 것으로 보인다. 그런데 이러한 감시성을 평가하는 데 도로로부터의 거리와 이웃집과의 거리가 중요한 기준이 된다고 한다. 또한 가옥이 가려져 있는지 아니면 노출되어 있는지도 중요하다고 하는데 시각적 은폐가 절도범에게 일종의 안전감을 주기 때문이라고 한다. 시각적 은폐나 노출은 일반적으로 이웃집이나 도로로부터의 조망을 가림으로써 아무도 모르게 침입할 수 있도록 해 주는 나무와 같은 장애물의 존재 여부에 따라

---

10 Maguire and Bennett, *op. cit.*, p. 87.

판단된다고 한다. 사실, 절도범들이 가장 빈번하게 언급하는 위험요소가 바로 눈에 띄는 것(being seen)이라고 한다.[11]

(3) 위험성(Danger)

절도범이 빈집임을 확인하려는 것은 위험을 최소화하기 위해서 취하는 하나의 사전주의조치라고 할 수 있다. 피해자나 제3자와의 대치는 절도범에게 적어도 세 가지 위험을 초래한다. 범행시도가 저지되거나, 절도범이 부상을 당하는 등 피해자가 되거나, 검거될 위험이 바로 그것이다. 사람이 살지 않는 빈집이나 보호자의 부재가 절도범에게는 상당한 확신을 주게 된다. 범죄자에 대한 잠재적 위험의 근원은 피해자, 제3자, 경찰이라고 한다. 그래서 강력하게 저항하거나 무장하지 않을 것 같거나, 경찰에 신고하지 않을 것 같은 피해자를 찾아서 선택하여 경비원이나 무장한 피해자와의 대치를 피하는 것이 절도범의 마음속에 가장 크게 자리하고 있다고 한다. 한편 폭력적 대치의 잠재적 위협과 그러한 대치에 필연적인 위험이 표적의 매력성마저 줄이게 된다. 물론 절도범들은 또한 경찰관과의 대면이나 대치도 피하고자 하기 마련이어서 경찰의 순찰빈도, 추정되는 출동소요시간, 인근 경찰관서와의 거리 등과 같은 요소를 고려하여 표적을 선택한다.

(4) 제재(Sanctions)

자신의 범행에 대한 형사제재가 어느 정도나 될 것인지의 추정도 범죄자의 표적선택에 중요한 고려사항이 된다. 합리적 선택에서는 범죄자가 잠재적 보상과 잠재적 위험의 균형을 고려하여 범행을 결정하는 것으로 설명되고 있다. 잠재적 범죄자가 직면하는 위험의 하나는 바로 붙잡혀서 처벌을 받을 위험이다. 따라서 한편으로는 범행의 용이성과 상충되기도 하지만 노약자나 장애인 등 취약한 피해자에 대한 범행이 더 엄중한 제재를 받기 마련이어서 표적의 선택에 일부 고려되리라 가정되고 있는 것이다.

---

11 Fattah, *op. cit.*, p. 248.

표 4-1 피해자/표적 선택 요소12

근 접 성	매 력 성	접 근 성	관 리 성	위 험 성
이동거리	수지성/수익성: 잠재적 수확, 가능한 이익	시간적 접근성	상황통제능력	보안수준
인지: 범죄자의 인지공간 내의 피해자/표적	적절성: 중화를 촉진시키는 속성	물리적 접근성	시설의 규모	감시수준
숙지: 범죄자의 탐색공간 내의 표적/피해자	신체적 매력	위치, 입지	사람의 수	피해자, 3자, 경찰관으로부터의 상황적 위험 정도
안전/보안/확신: 범죄자의 행동공간 내의 피해자/표적	피해자의 인적 속성	구획	복종 용이성	잠재적 제재 추정
		접근의 용이	협조가능성	
			저항가능성	

SECTION 02 피해자의 개인적 특성

피해자가 될 가능성을 높이는 개인적 특성의 탐색은 비행청소년이나 성인 범죄자가 될 가능성을 높이는 개인적 특성의 탐색과 유사한 것이다. 범죄피해자가 되기 쉬운 성향(proneness)이나 취약성(vulnerability)의 개념이 비행이나 범죄의 소질(predisposition) 또는 기질(propensity)의 개념과 다소간 상응한 것이라고 할 수 있다. 물론 범인성 요소가 다양하지만 소질적 요소(predisposing factors), 상황적 요소(situational factors), 유발적 또는 실현적 요소(triggering or actualizing factors)의 세 가지 유형으로 나눌 수 있다. 그러나 지금까지 가장 널리 알려진 범죄학적 이론은 범죄자의 개인적 특성과 배경을 참고하여 범죄행위의 병리를 설명하려는 것이었다. 범죄피해를 설명하려는 초기의 노력들도 마찬가지로 피해의 원인을 피해자의 매력(attractiveness), 취약성(vulnerability), 성향(proneness)과

---

12 Fattah, *op. cit.*, p. 252, Table. 9-1.

같은 개인적 특성이나 촉발(provocation), 촉진(precipitation), 방기(negligence), 부주의(carelessness) 등 피해자의 기여(contributing), 유발(triggering), 유인(facilitating) 행위에서 찾으려고 하였다. 그러나 보다 최근에 와서는 노출(exposure), 생활양식(life-style), 접근성(accessibility), 기회(opportunity)와 같은 범죄피해의 다른 상황적 결정요인(situational determinants)에 더 많은 관심을 보이고 있다.

1. 피해자의 개인적 속성을 참고한 피해자화의 설명

특정인이 범죄 피해자가 될 확률은 그 사람의 개인적 특성에 따라 매우 다양해진다. 대인범죄의 피해율(victimization rates)은 가난한 사람, 남성, 젊은 사람, 독신, 그리고 대도시 거주자 등에게 높은 것으로 알려지고 있다. 그러나 피해자의 이러한 개인적 특성은 범죄피해와 상관관계가 있을지언정 인과관계가 있다고 주장하기는 어렵다. 정확한 그들의 범죄피해자학적 역할은 분명치 않다. 그러나 이들 개인적 특성의 상당수가 동시에 생활양식, 일상활동, 그로 인한 노출의 결정요인이기도 하여 그들의 피해자학적 역할은 간접적인 것으로 볼 여지도 있다. 이는 다시 말해서 이들 개인적 특성 자체만 바라본다면 피해를 설명할수 없을지도 모르지만 매력성, 접근성, 취약성, 성향, 노출과 같은 다른 매개변수를 통해서 설명할 수도 있다는 것이다.

1) 매력/혐오(Attraction/Repulsion)

'매력'의 개념이 성범죄와 재산범죄에 중요한 것인 반면, 정반대의 개념인 '혐오'는 표출적 폭력행위에 있어서 일정한 역할을 할 수 있다. 그렇다고 '피해자 매력성'이나 '혐오감'이란 용어 둘 다 가치판단이나 비난을 함축하는 것은 아니며, 단지 고양이와 생쥐 사이의 적대나 이리와 염소 사이의 불가항력적 끌림과 같은 것이다. 그것은 마치 왜 두 사람이 사랑에 빠지고 왜 낯선 두 사람이 서로 본능적으로 혐오스럽게 느끼는지를 설명하기 어려운 것과 같다.

일부 사람들이 다른 사람에 비해 폭력을 유인하거나 심지어 과장된 움직임, 몸짓, 자세 등을 통해 잠재적 가해자에게 자신의 취약성을 알리는 더 큰 잠재성을 가지고 있다는 다소 보편적이지 않은 주장이 제기되고 있다. 실제 실험연구에서도 피해자의 보폭, 신체움직임, 그리고 보행형태와 같은 일부 특성이 피해자 취약성의 비언어적 징표로 면접에 응한 범죄자들에 의하여 지적되었다고 한다. 그러한 실험연구 결과에 따라, 피해자의 움직임이 잠재적 피해자화의 중요한 요소로 고려되어야 하고, 따라서 피해자가 자신의 취약성을 범죄자에게 전하는 비언어적 표현이 존재하는 것으로 결론을 내린 바 있다.[13]

2) 근접성/거리(Proximity/Distance)

특정범죄의 범행은 범죄자가 지리적 거리는 좁히는 대신 정서적 거리는 넓히기 위해서, 물리적으로는 피해자에게 가까워져야 하지만 감정적으로는 거리를 유지할 것을 요하게 된다. 이것은 멀리 떨어진 피해자를 해치는 것이 가까이 있거나 얼굴을 대면한 피해자를 해치는 것보다 더 쉽고 죄책감은 더 적게 느끼게 되기 때문이라고 한다. 피해자의 물리적 근접성으로부터 야기되는 보다 강력한 심리적 억제가 바로 특정유형의 범죄자가 어떻게 해서든 피해자와의 대면적 대치를 피하려고 하는지를 설명해 주는 것이다. 이는 또한 일부 성범죄자가 범행 중 왜 피해자를 진정시키고 안심시키려고 꾸준하게 노력하는지에 대한 이유이기도 하다.[14]

피해자에 대한 동정적 관심과 피해자의 고통에 대한 인지는 곧 범행억제 요소이기 때문에 피해자를 비인간화(depersonalizing)하고 손상(injury)을 부정하는 것이 아주 보편적인 죄책감을 둔감화(desensitization)시키는 기술이 되고 있다. 만약 근접성과 감정적 유대가 억제요소라면, 가족과 같이 가해자와 피해자가 사회적으로, 감정적으로 가까운 사이에서 발생하는 다수의 폭력적 피해자화는 어떻게 설명할 수 있을까? 그것은 폭력범죄는 상호작용의 범죄이며, 범행의 상황과 동기는 주로 감정적, 사회적 접촉에서 생활하는 사람들 사이에서 발전되는 것이기 때문이다. 즉, 우리는 대체로 전혀 알지 못하는 사람이나 무관심한 사람이나 상호작용하지 않는 사람에 대해서 그렇게 화를 내거나 기분 상해하지 않는다는 것이다.

---

13 B. Grayson and M. I. Stein, "Attracting assault: Victims' nonverbal cues," *Journal of Communications*, Winter 1981, pp. 68–75.

14 S. Milgram, *Obedience to Authority*, New York: Harper and Row, 1974, p. 39.

3) 피해성향/취약성(Proneness/Vulnerability)

특정한 유형의 부정적 결과에 대한 민감함이라는 견지에서 범죄피해자가 되기 쉬운 성향(proneness)이라는 개념은 사실 새로운 것이라고는 할 수 없다. 이는 의학에서 말하는 일종의 특이체질 또는 병적 소인과도 유사한 것이다. 일부 사람들이 '사고를 당할 성향(accident-prone)'이 높고, 일부는 '자살할 성향(suicide-prone)'이 강하다는 것은 오랜 시간 받아들여져 온 것이다. 이런 점에서 '위험부담의 다양성(variation in risk)', '반복 피해(repeat victimization)', '중복 피해(multiple victimization)'와 같은 현상을 피해자의 피해자화 성향이나 취약성으로 설명하려는 시도가 이루어지고 있는 것이다.15

(1) 피해 성향과 취약성의 차이

때로는 두 용어가 서로 교환적으로 사용되지만, 일부에서는 두 용어가 피해와 반복피해의 위험부담을 설명하는 데 있어서 비록 관련은 있어도 경쟁적인 요소로 이해하고 있다. 그들에 따르면, 피해 성향에 의한 설명은 첫째, 잠재적 피해자로서 그 사람의 개인적, 사회적, 행위적 특성과 둘째, 이들 변수들의 범죄자에 대한 관계를 설명변수로 선택한다. 반면, 피해자의 취약성을 이용한 설명은 범죄자의 특성과 상황, 네트워크, 그리고 행위를 중심으로, 이들 요소의 잠재적 피해자에 대한 관계를 설명변수로 선택한다는 것이다. 쉽게 설명하자면, 피해자 성향 모형은 피해자화와 반복 피해자화의 높은 위험부담(risk)을 잠재적 범죄자에 대한 피해자의 취약성을 증대시키거나 범죄를 촉진하는 피해자의 행위와 그 행위들에 대한 잠재적 범죄자와의 관계로서 설명하는 것이다. 반면, 취약성 모형은 보다 범죄자 지향적인 것으로, 피해자와 범죄자의 사전 관계, 범죄기회의 선택과 같은 요소의 입장에서 반복 피해를 설명하려고 한다.16

피해자화 위험부담의 다양성이 일반적으로 피해성향의 수준의 차이에 대한 합리적인 지표가 되고 있지만, '피해성향'의 개념은 통계적 확률을 표현하는 한

---

15 S. J. Smith, *Crime, Space and Society*, Cambridge: Cambridge University Press, 1986, p. 87.

16 A. Reiss, Jr., "Victim proneness in repeat victimization by type of crime," in S. E. Fienberg and A. J. Reiss, Jr.(eds.), *Indicators of Crime and Criminal Justice: Quantitative Studies*, Washington, DC: US Department of Justice, Bureau of Justice Statistics, 1980, p. 41.

가지 방법에 지나지 않는다. 그것은 피해성향이라는 것이 어떤 형태로도 일정 유형의 운명론이나 불가피성을 함축하는 것은 아니며, 피해성향이 높은 집단의 모든 구성원이 필연적으로 피해자가 되거나 피해성향이 낮은 집단의 모든 구성원이 다 피해를 당하지 않는다는 것을 의미하는 것은 아니다. 오히려 범죄피해의 발생에는 우연을 비롯한 많은 요소가 관련되기 때문에 더욱 그러하다. 다시 말해서, 위험부담이 높은 사람도 피해자가 되지 않을 수 있으며, 반면에 위험부담이 낮은 집단구성원도 피해자는 물론이고 심지어 반복 또는 누수피해자(recidivist victims)가 될 수도 있는 것이다.

한편, 미국에서는 취약성도 범죄발생률이 높은 지역에 사는 것 등으로 파생되는 '생태학적 취약성(ecological vulnerability)', 성별, 직업, 인종, 사회경제적 계층 등으로부터 파생되는 '신분취약성(status vulnerability)', 그리고 결혼 상태와 같은 것으로 파생되는 '역할취약성(role vulnerability)'이라는 세 가지 유형으로 구분하고 있다. 물론 이러한 구분에 대해서 특정한 지위, 역할, 환경이 어떻게 피해의 위험부담을 증대시키게 되는지를 명확하게 하지 못한다는 점에서 비판을 받기도 하지만, 그러한 구분에서 사용된 취약성이라는 용어는 오히려 피해성향의 개념에 해당되는 것으로 보인다. 이러한 점에서 피해성향은 유발, 촉진, 취약성, 기회, 매력, 크게 비난 받지 않고 표적을 피해자화할 수 있는 가능성이라는 여섯 가지 개념의 기능으로 보고 있다. 그래서 어떻게 보면, 특정인이 실제 범죄의 피해자가 되는 가능성이나 확률은 자신의 피해 성향은 물론이고 피해자의 사회적 상황이나 속성과는 무관한 무작위 요소의 기능이라고 할 수 있다.[17]

(2) 피해와 취약성의 관계

취약성과 피해 성향이 반드시 함께 가는 것은 아니다. 일부 사람은 매우 취약하지만 다른 사람에 비해 오히려 피해 성향은 낮을 수도 있다는 것이다. 이 점은 또한 왜 취약성과 피해의 관계가 반드시 기대되는 방향이 아닌가를 이해할 수 있게 해 준다. 취약성과 피해가 정비례의 관계에 있을 것으로 기대하지만 꼭 그렇지만은 않다는 것이다. 가장 취약한 사람이 필연적으로 가장 피해자가 될

---

17 R. F. Sparks, "Multiple victimization: Evidence, theory, and future research," *The Journal of Criminal Law and Criminology*, 1981, 72(2): 762–778.

확률도 높은 것은 아니다. 노인과 여성이 저항할 능력과 방어능력이 취약하기 때문에 가장 피해자가 될 확률도 높아야 하지만 사실은 그렇지 않다는 게 좋은 예라고 할 수 있다. 실제 피해에 긍정적으로 연계되는 것은 취약성이 아니라 바로 피해성향이기 때문이다. 피해성향은 취약성뿐만 아니라 다른 차원의 개념도 포함하고 있기 때문에 취약성은 높지만 노출, 접근성, 매력, 촉진, 유발과 같은 다른 차원에서는 낮은 점수를 받는 사람이 오히려 범죄피해율이 더 낮을 수도 있다는 것이다. 이는 곧 피해성향과 관련된 다른 차원의 개념에 비한 취약성의 상대적 중요성에 대한 의문을 불러일으키게 된다. 취약성은 피해성향의 다른 관점들에 의하여 쉽게 상쇄될 수 있음을 보여주는 것이다.

(3) 취약성의 차원

피해자화에 대한 취약성은 적어도 위험 부담 차원(risk dimension), 마음 상태의 차원(the state of mind dimension), 영향력 차원(impact dimension)이라는 세 가지 차원을 가지고 있다고 한다. 먼저, 취약한 사람이 다른 사람에 비해 범죄 피해자가 될 확률이 더 크다는 것을 함축한다. 이는 더 큰 위험 부담이나 피해자화의 가능성이라는 견지에서 취약성을 설명할 수 있을 것이다. 다음으로, 범죄에 취약한 사람일수록 그렇지 않은 사람에 비해 피해와 그 결과에 대하여 더 많이 두려워한다는 것을 의미하는 마음의 상태로 취약성을 고려될 수도 있다. 끝으로 취약성은 피해가 피해자에게 미치는 영향이라는 입장에서도 고려될 수 있어서 취약성이 클수록 피해의 영향도 강하고 심각하다는 것이다. 특히, 여기서 마음의 상태라는 차원에서 취약성을 이해하는 것은 범죄에 대한 공포에 초점을 맞추어 그것을 삶의 질이라는 차원에서 응용할 수 있게 해 주기도 한다.[18] 사람들이 자신이 취약하다고 느끼는 만큼 위험과 위협의 객관적 현실과는 관계없이 범죄의 위험과 위협을 규정한다는 것이다.

---

18 R. I. Mawby, "Age, vulnerability and the impact of crime," in M. Maguire and J. Pointing(eds.), *Victims of Crime: A New Deal*, Milton Keynes: Open University Press, 1988, pp. 101-114.

2. 피해성향의 유형

1) 공간적 피해성향(Spatial Proneness)

피해자조사의 결과가 상이한 수준의 범죄피해 위험과 특정한 생태학적 변수와의 연계가능성을 보여주는데, 이는 곧 공간적 피해성향의 존재를 보여준다고 할 수 있다. 예를 들어서 도시거주자가 농어촌 거주자에 비해 더 높은 범죄피해의 위험부담을 가지는 것으로 알려지고 있는데, 이는 도시거주자들이 그들을 매우 위험성이 높은 입장에 처하게 하는 생활양식관련 변수들과 상호작용하기 때문임을 보여주고 있다. 따라서 피해의 차이는 단순히 개인적 취약성(personal vulnerability)만이 아니라 박탈(deprivation)과 관련된 것임을 보여주는 것이라고 할 수 있다. 절대적으로 박탈된 지역에 거주하는 상대적으로 부유한 사람이 범죄에 가장 취약하다는 사실은 이를 잘 대변하고 있다.[19] 한편, 폭력에 대한 생태학적 근접성이 피해의 중요한 구조적 결정요인이라는 연구결과도 이러한 생태학적 또는 공간적 성향의 존재를 뒷받침하고 있다.[20]

2) 구조적 피해성향(Structural Proneness)

범죄피해는 공간적뿐만 아니라 사회적으로도 차등 분포되는 것으로 알려지고 있는데, 이 점이 곧 범죄피해에 대한 구조적 성향의 존재를 보여주는 것이다. 이러한 구조적 성향은 대체로 연령, 성별, 그리고 사회적 지위와 관련된 것이다.

일반적으로 어린 아동일수록 연약하고, 무력하고, 매우 취약하기 때문에 특히 범죄피해자가 될 성향이 큰 것으로 알려지고 있다. 영유아 살해처럼 그들은 자신을 방어하고, 맞대응하거나 심지어 이의를 제기할 능력이 없기 때문에 피해의 이상적 표적이 될 수 있다는 것이다.

이처럼 아동들이 쉽게 범죄피해의 대상이 되는 것은 몇 가지 이유가 있다. 즉, 그들은 무력하고, 방어기제가 발달 되지 않았으며, 공격자에게 저항하거나

---

19 S. J. Smith, *op. cit.*, p. 97.

20 R. J. Sampson and J. L. Lauritsen, "Deviant lifestyles, proximity to crime, and the offen-der-victim link in personal violence," *Journal of Research in Crime and delinquency*, 1990, 27(2): 110-139.

대항할 수 없고, 응징하거나 이의를 제기하지도 못하며, 제대로 의사를 전달하거나, 자신의 필요성을 설명하고 바라는 바를 표현하지도 못하며, 욕구의 충족을 위하여 전적으로 성인들에게 의존해야 하고, 분노, 좌절, 적대, 성적 욕구를 표출하는 표적으로서의 접근이 용이하다는 점 등이 성인들에게는 범행대상으로서 매력적이기 때문이다.

한편, 여성과 관련된 범죄피해의 구조적 피해성향으로 무력감이 있다. 무력감이란 개념은 여성의 범죄피해에 대한 여성해방론적 설명의 중심이다. 가부장적 사회에서의 권력관계가 여성을 종속적이고 추종적 역할에 두기 때문에 여성이 남성폭력에 취약하다는 주장이다. 그래서 강간과 같은 범죄도 성범죄가 아니라 권력범죄(crimes of power)이고, 성적 쾌락의 추구가 아니라 여성피해자를 더럽히고, 굴복시키며, 정복시키기 위한 욕구에 의해서 동기가 부여된 것이며, 따라서 강간(rape)이라는 용어를 성폭력으로 대체하기도 하는 것이다. 대부분의 여성해방론자들은 여성 범죄피해의 중심에는 생물학적 조건이 아니라 사회적 조건이, 성별(gender)이 아닌 무력감이 존재한다는 견해를 밝히고 있다.[21] 이러한 사회적 현상은 성차별주의적 남성문화의 역사적 유물이며, 제도화된 성차별주의가 구현되는 법률제도와 중화기술에 의하여 지속되는 것으로 여겨지고 있다.[22]

그런데, 이러한 무력감은 노동의 성적 분업화, 남녀의 성차별적 역할, 성적 불평등, 자율성의 부재, 제도적 차별 등을 포함하는 역사적, 경제적, 정치적, 문화적 요소가 혼합된 결과이다. 우선, 여성이 남성에 비해 대체로 신체적으로 강하지 못하다는 것은 분명한 사실이다. 따라서 여성이 남성에 비해 더 자주 피해자가 되는 것도 크게 이상한 일은 아니라고 할 수 있다. 또한 경제적 의존이나 종속, 그리고 성역할의 불평등도 여성을 열등한 지위에 놓이게 한다. 한편, 형사사법기관이 남성의 주도로 운영되고 있다는 제도적 차별도 여성의 구조적 피해성향에 기여하고 있다.

21 S. Brownmiller, *Against Our Will*, London: Secker and Warburg, 1975, p. 14.

22 H. Schwendinger and J. Schwendinger, "A review of rape literature," *Crime and Social Justice*, 1976, 6: 79–85.

3) 일탈관련 피해성향(Deviance-related Proneness)

다양한 형태의 일탈이 피해성향과 상당한 정도의 정적인 관계를 가지고 있는 것으로 알려지고 있다. 이러한 일탈과 관련된 피해성향은 범죄자의 인식, 일탈행동의 특성, 그리고 피해자가 부정적으로 낙인된 일탈집단의 구성원인 경우 형사사법기관의 방종에 기인하는 것이라고 할 수 있다.[23] 그래서 일탈관련 피해성향의 중요한 결정인자의 하나는 바로 보호의 부재(lack of protection)이다. 자신의 일탈적 지위나 신분으로 인하여 때로는 자신의 일탕행위의 불법성으로 인하여 이들은 범죄피해로부터 자신을 보호하는 데 필요한 사회적 자원이 부족하며, 그렇다고 준법시민들과 동일한 수준의 보호를 받을 수 있을 정도로 보호기관에 의존할 수도 없다.[24]

예를 들어, 약물중독자의 경우, 약물의 생화학적, 심리적 영향과 약물이 주로 소비되는 전형적인 환경으로 인해 타인에 의한 범죄피해의 위험성뿐만 아니라 부상이나 부주의 등으로 인한 자기피해(self-victimization)의 위험성도 증대되는 결과를 초래하게 된다. 약물의 제조, 판매, 복용은 대부분 지하에서 이루어지는 것이고 따라서 경찰의 감시로부터 자유롭게 되어 결과적으로는 강도에 매우 취약할 수도 있다. 즉, 약물중독자라는 지위나 신분과 그들만의 부문화와 환경이 결합하여 피해의 위험성이 매우 높은 일련의 여건과 생활양식을 만들어낸다는 것이다.[25]

4) 직업적 피해성향(Occupational Proneness)

다수의 직업이 직업의 특성상 범죄피해의 잠재성을 수반하게 된다. 사실 피해란 다양한 형태의 직업적 위험 중의 하나라고 할 수 있다. 실례로, 유흥이나 음주관련 또는 대중교통관련 산업이나 직장에 근무하는 사람들이 다른 직종에

---

23 A. Karmen, "Deviant as victims," in D. E. J. MacNamara and A. Karmen(eds.), *Deviants: Victims or Victimizers?*, Beverly Hills: Sage Publications, 1983, pp. 241–242.

24 J. Harry, "Derivative deviance: The cases of extortion, fag-bashing, and shakedown of gay men," *Criminology*, 1982, 19: 546–564.

25 R. J. Kelly, "Addicts and alcoholics as victims," in MacNamara and Karmen(eds.), *op. cit.*, pp. 61–62.

비해 폭력피해를 당하는 확률이 더 높았다는 연구결과가 발표되기도 하였다. 이러한 연구결과와 주장은 아마도 대부분의 폭력범죄가 접촉을 전제로 하며, 음주와 유흥이 때로는 접촉을 갈등적인 것으로 만들기 때문인 것으로 해석될 수 있을 것이다. 이러한 가정에 의하면 택시기사와 매춘여성이 직업적 피해성향이 큰 대표적인 직업군이라고 할 수 있다.26

5) 상황적 취약성

사람들을 짧고 제한된 기간 내에서의 피해에 취약하게 만드는 일시적, 순간적 조건을 일부에서는 '단명취약성(ephemeral vulnerability)'이라고도 한다. 외국관광객, 대학신입생, 어린 신입수형자 등이 이러한 '단명취약성'이 높은 경우라고 할 수 있으며, 이처럼 처해진 일시적 상황으로 인하여 범죄피해에 취약해지는 것을 상황적 취약성이라고 한다. 이와 같은 주장은 실제 연구에서도 다루어지고 있는데 일부 연구에서 피해자-촉진 살인과 피해자의 음주 사이에 상당한 관련이 있다는 사실이 밝혀지기도 하였다.27

SECTION 03 상황적 변수로서의 피해자행위

1. 피해자행위에 의거한 피해의 설명

초기의 피해자학은 피해자가 된 사람의 행위에 의거하여 피해를 설명하려는 지속적인 노력을 했던 특징을 가지고 있다. 일찍이 Von Hentig의 연구도 범죄의 피해자가 단순히 공격적인 가해자에게 희생되는 수동적 대상이 아니라는 것을 보여주기 위한 시도였다. 따라서 그는 '범죄의 발생에 대한 피해자의 공헌', '범죄의 이중적 구조(duet frame of crime)' 등을 기초로 다수 범죄의 상호작용주

---

26 Fattah, *op. cit.*, pp. 277-283.
27 M. E. Wolfgang, *Patterns in Criminal Homicide*, Philadelphia: University of Pennsylvania Press, 1958, p. 262.

의적 특성(interactionist nature)을 강조하고, 피해자가 결정적 역할을 한다고 주장하였다. 이러한 논거를 기초로 그는 범죄원인의 탐색은 피해자와 가해자의 상호작용과 양자의 역할을 철저히 분석하지 않고는 완전할 수도 없고 성공적일 수도 없다는 점을 분명히 하였다.[28]

대부분의 폭력범죄와 다수의 성범죄가 피해자와 가해자 사이의 순간적 또는 장기적 상호작용을 내포하고 있기 때문에, 이러한 상호작용의 분석이 이들 범죄의 피해를 적절하게 이해하는 데 불가피한 것임이 분명해진다. 그러나 연구자들의 관심은 대체로 살인행위에 초점이 맞추어지고 있다. 일부 연구자는 살인범죄가 범죄에 전혀 기여하지 않고 수동적인 피해자만 있는 일방적인 것이 아니라 오히려 살인은 가해자, 피해자, 다수의 경우 제3자 사이의 역동적 상호작용의 결과임을 주장하고 있다.[29]

구체적으로 살인피해자는 폭력피해자보다 총기와 같은 흉기를 과시하거나 실제로 위협하거나 또는 사용했을 가능성이 더 높으며, 이는 곧 피해자가 흉기를 소지했을 경우 피해자를 살해할 확률이 더 높다는 것을 보여준다. 또한 살인피해자는 약물이나 알코올에 취해 있을 확률이 아주 높으며, 이는 또한 가해자가 알코올이나 약물에 취한 피해자를 살해할 확률이 더 높다는 것을 보여준다. 결국 이러한 연구결과들은 피해자의 공격성과 취기가 결과의 심각성에 중요한 영향을 미치고 있음을 보여준다. 이는 또한 피해자의 행위가 가해자의 행위에 영향을 미친다는 상호작용주의자들의 견해와 일치하는 증거이기도 하다.[30]

2. 상황적 변수로서의 피해자행위

1) 피해자촉발/촉진(Provocation/Precipitation)

피해자-촉진의 개념에 대한 비판으로 인하여, 개념자체와 다양한 조작화의

---

28 H. Von Hentig, *The Criminal and His Victim*, New Haven: Yale University Press, 1948, pp. 383-384.

29 D. F. Luckenbill, "Criminal homicide as a situated transaction," *Social Problems*, 1977, 25 (2): 176-186.

30 R. B. Felson and H. J. Steadman, "Situational factors in disputes leading to criminal violence," *Criminology*, 1983, 21(1): 59-74.

명확화는 물론이고, 촉진의 행위적 개념(behavioral concept)과 촉발(provocation)의 법률적 관념(legal notion)의 구분이 필요하게 되었다. 우선 촉발이 무죄를 변명하는 일종의 해명적 개념(exculpatory concept)인 반면 촉진은 설명을 위한 해석적 개념(explanatory concept)이라는 것을 강조할 필요가 있다. 촉진, 용이(facilitation), 참여(participation)와 같은 설명적, 해석적 개념은 또한 관계 당사자들 각각의 책임성이 ᄀ 되고 분할되는 보편적 표현과도 구분되어야 한다. "피해자가 요구했다"거나 "피해자가 그렇게 만들었다" 등과 같은 표현은 단순히 발생한 사건을 설명하기 위한 것이라기보다 유책성과 비난의 일정 부분을 피해 당사자에게 돌리기 위한 것이라고 할 수 있다.[31]

(1) 피해자 촉발과 촉진의 차이

피해자 촉발의 법률적 개념은 법정에서 피의자의 형사책임을 측정하고 결정하며, 형사제재의 방안을 선택하기 위해서 이용되고 있다. 피해자 촉진의 행위적 개념은 범죄피해의 병리를 설명하기 위한 시도로서 사회과학자들에 의하여 이용되고 있다. 법률적인 입장에서 피해자 촉발이 있었는지 여부를 결정하는 주요 범주는 피의자 마음의 상태와 자기통제의 상실이라고 할 수 있다. 피해자학적 관점에서 피해자 촉진을 결정하는 유일한 범주는 피해자의 행위가 범죄의 직접적이고 적극적인 촉진제였는지 여부라고 할 수 있다. 피해자 촉발과 촉진의 두 개념이 분명하게 구분된다는 것은 다수의 피해자 행위 유형이 촉발의 법률적 규정에는 적합할 수 있으나 촉진의 행위적 규정에는 적합하지 않거나 아니면 그 반대의 경우가 있다는 사실로서 입증되고 있다.

또한 촉진이나 촉발 어디에도 해당되지 않는 행위도 있을 수 있다고 한다. 상호 말다툼과 같은 경우 법률적으로 충분한 촉발도 아니고 그렇다고 피해자 촉진 살인에 대한 기존의 해석에도 포함되지 않는 것이다. 위협이 가미된 피해자에 의한 물리력의 전시가 가장 보편적인 피해자 촉진에 의한 살인으로 해석되고 있다.[32]

한편, 해명이나 변명적 개념으로서 촉발의 법률적 개념은 촉발의 책임이 있

---

31 Fattah, *op. cit.*, p. 290.
32 Wolfgang, *op. cit.*, pp. 252−253.

는 사람이 행위와 유책의 일부를 공유한다는 것을 함축하지만, 촉진과 같은 행위적 설명은 책임의 전가나 비난 또는 잘못의 귀책 등을 포함하지 않는다. 따라서 피해자 촉진이 피해자를 비난하거나 책임을 묻기 위한 시도가 되어서는 안 되며, 단지 범죄피해에 있어서 상황적, 유인적 요소의 중요성과 그 역할을 강조하는 것이어야 한다.

무엇보다도, 이유 없는 폭력이란 예외에 지나지 않는다. 공격의 동기가 강도나 성적 목적이 아닌 이상 또는 공격자가 정신이상자가 아닌 이상 피해자의 촉진적 행동이 없는 폭력과 살인은 많지 않다는 것이다. 그래서 성이나 재물을 목적으로 하지 않는 폭력이 발생하는 가장 보편적인 상황과 여건은 바로 관계당사자들 사이의 언쟁이나 말싸움 등이 있는 경우라고 한다.

(2) 피해자-촉진에 대한 비판

피해자-촉진에 대한 대부분의 비판은 설명적 개념과 해명적 개념 사이의 미묘한 구분을 감지하지 못한 데 기인한다. 제대로 이해된다면, 피해자 촉진은 범죄의 동기를 이해하고, 피해자-가해자 상호작용의 역동성을 분석하며, 범죄피해자화로 이어진 사건의 고리를 설명하기 위한 정당한 노력 이상 아무것도 아니다. 이와 같은 설명적 모형에서는 유책이나 비난과 같은 규범적 판단이나 가치판단의 여지는 있을 수 없다. 그럼에도 불구하고 처음부터 비판자들은 피해자 촉진이 피해자를 비난하기 위하여 고안되고 이용되는 것이라고 주장한다. 더구나 일부 비판자들은 피해자-촉진의 개념에 국한하지 않고 피해자학이라는 학문 전체에 대한 비판으로까지 확대하고 있다. 그들은 피해자 비난(victim blaming)이 범죄와 일탈행위에 대한 점점 보편화되고 있는 하나의 합리화 수단이 되고 있다고 주장한다. 피해자의 행위에서 문제의 원인을 찾고자 하며, 따라서 그 행위를 변경시킴으로써 문제가 통제될 수 있다고 주장하여 피해자학 연구가 피해자 비난의 예술이 되어간다는 것이다.[33]

최근 범죄학에서 범죄행위의 역동성, 피해자-가해자 상호작용, 상황적 또는 유인적 변수, 환경적 자극과 기회, 피해자화의 차등적 위험부담, 반복 또는

---

33 L. Clark and D. Lewis, *Rape: The Price of Coercive Sexuality*, Toronto: Women's Press, 1977, pp. 147−150.

다중피해 등에 대한 관심이 강조되면서, 이 피해자-촉진에 대한 논의도 끝날 수 있으리라 기대하였다. 그러나 정치권으로부터의 새로운 비판에 힘입어 다시 한 번 논의의 계기가 마련된 것으로 보인다. 놀랍게도, 일부 급진적 범죄학자(Radical Criminologist)들도 피해자운동과 옹호에 합류하고 있다.

피해자-촉진에 대한 최근의 비판 중에는 피해자-촉진이 피해자를 비난하고 범죄의 구조적 원인으로부터 관심을 전환시키는 하나의 이념으로 기능한다는 것이다. 그런데 구조가 아니라 개인이 범죄에 대한 책임이 있다는 주장은 오해라고 할 수 있다. 즉, 피해자의 행위를 기초로 미시적 수준에서 피해를 설명하려는 어떠한 시도도 사실은 피해자를 비난하고 범죄의 구조적 원인보다 개인적 원인을 강조하기 위한 노력이라는 것이다. 그러나 이러한 주장은 피해자학이 범죄가 아니라 피해를 설명하고자 한다는 것을 고려한다면 오해의 소지를 다분히 가지고 있다. 피해자학은 왜 일부 사람들이 범죄를 하는가가 아니라 왜 일부 사람(표적)이 피해자가 되고 다른 사람들은 피해자가 되지 않는가를 설명하고자 한다. 이를 위해서는 물론 피해를 당하는 사람의 특성, 행위, 생활양식 등을 고려하지 않고는 완전할 수 없지만 그렇다고 해서 범죄의 구조적 원인으로부터의 관심이 전환된다고 주장하는 것이 정당화될 수 없다. 피해의 차등적 위험부담을 설명하려면 피해자의 개인적 특성뿐만 아니라 성, 연령, 신분과 지위, 고용관계, 빈곤과 같은 개인의 취약성과 피해성향을 증대시키는 구조적 요소도 고려되어야만 하는 것이다. 바로 여기서 피해의 병리에 있어서 구조적 요소가 하는 역할이 있다. 그러나 그러한 거시적 설명은 왜 특정인이 선택되고, 특정한 시기, 장소, 상황에서 발생하는가를 설명하는 다른 요소의 보완을 필요로 한다. 일부에서는 상황적 변수(situational variables)와 환경적 기회(environmental opportunity)라고 할 수 있는 가해자-피해자 상호작용에 초점을 맞추는 것이 범죄의 병리를 이해하는 데 크게 도움이 되지 않는다고 주장한다. 그들은 피해자촉진의 이념은 범죄에 대해서 사회의 구조와 개별 범죄자를 비난하지 않는 대신 범죄를 촉진한 피해자를 비난하는 것이라고 주장한다.34

끝으로, 피해자-촉진의 개념이 가해자를 피해자의 행위에 의하여 범행하

---

34 D. Timmer and W. H. Norman, "The ideology of victim precipitation," *Criminal Justice Review*, 1984, 9: 63–68.

게 된 수동적 행위자로 전락시킨다는 일부 비판자들의 주장도 사실과 다르다. 사실은 피해자−촉진은 범죄자의 행동을 유발시키는 피해자에 의한 분명하고, 공격적이며, 도발적인 행위유형이라고 보는 것이 마땅하다. 피해자−촉진은 폭력적 반응을 불러일으키는 현실화 요소이며 자극이라는 것이다. 그래서 일방적 관점에서 본다면 피해자−촉진은 하나의 행동(action)으로 간주될 수 있고, 역동적 상호작용주의적 관점에서는 '대응(reaction)' 또는 더 적절하게는 '과잉대응(overreaction)'으로 간주될 수 있다. 결론적으로 피해자−촉진이 성립되기 위해서는 피해자의 촉진적 행동이 없었다면 그 특정한 상황에서 그 특정한 피해자에 대한 피해자화는 일어나지 않았다는 것을 보여주어야 하는 것이다.[35]

2) 기타 피해자의 기능적 행위

피해에 이르는 인과적 사슬에 있어서 피해자의 개입은 촉진 이외의 다른 형태를 취할 수도 있다. 피해자에 의한 특정행위가 극단적 수준의 촉진은 아닐지라도 주요 또는 경미한 인과적 역할을 할 수 있다는 것이다. 그리고 피해자−촉진이 의식적, 의도적, 능동적 행위에 국한되지만 피해자의 기능적 행위는 부주의하거나 태만한 행위나 불이행의 형태를 취할 수도 있다고 한다. 유혹이나 기회상황을 만들고 잠재적 범죄자에게 특정범죄의 범행을 쉽게 해주는 피해자의 부주의, 태만, 조심성 없음 등이 피해자−촉진에 대한 협의의 조작적 규정에는 적합하지 않더라도 피해에 기여하는 요소가 될 수 있다는 것이다.

피해자의 기능적 행위에 대한 관심은 순전히 이론적인 것만은 아니라는 것을 강조할 필요가 있다. 다수 범죄의 병리에 있어서 그러한 행위의 인과적 역할은 실무적으로도 매우 중요하게 응용될 수 있기 때문이다. 양형과 같은 법률적 쟁점에도 적용될 수 있고, 뿐만 아니라 표적의 강화나 범행기회의 축소에 의한 범죄예방대책들은 대체로 피해자−중심(victim−centered)적이며 피해자의 그러한 기능적 행위를 변화시키지 않고서는 효과적일 수 없다. 잠재적 피해자 행위의 단순하고 조그만 변화로써도 다수의 보편적 범죄의 감소를 가져올 수 있다는 것이다.

---

35 C. W. Franklin Ⅱ and A. P. Franklin, "Victimology revisited: A critique and suggestions for future direction," *Criminology*, 1983, 21(1): 59−74.

(1) 유인/가담/협조(facilitation/participation/cooperation)

범죄피해자를 수동적, 비참여적, 불행한 개인으로 비추는 대중적 전형과는 달리, 피해자도 자신에게 행해진 범행에 가담하고 협조할 수도 있다. 일부 성행위는 양 당사자가 서로 의도하고 합의한 경우라도 법에 의하여 처벌될 수 있으며, 한 당사자가 미성년자이거나 정신장애자인 경우 상호 합의는 형법에서 인정되지 않는다. 심지어 대인범죄에 있어서도 안락사와 같은 경우가 좋은 예라고 할 수 있다. 실제로 일부 피해자-촉진 살인은 가장된 살인(masked homicide)으로 표현되기도 한다.

그러나 피해자가 범행에 가담되고, 범행을 용이하게 하며, 범행에 협조하는 대부분의 범죄는 재산범죄에서 찾을 수 있다. 다수의 사기범죄는 사기를 당하는 사람의 협조는 물론이고 적극적인 참여를 요한다. 즉, 다수의 사기피해자가 범죄자를 사기하려다가 사기를 당하는 사람이라는 것이다.

일부에서는 피해자-유인(victim-facilitation)을 광의의 개념으로 보아, 피해자가 자신의 신체와 재산을 보호하기 위한 합리적인 사전주의조치나 피해를 예방하기 위한 합리적 조치를 취하지 않을 경우까지 확대 해석하고 있다. 이들은 계약서를 자세하게 읽어 보지도 않고 서명함으로써 사기를 당하게 될 위험부담을 감수하거나 다른 사람에 대한 범죄에 개입하여 자신의 피해를 용이하게 한 선한 사마리아인(Good Samaritan)을 예로 들고 있다.

그러나 피해자-촉진과 피해자-유인은 구분될 필요가 있다. 피해자에 의한 촉진은 가해자와의 상호작용과 관련한 피해자의 행위가 중요한 반면 피해자가 범행을 용이하게 하는 경우는 피해자의 속성이나 비정상적인 행위로부터 나오지만 가해자와의 쌍방적 교류를 내포하지 않는 특수한 위험부담의 창출이라고 할 수 있다. 한편 적절한 관리나 조심의 기준은 상황에 따라 문화에 따라 다르기 때문에 피해자에 의한 범행의 용이케 함은 상황 의존적(context-dependent)이고 문화 의존적(culture-dependent)이라고 할 수 있다.[36]

---

36 R. F. Sparks, *Research on Victims of Crime: Accomplishments, Issues, and New Directions*, Rockville, MD: US Department of Health and Human Services, 1982, p. 28.

(2) 유혹/개시/선동(Temptation/Initiation/Instigation)

피해자의 행위가 뒤에 범행될 범죄의 동기를 만들어 줌으로써 사전－피해자화 단계에서 일정한 역할을 할 수 있다. 유혹, 개시, 선동이 가해자가 아니라 피해자로부터 나오는 선형적인 사례가 소위 말하는 원조교제라고 할 수 있다. 즉, 법률적 피해자가 바로 법으로 금지된 성행위를 선동하거나 시작하는 데 참여한 미성년자라는 것이다.

SECTION 04 범죄피해의 다양성에 대한 거시적 설명

1. 설명모형의 개관

이론피해자학의 주요과제는 다른 개인, 집단, 가구가 피해를 당하지 않는데 왜 특정 개인, 집단, 가구가 피해를 당하며, 왜 그들이 상대적으로 더 빈번하게 당하는지를 설명하는 것, 즉 범죄피해에 대한 차등적 위험부담(differential risk of criminal victimization)을 설명하기 위한 모형을 개발하고 이론을 구성하는 것이다. 그러나 피해자조사를 통한 피해자에 대한 자료와 정보가 없이는 그러한 과제는 불가능한 것이다. 다행히도 점점 더 그러한 자료와 정보가 확보됨에 따라 범죄피해의 분포를 그릴 수 있게 되고 피해자가 될 위험부담을 증대시키거나 감소시키는 요소를 탐구할 수 있게 되었다. 또한, 차등적 피해의 원인이 차등적 비행의 요인만큼이나 복잡한 것인 관계로 지금까지 개발된 설명모형들은 대부분 단지 특정 형태의 범죄피해를 설명하는 부분모형이라는 점을 이해할 필요가 있다.37

---

37 L. E. Cohen, J. R. Kluegel, and K. C. Land, "Social inequality and predatory criminal victimization: An exposition and test of a formal theory," *American Sociological Review*, 1981, 46: 505－524.

1) 유형적 접근

지금까지는 주로 연령, 성, 직업, 음주와 같은 피해자 특성이나 촉진, 유인, 부주의와 같은 피해자 행위 등을 이용하여 피해자화 확률을 설명하고 왜 피해의 위험부담이 집단 구성원에게 균등하게 분포되지 않는가를 설명하고자 하였는데, 일부에서는 이러한 설명을 소위 '유형적 접근(typological approach)'이라고 일컫고 있다. 이러한 접근은 상이한 피해 사건에 대한 상이한 인과적 기제의 존재를 보여주고자 하는 것이다. 일부 범죄피해는 단순한 부주의에서 야기되나 일부는 적극적인 유발에 의해 야기되며, 일부는 신체적 장애나 결함의 결과로, 일부는 탐욕의 결과이기도 하다. 이러한 유형적 접근은 피해 사건의 결정인자는 다양하여 생물학적 요소에서 심리학적 요인과 상황적 요소에까지 이르고 있다는 사실에서부터 출발한다. 생산적인 이론은 구별되는 설명기제의 개발을 통하여 다수의 인과적 요소들을 인지해야만 하는데, 이러한 관점에 충실한 연구과제는 피해자들의 공통점만 찾는 것이 아니라 피해자들을 서로 구분하는 요소들을 찾으려고 해야 한다는 것이다.[38]

2) 설명개념으로서의 생활양식(Life-style)

피해의 위험부담의 다양성을 설명하기 위하여 생활양식을 활용하는 것은 결코 그렇게 기발하거나 독특한 일은 아니다. 특정인이 사고로 부상을 입거나 사망할 확률은 여러 면에서 그 사람의 생활양식과 관련된 활동의 종류에 관계되는 것이다. 일부 의사들은 생활양식이나 일상활동과 암이나 고혈압과 같은 특정한 질병에 걸릴 위험성이 밀접한 관련이 있음을 지속적으로 강조하고 있으며, 일부 직업병의 존재가 그러한 연관성을 입증하고 있다. 범죄피해 역시 개인의 일상활동 내지 생활유형과 상당한 관계가 있다는 것이다.

---

38 M. Gottfredson, "On the etiology of criminal victimization," *Journal of Criminal Law and Criminology*, 1981, 72(2): 714–726.

3) Hindelang, Gottfredson과 Garofalo의 생활양식모형 (The Life-style Model)

개인적 피해의 가능성은 대체로 생활유형의 개념에 의해 좌우된다고 보는 생활양식모형으로 설명되며, 이는 다음과 같은 다수의 가정으로 구성된다.39

- 범죄피해는 시간과 공간에 따라 다르게 분포되며, 이는 위험성이 높은 위치와 시기가 있음을 의미한다.
- 일부 특성은 일반인에 비해 범죄자들에게서 더 자주 발견되며, 이는 위험성이 높은 사람이 존재함을 의미한다.
- 접촉(association)과 노출(exposure)이라는 매개변수를 통하여 생활양식이 개인적 피해의 가능성을 결정한다.
- 사람들은 위험성이 높은 시간과 장소에 동일하게 노출되는 것은 아니며, 범행가능성이 높은 사람들과의 접촉 정도에 따라 다양하다. 생활양식은 위험성이 높은 사람들과의 접촉과 노출의 정도에 영향을 미친다.
- 여기서 접촉의 의미는 생활양식의 유사성과 이들 개인들에 의해 공유되는 관심의 결과로 생성되는 개인적 관계이다. 직업과 여가의 추구에 있어서 개인들은 유사한 생활양식을 가진 다른 사람들과 대부분의 시간을 보낼 가능성이 높다.
- 접촉은 또한 연령과 관련된 역할에 의해서도 영향을 받는다. 사람들은 유사한 연령과 관련된 역할을 가진 사람들과 접촉하는 경향이 있다.

Hindelang 등에 의하면, 개인적 범죄피해가 발생하기 위해서는 몇 가지 조건이 갖추어져야 하는데, 첫째, 주요 행위자인 가해자와 피해자가 시간과 공간적으로 교차할 기회(occasion to intersect)를 가져야만 한다. 둘째, 가해자에 의해서 피해자가 피해의 적절한 대상으로 인식되는 일부 주장이나 논쟁이 가해자와 피해자 사이에 일어나야 한다. 셋째, 범죄자는 하고자 하는 목표를 성취하기 위하여 무력을 사용하거나 위협할 의향과 능력이 있어야 한다. 넷째,

---

39 Fattah, *op. cit.*, pp. 322–323.

정황이 범죄자가 바라는 결과를 성취하기 위하여 무력을 사용하거나 위협하는 것이 유리하다고 간주하는 경우여야 한다. 이러한 조건들이 갖추어질 확률은 사회 구성원들의 생활정황과 관련된다. 생활양식의 중심은 일차적으로 피해위험상황에의 노출(exposure)과의 밀접한 접촉(close association)으로부터 파생된다. 피해는 획일적으로 분포되는 현상이 아니며, 특정한 시간과 장소, 상황, 잠재적 가해자와 잠재적 피해자의 사전관계 등에 따라 다르게 분포된다. 개인이 특정한 시간, 장소, 상황에 처하게 되고, 특정한 유형의 사람과 상호작용할 확률은 상이한 생활양식에 따라 달라지기 때문에 생활양식이 피해자화의 확률에 영향을 미친다.[40]

Hindelang 등은 왜 그리고 어떻게 생활양식이 피해의 위험부담에 직접적인 영향을 미치는가를 설명하기 위하여 다음과 같은 8가지 가정을 제시하였다.[41]

1. 개인적 피해를 당할 확률은 그 사람이 공공장소, 특히 야간에 공공장소에서 보내는 시간의 정도와 직접적으로 관련된다.
2. 청년과 남성이 노인과 여성보다 더 많은 것처럼 공공장소, 특히 야간에 공공장소에 있을 확률은 생활양식의 기능으로 다양하다.
3. 사회적 접촉과 상호작용은 유사한 생활양식을 공유하는 사람들 사이에 불균형적으로 발생한다.
4. 대인범죄피해의 개인적 확률은 그 사람이 범죄자들과 공유하는 인구사회학적 특성의 정도에 따라 좌우된다.
5. 가족이 아닌 사람들과 보내는 시간의 비율은 생활양식의 기능으로 다양하다.
6. 대인범죄피해의 확률은 개인이 가족이 아닌 사람들과 보내는 시간의 비율의 기능으로 다양하다.

---

40 M. Hindelang, M. Gottfredson, and J. Garofalo, *Victims of Personal Crime: An Empirical Foundation for a Theory of Personal Victimization*, Cambridge, MA: Ballinger Publishing Company, 1978, pp. 250–251.
41 *Ibid.*, pp. 251–266.

7. 생활양식의 다변성은 범죄자 특성을 가진 사람들로부터 자신을 격리시킬 수 있는 능력의 다변성과 상관성이 있다.

8. 생활양식의 다변성은 대인범죄의 표적으로서 그 사람이 가지는 편리함, 바람직함, 극복가능성의 다변성과 상관성이 있다.
   - 범죄자의 관점에서는 그것은 잠재적 피해자가 범죄를 위하여 가해자에게 적절한 시간과 장소에 나오도록 기다리는 편리함이며,
   - 범죄자들은 자신의 거주지로부터 가까운 거리에서 범행하는 경향이 있고,
   - 범죄자의 관점에서, 모든 개인이 동일하게 바람직한 표적은 아니며,
   - 극복가능성은 잠재적 피해자가 범죄자를 성공적으로 저항할 능력이 적은 것으로 범죄자에게 보이는 정도에 따라 증가한다.

4) Cohen과 Felson의 일상활동접근 (The Routine Activity Approach)

이 모형의 초점은 '적어도 한 사람의 가해자와 그 가해자가 취하거나 손상시키고자 하는 적어도 한 사람이나 한 대상 사이의 직접적인 신체적 접촉'을 포함하는 '직접—접촉 약탈적 일탈'에 맞추어진다. 이러한 유형의 피해의 발생은 동기가 부여된 범죄자(motivated offender), 적절한 표적(suitable target), 그리고 보호능력의 부재(absence of capable guardian)라는 최소한 세 가지 요소의 시간적, 공간적 접점의 결과이다. 일상활동적 접근의 저변에 깔린 중심적 요소는 기회(opportunity), 근접성/노출(proximity/exposure), 그리고 유인적 요소(facilitating factors)이다. 예를 들어, 훔칠 물건이 많다는 것은 재산범죄 피해율을 증대시키고(기회), 가정 밖에서 많은 시간을 보내야 하는 일상적 활동의 변화는 외부인과의 상호작용과 그로 인한 잠재적 범죄자들에게의 노출을 증대시켜서 직접—접촉 약탈범죄의 위험부담을 높이며(근접성/노출), 외출시간의 증대는 또한 집을 비우게 되어 보호받지 못하게 됨으로 인해서, 주거침입절도와 같은 범죄의 쉽고 적절한 표적으로 만들게 된다(촉진요소, 보호능력의 부재). 일상 활동적 접근의 핵심은 기회의 개념이다. 인생을 즐길 수 있게 해주는 바로 그 요소들이 또한 약탈적 범죄의 기회도 증대시킨다는 것이다. 그래서 약탈적 범죄가 단순히 사회적

붕괴의 지표가 아니라 일상생활의 활동에서 표출되는 자유와 번영의 부산물로 볼 수도 있는 것이다.[42]

5) Cohen, Kluegel과 Land의 기회모형 (The Opportunity Model)

이 모형은 일상활동과 생활양식 두 관점의 요소를 결합하여 범죄피해의 위험부담은 보호능력의 부재 속에서 피해자와 그 재산을 잠재적 범죄자와 직접 접촉시키는 피해자의 일상활동과 생활양식에 크게 좌우된다고 보는 것이다. 이 모형에서는 노출(exposure), 근접성(proximity), 보호능력(guardianship), 표적의 매력성(target attractiveness), 그리고 특정범죄의 개념적 성질(definitional properties)이라는 5가지 요소가 약탈범죄의 피해 위험부담과 상당한 관련이 있는 것으로 간주되고 있다. 이 모형에 의하면, 모든 것이 동일한 조건이라면 노출의 증대는 범죄피해의 위험부담을 증대시키며(노출), 범죄자들은 보호가 잘 되는 대상보다 보호가 잘 되지 않는 대상이나 표적을 선호하여 보호능력이 강할수록 피해 위험부담은 낮아지며(보호능력), 상대적으로 동기가 부여된 잠재적 범죄자 인구가 많은 지역과 잠재적 피해자의 거주지역이 가까울수록 범죄피해의 위험부담은 높아지며(근접성), 범행동기가 도구적 목적의 범죄라면 표적의 매력이 클수록 피해의 위험부담도 높아지며(매력성), 범죄의 성질 자체가 도구적 또는 유효한 행동을 철저하게 강제 또는 속박할수록 표적의 매력에 비해 상대적으로 노출, 보호성, 근접성의 영향이 더 강해질 수 있다(범죄의 개념적 성질)고 한다.[43]

2. 생활양식/일상활동/기회모형의 한계

1) 핵심 생활양식 변수의 직접적 척도의 부재

대부분의 피해자조사에 의하면 성, 연령, 결혼 여부 등과 같은 인구사회학

---

42 L. E. Cohen and M. Felson, "Social change and crime rate trends: A routine activities approach," *American Sociological Review*, 1979, 44: 588－608.

43 L. E. Cohen, J. R. Kluegel, and K. C. Land, "Social inequality and predatory criminal victimization: An exposition and test of a formal theory," *American Sociological Review*, 1981, 46: 505－524.

적 변수들과 대인범죄의 피해 위험부담은 상당한 관련이 있는 것으로 알려지고 있다. 대체로 '야간외출'로 측정되는 생활양식 모형의 행동지표분석에 따르면, 생활양식 변수는 매개변수(intervening variable)가 아닌 폭력범죄의 피해 그 자체에 중요한 영향을 미치는 독립변수임을 보여주고 있다. 이는 곧 생활양식과 관련된 행위와 태도에 대한 보다 더 직접적인 척도가 필요하다는 것을 보여주는 것이다.[44]

2) 비행활동과 피해의 상관성 무시

Jensen과 Brownfield에 의하면, 쾌락을 추구하는 활동은 사람을 수동적으로 위험에 처하게 하는 활동보다 피해에 더 중요한 영향을 미치고, 비행활동이 피해자화에 더 밀접한 관련이 있으며, 피해의 성별차이는 비행활동을 통제하면 상당히 줄어든다고 하였다. 물론 이들의 자료가 횡단적(cross-sectional)이기 때문에 범행활동이 피해에 선행함을 입증할 수는 없지만, 청소년들의 피해를 설명함에 있어서 비행활동의 잠재적 중요성을 보여준다고 할 수 있다.[45] Sampson과 Lauritsen도 범행활동이 자신의 대인범죄 피해의 위험부담을 직접적으로 증대시킨다는 유사한 주장을 하고 있다.[46]

3) 폭력피해 설명의 미약

주요 주간활동과 야간활동의 빈도와 같은 일상활동/생활양식변수가 피해자화의 인구사회학적 상관관계에 미치는 조절효과를 평가한 결과 일상활동/생활양식변수가 재산범죄의 피해위험부담에 대한 직접적이고 중재적인 영향은 확인되었으나 폭력범죄의 피해에는 영향을 미치지 못한 것으로 밝혀진 바 있다. 그런데 대부분 이러한 사실에 대하여 폭력범죄의 특성에서 그 이유를 찾고 있다.

---

44 R. R. Corrado, R. Roesch, W. Glackman, J. L. Evans, and G. J. Leger, "Lifestyles and personal victimization: A test of the model with Canadian Survey data," *Journal of Crime and Justice*, 1980, 3: 129–139.

45 G. F. Jensen and D. Brownfield, "Gender, lifestyle, and victimization: Beyond routine activity," *Violence and Victims*, 1986, 1(2): 85–99.

46 R. J. Sampson and J. L. Lauritsen, "Deviant lifestyles, proximity to crime, and the offender–victim link in personal violence," *Journal of Research in Crime and Delinquency*, 1990, 27(2): 110–139.

대부분의 폭력범죄는 일상활동/생활양식 접근의 저변에 깔린 범죄동기의 합리적 원리에 맞지 않는 표출적 행동이다. 또한 상대적으로 빈번하지 않은 행동이며 피해자와 범죄자 사이의 직접적인 접촉을 요하기 때문이라는 것이다. 만약이것이 사실이라면 앞에서 지적한 피해 상황에 대한 상황적 자료와 일상활동의보다 정교한 척도도 이러한 유형의 범죄피해의 설명능력을 향상시키기 어려울것이다.[47]

그러나 일부에서는 강도나 폭력범죄의 경우 가장 취약한 집단이 바로 야간활동이나 주거지 밖에서의 활동이 빈번한 젊고 미혼의 남성 집단이라는 점을 들어 위와는 반대의 주장을 제기하고 있다. 이들에 의하면, 사람을 위험에 노출시키는 것은 바로 그들의 공개적 생활양식이며 비록 폭력범죄가 일시적 감정에 이끌린 경우라고 할지라도 폭력범죄의 표적은 갈등이 분출될 수 있는 공공장소에있는 사람일 확률이 더 높다는 것이다. 물론 이러한 사실이 동기를 설명하지는않지만 범죄에의 노출을 설명하고, 이러한 노출을 경험할 확률이 더 높은 집단을 파악할 수 있게 해 준다. 따라서 이러한 근거에 기초하여 이들은 일상활동변수가 대인범죄 피해의 설명에 지대한 기여를 한다고 믿고 있다.[48]

이와 유사한 연구결과가 유럽에서도 확인되고 있다. 이들은 인간의 활동은직장과 여가활동으로 구분되는데 폭력의 범죄는 대체로 여가활동과 관련이 있다고 본다. 그것은 직장생활이 특별한 폭력이 없는 활동이기 때문이 아니라 직장에서의 갈등은 폭력을 초래하는 경우가 많지 않은 반면 여가활동은 좁은 공간에서 서로 다른 행위관습을 가진 낯선 사람들이 음주와 성을 추구하는 경우가많고, 갈등과 좌절을 유발시켜서 폭력으로 이어지게 하기 때문이라는 것이다.[49]

4) 지역사회구조와 피해의 연계 무시

Sampson과 Wooldredge는 피해모형들이 피해의 설명에 중요한 일상적인

---

47 T. D. Miethe, M. C. Stafford, and J. S. Long, "Routine activities/lifestyle and victimization," *American Sociological Review*, 1987, 52: 184−194.

48 L. W. Kennedy and D. R. Forde, "Routine activities and crime: An analysis of victimization in Canada," *Criminology*, 1990, 28(1): 137−152.

49 L. W. Sherman et al., "Hot spots of predatory crime: Routine activities and criminology of place," *Criminology*, 1989, 27(1): 27−55.

활동의 지역사회 정황이나 여건 또는 상황이라는 주요한 이론적 요소를 경시하고 있음을 지적하고 있다. 그들은 기회모형의 주요 가정의 하나를 들어 이를 설명하고 있는데, 피해 위험부담과 동기가 부여된 범죄자에 대한 잠재적 표적의 생태학적 근접성 사이에 긍정적인 관계가 있다는 것이다. 그러므로 동기가 부여된 범죄자가 보호능력이 없는 적절한 표적을 만나게 될 빈도를 결정함에 있어서 기회와 일상활동의 공간적 구조의 거시적 측면을 역설하였다. 동기가 부여된 범죄자들은 단지 개인이나 주거지뿐만 아니라 전 지역의 범죄기회구조에 의해서 영향을 받는다고 한다. 따라서 특정 가구의 가족 구성이나 범죄자들과의 근접성과 무관하게 보호성과 감시성이 낮은 지역사회에 산다는 것이 피해를 증대시킬 수도 있다는 것이다. 실제 연구결과는 물론 성, 나이, 결혼상태, 야간활동이나 집을 비우는 빈도 등과 같은 미시적 수준의 영향이 강하지만 그것과는 무관하게 가구밀도, 실업률, 1인가구수, 지역사회 응집 내지 결속력 등에 따라 주거침입절도의 위험부담이 직접적으로 증가한 것으로 확인되고 있다. 따라서 인구사회학적 변수와 구조적 변수가 피해에 가장 큰 영향을 미치며, 이러한 연구결과는 피해의 형태를 설명하는 데 개인이나 지역사회 모형 어느 하나만으로는 충분하지 않다는 것을 보여준다.[50]

피해에 대한 사회구조의 영향에 대한 연구에서, 비록 사회해체의 변수가 지역의 피해율을 설명하는 데 중요하지만 그 영향은 추가적이라기보다는 더욱 조건적이며 범죄유형에 따라 달라진다고 한다. 예를 들어, 주거이전율의 증대와 폭력범죄율의 증가가 관련이 되지만 그것도 빈곤수준이 높은 특성을 가진 지역에서만 관련이 있었다. 또한 주거불안정과 사회적 이질성도 높은 주거침입절도율과 관련이 있었다. 그런데 이들 변수들은 약화된 지역사회통합의 한 지표일 수 있다는 것이다. 주거 이전율이 주거침입절도와 폭력범죄 모두와 관련이 있었지만 빈곤은 폭력범죄와는 관련이 있어도 주거침입절도와는 크게 관련되지 않았다. 그리고 모자 또는 부자가정의 비율, 12~20세 인구 비율, 인구밀도의 세 가지 지역사회특성도 지역사회 피해율 다양성의 중요한 원천인 것으로 알려지

50 R. J. Sampson and J. Wooldredge, "Linking the micro－and macro－level dimensions of lifestyle－routine activity and opportunity models of predatory victimization," *Journal of Quantitative Criminology*, 1987, 3: 371－393.

고 있다. 결과적으로, 지역사회의 사회통제능력과 관련된 변수들이 지역사회의 피해의 다양성을 설명하는 데 중요한 요소이지만 변수들 사이의 매개기제는 아직 분명하지 않다.[51]

5) 인구사회학적 변수와 범죄피해의 상관성의 단순화

소득, 나이, 성과 같은 인구사회학적 변수와 약탈범죄의 위험부담성의 관계는 기존의 모형에서 가정되는 것 이상으로 복잡하다. 예를 들어 다른 조건이 동일하다면 빈곤계층과 노약자와 같이 경제적으로, 사회적으로 가장 취약한 것으로 생각되는 사람들이 가장 범죄피해자가 될 확률이 높은 사람들은 아니며, 노상범죄가 주로 소득수준이 낮은 사람들에게 발생하는 것도 아니다. 실제로 근접성, 보호성, 노출을 통제하면 소득과 피해의 관계는 변하게 되는데, 특히 가장 부유한 사람이 폭력, 강도, 주거침입절도에 대한 피해 위험성이 높게 나타난다고 한다.[52]

일부에서는 인구사회학적 변수와 피해자화 위험성 간에 통상적으로 보고되는 상관관계는 사실이 아닐 수도 있다고 주장한다. 일례로 그들은 직접적인 생활양식 척도를 이용하면 피해 위험성과 인구사회학적 변수의 관계는 약화되거나 완전히 없어지는 것으로 가정하고 있다. 실제로 야간외출의 빈도와 시간의 정도가 노인인구의 낮은 피해율 대부분을 설명한다고 한다. 즉, 일상의 활동(life activities)을 통제하면 인구사회학적 요소는 그 영향이 사라지거나 축소된다는 것이다. 또한 노출의 경우도 대면접촉을 요하는 범죄의 경우는 잠재적 범죄자에의 노출이 범죄 피해율을 증가시키지만 대면접촉을 필요로 하지 않는 범죄피해율도 증대시킬 것이라고 믿을 이유는 없는 것이다.[53]

---

51 D. A. Smith and G. R. Jarjoura, "Social structure and criminal victimization," *Journal of Research in Crime and Delinquency*, 1988, 25(1): 27 – 52.

52 Cohen et. al., *op. cit.*

53 J. J. Collins, B. G. Cox, and P. A. Langan, "Job activities and personal crime victimization: Implications for theory," *Social Science Research*, 1987, 16: 345 – 360.

3. 상이한 범죄피해위험성의 통합적 설명

1) 기회(Opportunities)

범죄피해는 무작위적으로 일어나는 것이 아니며, 범죄피해의 확률은 범행의 가능한 기회의 기능이고 따라서 기회의 다양성과 차이가 적어도 부분적으로는 범죄피해의 불균등한 분포와 피해위험성과 피해율의 차이를 설명할 수 있다. 마찬가지로, 시간에 따른 기회의 증감이 범죄피해의 위험성과 비율의 증감을 만들어낸다. 기회의 공간적, 시간적 분화에 따라 시간과 공간에 따른 범죄피해 위험성과 비율이 달라진다는 것은 상대적으로 더 위험한 날짜, 시간, 지역, 장소가 있다는 것을 보여주는 것이다.

범죄피해의 기회는 잠재적 표적의 특성과 그 표적의 활동과 행위와 밀접한 관련이 있기 때문에 쉬운 표적과 어려운 표적이 있을 수 있다. 보호능력의 부재는 일부 유형의 범죄피해의 중요한 기회요소가 되고 이것이 특정 표적이 피해를 쉽게 당하도록 만든다.

2) 위험요소(Risk Factors)

범죄피해확률은 다수의 위험요소에 의하여 결정되며, 매력성, 적절성, 접근성, 취약성 등과 같은 위험성요소는 상호독립적인 것이 아니라 시간과 공간상의 특정요소들이 결합하여 범죄피해를 발생시키게 된다. 사람에 따라 범죄피해를 당할 확률이 다른 것은 피해자의 인구사회학적 특성과 밀접한 관련이 있으며 젊고, 미혼이고, 직업이 없는 사람이 상대적으로 더 큰 피해위험을 안고 있는데, 그것은 구조적 피해성향(proneness)의 차이나 일상활동과 생활양식의 차이에 기인하는 것으로 알려지고 있다.

범죄피해위험성은 주거지역과도 밀접한 관련이 있는데, 대체로 범죄다발지역이나 그 가까이에 거주하는 사람일수록 피해자가 될 확률이 더 높아진다. 또한 집을 비우는 시간이 많을수록 집이 보호되지 못하여 보호능력의 부재로 주거침입절도의 피해확률도 높아지며, 사람들이 술을 마시는 환경과 상황도 폭력범죄의 피해확률을 증가시킨다고 한다.[54]

---

54 Sherman et al., *op. cit.*

3) 동기가 부여된 범죄자(Motivated Offenders)

동기가 부여된 범죄자가 많을수록 범죄피해의 확률도 높아지기 마련이다. 특별히 이성적 재산범죄자를 비롯한 다수의 범죄자들은 자신들의 표적을 선택하는데, 잠재적 범죄자들이 매력적으로 판단하는 표적은 당연히 범죄피해를 당할 가능성이 더 높아지지만 매력성이란 표적에 대한 매우 상대적이고 주관적인 특징이다.

그런데 물리적 가시성, 근접성, 가용성, 접근성이 중요한 표적선택 범주이며 따라서 눈에 잘 띄고, 접근이 용이하고, 이용하기 쉬운 표적과 다수의 잠재적 범죄자가 거주하는 지역에 가까이 있는 표적일수록 피해의 확률도 높아진다. 또한 인구밀도가 높고, 지역사회의 통합이 약하고, 12~20세 사이의 인구가 많은 지역에 사는 사람일수록 상대적으로 피해확률도 더 높아진다.

4) 노출(Exposure)

잠재적 범죄자와 위험성이 높은 상황과 환경에의 노출은 범죄피해의 위험성을 증대시킨다. 노출의 정도와 수준은 나이, 성별, 결혼상태, 직업, 소득과 같은 인구사회학적 특성에 따라 달라지며, 그러한 노출의 다양성이 범죄피해의 상이한 위험성을 초래하게 된다. 유흥지역과 공공장소에서의 음주와 같은 특정한 사회활동은 잠재적 표적을 잠재적 범죄자와 가까이 근접시킴으로써 노출의 수준을 증대시키며, 따라서 대인범죄피해의 가능성은 야간외출과 야간에 공공장소에서 보내는 시간의 정도와 빈도에 따라 달라진다.

5) 접촉(Association)

범죄자와 피해자 인구의 동질성에 따른 차별적 접촉은 범죄와 비행만큼이나 범죄피해에도 중요하다. 잠재적 범죄자와 밀접한 직업적, 사회적, 개인적 접촉을 하는 사람일수록 그렇지 않은 사람에 비해 피해자가 될 확률이 더 커지기 마련이다. 잠재적 범죄자의 인구사회학적 특성을 공유하는 사람일수록 그러한 잠재적 범죄자들과 사회적으로 상호작용할 가능성이 더 높고, 그러한 사회적 상호작용의 과정에서 바로 그 잠재적 범죄자들에 의하여 피해를 당할 확률도 더

높아진다는 것이다.55

6) 위험한 시간/위험한 공간(Dangerous Time/Dangerous Space)

특히 폭력범죄의 피해를 비롯한 대인범죄 피해는 초저녁이나 심야 또는 주말에 보다 빈번하게 발생하는데, 이는 사람들의 활동유형, 특히 집 밖에서의 활동이 그 사람의 범죄피해확률에 강력한 영향을 미칠 수 있음을 보여준다. 특히 약탈범죄와 같은 대인범죄 피해의 상당부분은 어두운 시간 공공장소나 노상에서 발생하고 있으며, 따라서 초저녁이나 심야에 노상이나 공공장소에 있어야 하거나 그러한 기회와 시간이 많은 사람일수록 피해자가 될 가능성 또한 많아지는 것이다. 한편 특히 폭력범죄를 비롯한 대인범죄 피해는 공공 유흥장소에 있거나 가까이 있는 빈도가 높을수록 자신의 범죄피해 위험성도 높아진다고 한다. 그리고 다수의 대인범죄피해는 자가용보다 대중교통수단의 이용과 관련이 있는데, 대중교통수단을 이용하는 사람은 대인범죄피해의 위험성이 더 높은 반면 자가용이용자들은 절도피해의 위험성이 더 높다고 한다.

7) 위험한 행위(Dangerous Behaviors)

상황적 변수도 특정유형의 범죄피해에 중요한 역할을 하는 것으로 알려지고 있어서 자신의 공격적 행위가 폭력적 반응을 촉발할 가능성이 높은 사람이 폭력범죄의 피해자가 될 확률이 더 높아진다. 또한 개인의 부주의한 행위도 잠재적 범죄자를 끌어들이거나 유혹하거나 특정 재산범죄의 범행을 촉진시킬 수 있다고 한다. 개인의 특정한 행위들은 그 사람을 공격으로부터 자신을 방어하거나 보호할 능력이 크게 줄어드는 위험한 상황에 빠지게 만든다.

8) 위험부담이 높은 활동(High-risk Activities)

쾌락의 상호추구를 포함하는 활동들은 사람을 수동적으로 위험에 처하게 하는 활동들보다 더 높은 피해위험성을 내포하게 된다. 특정한 직업들은 다른 직업에 비해 범죄피해에 대한 평균 이상의 잠재적 위험성을 수반하게 되는데,

---

55 Cohen, Kluegel, and Lnad, *op. cit.*

택시기사가 택시강도를 당할 확률이 높은 경우가 좋은 예라고 할 수 있다. 또한 불법약물의 거래와 같은 일부 일탈적이고 불법적인 활동은 그 사람을 위험한 시간과 장소에서 위험한 상황에 처하게 만드는데, 이는 그러한 상황이 경찰보호의 부재, 익명성, 갈등의 잠재성을 수반하기 때문이며 결과적으로 범죄피해의 기회를 증대시키게 되어 피해위험성도 높이게 되는 것이다. 뿐만 아니라 일탈적이고 범죄적인 활동도 범죄피해의 위험성을 높이게 된다.[56]

9) 방어/회피행위(Defensive/Avoidance Behaviors)

다수의 범죄피해 위험성은 쉽게 피할 수 있는 것이기 때문에 그러한 위험에 대한 사람들의 태도가 자신이 범죄피해자가 될 확률에 영향을 미친다는 것이며 당연히 그러한 위험을 감수하는 사람이 피해확률도 더 높기 마련이다. 이런 측면에서 잠재적 범죄자에 대한 자신의 노출을 줄이기 위한 위험회피행위(risk-avoidance behaviors)는 물론이고 잠재적 범죄자에 노출되었을 때 피해자가 될 확률을 줄일 수 있는 위험관리활동(risk-management activities)이 있다고 한다. 당연히 위협을 무시하는 사람일수록 자신이 피해자가 될 확률을 높이게 되는 것이다. 이런 면에서 오히려 취약성이 범죄피해를 낮출 수도 있는데, 그것은 자신이 취약성이 높다고 인식하거나 위험성을 과대평가하는 사람일수록 더 조심하며 사전주의를 더 많이 하여 자신의 범죄피해확률을 낮추기 때문이다. 이와 유사한 경우로서, 범죄피해에 대한 공포나 두려움을 많이 느끼는 사람은 범죄에 대한 사전주의를 취하고 일상활동을 제한하여 범죄피해 위험성에의 노출과 취약성을 줄이기 때문에 범죄피해확률도 낮아질 수 있다. 이는 범죄에 대한 공포가 가장 높은 사람이 때로는 오히려 가장 피해를 당할 확률이 낮은 경우가 좋은 예라고 할 수 있다. 그런데 범죄피해위험에 대한 태도와 범죄에 대한 공포의 수준은 나이, 성별, 소득 등과 같은 인구사회학적 특성에 따라 달라지며 따라서 인구사회학적 특성에 따른 피해위험성의 다양화는 곧 이들 다양한 집단구성원들

---

56 J. J. Collins, B. G. Cox, and P. A. Langan, "Job activities and personal crime victimization: Implications for theory," *Social Science Research*, 1987, 16: 345-360; G. F. Jensen and D. Brownfield, "Gender, lifestyles, and victimization: Beyond routine activity," *Violence and Victim*, 1986, 1(2): 85-99.

이 범죄피해로부터 자신을 보호하기 위하여 취하는 방어/회피방안의 반영일 수 있다는 것이다.[57]

10) 구조적/문화적 성향(Structural/Cultural Proneness)

일반적으로 권력과 범죄피해 성향 사이에는 부정적 상관관계가 있고 박탈과 피해 사이에는 긍정적 상관관계가 존재하는 것으로 알려지고 있다. 즉, 힘이 없고 박탈당한 집단의 구성원과 권력계층의 밑바닥에 속한 사람일수록 범죄피해확률이 더 높다는 것이다. 재미있는 것은 절대적으로 빈곤한 박탈된 지역사회에서 상대적으로 부유한 사람이 범죄피해에 가장 취약하다는 사실이다. 특정 소수계층이나 일탈적 집단을 낙인화(stigmatizing)하고 소외화(marginalizing)함으로써 그들을 합법적이고 적절한 표적으로 지정하게 되어 그들의 피해자화를 촉진하거나 조장하게 된다는 것이다.

---

57 W. G. Skogan, "Assessing the behavioral context of victimization," *Journal of Criminal Law and Criminology*, 1981, 72: 727-742.

피해자의 유형과 책임공유

1. 법률로 본 범죄피해자

1) 특정피해자에 대한 범죄

대부분의 관습적 범죄는 특정한 개인 피해자에게 행해지는 것이다. 그 당사자는 자연인일 수도 있고 법인이나 동물일 수도 있다. 자연인은 살아 있거나 죽었거나 인간이다. 살인이나 강간과 같은 특정범죄는 살아 있는 자연인에게만 가해질 수 있다. 물론 사체유기와 같이 죽은 사람이 피해자가 되는 범죄도 있을 수 있다. 그런데 현대의 형법은 법인의 존재도 인정하여 법인도 범죄의 피해자가 될 수 있는 것으로 인식하고 있다. 여기서 법인이란 국가나 시 등 공공기관과 같은 공법인도 있을 수 있고, 기업이나 조합과 같은 사법인도 있고, UN이나 세계보건기구와 같은 국제적 법인도 있을 수 있다. 횡령은 사법인에 대한 범죄요, 간첩행위는 국가라는 공법인에 대한 범죄이다. 또한 동물학대의 경우는 특정한 동물이 피해자가 될 수도 있다.

2) 불특정 피해자에 대한 범죄

경우에 따라서는 자연인이건 법인이건 특정한 피해자를 대상으로 하지 않는 범죄가 있다. 이 경우, 피해자는 단순히 규정할 수 없고 파악할 수 없는 개인이기 때문에 추상적 개념이다. 공공질서, 공중보건, 종교, 법원, 공공경제 등은 모두 형법으로 보호되는 제도이며 따라서 특정범죄의 불특정피해자일 수 있다. 유언비어로 인하여 공공질서가 훼손될 수 있고, 위조지폐나 불공정거래로 공공경제가 손상을 입을 수 있으며, 재소자의 탈주 등으로 공권력이 침해될 수 있고, 위헌으로 인하여 헌법이 침해될 수도 있다.

3) 잠재적 피해자에 대한 범죄

특정피해자에 대한 범죄와 불특정피해자에 대한 범죄 사이에는 잠재적 피해자에 대한 범죄로 구성되는 중간형태의 범죄가 있다. 이 경우, 행동의 위험한 특성으로 인하여 결정되지 않은 피해자에게 잠재적 해악의 위협을 내포하지만 범행이 특정인에게 가해지지 않아서 누구에게도 실제로 해를 끼치지는 않는다. 공격적 무기의 불법적 소지, 위험하고 해로운 약물의 판매, 유해한 물품의 제조, 음주운전 등이 이 경우에 해당되는 범죄이다.

4) 피해자 없는 범죄

때로는 어떠한 피해자도 없이 함께 범행한 피해자만 두 명인 경우가 있다. 미성년자 성매매나 성인과 미성년자와의 성관계, 일부 국가에서의 간통과 동성 간 성관계 등이 여기에 해당되는 예라고 할 수 있다. 엄격하게 말해서 피해자가 없지는 않지만 피해자와 가해자가 동일인인 경우를 우리는 가해자와 피해자가 분명하게 구분되는 전통적 범죄와 구별하기 위해서 피해자 없는 범죄라고 한다. 그 예로, 약물중독, 매춘, 도박 등이 있다.

2. 피해자의 유형

초기의 피해자학이 대부분 피해자의 유형화에 초점을 맞추었던 것처럼 피해자학에서는 피해자의 유형에 관한 논의가 수없이 많이 이루어져 왔다. 따라서 지금까지 일반적으로 논의되지 않았지만 피해자의 이해에 중요한 몇 가지 유형을 보면 <표 5-1>과 같다.

표 5-1 피해자유형[1]

문화적 유형	구조적 유형	행위적 유형	범죄학적 유형
이상적 피해자	권력이 적은 피해자	촉발, 촉진 피해자	일회 피해자
문화적으로 합법적 피해자	약한 피해자	동의하고 응하고 불러들이고 청하고 참여하는 피해자	간헐적 피해자
적절한 피해자 • 비인격적 피해자 • 버릴 수 있는/확대할 수 있는 피해자 • 가치 없는 피해자 • 피해당해 마땅한 피해자	무기력한/무방비의 피해자 가지지 못한 피해자 비주류 피해자 일탈적 피해자	부주의하고 방기하고 조심성 없는 피해자	상습적 피해자

1) 생래적 피해자(Born Victim)

일찍이 Lombroso가 범죄자는 태어난다고 주장하였던 것처럼 초기 피해자학에서도 생래적 피해자가 있다고 믿었었다. Von Hentig는 만약에 생래적 범죄자가 있다면, 자멸(self-destroying)하고 자해(self-harming)하는 생래적 피해자도 있음이 분명하다고 주장하였다.[2] Ellenberger도 외부적 여건이나 사건이 아닌 영구적이고 무의식적인 성향과 소질로 인하여 피해자가 범죄자를 유인한다는 견지에서 생래적 피해자로 간주될 수 있는 피해자가 다수일 것이라고 주장하였다.[3]

그러나 지금은 생래적 범죄자의 개념과 마찬가지로 생래적 피해자의 개념도 보편적으로 받아들여지지 않고 있다. 현대 피해자학에서는 이 운명론적인 생래적 피해자의 개념은 피해자화에 대한 소인, 경향, 성향, 취약성과 같은 다른 확률적 개념으로 대체되고 있다. 비록 일부 개인이 순수한 우연이나 우연한 조우로 피해자가 될 수도 있지만 다른 피해자들은 생활유형과 같은 구조적 또는

---

1 E. A. Fattah, *Understanding Criminal Victimization: An Introduction of Theoretical Victimology*, Scarborough, Ontario: Prentice-Hall Canada Inc., 1991, p. 95, Table 4-1 Some Victim Types 재편집.

2 H. Von Hnetig, *The Criminal and his Victim*, New Haven: Yale University Press, 1948, p. 303.

3 H. Ellenberger, "Psychological relationship between criminal and victim," *Archives of Criminal Psychodynamics*, 1955, 2: 257-290, p. 277.

행위적 특성의 이유로 범죄피해자화로 이끌기 쉬운 상호작용이나 상황에 자신들을 빠지게 하는 경향이 있는 것으로 주장한다. 물론 다른 일부의 사람들은 범죄피해를 유인, 촉진, 촉발, 유혹하기도 한다.

2) 문화적 유형(Cultural Types)

(1) 이상적 피해자(The Ideal Victim)

이상적 피해자라는 용어는 자신을 가장 피해자라고 인식하는 사람도 아니며, 그렇다고 가장 많이 피해를 당하거나 피해자가 될 위험성이 가장 많은 사람을 뜻하는 것도 아니다. 오히려 범죄에 직면했을 때 가장 쉽게 피해자가 될 완전하고 정당한 위치가 되는 사람으로 기술되고 있다. 예를 들어, 아픈 언니를 어깨에 부축하고 한낮에 길을 가던 노파가 젊고 덩치가 큰 남자한테 머리를 가격당하고 가방을 날치기 당했다고 할 때 피해를 당한 노파는 이상적 피해자라고 할 수 있을 것이다. 왜냐하면 노파는 늙어서 약하고, 언니를 부축하고 있어서 손을 쓸 수가 없고, 한낮에 길을 걷는다고 비난받을 일이 아니기 때문이다. 그러나 범죄자는 건장하고 나쁘며, 피해자와 아무런 관계가 없다는 점에서 이상적 피해자의 유형에 속한다는 것이다. 이상적 피해자의 반대의 경우는, 한 청년이 심야에 술집에서 술을 먹다가 지인한테서 머리를 맞고 돈을 뺏기는 경우라고 할 수 있다.[4]

그런데 이상적 피해자는 이상적 범죄자를 필요로 한다고 한다. 즉, 이상적 피해자와 이상적 범죄자는 상호의존적이라고 한다. 그러나 이상적 피해자가 실제 피해자(real victim)의 수와 반드시 관계가 있는 것은 아니라고 한다. 그것은 대부분의 이상적 피해자가 가장 빈번하게 피해를 당하는 것은 아니기 때문이다. 유흥주점의 남자가 위 예에서의 노파보다 더 피해자가 될 가능성이 높지만 이상적 피해자가 더 큰 두려움을 가지고 있다. 이것은 이상적 피해자가 되는 특질과 범죄피해에 대한 두려움을 가지게 하는 특질 사이에는 강력한 관련성이 있음을 보여주는 것이다. 반대로 다수의 실제 피해자들은 실질적인 위험성에 관한 보다 정확한 정보를 가지고 있기 때문에 그렇게 두려워하지 않는다. 범죄

---

4 N. Christie, "The ideal victim," in E. A. Fattah(ed.), *From Crime Policy to Victim Policy*, London: Macmillan, 1986, pp. 17 – 19.

에 노출된 지역에 돌아다녀도 경험을 통해서 범죄는 단지 소수의 현상에 지나지 않는다는 것을 알고 있다. 그러나 위 노파와 같은 이상적 피해자는 대부분 언론을 통해서 정보를 얻기 때문에 범죄가 실제 이상으로 빈번한 현상인 것처럼 알기 때문이다.[5]

(2) 문화적으로 정당한 피해자(The Culturally Legitimate Victims)

강간의 피해자를 기술하기 위하여 처음 사용된 개념으로서 사회화(socialization)와 특히 성역할학습(sex-role learning)이 남녀 모두에게 만연하여 가해자와 피해자를 양산하는 것으로 지적하고 있다. 대부분의 권한과 영향력을 남성이 소유하는 남성 지배적인 사회에서는 여성을 범죄피해의 정당한 객체로 보는 사고가 팽배하다. 그러한 사회에서는 사회과정이 여성을 잠재적 피해자의 역할을 하게 하고 강간을 위한 사회적으로 용인되거나 정당한 피해자가 되게 하는 절차를 제공하게 된다는 것이다.[6]

(3) 적절한 피해자(Appropriate Victims)

문화적 규범과 부문화적 규범이 특정한 개인이나 집단을 범죄피해자화의 적절한 표적으로 지명하는 경향이 있다. 청소년 폭력조직과 같은 경우, 조직 외부의 사람들에 대한 폭력은 용인되고 때로는 권장되기도 하지만 조직원에 대한 폭력은 강력하게 비난받는다. 이들 집단을 지배하는 규범체계가 자기 집단 외의 집단구성원을 범죄피해의 적절한 표적으로 지명하기 때문이다. 많은 국가에서 아직도 배우자 강간은 범죄행위가 아니며, 남편에게 강간당한 아내는 문화적으로 정당한 피해자로 인식되고 있으며, 최근까지도 아동학대에 있어서 아동은 양육과 훈육과정에서 물리력의 이용에 대한 정당한 표적으로 인식되었다. 심지어 현재도 일부에서는 부정한 아내는 문화적으로 정당한, 합법적인 피해자로 치부되고 있다.

가. 비인격적 피해자(Impersonal Victims)

정부, 대기업, 조직과 같은 비인격적, 불특정, 무형의 피해자도 흔히 범죄피

---

5 *Ibid.*, p. 27.

6 K. Weis and S. Borges, "Victimology and rape: The case of the legitimate victim," *Issues in Criminology*, 1973, 8(2): 71-115.

해의 적절한 피해자로 간주되고 있다. 이들에게 범행하는 것은 개인에 대한 범행보다 죄의식을 적게 느끼게 하고 도덕적 제재를 적게 받게 하여 범죄자에게 도덕적 저항을 적게 불러일으키게 한다.[7] 따라서 이처럼 피해자를 인격화함으로써 잠재적 범죄자에게서 동정심을 불러일으키는 것이 현대 범죄예방기술로 시도되고 있다. 예를 들어, "길거리에 쓰레기를 버리면 미화원 아저씨가 힘들어요"와 같은 팻말을 붙임으로써 쓰레기 불법투기를 줄이려는 시도가 좋은 예라고 할 수 있다.[8]

나. 버릴 수 있는/확대할 수 있는, 가치 없는, 당해도 마땅한 피해자 (Disposable/Expandable, Worthless, and Deserving Victims)

이들 세 유형의 문화적으로 정당한 피해자를 특징짓는 것은 이들 피해자에 대한 사회의 태도와 반응이다. 일반적 범죄피해자에 대한 공중의 태도는 그들에 대한 동정과 같은 긍정적인 것이나, 이들 유형의 피해자에 대해서는 그러한 긍정적 태도나 반응은 불러일으키지 않는다고 한다. 이들 세 유형의 피해자는 여러 가지 면에서 공통점이 있으나 주요한 차이는 <표 5-2>처럼 문화적 전형과 사회적 태도, 그리고 사회의 규범체계에 의하여 인식되고 처리되는 방식의 차이에서 찾을 수 있다.

표 5-2 특정유형의 피해자에 대한 사회적 태도와 반응[9]

피해자 유형	전형적 집단	사회적 태도	피해에 대한 사회적 반응
버릴 수 있는/확대할 수 있는 피해자	범죄자, 무법자	적의, 적대, 증오	즉각적인 안도
가치 없는 피해자	일탈자, 부랑자	경멸, 모멸	무언의 승인
당해도 마땅한 피해자	부정직자, 흡혈귀	무관심	무반응, 내적 만족

---

7 G. Sykes and D. Matza, "Techniques of neutralization: A theory of delinquency," *American Sociological Review*, 1957, 22: 664-670.

8 E. O. Smigel and H. L. Ross, *Crimes against Bureaucracy*, New York: Van Nostrand, 1970, pp. 763-764.

9 Fattah, *op. cit.*, p. 102, Table 4-2 재편집.

우선, 버릴 수 있는/확대할 수 있는 피해자에 대한 태도는 증오에서 나오는 적의와 적대이며, 그들의 피해는 안도의 한숨과 함께 때로는 환영받기도 한다. 그들은 버릴 수 있기 때문에 쉽게 희생되고 다른 사람을 억제하기 위하여 희생 양으로 이용되고 있다. 그래서 이들 피해자들은 다른 말로는 '사회적 쓰레기 (social junk)'로 표현되기도 한다.[10]

뿌리 깊은 편견의 결과 우리 문화는 특정집단과 그 구성원들을 가치 없는 것으로 규정하게 되는데, 여기서 가치 없는 피해자의 대부분은 우리 사회에 살 고는 있지만 실제로 사회의 부분이 아닌 사람들이다. 이들은 주류사회로부터 자 신을 분리하는 스스로의 부문화를 가지고 있다. 이들 가치 없는 피해자에 대한 사회적 태도는 경멸의 하나이며 그들의 피해는 보통 묵시적으로 승인되고 있다. 이들은 동성애자, 마약중독자, 매춘부, 포주 등과 같은 우리 사회의 일탈자들이 다. 그러한 신분으로 인하여 이들은 경찰의 보호나 심지어 자신의 범죄피해조차 신고하기를 꺼린다. 따라서 이들은 잠재적 범죄자들에 의하여 처벌받지 않고 비 난받지 않고 범행할 수 있는 쉬운 표적으로 간주되고 있다.

한편, 피해를 당해 마땅한 피해자는 자신의 부정직한 행위로 인하여 자신의 범죄피해가 당연한 것처럼 간주되는 피해자이다. 이들이 피해를 당하게 되면 그 들의 피해에 대한 대중적 판단은 '당해도 마땅하다'라는 것이다. 이러한 인식이 바로 이들 피해자에 대한 사회의 태도와 반응을 증폭시키게 된다. 이들에 대한 사회적 태도는 무관심이며 때로는 가해자에 대한 비밀스러운 존경마저 불러일 으키는 것이고, 그들의 범죄피해에 대한 사회적 반응은 대체로 무반응이거나 때 로는 내적 만족을 나타내는 것이다.

3) 구조적 유형(Structural Types)

구조적 유형은 일부 구조적 변수로 인하여 다른 집단보다 범죄의 노출이 더 많이 되고 보호는 적게 받게 되어 다른 사람에 비해서 특정유형의 범죄피해 에 더 취약한 집단이라고 할 수 있다. 정치, 경제적 계층화는 부와 권력의 불평 등한 분배를 초래하고 특정 집단과 계층을 피해자의 역할로 몰아넣게 된다는 것 이다. 실제로 최하위 계층의 사람들이 피해자의 다수를 점하고 있다는 사실이

---

10 S. Spitzer, "Towards a Marxian theory of deviance," *Social Problems*, 1975, 22: 638−651.

이를 보여주고 있다.

이러한 유형의 집단과 사람들에는 가부장적 사회에서의 여성이나 집단은 장애인, 노약자, 아동, 재소자, 정신장애자, 고아 등 권력이나 힘이 적은 사람, 가지지 못한 사람, 종교적 또는 인종적 소수자, 동성애자나 마약중독자나 매춘부와 같은 일탈자 등이 있다. 또한 구조적 취약성은 직업과도 관련이 있어서 택시기사나 은행창구직원 또는 주유소나 24시간 편의점 직원도 범죄의 위험에 더 많이 노출될 수 있다.

4) 행위적 유형(Behavioral Types)

(1) 촉발, 촉진 피해자(Provoking, Precipitating Victims)

이런 유형의 피해자는 자신의 행위가 자신에 대한 공격의 촉매나 기폭제로 작용하거나 범행을 촉진시키거나 범행에 불을 붙이는 피해자이다. Wolfgang이 일찍이 피해자가 직접적이고 긍정적인 촉진자인 살인범죄를 '피해자가 촉진한 (victim-precipitated)'것으로 기술한 이래 널리 사용되고 있다. 이 경우 피해자가 먼저 살상무기를 보이거나 사용하거나 주먹을 날린 것으로 설명하고 있다.[11]

(2) 동의하는, 자발적인, 유혹하는, 청하는, 참여하는 피해자
(Consenting, Willing, Inviting, Soliciting, and Participating Victims)

대중적 인식과는 반대로, 범죄피해가 항상 피해자의 의지에 반해서 또는 피해자의 동의 없이 일어나는 것은 아니다. 때로는 손상, 해악, 손실을 당하는 당사자가 자발적이고 동의하는 상대일 때도 발생하는 범죄가 있다. 그렇다면 왜 피해자가 반대하지 않는 행동도 범죄화하는가? 물론 때로는 자신을 보호할 능력이 없거나 자유로운 동의를 할 수 있는 능력이 없다고 판단되는 개인을 보호하기 위해서 그럴 수 있다. 설사 합의에 의한 것이라도 미성년자와의 성관계, 특정 연령 이하의 아동을 특정직종에 고용하는 것, 아동에게 술을 제공하거나 판매하는 것, 또는 특정장소에 미성년자를 출입시키는 것 등이 예라고 할 수 있다. 그렇다고 반드시 미성년자에게만 국한되는 것은 아니고 때로는 정신장애자와 같이 보호의 필요성이 있는 성인에게까지 확대될 수 있다. 또한 심지어 피해

---

11 L. Curtis, "Victim precipitation and violent crime," *Social Problems*, 1975, 21: 594–605.

자의 동의나 요청에 의한 것이라도 의도적인 손상을 초래하는 것도 해당될 수 있다.

그런데 이러한 피해자의 다수는 사실 법률적으로 만들어진 피해자(legally created victim)이다.[12] 이들은 보호한다는 명분하에 특정한 행위를 하지 못하도록 금지된 사람들이기 때문이다. 즉, 법률로써 보호할 필요가 있다고 판단되는 사람의 행위에 제약을 가함으로써 다른 사람에게는 허용된 것을 하지 못하게 약탈하는 것이다. 이는 형법이 과연 어디까지 자신의 의지와 희망에 반하여 사람들을 보호하도록 노력해야 할 것인가 또는 임의적으로 정해진 특정한 연령 이하의 사람들의 자유를 어디까지 제한해야 할 것인가에 대한 심각한 의문을 제기하기 때문에 문제가 될 수 있다. 바로 여기서 이와 같은 법률이 동의하고 자발적인 피해자를 만들게 되는 것이다. 이러한 피해자에 대한 범행은 그 암수(dark figure)가 극단적으로 높은데 그것은 이들 피해자가 형사사법제도에 비협조적이며 보상제도로부터도 제외되기 때문이다. 그러나 이들을 협박이나 고문 등과 위협으로 인한 두려움 때문에 가해자에게 협조하는 피해자와 혼동되어서는 안 된다.

(3) 태만, 부주의, 조심성 없는, 주의하지 않는 피해자
(Negligent, Careless, Imprudent, and Reckless Victims)

모든 사람이 범죄피해에 대항하여 자신의 재산과 생명을 동일한 주의나 노력을 경주하는 것은 아니라고 한다. 각자가 취하는 태도와 행위, 그리고 사전주의와 보호대책 등이 그 사람이 조심스러운가 아닌가, 주의하는가, 부주의하는가 등으로 구분할 수 있게 해 준다. 그러나 이러한 개인적 속성은 그 사람의 일반적 태도나 행위유형을 기술하는 것이지 모든 상황에서 항상 동일한 행위와 태도를 취한다는 것을 기술하는 것은 아니다. 정적인 속성이 아니라 시간과 상황에 따라 달라지는 것이라고 할 수 있다. 예를 들어, 나이가 많아지고 결혼을 하게 되면 일반적으로 예전보다 더 조심스럽고 주의를 더 기울이게 되는 것과 같다. 뿐만 아니라 이런 속성은 자신이 상호작용하는 사람과 상호작용의 종류에 따라 변하기 때문에 역동적인 것이다. 낯선 사람과 상호작용할 때는 매우 조심스럽지만 가족이나 친구와 상호작용할 때는 그러한 신중함을 결여하게 되는 것이다.

---

12 Fattah, *op. cit.*, p. 104.

이러한 유형의 피해자가 재산범죄에 있어서 취하는 역할은 이미 경험적으로 입증되고 있지만 그렇다고 재산범죄에만 국한되는 것은 아니다. 기회이론에 따르면, 다수의 범죄자는 대부분 개별 피해자의 부주의나 태만 또는 촉진적 행위로 야기되는 상황과 환경적 기회를 이용하는 기회주의자라고 한다. 피해자의 행위가 기회주의자의 범죄에 대한 촉진제라면 전문범죄자에 의한 범죄에 있어서 표적선택의 범주이기도 하다. 즉, 이들은 대부분 보다 쉬운 표적이 매력적인 것으로 판단하기 때문에 그러한 표적을 찾아서 선택하는 것이다.

5) 범죄학적 유형(Criminological types)
─ 일회성(One-time), 간헐적(Occasional), 반복적(Recidivist), 습관적 (Chronic) 피해자[13]

생래적 피해자의 주장은 현재 행동과학이나 신학에 더 어울리는 운명론적, 결정론적 개념으로서 일반적으로 거부되고 있다. 그럼에도 불구하고 특정한 사람들이 정해진 기간 동안 빈번하고 반복적으로 피해를 경험한다는 것을 지적하는 피해조사결과로부터의 경험적 증거가 적지 않다. 그래서 우리는 피해의 빈도에 따라 일회성피해자, 간헐적 피해자, 반복피해자, 습관적 피해자 등으로 피해자를 나눌 수 있다. 당연히, 일회성피해자는 단 한 번의 피해만 경험한 피해자이고, 간헐적 피해자는 오랜 기간 또는 평생에 서로 관련되지 않고 별개의 피해를 2~3번 경험한 피해자이며, 반복피해자는 비교적 짧은 기간 동안에 지속적이고 빈번한 형태의 피해를 경험한 피해자이며, 습관적 피해자는 인생이 일련의 지속적인 피해로 점철된 피해자라고 할 수 있다.

물론 일회성피해자는 분명하지만 간헐적, 반복적, 습관적 피해자의 유형화나 범주화는 어느 정도 임의적인 것이다. 반복적 피해자라는 표식은 비교적 짧은 시간에 동일범이나 상이한 범죄자에 의하여 다른 사건으로 빈번하게 그리고 반복적으로 피해를 당하는 사람이나 기업 또는 조직이다. 동일한 유형의 반복적이고 빈번한 피해가 동일한 사람에게 장기간 또는 평생 동안 확대되면 그 사람을 우리는 습관적 피해자라고 할 수 있을 것이다. 이들 반복피해자나 습관적 피해자 특정유형의 범죄피해와 관련된 변수와 요인을 밝히는 데 도움이 되며, 피

---

13 Fattah, *op. cit.*, pp. 106－107.

해성향과 취약성의 개념을 더 잘 이해할 수 있게 해 주기 때문에 피해자학적 연구에 특히 중요한 것이다.

SECTION **02** 피해자비난의 근거

　피해자학이 나타나기 전까지 주류 범죄학에서는 범죄행위에 있어서 피해자의 역할을 일관되게 무시하였다. 그러나 피해자학의 등장과 함께 법률위반을 전적으로 범죄자의 자유의지의 행사에 기인시키는 범죄자지향 설명에서 벗어나 범죄사건을 가해자와 피해자 사이의 상호작용 과정의 결과로 간주하게 되었다. 이러한 입장에서 일부에서는 형사재판상에서의 피해자와 가해자의 상호작용을 '참조의 이중 틀(duet frame of reference)', '형벌의 쌍(penal couple)', '가해자－피해자 관계(doer－sufferer Relationship)'라는 용어로 표현하고 있다. 이러한 상황적 재구성은 범죄가 왜 발생하였는지에 대한 보다 균형 잡히고 완전한 그림을 제공하며, 따라서 초기의 정적이고 일방적인 가해자 중심의 해석에 대한 진전을 가져다주었다.[14]

　전통 범죄학에서 법을 준수하는 사람과 위반하는 사람 사이에 어떠한 차이가 있는지에 관심을 가졌듯이 피해자학에서는 피해자와 비피해자 간의 차이는 무엇이며 왜 그러한 차이가 나타나며, 왜 일부 집단이 다른 집단의 사람들보다 더 쉽게 그리고 더 많이 피해자가 되는가 등에 관한 관심과 의문을 갖게 되었다. 이러한 의문이 곧 책임공유(shared responsibility)의 가능성을 제기하는 것이다. 가장 광범위한 견지에서 본다면, 책임공유의 개념은 가해자와 마찬가지로 위험한 사람과 위협적인 상황에의 노출을 제한하지 않았거나 피해를 피할 수 있는 모든 것을 다하지 않았다는 등 피해자도 어떠한 잘못이 있다는 점을 함축하는 것이다. 그 중에서도 자신의 선동이 없었다면 결코 그러한 공격이 일어나지

---

14 E. Fattah, "Some recent theoretical developments in victimology," *Victimology*, 1979, 4(2): 198－213.

않았을 것이라는 범행을 유발시키는 행위를 한 피해자가 가장 많은 비난을 받고 있다. 자신의 위험성을 최소화하는 대신 잘못된 선택으로 인하여 일부 피해자들은 자신의 피해위험성을 오히려 극대화시켰다는 것이다. 이러한 입장에서 일부 피해자는 어느 정도의 책임과 비난을 면하기 어렵다는 논리이다.

SECTION 03 책임공유의 논쟁

1. 피해자 유인(Victim Facilitation), 피해자 촉진(Victim Precipitation), 피해자 촉발(Victim Provocation)

유인이란 용어는 피해자가 자기도 모르게, 부주의하게, 태만하여 범죄자의 범행을 더 쉽게 하는 상황을 두고 하는 말이다. 범행을 유인하는 피해자는 본의 아니게 자신이 범법자를 돕게 되고 따라서 비난의 작은 부분을 공유하게 된다는 것이다. 피해자는 자신의 생각 없는 행동으로 자신의 재물을 손실할 위험을 증대시키게 된다. 절도범이 이미 범행을 생각하고 대상을 찾고 있었다면 피해자 유인은 범죄의 근본원인이 아니다. 유인은 올바른 요소와 조건이 주어지면 상호작용을 가속화시키는 화학반응에 있어서의 촉매제와 더 유사한 것이다. 유인피해자는 범행하려는 사람을 끌어들이면서 사건의 수가 아니라 범죄의 지역적 분포에 영향을 미치게 되는 것이다.

유인이 절도와 주거침입절도에 있어서의 가능성인 반면, 촉진과 촉발은 살인, 강도, 폭행, 강간의 피해자와 관련이 있는 것이다. 촉진이라는 용어로 표현되는 비난은 상해를 당하는 사람이 폭력의 발현에 상당한 기여를 했다는 것이다. 촉발은 용어 자체가 폭력의 가해자보다 피해자에게 책임이 더 크다는 것을 함축하기 때문에 촉진보다 더 나쁜 경우라고 할 수 있다. 부상당한 측에서 그렇지 않았다면 발생하지도 않았을 공격을 부추기고 선동했다는 것이다.

지금까지의 논의로 본다면, 피해자가 범법자와 공유하는 책임의 정도는 유인으로부터 촉진을 거쳐 촉발로 이어지게 된다. 그러나 책임의 문제는 완전한 무고에서 전적인 책임에 이르기까지 확대될 수 있다. 완전히 무고한 사람은 당연히 자신에게 일어난 일에 대하여 비난 받을 수 없다. 범죄를 의식하고 있는 사람으로서, 범죄를 피하려고 노력하였고, 자신이 직면한 위험을 줄이기 위하여 합리적으로 해야 할 것을 했기 때문이다.

만약 사전주의조치를 취하고 위험감소전략을 도입하는 것이 완전한 무고함을 판단하는 기초라면 완전한 책임을 특징적으로 규정하는 것은 아주 복잡하게 된다. 논리적으로 보아, 단지 가해자가 아예 없을 때만이 피해자에게 전적으로 책임이 있을 수 있는 것이다. 자신에게 일어난 일에 대하여 전적인 책임이 있는 피해자는 개념 규정상 실제로는 피해자라고 할 수 없는 것이다. 그들은 국가보조금이나 보험금을 노리고 허위 신고를 한 가해자이거나, 실제 범죄를 숨기기 위하여 피해자라고 주장하는 사람이라고 볼 수 있다.

2. 공유책임의 유형-자동차절도 피해자의 경우

이상에서 우리는 피해자가 공유할 수 있는 책임의 정도가 완전한 무고, 피해자 유인, 피해자 촉진, 피해자 촉발, 그리고 완전한 책임으로 구분할 수 있을 것인데, 이러한 유형화는 다양한 유형의 사람과 집단이 잘못이 있다면 무엇을 잘못했으며 어떻게 범죄가 예방될 수 있는지에 관한 추정을 가능하게 한다. <표 5-3>은 이와 같은 내용을 자동차 절도에 따라 정리해놓고 있다.

의식적으로 저항하는 피해자는 전적으로 아무런 비난을 받지 않아야 한다. 그들은 절도방지도구를 구입하고 전문가들의 절도방지 충고를 잘 따름으로써 자동차를 보호하기 위하여 노력했기 때문이다. 그러나 이들의 방어책은 결국 소용이 없었으며, 그러한 방범대책들에 대응할 줄 아는 전문절도범에 의하여 도난당했기 때문이다.

인습적으로 주의, 조심하는 피해자는 기본 장비로서 자동차 제조회사에서 제공하는 절도방지장치에 의존하고 있다. 이들은 자동차 창문을 올리고, 값비싼 물품을 자동차 안에 두지 않고, 차문을 잘 잠그는 등 자신이 할 수 있는 사전주의를 하는데도 전문 절도범에 의해 도난당하는 것이다. 이들은 어떠한 잘못도 하지 않았지만 도난방지를 위한 추가적인 장치나 노력을 하지 않았기 때문에 자

| 표 5-3 | 자동차절도 피해자의 유형 |

피해자 유형	의식적 저항	인습적 주의	부주의한 유인	촉진적 선도자	촉발적 공모자	조작적 가장
책임 정도	전적으로 책임 없음	대체로 책임 없음	부분적 책임	상당한 책임	대부분의 책임	전적인 책임
피해자 행동	특별한 사전주의	인습적 대책	태만으로 절도 유인	차량을 노출, 취약하게 하여 절도 촉진	범죄자와 사전협의로 절도 촉발	없는 차의 절도 조작
피해자 동기	의험최소화 의지	위험성 염려	위험성 무관심	도난희망	도난의지	도난처럼 꾸밈
도난 후 경제적 결과	금전손실	금전손실	금전손실	보험금소득	보험금소득	허위신고로 큰 이득
분포비율	55%		20%	25%		
법적 신분	실제피해자			피해자 가장 보험사기 범죄자		
관심의 정도	경시		공공교육 홍보대상, 희생양	수사와 새 입법 대상		

자료: A. Karmen, "Auto theft: Beyond victim blaming," *Victimology*, 1980, 5(2): 161-174.

동차 절도의 위협을 충분히 심각하게 대하지 않은 데 대하여 전적으로 책임은 없지만 비판의 여지가 있다는 것이다.

부주의하게 유인하는 피해자는 전반적인 부주의로 인하여 범행의 기회를 제공한다는 것이다. 자동차 열쇠를 두고 내리거나 창문을 제대로 올리지 않거나 문을 잠그지 않는 등으로 인하여 범죄자의 범행을 더 쉽게 하는 것이다. 이들은 정확하게 자신의 생각 없는 행위와 무관심한 태도가 차량의 도난에 기여하였기 때문에 부분적으로 책임이 있다고 한다. 그러나 이들은 의도적이거나 일부러 그런 것이 아니기 때문에 법률적인 책임을 지는 것은 아니다.

촉진적 선도자는 의도적으로 자신의 차량을 범행대상으로 지목한 의도적 피해자이다. 그 예로 자신의 자동차를 팔거나 그냥 사용하거나 수리하는 것보다 도난당하여 보험사로부터 보상을 받는 것이 더 유리하다고 생각하여 자신의 차량이 도난당하기를 원했던 피해자의 경우이다. 이를 위하여 이들은 차문을 잠그지 않고 열쇠를 차안에 둔 채 외진 곳이나 차량절도 다발지역에 장시간 주차하여 자동차의 취약성을 극대화시킨 것이다. 그러나 이들은 절도범과는 사전에 모의하지 않았다. 이들은 우연히 실수로 자동차 열쇠를 두고 내렸을 뿐이라고 부정직한 동기를 숨긴다.

촉발적 공모자는 자신의 자동차 도난에 대부분의 책임이 있다. 이들은 손해를 본 당사자라고 가장하지만 사실은 자신의 자동차를 없애버리라고 자신이 고용한 절도범의 공모자이다. 그들이 시도하지 않았으면 자동차 절도 자체도 발생하지 않는 것이다. 이들은 보험사기 범죄를 위한 공모자로서 자신의 자동차가 도난당하거나 피해를 입게 되도록 한다. 이들은 상당한 책임이 있는 피해자와 동일한 금전적 동기를 가지지만 범죄자를 알고 또 대가를 지불하게 된다.

전적으로 책임이 있는 피해자는 자동차 자체를 소유한 적도 없기 때문에 실제로는 피해자 자체가 될 수 없다. 이들은 존재하지도 않은 자동차를 서류상으로만 등록한 후, 보험을 들고 도난당했다고 신고하여 보험금을 타내는 것이다.

3. 피해자비난과 피해자방어의 논쟁

1) 피해자비난(Victim Blaming)

피해자의 유인, 촉진, 촉발에서 피해자도 범법자와 책임을 공유한다는 주장이 소위 피해자비난으로 규정되고 있다. 피해자비난은 완벽하게 유죄인 경우와 전적으로 무고한 사람이라는 법률적 범주에 대한 의문을 제기한다. 그러한 범주화가 만약 피해자촉진이나 촉발이 있었다면 누가 누구에게 무엇을 했는지에 대한 잠재적으로 잘못된 기술일 수 있다는 것이다. 실제상황에서 실제 사람들에게 그러한 이분법적 낙인을 적용하는 것은 왜 법률의 위반이 있었는지의 진실에 대한 근본적 단순화와 왜곡을 초래할 수 있다는 것이다. 피해자비난은 피해자와 가해자가 때로는 범죄의 동반자이고, 가해자와 피해자 사이에는 상호성이 존재할 수 있다는 가정에서 출발한다.

피해자학은 객관성을 추구하지만 어쩔 수 없이 피해자비난의 경향을 내포하고 있다. 범행의 전후와 과정에 있어서 피해자의 행위를 조심스럽게 재구성하면 경솔한 결정, 어리석은 실수, 판단착오, 용서할 수 없는 부주의함 등이 불행한 결과를 초래할 수도 있음을 보여주고 있다는 것이다.

피해자비난은 3단계 사고과정을 따른다고 한다. 우선, 한 번도 피해를 당하지 않은 사람과는 상당한 차이가 있는 잘못된 점이 피해자에게 있다는 가정에서 출발한다. 즉, 피해자의 태도나 행위 또는 둘 다가 다른 사람들과 그들을 구별시킨다는 것이다. 둘째, 이러한 차이점이 피해자의 고통의 원천이라는 것이다. 만약 피해자들이 다른 사람들과 마찬가지라면 그들도 결코 공격의 표적이 되지 않았을 것이라고 한다. 셋째, 앞으로 피해를 피하고 싶다면 그들이 생각하고 행동하는 방식을 바꾸어야 한다는 것이다.

범죄자들이 자신의 잘못에 대한 비난과 처벌을 받는 것과 마찬가지로, 피해자도 사건의 전후와 과정에 있어서 자신의 행위에 대하여 대답할 수 있어야 한다는 것이다. 이러한 주장은 사람들은 자신의 생애의 과정에 대하여 상당한 정도의 통제력을 행사할 수 있다는 신념에 근거하고 있다. 마치 운전자가 자동차 사고를 최소화하기 위하여 방어운전을 하듯이 범죄를 의식하는 사람이라면 자신의 안전을 향상시키기 위하여 할 수 있는 것을 하도록 자신의 생활유형과 일상 활동을 검토할 의무가 있다는 것이다.

피해자비난은 또한 피해자에 대한 공감성과 동정심을 피하고자 하는 범법자의 관점이기도 하다. 범법자들은 그렇지 않다면 자신의 행위를 제약하게 되는 죄의식, 수치심, 도덕적 제재 등을 감소시키거나 제거하는 둔감화(desensitization)의 과정을 거치게 된다. 피해자의 명예를 모독하거나 훼손함으로써 범죄자들이 자신의 범행을 정당화할 수 있는 것으로 비추고, 피해자가 적대와 공격의 적절한 표적이며, 가치 없는 사람으로 간주될 때 범행이 더 용이해지기 마련이다. 자신의 범행을 중화시키기 위하여 범법자들은 피해자를 부정적 속성을 가진 피해를 당해 마땅한 사람으로 표현하게 된다. 변호인들은 피해자비난의 관점을 주장함으로써 배심원의 동정을 사서 무죄판결을 받으려고 하거나 판사로부터 경미한 처벌을 받아내려고 한다. 그 예로 부모를 살해한 존속살해의 경우 살해된 부모는 잔인한 아동학대자인 반면 범인은 아동학대의 무기력한 표적으로 그려지고 있다.[15]

---

15 H. Schwendinger and J. Schwendinger, "Delinquent stereotypes of probable victims," in M. Klein(ed.), *Juvenile Gangs in Context*, Englewood Cliffs, NJ: Prentice-Hall, 1967, pp. 92-105.

피해자비난은 범죄에 있어서 피해자의 역할을 분명히 함으로써 우리로 하여금 범죄피해를 예측하고 위험성을 줄이기 위한 전략의 개발에 도움을 줄 수 있다. 또한, 실제로 피해자가 범죄를 촉진시킨다면 그만큼 범법자를 어떻게 처리할 것인가를 결정할 때 그러한 행위를 고려할 수 있을 것이다. 반면에, 피해자비난은 범죄통제의 책임과 부담을 피해자와 일반시민들에게 전가할 수 있다고 한다. 또한 더 중요한 문제는 피해자비난, 즉 적절한 사전주의를 하지 않았다는 것이 단지 범죄의 한 과정이지 범죄의 원인은 아니며, 그러한 사전주의가 실제로 범죄를 억제하거나 피해를 예방하는지도 분명하지 않다는 것이다. 비록 다양한 보호장비와 행위가 실제로 범죄를 억제한다 하더라도 그러한 장비를 갖추지 못한 지역과 사람에게로 범죄가 전환 또는 대체되었을 따름이다.16

2) 피해자방어(Victim Defending)

반면에 피해자방어는 피해자비난을 과연 피해자에게도 어느 정도 책임을 묻는 것이 정확하고 공정한 것인가를 되물음으로써 대응하고 있다. 무엇보다도, 피해자비난은 피해자 유인, 촉진, 촉발이 불법행동의 발생 원인을 설명하는 정도를 과장하고 있다는 비판을 받고 있다. 첫째, 피해자가 범행을 더 용이하게 하지 않고, 그들의 관심을 끌지 않고, 그들의 분노를 유발시키지 않아도 범죄 동기가 있는 범죄자들이 선택한 표적을 대상으로 범행할 수 있다는 것이다. 또한, 피해자비난은 예외와 규칙을 혼동하고 유인, 촉진, 촉발이 발생한 사건의 비율을 과대 추정하고 있다는 비난을 받고 있다. 사람들로 하여금 스스로 조심하도록 하는 것이 해결책이 아니라는 것이다. 이는 생활유형을 형성하는 데 큰 영향을 미치는 문화적, 사회적 조건을 경시하기 때문에 현실적이지 못하다는 것이다. 대부분의 사람들은 자신의 교통수단, 근무시간, 가족, 자녀의 학교, 거주지역 등을 바꿀 수 있는 자원과 기회를 갖고 있지 못하기 때문이다.

하지만 피해자방어가 무엇에 반대하는가는 분명하나 누가, 무엇이 잘못인가라는 견지에서 지지하는 것이 무엇인지에 대해서는 애매모호하다. 피해자 방어론자들은 피해자학이 피해자의 책임은 과장하고 절대다수의 무고한 피해자는 경시한다고 주장한다. 이들은 피해자의 역할에 지나치게 초점을 두기 때문에 범

---

16 Elias, *op. cit.*, p. 87.

죄자의 역할을 경시하고 있다는 것이다. 피해자방어는 지나친 피의자의 권리, 비효율적인 법집행, 관대한 처벌, 피해자 참여의 부재 등을 비난하고 전통적, 강경대응의 법과 질서를 강조한다.

그런데 피해자방어 중에서도 두 가지 경향이 있는데, 첫째는 소위 '범법자비난(offender blaming)'으로서 이는 완전한 책임의 부담을 법률위반자에서 피해자에게로 옮기려는 시도에 저항하는 것이다. 범법자비난과 결부된 피해자방어는 표적이 아니라 가해자만이 그들의 행위에 책임이 있기 때문에 개인적 책임 원리의 일방적이고 일관적이지 못한 적용이라고 할 수 있다. 두 번째 성향은 피해자방어를 체제비난(system blaming)과 연계시키는 것이다. 체제비난은 범법자도 피해자도 진정한 죄인이 아니며, 상당 부분 범법자와 피해자 모두가 다양한 정도로 문화와 사회적 환경의 산물이라는 것이다. 범법자와 피해자의 행위와 태도는 교우, 가족, 학교, 언론 등에 의한 사회화와 함께 형사사법관행, 경제상황, 기타 다수의 사회세력의 영향을 받기 때문이라는 것이다. 따라서 피해자방어/체제비난은 피해자방어/범법자비난보다 더 복잡하다고 할 수 있다. 결국, 범죄문제의 근원은 사회체제가 구축되는 '기초제도(basic institution)'에 있다는 것이다.[17]

3) 피해자비난과 방어의 대안

제3의 대안은 피해자와 가해자를 전통적으로 지나치게 구분하였음을 인정하고, 비록 피해자가 피해의 고통은 당하지만 직접적으로나 간접적으로 범죄피해에 기여할 수도 있음을 인식하는 것이다.

물론 범법자가 범행에 대한 일차적, 우선적 책임을 지고, 일부 범법자가 다른 범법자에 비해 더 많은 비난을 받을 수 있지만 범법자도 피해자일 수 있음을 고려할 필요가 있다는 것이다. 이러한 주장은 범죄피해 규제의 실패, 범법자의 행위와 특성, 피해자 촉진 등을 비난하는 범죄이론을 거부한다. 즉, 이들은 피해자와 범법자 모두를 방어하고 제도와 범죄피해를 경험하기보다 피해를 유발하거나 촉진하는 데 더 많은 역할을 하는 사람들을 비난한다.

이들에 의하면, 아마도 가장 의미 있는 촉진은 사회구조로 인해 촉발된 범죄피해라는 것이다. 예를 들어, 기업이나 정부와 같은 조직이 집회 시위 중인 시민

---

17 Karmen, *op. cit.*, p. 113.

에게 피해를 주거나, 지나친 통제 또는 우리의 문화가 폭력을 정당화 하는 등 사회구조도 범죄피해를 촉진할 수 있다. 다시 말해서, 기본적인 범죄근원을 다양한 정치적, 경제적 제도의 관점에서 보는 '제도비난(system blaming)'이 그것이다.[18]

4) 논쟁의 실례

먼저 자동차 절도를 피해자유인 문제의 예로 설명할 수 있다. 일부에서는 자동차절도가 어느 누구에게도 아무런 손실을 초래하지 않고 모두에게 이익이 된다고 하여 자동차절도를 '행복한 범죄(happy crime)'라고 하는 사람도 있다. 그러나 실제로 자동차절도는 피해자에게 여러 가지 이유에서 행복한 범죄일 수 없다.

자동차절도와 관련하여 운전자가 범죄를 촉진하였다고 피해자를 비난하는 것이 과연 옳은 것인가? 예를 들어, 매년 수십, 수백만 대의 차량이 도난당하고 있다면 누구 또는 무엇을 비난해야 하는가? 흥미로운 것은 자동차절도만이 조직화된 피해자비난집단이나 단체가 존재하는 유일한 범죄라는 사실이다. 보험회사, 자동차제조회사, 심지어 법집행기관의 대표자들로 구성된 피해자비난단체나 조직은 운전자들의 부주의가 자동차절도를 촉진하였다고 지적하고 있다. 물론 시민들이 자동차절도에 큰 관심을 가지지 않았을 때는 피해자유인이 청소년들이 재미로 자동차를 훔쳐 타는 데 상당한 기여를 했지만, 이들보다 전문절도범의 소행이 더 큰 위협인 현재는 피해자유인은 급감할 수밖에 없다. 그러나 물론 피해자유인에 의한 자동차절도의 비중은 과거에 비해 현저히 줄었지만 아직도 절대건수는 매우 높다고 한다.

그렇다면 여기서 자동차절도와 피해자유인에 의한 피해자비난과 반대로 피해자방어의 관계를 어떻게 볼 것인가? 어쩌면 이 관계도 물이 반 정도 차있는 물병을 보고 물이 반밖에 없다는 시각과 물이 반이나 남았다는 시각의 논쟁과 유사할 수 있다. 피해자비난 입장에서는 아직도 나쁜 습관을 가지고 있는 운전자의 비율에 초점을 맞추고, 피해자방어 입장에서는 차량절도 피해자의 절대 다수가 잘못한 것이 없다는 점을 강조한다. 피해자방어 입장에서는 자동차절도는

---

18 J. Newman, "The offenders as victim," in I. Drapkin and E. Viano(eds.), *Victimology: Crimes, Victims and Justice*, Lexington, MA: Lexington Books, 1974, p. 113; R. R. Dynes and E. L. Quarantelli, "Organizations as victims in mass civil disturbances," Drapkin and Viano(eds.), *op. cit.*, p. 67.

어떤 방식으로든 피해자에 의하여 용이하게 만들어지거나 유인되지 않았으며, 이들 운전자들은 부주의하게 행동하지 않는다는 것이다. 그래서 주의에 소홀한 자동차 소유주 등의 피해자를 비난하는 것은 시대착오적인 인식이라는 것이다.

한편, 피해자촉진에 대해서는 강간을 예로 하여 설명하고 있다. 만약 자동차절도가 피해자비난을 조장하는 데 막대한 이해관계를 가지는 잘 조직되고 금전적 지원이 되는 집단을 가진 범죄의 좋은 예라면, 강간은 목소리가 높고 매우 전념적인 피해자방어공동체를 가진 범죄의 좋은 예라고 할 수 있다. 논쟁은 강간의 일부가 견제할 수 없는 남성의 성적 열정의 피해자촉진행위로 볼 것인지 아니면 모든 강간이 항상 원치 않는 표적에 대한 잔혹한 지배로서 용서할 수 없는 행동으로 봐야 할 것인가의 문제이다.

피해자비난의 입장에서는 일부 강간피해자는 성폭력을 당해 보지 않은 다른 여성들과는 태도와 행동에서 차이가 있다는 것이다. 촉진의 죄가 있다고 하는 피해자는 보고 들은 경고를 무시하거나 잘못된 판단에 대한 비난을 받으며, 그들의 경솔한 행동이 폭력성향의 남성을 끌어들여서 그들의 무책임한 열정을 불러일으켰다는 것이다. 피해자비난은 일부 젊은 여성들의 생활유형 때문에 강간을 촉진한다고 주장한다. 그들은 특정 상황에서의 위험성을 이해하지 못하고, 남성을 제대로 다룰 줄 모르며, 남성에게 성적 가능성의 신호로 보이는 언행을 하고 옷을 입기 때문이라는 것이다.

이처럼 피해자비난의 주장을 받아들인다면 두 가지 결과를 초래한다. 먼저, 만약 여성이 일부 책임을 공유하게 되면 남성은 당연히 죄가 적어지고 더 가벼운 처벌을 받기 마련일 것이다. 둘째, 여성들은 자신이 실제 바라는 바를 제대로 의사전달하기 위하여 또는 잘못된 의사전달을 예방하기 위하여 보다 조심스럽게 행동하도록 교육받아야 할 것이다. 더구나 더욱 중요한 피해자비난의 수용결과는 강간예방의 부담이 남성, 경찰, 기타 제 3 자로부터 잠재적 표적인 자신들에게로 넘어간다는 것이다. 여성들은 끊임없이 자신의 생활유형을 점검하고 자신의 안전을 극대화하고 위험을 최소화하기 위하여 할 수 있는 모든 것을 해야 할 것이다. 마치 형벌의 위협이 잠재적 범법자로 하여금 법을 위반하기 전에 두 번 생각하게 하는 것과 같이 피해자비난은 여성으로 하여금 전통적인 가정적 역할과 활동으로부터 나오기 전에 두 번 생각하게 만들게 된다. 범법자의 행동을 통제하는 것은 매우 어렵기 때문에 피해자비난은 잠재적 표적의 행위를 제약함으로써 강간사건을 줄이고자 한다.

피해자방어는 강간이 통제가 불가능한 열정의 발로이거나 욕망의 행동이라는 개념을 하나의 신화 정도로 거부하고 있다. 강간은 신체적 폭력이며, 공격성은 욕구와 욕정에 의해서 행해지는 것이 아니며 여성을 비인격화된 객체로 보고 분노와 증오에 의해서 동기가 주어지는 것이다. 원치 않는 상대를 통제하기 위하여 무력을 사용하는 것을 성관계로 혼동해서는 안 된다는 것이다.

피해자방어는 처음 싸움을 시작하고 지게 되는 사람의 비난받을 만하고 공격적인 시도를 일컫은 촉진의 개념의 적용가능성에 의문을 제기한다. 물론 일부 살인은 자기방어의 경우처럼 정당화될 수도 있지만 강간에서 정당화될 수 있는 경우란 없다. 즉, 살해당한 사람이 먼저 물리력에 호소함으로써 폭력수준을 높였고 생존자가 살상무기로 그 폭력에 대응한 결과로서 곧 폭력이 보복적 폭력을 낳은 결과라는 것이다. 그러나 강간의 경우는 강간범이 자신을 공격하기 전에 여성이 강간범을 먼저 물리적으로 폭력하지 않기 때문에 촉진의 개념을 강간에 적용하여 사건을 일차적으로 성적인 문제로 간주하는 것이다. 그러나 피해여성이 어떤 옷을 입고, 어떤 말을 하고, 어떤 행동을 하며, 어떤 약속을 하건 폭력에 호소하는 데 대한 정당화는 있을 수 없는 것이다. 또한 여성의 행위는 다양한 해석을 나을 수 있기 때문에, 촉진이 있었는지 여부를 결정할 때 여성, 남성, 경찰, 또는 누구의 해석을 따라야 하는지가 의문이다. 따라서 피해자촉진과 그로 인한 피해자비난은 받아들여지기 어려운 것으로 이해되고 있다.[19]

피해자촉발의 예로 가장 쉽게 들 수 있는 경우가 바로 배우자폭력으로서 매 맞는 아내가 학대하는 남편을 살해한 경우라고 할 수 있다. 이 경우, 피해자방어는 설령 남편의 학대가 지나쳤기 때문에 그가 촉발한 부분이 있어도 여성의 과잉대응을 정당화하기에는 불충분한 것임을 의미한다. 이러한 피해자방어는 자연스럽게 그 여성은 자신이 범한 범죄에 대하여 처벌되어야 한다는 피해자비난

---

19 R. Silverman, "Victim precipitation: An examination of the concept," in Drapkin and Viano(eds.), *op. cit.*, pp. 99-110; C. LeGrande, "Rape and rape laws: Sexism in society and law," *California Law Review*, 1973, 61: 919-941; K. Weis and S. Borges, "Victimology and rape: The case of the legitimate victim," *Issues in Criminology*, 1973, 8(2): 71-115.

으로 이어지게 마련이다. 반면에 피해자비난은 여성의 행동을 용서하고 정당화함으로써 남자가 여자로 하여금 자신을 살해하게 하였다는 피해자비난으로 이어지게 된다.

피해자방어 입장에서는 아무리 잔인한 남편이라도 죽어야 마땅한 것은 아니라는 주장이다. 이러한 피해자방어는 남편의 학대와 폭력은 잘못이고 심지어 범죄적일 수 있지만 다른 가능한 대안을 찾지도 않고 또한 도주하거나 남편과의 관계를 정리할 수도 있음에도 바로 살인까지 한 아내를 지나치다고 보는 경찰의 입장에서 가장 분명하게 나타나고 있다. 따라서 아내의 남편살해는 두려움보다는 격분에 의하여 동기가 주어진 복수의 행동이며, 복수로서의 행위는 자기방어의 범주에 해당되어서는 안 된다는 것이다. 더구나 분명히 법을 어겼음에도 불구하고 피해자를 비난함으로써 범법자를 처벌하지 않는다면 다른 사람들로 하여금 유사한 경우에 극단적인 폭력적 행동을 취하도록 권장하는 결과가 된다.[20]

피해자비난은 잔인한 남편이 아내의 치명적 대응을 촉발하였다는 것을 강조하는 주장으로서 살해된 남편이 자신의 불운에 책임이 있다는 것이다. 공격과 심각한 신체적 부상에 직면한 아내가 자기방어책으로서 남편을 살해하게 된 일종의 자기방어행동이라는 것이다. 따라서 이 경우 잘못이 있는 당사자는 죽은 사람이지 죽인 사람이 아니라는 것이다. 이러한 피해자비난은 또한 죽은 남편은 다른 기혼남성과 다르며, 그들의 상이한 행동과 태도가 자신의 죽음의 원인이라고 주장한다. 그러나 이에 대해 법정에서는 왜 치명적 사건이 일어나기 전에 아내가 남편을 떠나지 않았는가라는 의문을 제기하는 경우가 있다. 남편을 비난하는 입장에서는 다수의 매맞는 아내들에게 탈출이란 현실적 대안이 되지 못하고, 설사 탈출을 시도한다 하더라도 실패한다는 것이다.

한편, '매맞는 아내 증후군(battered women syndrome)'을 이해하면 왜 일부 여성이 파괴적인 관계를 청산하지 못하는가를 이해하는 데 도움이 될 것이다. 이 증후군은 반복된 폭행은 예측 가능한 장기적 결과로서, 폭행에 겁에 질리고 사기가 저하된 여성의 통제의식과 자기존중심을 격하시키는 일종의 학습된 무

---

20 G. Caplan, "Battered wives, battered justice," *National Review*, February 25, 1991, pp. 15–20; S. Bannister, "Battered women who kill their abusers: Their courtroom battles," in R. Muraskin and T. Alleman(eds.), *It's a Crime: Women and Justice*, Englewood Cliffs, NJ: Prentice–Hall, 1992, pp. 316–333.

기력의 외상 후 스트레스 장애(posttraumatic stress disorder)를 초래하게 되고, 심지어 남편이 공격하지 않을 때도 공포에 휩싸인 여성이 자신이 항상 위험에 놓여 있다고 믿게 되어 공격하게 된다는 것이다. 이러한 매 맞는 아내 증후군은 정당방위로 인정되고 있는 추세이다. 한편 일부 피의자는 법정에서 자신의 일시적 정신이상을 이유로 무죄를 주장하기도 한다.[21]

피해자비난의 주장은 매맞는 여성이 여러 차례 위협을 받았고, 반복적으로 맞았으며, 여러 번 경찰에 의해서 구조되었고, 보호명령을 받았던 경우에 가장 확실한 것으로 알려지고 있다. 여성이 법정증언을 하고, 가정상담을 받았고, 탈출을 시도하였고, 별거하고 이혼을 청구하였거나, 남편의 체포 시 외상이 있었던 경우에 남편에게 불리하게 작용된다고 한다. 결국, 전문가증언을 이용하여 변호인 측에서 이와 같은 '심리학적 해부(psychological autopsy)'를 효과적으로 제시할 수 있다면 죽은 남편을 다시 한 번 더 죽일 수도 있을 것이다.[22]

5) 논쟁의 공과

위의 사례에서 우리는 피해자비난과 피해자방어 양측의 주장을 살펴보았다. 일부 피해자학자들의 주장과는 달리, 피해자비난은 원천적으로 희생양을 만드는 것이 아니며, 모든 것이 어떤 범죄가 관심의 초점이며, 피해자가 누구이고, 왜 일부 사람이 자신의 행위를 비난하는가에 달려 있다. 비슷한 경우로, 피해자방어도 반드시 유린의 원인을 옹호하는 사람들에 의해서만 관련되는 것도 아니다.

따라서 피해자비난자가 반드시 자유주의자거나 보수주의자거나, 가난하거나 부자이거나, 젊거나 늙었거나, 남성이거나 여성이거나 할 필요가 없는 것이다. 때로는 피해자비난자들이 사건의 사실, 범죄의 특성, 관련된 당사자에 따라서 입장을 바꾸어 피해자방어자가 되기도 한다. 사람들이 일관적으로 하나의 입장만을 견지하지는 않는다는 것이다. 거의 대부분의 사람들은 특정피해자는 비난하고 다른 피해자는 방어하게 된다.

양측 주장의 가장 심각한 결함은 거시적이기보다는 미시적인 경향이라고

---

21 A. Kristal, "You've come a long way baby: The battered women syndrome revisited," *New York Law School Journal of Human Rights*, 1991, 9: 111−116.

22 Karmen, *op. cit.*, p. 132.

할 수 있다. 피해자비난과 피해자방어의 주장은 지나치게 각 사건의 특수성에 집착하여 범죄자와 피해자 모두의 행위와 이념을 형성케 하는 더 큰 사회적 영향력과 환경적 조건을 경시하는 경향이 있다는 것이다. 즉, 양측이 모두 중요한 '제도(system)'를 책임에서 벗어나게 한다.

자동차절도의 경우에서, 양측 모두 운전자와 절도범의 행동에만 안주한다. 보다 완전한 이해를 위해서는 중고자동차 매매, 전문절도단, 장물거래, 보험관행, 그리고 제조회사의 책임까지도 고려되어야 한다는 것이다. 강간의 경우, 양측 모두 강간범과 표적의 행동과 태도에만 너무 협의로 초점을 맞추고 있어서 적절한 성역할이나 폭력 등과 관련된 기존의 문화적 주제에 관한 핵심적인 조망을 경시하는 경향이 있다. 강요된 성의 근원이 남녀 사이의 정치적, 경제적, 사회적 불평등에 기인 할 수 있다는 가능성마저 없어지게 된다. 유사한 것으로, 자신의 행동으로 매 맞는 아내가 과부가 되는 경우 책임의 구분이 어느 한쪽에만 국한되어서는 안 된다. 가정폭력이 인명살상사건으로까지 비화되는 것을 방지하려면 효과적인 외부개입이 필요하다. 부부 사이의 살인은 피해자를 적절하게 보호하지 못하여 궁극적으로 가해자가 되게 하고, 학대자에게 시의적절한 처우를 제공하지 못하여 결국 생명을 잃게 한 형사사법기관과 사회복지기관의 실패를 반추하는 것이다. 따라서 책임의 일부는 이들에게도 있는 것이다.

피해자와 가해자

1. 피해자에 대한 가해자의 태도

피해자에 대한 가해자의 태도는 종종 범죄피해로 이끄는 동기과정과 피해자 선택의 과정에서 결정적, 핵심적 역할을 하기 때문에 범죄학과 피해자학에서 극히 중요한 연구의 분야이다. 이는 특정 피해자의 선택은 그 피해자에 대한 가해자의 태도와 인식의 기능이기 때문이다. 성범죄에서처럼, 가해자와 피해자가 상호작용할 때 피해자의 말, 행동, 몸짓에 대한 가해자의 해석은 자신이 그 피해자에 대해서 가지고 있는 인상과 의견에 크게 좌우되는 것이다. 피해자가 범죄의 야기에 관련될 수 있는 몇 가지 방식은 피해자의 행위나 속성이라기보다는 오히려 피해자의 속성과 행위에 대한 가해자의 인식의 기능이라는 것이다.

매력성, 취약성, 적합성, 적절성과 같은 속성은 객관적이지도 절대적이지도 않다. 특정한 피해자의 선택에 영향을 미치는 요소로서 그 중요성은 누가 매력적이며, 취약하고, 적절한가에 대한 잠재적 가해자의 개인적 인식에 달려 있다. 피해자의 행위에 대한 가해자의 반응은 어느 정도는 그 피해자와의 관계와 그 피해자에 대한 태도에 의해서 결정된다. 더구나, 피해자에 대한 가해자의 시각은 가해자로 하여금 범죄피해행위를 재정립하고 합리화하며, 내적 제재를 극복하고, 자아상의 손상을 피하고, 범행 후 죄의식으로부터 탈피할 수 있게 한다.

강간범을 예로 들어 보자. 피해자에 대한 그들의 태도는 여성성에 대한 보다 일반적인 태도의 반영이다. 이러한 일반적 태도는 강간범 자신의 여성과의 관계나 인생경험이라는 개인적 경험과 가부장적 사회의 지배적 견해에 의하여 형성된 문화적 경험에 따라 구축되는 것이다. 여성 피해자를 남성의 성적 만족을 위한 도구로서 이용되는 성적 대상으로 보고, 여성은 강간당하고 싶어하는 욕구를 가지고 있다고 믿는 등이 이에 해당되는 것들이다.[1]

한편, 전문절도범의 경우는 피해자에 대한 아무런 태도도 가지고 있지 않는 편이다. 그들에게 있어서 피해자란 단순히 목표에 대한 수단이요 자신이 원하는 부의 소유자일 따름이다. 그들은 자신의 피해자를 마치 어부가 고기를 잡고 사냥꾼이 사냥을 할 장소를 생각하는 것과 마찬가지로 생각한다는 것이다.[2]

안락사나 동반자살을 위한 자녀살해와 같이 극히 희박한 경우에는 가해자가 피해자에 대한 동정이나 불쌍함과 같은 긍정적인 감정이나 느낌을 가질 수는 있으나, 대부분의 경우는 피해자에 대한 가해자의 태도는 증오, 분노, 적의, 적대, 경멸, 모멸 등과 같은 부정적 감정이 지배하게 된다. 그러나 가장 보편적, 대중적 태도는 일종의 무관심이라고 할 수 있다.

2. 가해자에 의한 범죄피해 사전과정(Pre-victimization Process)

범죄행동 이전에 가해자는 단 몇 초에서 심지어 몇 년에 이르기까지 다양한 기간의 정신적 과정을 거쳐 가게 된다. 이러한 과정이 상당한 기간에 걸쳐서 이루어진다면 법률적 용어로 '예모(premeditation)'라고 일컬어진다. 범죄피해에 선행하는 이 정신적 과정은 일련의 상호작용적이고 보완적인 지적 작용으로 이루어진다. 이러한 작용이 가해자, 예비행동, 또는 개별 피해자와 관련될 때는 그 작용이 동시에 일어나며 가해자와 분리될 수도 없으며 구분될 수도 없다. 그런데 이러한 과정은 중화(neutralization), 재규정/자기 정당화(redefinition/auto−legitimation), 그리고 둔감화(desensitization)의 세 가지 과정으로 나누어질 수 있다.

---

1 M. Cohen, R. Garofalo, R. Bouscher, and T. Seghorn, "The psychology of rapist," *Seminars in Psychiatry*, 1971, 3: 307−327; E. Kanin, "Sex aggression by college men," *Medical Aspects of Human Sexuality*, 1970, 4: 25−40.

2 J. Inciardi, "Vocational crime," in D. Glaser(ed.), *Handbook of Criminology*, Chicago: Rand McNally, 1974, p. 338.

첫 번째 과정인 중화는 가해자가 초점이며, 주요목적은 공식적, 비공식적 사회통제의 기제를 중화시키고 가해자가 사회화 과정을 통하여 구축된 내적 제재와 도덕적 제약을 극복할 수 있게 해 준다. Sykes와 Matza는 책임의 부정(denial of responsibility), 손상의 부정(denial of injury), 피해자의 부정(denial of victim), 비난자의 비난(condemnation of condemners), 그리고 상위충성심에의 호소(appeal to higher loyalties)를 중화의 기술로 논의하고 있는데, 손상의 부정이나 피해자의 부정은 피해자와 직접적으로 관련됨에 따라 둔감화의 기술에도 적용될 수 있는 것이다.3

두 번째 과정인 재규정/자기 정당화는 피해행위가 그 초점이며, 주요목적은 그 행동을 재규정, 정당화, 합리화하기 위한 것이다. 재규정의 과정을 통하여 행동의 비행적, 불법적, 비도덕적 성격을 벗어버리고, 합리화와 정당화는 자기비난과 타인으로부터의 비난을 피하면서 자아상을 손상시키지 않고 범행할 수 있게 해 준다. 그런데 재규정 과정에서 이용되는 기술은 학습된다고 한다. 재규정에 필요한 정당화와 합리화를 제공하는 것은 바로 비행의 부문화이거나 총체적 문화(global culture)이다. 중요한 것은 재규정 또는 정당화나 합리화의 과정은 단순히 형사사법제도나 법의 잣대로 본 죄의 정도를 줄기기 위한 순수한 약취적 노력도 아니고 죄의식이나 수치심을 줄이기 위한 사후적 노력도 아니며 피해행위 발생 이전에 일어나고 처음부터 피해를 가능하게 하는 지적 과정(intellectual process)이라는 점이다.

세 번째 과정인 둔감화는 개별 피해자가 초점이며, 그 목적은 가해자로 하여금 피해자에게 가해진 고통에 둔감하도록 하여 죄의식이나 피해 후 부조화를 겪지 않고 범행할 수 있게 하기 위한 것이다. 피해자에게 가해진 고통과 괴로움에 둔해지기 위해서 피해자의 부정(denial of the victim), 피해자의 비인격화(depersonalization), 몰개인화(deindividuation), 사물화(reification), 피해자에 대한 손상의 부정(denial of the injury), 피해자의 비난(blaming the victim), 피해자 경멸(derogation), 명예훼손(denigration), 평가절하(devaluation) 등의 기술이 활용되고 있다.4

---

3 G. Sykes and D. Matza, "Techniques of neutralization: A theory of delinquency," *American Sociological Review*, 1957, 22: 664−670.

피해자에 대한 손상의 부정은 주로 강간범이 범행중이나 전에 주로 취하는 기술로서 피해자도 즐긴다는 가부장사회에서의 잘못된 인식이다. 설사 즐기지 않더라도 피해자에게 신체적 손상을 초래하지 않는다고 믿기도 한다. 이러한 손상의 부정은 재산범죄에서도 이용되는데, 예를 들어 정부나 기업에 대한 절도나 횡령은 거의 표가 나지 않을 정도로 작은 것이고 보험회사에서 부담해 줄 것이라고 주장하는 경우 등이다.

피해자를 비난하는 것은 피해자에게 죄가 있으며 범죄행동은 정의의 행동 혹은 자기방어나 보복의 행동이라고 믿는 것이다. 격정의 범죄(crimes of passion)는 가해자가 사법정의를 위해서 스스로 한 행동이라 느끼는 것이고, 피의 보복과 같은 복수가 동기가 된 범죄에 있어서도 피해자에 대한 비난이 지배적인 특징이며, 정치적, 이념적 범죄의 가해자도 자신의 행위를 도덕적 의무라고 생각한다. 테러범과 독재자가 오히려 피해자에게 비난을 가하는 경우가 이에 해당한다.

또한 피해자의 열등한 자질을 내세워 피해자의 가치를 평가절하하고 피해자의 명예를 훼손하며 피해자를 경멸함으로써 피해자가 피해를 당하는 것이 당연하며 운명이라고 치부하려고 한다. 동성애자나 매춘부에 대한 공격에 있어서 그들의 생활유형, 재산범죄에 있어서 피해자의 부정직함 등이 피해자를 평가 절하하는 등의 둔감화 기술에서 활용되는 잠재적 피해자의 속성이나 자질이라고 할 수 있다.[5]

요약하자면 첫 번째 과정은 도덕적 장애물을 제거하여 길을 열어줌으로써 범행을 가능하게 하고, 두 번째 과정은 가해자의 자아상이 손상되지 않으면서 범행할 수 있게 하고, 세 번째 과정은 나쁜 느낌을 갖지 않고 피해자에게 손상이나 해악을 가할 수 있게 해 준다. 이 세 과정은 <표 6-1>에 요약되어 있다.

---

4 Fattah, *op. cit.*, p. 139.

5 H. Schwendinger and J. Schwendinger, "Delinquent stereotypes of probable victims," in M. W. Klein and B. G. Myerhoff(eds.), *Juvenile Gangs in Context*, Englewood Cliffs: Prentice Hall, 1967, pp. 91-105.

표 6-1	범죄피해 사전과정(Pre-victimization process)[6]	
과 정	초 점	목 표
중화	가해자	• 공식, 비공식 사회통제기제의 중화 • 도덕적 억제와 내적 제재의 극복
재규정/ 자기 정당화	피해행동	• 행동의 불법적, 비행적, 비도덕적 성격을 지우기 위한 행동의 재규정 • 자신과 타인에 의한 비난과 자아상에 대한 손상의 회피
둔감화	개별 피해자	• 피해자에게 부과된 고통과 괴로움에 대한 가해자의 둔감화 • 피해 후 불협화와 죄의식의 회피

3. 피해자-가해자의 역할전환

다수의 범죄자나 비행청소년들이 다소간 스스로를 피해자로 인식하고 있다는 것은 주지의 사실이다. 피해경험과 피해자로서의 신분과 역할의 수용이 피해자를 가해자로 전환시킬 수 있는 범행의 강력한 동기와 정당화를 제공하게 된다. 예를 들어 학교에서 소지품을 잃게 된 학생이 다른 학생의 소지품을 가져가거나 훔침으로써 보복이나 앙갚음을 하거나 소위 본전을 찾는 경우가 여기에 해당된다고 할 수 있다. 또한 다수의 재산범죄에 있어서 사회적 부정의나 경제적 착취에 대한 분노나 원한이 자기정당화(auto-legitimation)의 수단으로 작용하게 된다. 많은 절도범들이 자신의 불행과 가난을 상류층의 깨끗하지 못하거나 떳떳하지 못한 부와 대비시키거나 사회적 부정의를 들어서 자신들의 절도를 정당화하려는 경향이 있다. 조세범죄자들은 소득이 더 많은 다른 사람들은 세금을 적게 내고 자신과 같이 열심히 일하는 사람을 오히려 중과세하는 조세제도가 불공정한 것이라고 항변한다. 횡령의 경우에도 부정의와 피해의식이 중요한 역할을 하는데, 자신들이 일한 만큼 보상받지 못한다고 느끼고 있기 때문이라는 것이다. 부정의나 피해의식은 테러범이나 소수집단의 행동과 같은 정치적 범죄에도 적용될 수 있는데, 자신들이 약취당하고 정당하게 대접받지 못했다고 주장하는 것이다.[7]

---

6 Fattah, op. cit., p. 137, Table 6-1 재편집.

7 J. A. Davis, "Justification for no obligation: Views of black males toward crime and the criminal law," *Issues in Criminology*, 1974, 9(2): 69-87.

한편, 가해자가 스스로 자신이 피해자라고 인식하는 것뿐만 아니라 역할이나 신분상 실제로 한때 범죄의 피해자였던 사람이 그 후에 가해자가 되는 경우도 적지 않다. 학원폭력에 있어서 피해학생이 다른 학생을 가해하거나 가해학생이 또 다른 가해학생으로부터 피해를 당하기도 하는 경우가 좋은 예라고 할 수 있다. 실제로 청소년 시절 범죄피해를 당한 사람이 청소년 시절 피해를 당하지 않았던 사람보다 성인범죄자가 되는 확률이 더 높다는 주장도 나오고 있다. 이는 곧 가해자와 피해자 역할 사이에 지속적인 이동, 즉 가해자가 피해자가 되거나 피해자가 가해자가 되는 역할의 전환에 있어서 오늘의 피해자가 내일의 가해자가 되고 오늘의 가해자가 내일의 피해자가 될 수 있다는 것을 보여주는 것이다. 아동학대범이나 강간범의 다수가 어린 시절 아동학대나 성폭력의 피해자였다는 사실이 이를 잘 대변하고 있다. 학습, 정당화, 합리화 등의 과정을 통하여 피해자가 가해자로 전환되는 것이 가능해진다고 한다. 결론적으로, 피해자의 상태에서 가해자의 상태로의 이동이나 경과는 어려운 것이 아니라고 할 수 있다. 반드시 가해자에 대한 것은 아니지만 실제 부정의나 부정의의 인식, 확고하거나 애매한 피해의식, 복수심, 그리고 행동의 정당화 등이 모두가 이러한 역할전환을 촉진시키거나 용이하게 하는 기제라고 할 수 있다.

SECTION 02 범죄피해의 역동성

1. 피해자-가해자 상호작용

1) 범죄에 대한 상황적 접근

피해자학에 대한 관심의 증대와 함께, 초기 피해자학에서 많은 관심의 대상이었던 피해자 – 가해자 관계에 대한 연구가 피해자 – 가해자 상호작용의 연구로 바뀌고 있다. 피해자 – 가해자 관계는 물론 대부분의 폭력범죄의 대인적 특성을 확인해 주지만 범죄피해의 원인에 대해서는 많은 것을 보여주지 못하고 있다. 특히 범죄에 대해 가해자의 특성에만 초점을 맞추며 각각의 상황에 독특한 역동적 기제에 대해서는 고려하지 않는 정적 이론(static theory)으로는 범죄행위를 적절하게 설명하기 어렵다. 대인폭력의 대부분, 특히 계획되지 않은 격정적 대인폭력의 대부분은 두 사람 이상의 짧고 긴 상호작용의 산물이기 때문이다.

범죄가 발생하는 그 특정한 상황에서 가해자의 행위에 영향을 미치고, 행위를 형성하고, 조절하며, 결정하는 것은 바로 이들 역동적 기제이다. 범죄행위는 환경 속에서 발원되는 자극에 대한 반응이어서 이들 자극을 무시하고서는 범죄를 제대로 이해할 수 없다. 피해자의 태도와 행위, 뿐만 아니라 가해자의 초기 동작이나 거동 등에 대한 피해자의 반응은 모든 환경적 자극 중에서 중요한 것들이다. 가해자의 사회적 배경이나 심리학적, 생물학적 특성으로서 범죄행위를 설명하려는 이론들은 범죄생리학에서 상황적, 촉매적 요소(triggering factors)의 역할을 무시하게 된다. 공격성이나 부정직성과 같은 특성과 인성은 일관적인 것도 절대적인 것도 아니며, 따라서 범죄설명에 있어서 그 가치도 매우 작을 수밖에 없다.

이처럼 범죄자의 인성이나 특성을 중시하는 접근법은 범죄자와 비행자는 비범죄자와 비비행자와는 다르다는 가정에 기초하고 있다. 일부 사람들이 유전적으로 나쁘다거나 어떤 면에서 비정상적이라는 시각을 강조함으로써 일반 시민들로 하여금 가해자들을 자신들은 할 수 없는 엄청난 범죄행위를 범할 수 있는 뭔가 다른 사람들로 인식하게 만든다. 그러나 상황적 접근은 우리 모두는 특정한 상황에서 특정한 압력과 특정한 촉매요소가 있다면 누구라도 범행할 수 있다는 것을 보여줌으로써 범죄행위에 대한 기존의 이론들의 불가피한 약점들을 강조하고 있다.[8]

2) 상황에 처한 교류(Situated Transaction)로서의 범죄피해

특정한 폭력의 발생은 무작위적인 것이 아니기 때문에 과학적 검증과 설명이 가능하다고 한다. 그런데 이를 위해서는 폭력 실행 이전에 두 당사자 사이에 발생하는 교류의 검증이 필요하다. 따라서 대인적 상황(interpersonal situation)에서의 폭력원인 탐색은 폭력행위의 상호보완성검증이기 때문에 이원적 관계에서 일어나는 과정적 진전과 구조화된 요소 모두를 함축해야 한다. 폭력행위는 상호

---

8 P. Zimbardo, "Pathology of punishment," *Trans-Action*, 1972, 9: 4-8.

작용의 과정을 통한 둘 이상 사람 사이의 상황 내에서 이루어지는 것이다.

3) 갈등상황에서의 의사소통의 문제

범죄피해를 일방적 행위가 아니라 상황적 교류로서 보는 것은 피해자와 가해자 사이에 단기적 또는 장기적 상호작용이 일어나는 대면적 범죄피해(face-to-face victimization)의 경우라고 할 수 있다. 그러한 대면에서 객관적인 것이란 아무것도 없으며, 모든 것이 각각의 당사자가 상대방의 행위나 태도에 대해서 가지는 주관적 인식에 의하여 결정되는 것이다. 이러한 주관적 인식이 각 당사자의 행동, 대응, 대응에 대한 반응을 인도하게 된다. 사건 발생 후에 실제로 일어난 일에 대하여 가해자와 피해자가 완전히 다른 이야기를 하는 것이 바로 매우 긴장되고 감정적인 상황에서 발생한 일에 대한 각자의 다른 인식을 대변하는 것이다.

이러한 상황의 대표적인 사례가 바로 강간의 상황이다. 강간범과 피해자가 종종 서로 극단적으로 다른 진술을 하는 것은, 동의, 권장, 촉진, 또는 저항으로 강간범이 간주하였던 것이 객관적 사실이 아니라 단지 주관적 해석에 불과하기 때문이다. 그런데 주관적 해석은 사실을 잘못 해석하기 쉽다. 그럼에도 불구하고 주관적 해석은 강간범의 행위를 이해하는 데 매우 중요하다고 한다. 일례로 피해자촉진개념에 대한 비판이 있는데, Amir가 피해자의 행위와 그 행위에 대한 가해자의 해석을 혼동하였으며, 강간을 촉진한 것은 피해자의 행위가 아니라 피해자의 행위에 대한 가해자의 잘못된 해석이라는 점을 오해하고 있음이 지적되어 왔다. 물론 Amir의 주장이 결함이 없는 것은 아니지만 Amir에 대한 비판 또한 상황에 대한 가해자와 피해자의 주관적 개념규정과 해석의 중요성을 인식하지 못하고 있는 것이다. 사회과학적, 행동과학적 관점에서 본다면, 피해자의 태도에 대한 가해자의 인식이나 잘못된 인식 그리고 피해자의 행위, 행동, 몸짓 등에 대한 가해자의 주관적이거나 잘못된 해석은 가해자의 인성, 동기, 행동을 이해하는 데 매우 중요한 실마리이다.[9]

강간상황은 무엇보다도 갈등상황이다. 갈등상황은 특정한 상황과 행위에

---

9 L. Clark and D. Lewis, *Rape: The Price of Coercive Sexuality*, Toronto: The Women's Press, 1977, p. 154.

대한 상이한 개념규정을 초래하는 오해와 오인으로 특징지어지는 것이다. 이러한 상이한 개념규정에 대한 철저한 집착이 자신의 행위를 도덕적으로 정당화하기 위한 행위자의 필요에 따라 활용되는 것이다.[10]

사실 폭력은 다른 수단이 없거나 부족할 때 쓰이는 표현의 한 형태라고 할수 있다. 따라서 폭력은 상황 분석의 핵심적 자원이다. 물리력이 사용되는 갈등상황에서는 의미 있는 의사소통이 전적으로 부족했거나 의사소통의 문제가 있었다고 가정해볼 수 있다. 예를 들어, 데이트강간(date rape)의 경우 대부분이 의사소통의 실패에서 중요한 원인을 찾고 있다는 점이 이를 잘 대변해 주고 있다.

2. 대면적 범죄피해(Face-To-Face Victimization)에 대한 피해자의 반응

범죄피해자가 되는 것은 선택의 문제가 아니다. 대부분의 피해자는 피해에 자발적이지 않으며 가해자의 행위를 통하여 그 역할을 강요받게 되는 것이다. 따라서 그러한 원치 않았고 통상 기대하지도 않았던 범죄피해에 대한 피해자의 반응은 대체로 계획된 것도 아니고 미리 생각한 것도 아니기 마련이다. 그럼에도 동일한 상황이나 매우 유사한 피해경험에 대해서도 피해자에 따라 그 반응이 매우 다양한 것은 부분적으로는 바로 이러한 대응의 자발성 때문이라고 할 수 있다.

대면적 범죄피해에 있어서 피해자는 종종 재빠르고 때로는 돌이킬 수 없는 결정을 내려야 하는 상황에 처하게 된다. 피해자가 가해자의 의도를 알게 되면 가해자의 요구에 따를 것인가 말 것인가, 싸울 것인가 말 것인가, 저항할 것인가 포기할 것인가, 소리를 지를 것인가 말 것인가, 아무런 움직임도 없이 있을 것인지 도망가려고 할 것인가, 가해자와 논쟁을 할 것인가, 조용히 있을 것인가 등과 같은 몇 가지 선택의 기로에 직면하게 된다. 피해자와 가해자 모두의 인격특성, 둘 사이의 관계, 상황적 특성, 그리고 위협받고 있는 범죄피해의 특성 등이 피해

---

10 K. Weis and S. Weis, "Victimology and the justification of rape," in I. Drapkin and E. Viano(eds.), *op. cit.*, p. 11.

자의 반응, 그 반응에 대한 가해자의 대응, 그리고 최종적인 결과를 결정하게 된다. 피해과정, 신체적 폭력의 실제 또는 잠재적 사용, 무기의 존재여부, 무기의 특성, 상황의 잠재적 위험, 대안의 범위와 가능한 행동의 대안적 과정 등이 피해자의 특정한 심리적, 행위적 반응을 초래하게 된다. 물론 모든 피해자가 대면적 범죄피해에 직면했을 때 포기하는 것은 아니며 일부는 자신을 보호하거나 방어하려고 할 것이다. 그러한 자기방어나 보호 행위가 때로는 오히려 피해자를 침묵시키기 위하여 당황하고 두려움에 빠진 가해자로 하여금 폭력적 시도를 부추기게 할 수도 있으며 그러한 가해자의 당황한 대응이 피해자에게 심각한 부상이나 살상을 초래할 수도 있게 된다.

3. 대면적 범죄피해에 대한 피해자 반응의 다양성

대면적 범죄피해에 직면한 모든 피해자가 동일한 방법으로 대응하는 것은 아니다. 피해자의 반응은 나이와 성별과 같은 인구사회학적 변수, 직업, 사회적 계층, 문화적 배경과 같은 기타 개인적 변수, 인성, 자아존중, 피해에 대한 태도, 효과에 대한 인식, 두려움에 대한 태도, 또는 취약성에 대한 느낌 등과 같은 심리적 변수, 가해자와의 관계, 그리고 다양한 상황적 변수에 따라 달라진다.

1) 피해자의 나이와 성별

일반적으로 18세에서 29세까지의 피해자가 가장 저항할 확률이 높으며, 18세 이하 청소년의 저항이 가장 낮고, 65세 이상의 노인층이 그 중간이라고 한다. 또한 65세 이상의 노인층이 젊은 사람들보다 자기방어나 보호책을 취할 확률이 낮은 것으로 알려지고 있다. 이러한 자기보호나 방어대책을 취하는 여부에 관한 결정에 영향을 미치는 요소는 피해자의 체력과 체격, 잠재적 가해자를 돌려세울 능력, 보호책이 부상을 예방할 것이라는 인식 등이라고 한다. 또한 가해자가 흉기로 무장하고 있을 때도 자기보호나 방어를 꺼려한다는 것이다. 노인층이 자기방어나 보호노력을 잘 하지 않는 것은 노인들이 무장한 가해자를 직면할 가능성이 더 높으며, 노인들이 젊은 사람에 비해 가해자에게 무력을 사용하기보다는 도움을 청하거나 설득하거나 안심시키는 등의 방법을 취할 가능성이 더 높기 때

문이라고 한다.[11]

2) 무기의 존재 여부

가해자의 무기소지가 피해자 저항의 가능성을 줄일 수 있고 따라서 피해자로 하여금 동조하도록 강요하고 범죄의 성공가능성을 증대시킬 수 있는 강력한 위험요소라고 할 수 있다. 즉, 무기의 존재가 가해자의 무력사용과 피해자의 저항 가능성을 줄이게 된다는 것이다. 실제로도 총기의 위협만으로도 보통 잠재적 피해자가 저항하지 못하게 하는 데 충분한 것으로 알려지고 있다. 결과적으로 저항하지 않는 피해자보다 저항하는 피해자에게 무력이 사용될 가능성이 더 높다는 것이다. 물론 이와는 반대로 총기보다는 칼이 잠재적 피해자의 저항할 가능성을 더 낮추었다는 주장도 있다.

3) 피해자-가해자 관계

공격에 대한 피해자의 반응에 영향을 미칠 가능성이 높은 중요한 요소의 하나는 가해자에 대한 피해자의 사전 지식이다. 피해자가 가해자가 누구인가에 따라 다르게 대응할 것이라고 기대하는 것은 당연하다. 가해자의 특성, 가해자의 태도와 행위에 대한 피해자의 인식, 그리고 가해자의 의도, 위협의 심각성과 잠재적 위험에 대한 피해자의 평가 등이 피해자의 반응에 지대한 영향을 미친다고 가정할 수 있다. 일반적으로 피해자는 자신이 아는 사람보다는 모르는 낯선 사람에게서 더 위협을 받고, 가해자와 피해자가 전혀 모르는 낯선 관계보다 개인적인 관계가 있을 때 저항의 정도와 빈도가 더 높다고 한다. 피해자로부터의 강압적 저항은 또한 피해자에 대한 부상의 확률도 훨씬 더 높이게 된다. 따라서 낯선 사람끼리의 공격이 부상을 초래할 확률은 더 낮을 것으로 가정할 수 있다.[12]

---

11 Fattah, *op. cit.*, pp. 199－200.

12 W. S. Fisher, "Predicting injury to rape victims," in B. R. Price and P. J. Baunash(eds.), *Criminal Justice research: New Models and Findings*, Beverly Hills, CA: Sage Publications, 1980, pp. 55－72; L. Gibson, R. Linden and S. Johnson, "A situational theory of rape," *Canadian Journal of Criminology*, 1980, 22(1): 51－65.

4) 피해자 반응에 영향을 미치는 기타 변수

우선, 범행의 시간과 위치에 따라서 피해자의 반응과 대응도 달라질 수 있다. 그럼에도 불구하고, 이에 대한 연구는 거의 없지만 모르는 사람 사이의 강간에 대한 연구에서는 여성의 저항 여부 결정이 피해가 발생하는 환경과 관련되어 있으며, 우리의 일반적 생각과는 달리 집밖에서보다 집안에서 저항할 확률이 더 낮았다고 한다.[13]

한편, 피해자가 경계를 하고 안하고도 피해자의 반응에 불가피하게 영향을 미친다고 한다. 일반적으로 가해자들은 피해자에게 정상적이고, 비위협적이며, 의심스럽지 않은 방법으로 접근함으로써 피해자의 방어기제를 중화시키려고 한다. 예를 들어서, 편의점에 정상적인 고객으로 가장하거나 길거리에서 길을 묻는 것 등이 그것이다. 이처럼 가해자가 피해자에게 경고하거나 경계심을 갖지 않도록 하지 못하면 피해자의 저항이나 도주 등을 피할 수 없을 것이다.[14]

물론 대면범죄의 대부분은 한 명의 피해자와 가해자만 있는 경우이지만, 윤간, 인질극, 납치 등과 같이 적지 않은 경우 복수의 피해자와 가해자가 개입되기도 한다. 이 경우, 공격자나 가해자의 수가 피해자의 반응에 영향을 미칠 가능성이 많다. 실제로, 한 사람 이상의 남성의 존재가 강간 피해자의 저항을 낮추었는데 여기서 공범의 역할이 피해자를 정복시키고 동조시키기 때문이다. 이러한 현상은 강도의 경우에도 마찬가지다.[15]

또한, 공격자와 피해자의 나이 차이, 음주나 약물복용 여부, 제 3 자의 존재 여부 등도 피해자의 반응에 영향을 미친다고 한다. 가해자와 피해자의 나이 차이에 따른 피해자반응의 차이에 대한 실증적 연구의 자료는 없지만 미성년 피해자와 청·장년 피해자와 같이 가해자가 피해자보다 나이가 많거나 반대로 노령 피해자와 청·장년 가해자처럼 가해자가 피해자보다 젊은 경우 피해자의 저항이

---

13 R. Block, "Victim—offender dynamics in violent crime," *Journal of Criminal law and Criminology*, 1981, 72(2): 743—761.

14 D. F. Luckenbill, "Generating compliance: The case of robbery," *Urban Life*, 1981, 10: 25—46.

15 L. Gibson, R. Linden, and S. Johnson, "A situational theory of rape," *Canadian Journal of Criminology*, 1980, 22(1): 51—65.

적을 수밖에 없을 것으로 가정해 볼 수 있다. 그리고 정신과 행동에 미치는 영향으로 인하여 음주와 약물도 공격자에 대한 피해자의 반응에 상당한 영향을 미칠 수 있다고 한다. 가해자의 음주나 약물복용은 피해자에게 잠재적 위험을 증대시켜서 피해자의 저항을 줄일 수 있을지 모르지만, 피해자의 음주나 약물복용은 반대로 피해자의 판단력에 장애를 초래하여 부주의하고 무모한 저항을 부추길 수도 있을 것이다. 반면에 피해자가 만취상태라면 능동적인 저항은 완전히 배제될 수밖에 없을 것이다. 끝으로, 목격자와 같은 제3자의 존재는 피해자의 무력감이나 취약성을 낮추게 하기 때문에 피해자의 능동적 저항의 가능성을 증대시킬 것이다.

4. 피해자 반응에 따른 피해결과의 차이

1) 피해자 저항과 범행의 성공적 완수

대면범죄의 성공적인 완수는 종종 피해자의 협조 여부에 달렸다고 한다. 가해자의 무력사용과 위협은 바로 피해자의 복종과 동조를 확보하기 위한 것이다. 이것이 바로 피해자의 반응이 범행의 최종결과에 극적인 영향을 미치게 되는 이유이다. 따라서 피해자의 저항이 범행의 완수 여부에 가장 큰 영향을 미치는 변수라고 할 수 있다. 실제로 피해자의 저항이 강도에 있어서 그 성패와 피해자에 대한 인명살상 가능성의 일차적 결정요인이었던 것으로 조사되기도 하였다.

흥미로운 것은 강간사건에 있어서 피해자의 수동성이나 동조가 강간범이 가장 선호하는 피해자 대응이었고, 소리를 지르는 등 물리적 저항이 언어적 저항보다 피해자에게 손상을 초래할 가능성이 더 높으며, 가해자에게 피해자가 임신이나 질병을 앓고 있다는 등 건강상태를 확신시키는 것이 공격을 종결시키거나 부상을 최소화하는 것으로 알려지고 있다.[16]

---

16 D. Chappell and J. James, "Victim selection and apprehension from the rapist's perspective: A Preliminary Investigation," in K. Myajawa and M. Ohya(eds.), *Victimology in Comaparative Perspective*, Tokyo: Seibundo Publishing Co, Ltd., 1986, p. 77.

2) 피해자 저항과 신체적 부상의 가능성

다양한 피해자의 반응 중에서도 적극적인 물리적 저항이 가해자의 폭력적 대응을 초래할 가능성이 가장 크다고 한다. 따라서 피해자의 저항이 큰 경우 범행을 중단시킬 가능성도 크지만 피해자를 물리적으로 위험에 처하게 할 가능성과 피해자의 인명살상의 가능성도 증대시킬 수 있다고 한다.

강간의 경우, 강간행위와 직접적으로 관련이 없는 추가적인 신체적 부상이 어떤 형태이건 자신을 보호하려고 노력하는 피해자에게 훨씬 더 높다고 한다. 자신을 보호하려는 시도가 강간이 미수에 그치게 할 확률을 높이지만 강간으로 분류되지 않는 육체적 부상을 당할 확률도 동시에 증대시킨다고 한다. 실제 강간범들과의 면담에 의하면 소리를 지르거나 저항하거나 협조하지 않으려고 하는 피해자일수록 강간범이 피해자에게 손상을 가할 가능성도 증대시킨다는 것이다. 물리적 저항은 따라서 피해자에게는 언어적 저항보다는 더 위험한 형태의 행위라는 것이다.[17]

강도의 경우도 피해자의 저항이 범행의 성패와 피해자의 인명살상에 강력한 영향을 미친다. 피해자의 저항은 범행성공의 가능성을 줄일 수 있지만 반대로 피해자의 인명살상의 가능성은 높이게 된다. 그렇게 강력하지 않은 저항은 범행의 성패나 부상의 가능성에 큰 영향을 미치지 못하지만 강력한 저항은 피해자가 공격을 당하고 부상을 입을 가능성과 부상의 심각성에 상당한 영향을 미치는 것으로 알려지고 있다. 따라서 피해자는 무력의 사용보다는 소리를 지르거나 도주하는 것이 더 바람직하다고 할 수 있다. 한편, 물리적 저항은 피해자가 육체적 공격을 당했을 때만 일어나며 비물리적 저항은 보통 강도가 먼저 피해자를 공격하지 않을 때만 시도되는 것이라고 한다.[18] 이와 유사한 것으로, 일부에서는 피해자의 반응을 무저항, 수동적 비협조(passive noncooperation), 적극적 비협조(active noncooperation)의 세 가지로 분류하는데, 강도에게 살해당하는 경우는 적극적인 피해자의 저항과 상당한 관련이 있다고 한다.[19]

---

17 Chappell and James, *op. cit.*, pp. 73 – 74.

18 P. J. Cook, "The relationship between victim resistance and injury in non – commercial robbery," *Journal of Legal Studies*, 1986, 15: 405 – 416.

19 F. Zimring and J. Zuehl, "Victim injury and death in urban robbery: A Chicago study,"

5. 피해자-가해자 상호작용의 기대하지 않았던 결과

대면범죄에 있어서 피해자와 가해자의 상호작용은 대부분 분노, 적대, 대립 등 일 것이라고 가정되고 있다. 그러나 유괴, 납치, 인질 등의 경우, 특히 사건이 장기간 지속되는 경우에는 피해자가 자신의 가해자에게 부정적인 감정적 반응보다는 긍정적 반응으로 대응하게 된다는 것이다. 이러한 가해자와 피해자 사이의 긍정적인 감성적 유대는 인질범과 인질, 납치범과 피납자 사이의 의존성의 상태로부터 파생, 공격자와의 자기 동일시라는 프로이드의 개념 활용, 자신의 생명을 살려준 데 대한 감사의 마음 등으로 설명한다. 이의 대표적인 예가 바로 Stockholm Syndrome과 Hijackee Syndrome이라고 한다.

Stockholm Syndrome은 납치범과 인질 사이의 긍정적 유대와 극적이고 예기치 않은 감정의 재편성, 그리고 당국에 대한 피해자의 적대감이나 불신감 등을 기술하기 위해 쓰이고 있다. 긍정적 유대가 즉각적으로 형성되는 것은 아니지만 납치 3일 정도에 통상적으로 형성된다고 한다. 이러한 현상은 납치경험의 강도, 기간, 인질의 생존을 위한 납치범에의 의존도, 그리고 인질의 당국에 대한 심리적 거리감 등의 네 가지 요소에 의해서 조장된다고 한다.[20]

Hijackee Syndrome도 Stockholm Syndrome과 유사한 현상으로서 납치된 항공기, 버스, 열차 등의 승객이 자신을 납치한 납치범들에 대해서 분노나 격분의 반응 대신 따뜻한 찬사를 보내는 경우를 두고 하는 말이다. 납치범들은 광범위한 당국에 대한 적대감을 이용한다. 일단 인질들이 자신이 죽지 않을 것이라고 믿게 되면 납치범들을 당국에 대항하는 사람으로 간주하게 된다는 것이다. 때로는 피해자들은 납치범들을 자신에게 신기한 경험을 선사해 주는 사람쯤으로 보기도 한다. 더구나 납치범들이 가능한 모든 무력을 다 사용하지 않기 때문에 승객들은 그 점에 대해서 오히려 감사하기도 한다는 것이다.[21]

Journal of Legal Studies, 1986, 15: 1−31.

20 F. Ochberg, "The victim of terrorism: Psychiatric considerations," *Terrorism: An International Journal*, 1978, 1(2): 147−167.

21 *Ibid.*, pp. 161−162.

1. 폭력범죄에 있어서 피해자-가해자 관계

특히 살인이나 폭행과 같은 폭력범죄의 상당 부분은 사람과 사람 간의 범죄, 즉 대인범죄이며, 이런 점에서 일부에서는 폭력범죄를 '관계의 범죄(crimes of relationships)'라고도 한다. 공격으로부터 고통을 당하는 사람과 공격을 가하는 사람 사이의 다양한 유형의 상호작용과 인간관계의 산물이라는 것이다. 그래서 다수의 폭력범죄가 피해자나 가해자의 집 안이나 근처에서 발생하고 서로 잘 아는 사이, 인간적 유대로 엮인 개인 간에, 그리고 대부분은 가족, 친지 또는 정서적 유대로 엮인 사람 간에 일어난다고 한다. 강도나 강간에서 피해자의 저항을 극복하기 위한 폭력과 같은 도구적 폭력(instrumental violence)은 서로 모르는 낯선 사람 사이에 빈번하게 일어날 수 있지만, 표출적 폭력(expressive violence)은 항상 서로 아는 사람 간에 발생한다.

1) 폭력의 핵으로서 가족

아내폭행, 노인과 아동학대와 같은 범죄가 가족을 폭력의 핵으로 보게 하는 좋은 예라고 할 수 있다. 사랑하고 함께 생활하며 보살피고 아끼는 사람이 또한 우리를 해치고 우리가 해치는 당사자라는 것이다. 그것은 가족이란 항상 가까이 같이 있기 때문이라고 하는데, 즉 친지나 가족은 대부분의 시간을 쉽게 해치고 때릴 수 있는 가까운 거리에 있기 때문이다. 또한 가까운 사람에게 더 폭력적인 것은 가까운 사람보다 더 우리를 화나게 하는 사람이 잘 없기 때문이기도 하다. 가족이 즐거움의 근원이듯이 마찬가지로 좌절과 상처를 주는 주요 근원이기도 하다. 가족의 말과 행동이 이방인의 말과 행동보다 더 직접적이고 고통스럽게 우리에게 영향을 미친다.[22]

다른 이유도 있다. 우선 가족은 서로에게 대단한 선동적 잠재력(instigational

---

22 W. Goode, "Violence among inmates," in D. Mulvihill, M. Tumin, and L. Curtis(eds.), *Crimes of Violence*, A Staff Report to the National Commission on the Causes and Prevention of Violence, Vol. 13, Washington, DC: US Government Printing Office, 1969, pp. 941-977.

potential)을 가지고 있으며, 공격에 대한 제재가 기타 사회 환경에서보다 가정에서 더 약하기 때문이다. 두 번째 이유는 가정에서는 외부로부터의 강력한 비난이 존재하지 않기 때문에 폭력으로 인한 어떠한 영향도 최소화되거나 통째로 제거되고 가정에서의 물리적 공격을 더 가능하게 만드는 것이다. 세 번째 이유는 가족끼리는 서로 잘 알기 때문에 피해자가 어느 정도의 학대와 폭력을 용인할 것인지에 대해서 미리 잘 알고 있다는 점이다. 네 번째 이유는 가족 상호간의 의존성이며, 다섯 번째 이유는 체격이나 체력상의 이유로 아동, 아내 등 가정폭력의 피해자들이 자신을 성공적으로 방어하거나 대응할 능력이 부족하거나 없기 때문이다.

결론적으로, 가정 내에서의 물리적 공격에 대한 억제가 다른 환경에서보다 더 약한 것은 ① 폭력의 결과가 법률적 결과를 초래할 가능성이 더 낮고, ② 가족이 아닌 외부 사람들로부터의 사회적 비난이 희박하며, ③ 공격자가 가족 구성원들이 어느 정도의 폭력을 용인할 것인지에 대한 비교적 정확한 인식을 가지고 있고, ④ 물리적 공격의 피해자가 자신의 공격자에 어쩔 수 없이 매우 의존적이며, ⑤ 가장 빈번하게 피해를 당하는 구성원의 대부분은 공격자에 비해 더 작고 더 연약하기 때문이라고 한다.[23]

사람들이 특정인에 대하여 무관심할수록 그 사람에 대해서 표출적 폭력을 가할 동기를 갖게 될 가능성은 그만큼 더 낮아진다고 한다. 사랑과 동정심 같은 감정적 유대는 물론이고 증오와 질투 같은 감정적 해체는 사회적 근접성과 거리감, 사회적 상호작용의 정도와 강도에 크게 영향을 받는다. 사회적으로 거리가 먼 개인과 집단은 재산범죄와 같은 합리적, 이성적 범죄의 더 대중적인 표적이 되지만 사회적으로 거리가 가까운 개인과 집단은 표출적 폭력과 격정의 범죄를 위한 더 대중적 표적이 될 수 있다고 한다. 결국, 폭력의 강도는 관계의 친밀성이나 근친성에 비례한다. 그러나 주의할 것은 다수의 아는 사람끼리의 폭력, 특히 경미한 폭력은 경찰에 신고되지 않고 피해자조사에서도 보고되지 않기 때문에 폭력사건에 있어서 가해자와 피해자 사이의 인간관계의 빈도는 과소평가되

---

23 R. J. Sebastian, "Social psychological determinants," in I. Drapkin et al.(eds.), *The Darksides of Family — Current Family Violence Research*, Beverly Hills: Sage Publications, 1983, pp. 182–192.

기 쉽다.

2) 살인에 있어서 가족관계와 사회집단의 규모

살인범죄에 있어서 가장 흔한 형태의 피해자－가해자관계는 가족관계 (family relationship)라고 한다. 이러한 유형은 남성피해자보다 여성피해자에게 더 보편적인 것으로 알려지고 있다. 실제 연구에서도 대부분의 여성피해자가 남편, 연인, 또는 가까운 친척에 의하여 살해되었으며, 미성년 피해자의 절대 다수도 부모나 가족에 의하여 피살되었던 반면에 남자의 경우는 절반 이상이 이방인에 의하여 피살되었고 아내나 연인에 의하여 피살된 경우는 많지 않았다고 한다. 살인에 있어서 사회적 관계의 거리가 멀수록 남성이 피해자요, 가해자인 비율도 높아진다고 한다. 결국, 여성은 가족에 의해서 살해되고 가족을 살해할 확률이 훨씬 더 높은 반면에 남성은 가족을 살해하거나 가족에 의해서 살해될 가능성이 높지만 여성에 비해 가정 외의 살인사건에 개입될 확률도 상당히 더 높다고 할 수 있다.[24]

일반적으로 우리 사회는 우리가 다른 사람들과 유지하는 관계의 강도와 형태에 따라 대개 그 규모가 다른 세 가지 유형으로 나눌 수 있다고 한다. 물론 첫째는 가족이라는 일차적 집단(primary group)이며, 둘째는 친구, 직장동료, 이웃과 같은 중간적 집단(intermediate group)이고, 셋째는 우리가 개인적 접촉이나 관계가 없는 알지 못하는 수많은 사람들이라고 할 수 있다. 관계 속에서 행해지는 대인폭력의 범죄는 대부분 첫째와 둘째 집단의 구성원 사이에서 일어난다. 사회집단의 규모와 살인이 그 집단의 구성원에 의하여 행해질 확률 사이에는 역의 관계가 있어서 집단의 규모가 작을수록 확률은 더 높으며, 집단의 규모가 클수록 확률은 낮아진다. 따라서 가족집단이 가장 작기 때문에 살인범이 가족 구성원일 가능성이 가장 높은 반면 집단의 규모가 가장 큰 일반 사회의 낯선 사람에게 살해될 확률은 가족 구성원에 의한 것보다 더 낮아지게 된다.

그런데 일차적 집단과 이차적 집단 내에서 행해지는 살인의 차이는 무엇일까? 가족관계는 법률적으로 보호되고 사회적으로 통제되기 때문에 설사 가족관계에 문제와 갈등이 생기더라도 헤어지기가 쉽지 않다. 그러나 이차적 관계에

---

24 Fattah, *op. cit.*, pp. 161–163.

서는 언제라도 쉽게 흩어질 수 있기 때문에 일차적 집단이 가지는 불가피성 (inescapability)이 있을 수 없다. 결론적으로, 일차적 집단에서의 범죄는 관계 그 자체로부터 파생되지만, 이차적 집단에서의 범죄는 특수한 상황과 더 관련되는 것이다. 더구나 이차적 집단에서는 특정한 사람보다는 실제 상황이 행동을 형성 하는 데 더 큰 영향을 미치기 때문에 피해자가 서로 바뀔 수 있지만 가정이란 일차적 집단에서는 특정한 피해자가 있는 범죄만이 존재할 뿐이다.25

한편, 피해자의 연령에 따라서도 피해자-가해자 관계의 빈도가 상당히 다 양한 것으로 알려져 있다. 실제 연구결과, 18세 이하는 절반 이상이 배우자나 연인이 아닌 가족 구성원에 의하여 피살되었지만 65세 이상은 단지 19.3%만이 가족에 의해 살해되었다. 또한, 26세에서 45세까지의 피해자의 40%는 배우자나 연인에 의하여 살해된 것으로 조사되었다.26

3) 폭   행

특정인으로부터 폭력적 피해를 당할 개연성과 사용된 폭력의 강도는 피해 자와 그 가해자와의 상호작용의 정도에 비례하는 것으로 가정할 수 있다. 만약 어떤 사람이 표출적 폭력의 피해자가 되려면 특정인과의 상호작용이 많을수록 그 특정인이 가해자일 가능성이 더 커진다고 할 수 있다. 또한 폭력의 강도가 높을수록 양 당사자가 개인적으로 관련될 가능성도 커지게 된다. 일반적으로 비 일차적 집단 관계가 개입될 비율은 살인에서 강도로 갈수록 점점 높아지는 반면 가족이나 기타 일차적 집단 구성원의 개입비율은 낮아진다고 한다.

만약 폭력의 강도와 피해자-가해자 관계의 근친성은 긍정적 관계가 있다 는 가설이 사실이라면 가족관계나 기타 근친관계의 빈도는 살인보다 특수폭력 의 경우에 더 낮아질 것이고 특수폭력보다는 단순폭력의 경우에 더 낮을 것으로 기대할 수 있는 것이다. 또한 아무런 관계가 없는 낯선 사람들끼리의 폭력의 빈 도는 살인, 특수폭력, 단순폭력 순으로 더 높을 것으로 짐작할 수 있다. 그러나

---

25 K. Sessar, "Familiar character of criminal homicide," in I. Drapkin and E. Viano(eds.), *Victimology: A New Focus, Vol. Ⅳ. Violence and Its Victims*, Lexington, MA: D. C. Heath & Co., 1975, pp. 38－39.

26 L. W. Kennedy and R. A. Silverman, "The elderly victim of homicide: An application of the routine activities approach," *The Sociological Quarterly*, 1990, 31(2): 312.

주의할 점은 가족과 같이 가까운 인간관계가 개입된 폭력의 경우 암수율이 매우 높기 때문에 인위적으로 일차집단관계의 비중이 낮은 반면에 '무관계'범주의 비중은 인위적으로 높게 될 수도 있다는 점이다.

4) 배우자폭력

남성배우자에 대한 여성배우자의 폭력, 특히 살인은 극히 드물지만, 경미한 폭력은 우리가 일반적으로 생각하는 것보다 많은 것으로 알려지고 있다. 실제 연구결과에서도 남편에 대한 아내의 폭력사건은 적지 않은 것으로 나타나고 있어서 비록 가정 밖에서의 여성폭력은 빈번히 발생하는 것은 아니지만, 가정 내에서는 여성도 남성 못지않게 폭력적인 것으로 나타났다. 그러나 물론 아내에 대한 남편의 폭력과 남편에 대한 아내의 폭력은 그 결과와 상황이 매우 다르다. 남성이 여성에 비하여 평균적으로 체격이나 체력이 더 크고 강하기 때문에 폭력으로 인한 고통과 부상의 정도도 아내에 대한 남편의 폭력과 남편에 대한 아내의 폭력은 매우 큰 차이가 있다. 중요한 것은 남편에 대한 아내의 폭력은 거의 대부분이 보복이나 자기방어를 위한 것이라는 점이다. 여성이 가정 내에서는 폭력적이지만 가정 밖에서는 다소 폭력적이지 않는 근본적인 이유 중 하나는 자신의 가정이 폭력의 위험성이 가장 큰 곳이기 때문이다.[27]

5) 강 간

앞에서 언급한 것처럼 가해자와 피해자 사이의 대인적 관계가 도구적 폭력보다 표출적 폭력에서 더 강하다면, 범행의 일차적 목표가 피해자를 해치거나 죽이기 위한 범행의 경우에 더 양자의 관계가 가깝다고 생각할 수 있다. 또한 폭력이 강도나 성폭력의 경우 피해자의 저항을 막기 위하여 피해자를 해치는 것은 단순히 또 다른 목표를 성취하기 위한 하나의 수단일 수 있다. 또한, 부산물인 범행에 있어서는 서로 모르는 사람끼리의 상호작용(stranger-to-stranger interaction)의 비율이 높을 것으로 보인다.

---

27 M. A. Straus and R. J. Gelles, "Societal change and change in family violence from 1975 to 1985 as revealed by two national surveys," *Journal of Marriage and the Family*, 1986, 48(4): 465-479.

일반적으로 성범죄는 상대적으로 암수범죄가 많지만, 서로 잘 아는 사이에 일어난 성범죄는 모르는 사람에 의한 성범죄보다 신고율이 더 낮은 것으로 알려져 있다. 따라서 강간범과 피해자 사이의 관계의 실제 빈도는 경찰기록이나 피해자조사결과보다 좀 더 높을 것으로 예상할 수 있다.

'데이트강간(date rape)'과 같은 특정유형의 강간은 일정 기간 서로 잘 아는 사이에서 발생하는 경향이 있으나, '편승강간(hitchhike rape)'과 같은 다른 유형의 강간은 일면식 없는 서로 모르는 사람 간에 발생하게 된다. 일부에서는 소위 '기습 또는 불시공격강간(blitz or sudden−attack rape)'과 '확신강간(confidence rape)'을 구분하기도 하는데, 기습강간은 경고도 없고 가해자와 피해자 사이의 사전 상호작용도 없이 발생하는 것이다. 이러한 기습강간의 변형 중의 하나는 '강도강간(felony rape)'으로서 성폭력이 계획된 것이라기보다 신고하지 못하게 하기 위해서 혹은 충동에 의한 강도의 부산물로서 대체로 가해자와 피해자는 서로 모르는 사이이다. 이와는 반대로 확신강간은 가해자와 피해자가 서로 아는 사이이며 둘 사이가 관계가 있는 경우이다.[28] 그런데 실제 통계는 대부분 강간은 주로 피해자가 아는 남자에 의하여, 그리고 피해여성이나 가해남성의 집에서 발생하는 것으로 나타나고 있다.

6) 아동성폭력

피해자−가해자의 관계는 근친상간의 범죄에 있어서 매우 중요한 요소이다. 피해자−가해자관계는 따라서 강간보다 아동에 대한 성적 학대의 경우에 더 빈번하다고 할 수 있다. 가족이나 다른 친족들 사이에서의 성폭력은 이방인에 의한 것보다 신고율이 낮고 암수율이 높기 때문에 통계나 다른 조사결과보다 통상적으로 더 높을 것으로 보인다.

또한, 피해자−가해자 관계의 존재와 근친성은 성범죄피해의 외상적 결과 (traumatic effect)에 지대한 영향을 미친다고 한다. 일반적으로 가까운 가족 구성원과의 경험은 이방인이나 친지와의 경험보다 잠재적으로 더 심각한 결과를 초래한다는 것이다. 이러한 믿음은 가까운 관계일수록 아동의 신뢰와 안전에 더

---

28 H. Schwendinger and J. Schwendinger, *Rape and Inequality*, Beverly Hills, CA: Sage Publications, 1983, p. 46.

많은 충격을 가하며, 성적 관계로 인하여 가족의 역동성이 더 복잡해지고, 금기가 더 심각하므로 결과적으로 죄책감을 더 갖게 될 것이라는 가정에 기초하고 있다.[29]

2. 가정폭력의 이론

1) 명제이론(Propositional Theory)

가부장적 사회에서의 여성의 범죄피해는 부분적으로 남성과 여성의 서로 다른 차별화된 사회적 역할과 이러한 역할이 함축하는 불평등한 권력관계에 기인하는 것이다. 일반적으로 폭력은 상대적으로 권력과 힘이 약한 아내에 대한 남편에 의한 권력의 표출과 표시로 이해되고 있다. 그러나 가정에서의 지배적인 존재로서 문화적으로 자신에게 주어진 사회적 역할을 수행하지 못하는 데 대한 좌절과 부족함에 대한 보상의 한 가지 방식일 수도 있다. 가정에서의 폭력의 수준은 의사결정에 있어서 아내가 지배적이고 주도적일 때 가장 높은 것으로 알려지고 있는데, 그것은 그러한 권력구조가 가부장적 사회에서 가정의 규범을 위반하기 때문이라는 것이다. 그런데 이러한 아내 주도적 가족구조는 남편이 우리 사회의 아버지와 남편으로서의 지위에 부여되는 Leadership 역할을 수행하기 위한 경제적, 지능적, 인간관계적, 그리고 기타 자원을 결여할 때 나타나는 경향이 있다. 이러한 상황이 발생하면, 부부의 결속력을 위협할 수 있는 물리적 폭력을 유발하는 결혼생활에 대한 불만과 긴장을 초래하게 된다. 또한 다른 자원이 부족한 남편이 자신의 권력을 유지하기 위하여 물리적 폭력을 이용할 가능성이 높고, 가족의 권력구조를 변경하기보다 남편의 폭력행동이 아내의 대응폭력과 더 이상의 폭력의 가능성을 최소화하기 위한 양자의 역할분리를 초래하는 경향이 있다고 한다. 그래서 명제이론은 가족구성원 간의 폭력은 우발적 비정상, 부적절한 사회화의 산물, 또는 정신병적 인성의 결과라기보다는 '제도적 산물(systemic product)'이라는 가정에 기초하고 있다.[30]

---

29 Fattah, *op. cit.*, p. 171.

30 M. A. Straus, "A general systems theory approach to a theory of violence between family members," *Social Science Information*, 1973, 12: 105–125.

2) 교환/사회통제이론(Exchange/Social Control Theory)

인간의 상호작용은 보상의 추구와 비용과 처벌의 회피에 의해서 지배, 좌우되다는 가정에서 출발한다. 이 이론의 핵심은 사람들이 가족 구성원을 때릴 수 있고 학대할 수 있다는 인식 때문에 가정폭력을 용인하며, 사람은 폭력의 비용이 보상을 능가하지 않는다면 가정에서 폭력을 사용할 수 있다는 것이다. 사회통제이론으로부터 끌어온 또 다른 가정은 사람을 사회질서에 묶어 두고 가족 구성원에 대한 폭력행동을 부정적으로 제재하는 사회통제의 부재에서 가정폭력이 발생한다는 것이다. 또한 특정한 사회구조와 가족구조가 가족관계에 있어서 사회통제를 축소시켰기 때문에 폭력의 비용을 줄이고, 보상을 증대시키는 데 기여하였다고 가정한다. 현대 가정의 사적 특성은 가정 내의 사회통제를 감소하는 역할을 하는 것으로 나타났다. 예를 들어, 가정에서의 불평등은 폭력에 대한 사회통제와 비용을 경감시키며, 사회에서의 '진짜 남자(real man)'의 이미지도 가정에서의 사회통제를 줄이고 폭력의 보상은 증대시킨다는 것이다.[31]

3. 피해자와 가해자의 심리적 관계

일찍이 Henri Ellenberger는 Von Hentig가 처음 제시한 '행위자-고통 받는 자(doer-sufferer)', '잠재적 피해자(latent or potential victim)', 그리고 '피해자-가해자 관계(the victim-offender relationship)'라는 세 가지 개념을 차용하여 좀 더 정교하게 발전시켰다. '행위자-고통 받는 자'는 사람이 여건과 상황에 따라 피해자가 되거나 가해자가 될 수 있는 경우를 설명하기 위하여 사용된 용어이다. 어떤 경우에는 학대 받은 아동이 비행소년이 되는 것처럼 연속적으로 피해자와 가해자가 될 수도 있고, 정당방위의 결과 공격자가 살해되거나 부상을 당하는 것처럼 가해자와 피해자가 동시에 될 수도 있는 것이다. '잠재적 피해자'는 피해자가 되기를 무의식적으로 바라거나 피해자가 될 성향이 있어서 마치 양이 늑대를 유인하는 것처럼 범죄자를 유인하는 경우를 설명한 용어이다. 이러한

---

31 R. J. Gelles, "An exchange/social control theory," in D. Finkelhor et al.(eds.), *op. cit.*, pp. 151-165.

사람은 자기 처벌적이고 자기학대적 경향이 강하다고 한다. '피해자-가해자 관계'는 피해자와 가해자 사이에 존재하는 공생적 관계(symbiotic relationship)를 다루고 있다. 그런데 이러한 관계는 대체로 세 가지 서로 다른 유형의 심리적 관계로 구분되지만 양립할 수도 있고 동시에 존재할 수도 있다. 순수한 '신경증적 관계(neurotic relationship)'는 일부 존속살해의 경우에서 많이 관찰되며, '심리생물학적 관계(psychobiological relationship)'는 서로 보완하고 구조적으로 반대되는 두 사람 사이의 상호유인(mutual attraction)의 관계로서 가학적/자학적 관계나 매춘부/포주 관계와 같이 서로가 상대의 부정적 보완인 관계라고 할 수 있으며, '유전적-생물학적 관계(genetic-biological relationship)'는 공통의 유전에 기초한 상호유인으로서의 관계이다.32

여성운동가들은 학대적 관계(abusive relationship)가 공생적 관계(symbiotic relationship)일 수 있다는 주장을 거부하고, 자학적 부부(sadomasochistic couple)의 개념에 대해서도 비판적이다. 이들은 폭력과 학대에도 불구하고 그러한 폭력적 관계를 유지하는 여성들은 자학적이며 폭력과 학대를 원하거나 심지어 즐기는 경우도 있다는 점을 함축하고 있다는 이유에서 자학적 관계의 개념을 비판하는 것이다.

자학적 관계를 주장하는 사람들은 '폭력-성향(violence-prone)'이란 용어를 신체적, 정신적 학대를 경험하면서도 자신의 학대적 관계를 유지하는 여성들을 규정하기 위하여 사용하고 있다. 이들은 그러한 여성에게 있어서 폭력은 일종의 중독(a form of addiction)이라고 믿고 있다. 폭력적 관계가 끝날 때 이들 '폭력 당하기 쉬운 여성(violence-prone women)'이 왜 즉각적으로 또 다른 학대적 상대를 찾게 되는지를 설명해 주는 것은 바로 이 중독 때문이라는 것이다.33

그러나 비판가들은 폭력에 대한 중독으로 폭력적, 학대적 관계가 형성되고 유지된다는 가정은 여성이 성적, 육체적 폭력을 경험하는 사회적 여건에 대한

---

32 H. Ellenberger, "Psychological relationships between the criminal and his victim," *Archives of Criminal Psychodynamics*, 1955, 2: 257-290.

33 E. Pizzey and J. Shapiro, "Choosing a violent relationship," *New Society*, April 23, 1981, pp. 133-135.

무지를 보여주는 가정이라고 비판한다. 이는 많은 여성들이 폭력적 관계를 변화시킬 능력과 힘이 없어서 어쩔 수 없이 가정폭력을 당할 수밖에 없는 남성 지배적인 사회를 다루기보다는 개인에 기초하거나 생화학적인 뿌리를 가진 폭력의 이론을 이용하는 것이 더 용이하기 때문이다. 즉, 이들에 의하면 일부 여성들은 단순히 그들이 가정 안팎에서의 남성폭력으로부터의 탈출구가 없기 때문에 폭력적 남편에게로 되돌아가고, 폭력적 관계에 갇히게 된다는 것이다. 그 이유는 폭력적인 남편과 같이 사는 것이 남편 없이 지내는 것보다 더 낫다는 여성들의 인식 때문이다.[34]

SECTION 04 특수범죄의 피해자

1. 연쇄살인의 피해자

'양들의 침묵'이라는 소설과 영화에서 연쇄살인범을 영웅으로 묘사되고 있지만 그 피해자들은 잊힌 존재로 남겨지기 쉽다. 심지어 연쇄살인범들조차도 자신의 피해자를 비인간화(depersonalize)하고 있다. 더구나 학자들도 피해자의 촉발적 행위와 그들의 생활유형을 연쇄살인의 원인으로 기술하는 경향이 있다. 소설이나 영화에 그려지는 과도한 잔혹성이 우리들의 연쇄살인피해자에 대한 동정심을 느낄 수 있는 능력마저도 감퇴시키고 있다.[35]

대부분의 경우, 피해자들은 단지 그들이 연쇄살인범의 경로를 지났고, 그 시간에 그 장소에 있게 되었기 때문에 선택되었다. 또한 살인범에게 그들이 상징적 중요성을 가졌기 때문에 피해자가 된 것이다. 이것이 유일하게 알려진 촉진적 요소(precipitating factors)이다. 다른 살인사건과 달리, 연쇄살인의 피해자의 존재와 효용성(availability)이 그들이 선택된 유일한 이유이다. 즉 그들은 자신의

---

34 Fattah, *op. cit.*, p. 178.
35 K. Egger and S. Egger, "Victims of serial killers: The 'less-dead'," in J. Sgarzi and J. McDevitt, *Victimology: A Study of Crime Victims and Their Roles*, Upper Saddle River, NJ: Prentice Hall, 2002, pp. 9-32.

범죄피해에 대하여 거의 아무런 책임도 없다는 것이다.36

그러나 연쇄살인 피해자에게서도 상당한 공통점도 찾을 수 있다. 일반적으로 살인범과 피해자 사이에는 아무런 사전 인간관계가 없다. 만약 어떠한 사전 관계가 있다면 그것은 피해자가 단지 복종적, 종속적 역할만 한 경우일 것이다. 피해자가 살인범에게 상징적 가치를 가지고 아무런 위신이나 신망이 없는 것으로 인식되고 대부분의 경우 자신을 보호하고 방어할 수 없거나 다른 사람에게 자신의 곤경을 경계시킬 수도 없다. 대부분의 경우, 피해자들은 인접환경 안에서 그들이 처한 시간, 장소, 신분으로 인하여 무력한 것으로 살인범에게 인식되고 있다. 매춘부, 독거여성, 노인 등 이 가장 보편적인 연쇄살인피해자의 예로 지적되고 있는 점이 이를 뒷받침해 주고 있다. 연쇄살인범들은 거의 예외 없이 쉽게 지배할 수 있는 취약한 피해자를 선택한다. 그들은 또 특정한 신체적 특징을 가졌거나 그냥 접근이 가능한 무고한 낯선 사람을 제물로 고른다.37

대부분의 가해자/피해자 연구에서 나온 한 가지 일반적 특징은 가해자와 피해자 양자가 보통 동일한 집단이나 배경에서 나온다는 것이다. 물론 이에 대한 실증적 연구와 자료는 없지만 많은 문헌에서 이들 연쇄살인범의 다수가 아동기에 학대되고, 방기되고, 피해를 당한 것으로 지적되고 있고, 일부 연쇄살인범은 어린이로서 자신을 기억나게 하는 사람에게 피해를 가할 수 있는 가능성도 지적되고 있다.38 연쇄살인의 피해자들은 살인범의 생에 깊이 각인된 누군가나 무언가에 대한 상징성이 있다는 것이다. 그래서 피해자가 일부 살인범이 자신이 직접 복수할 수 없다고 느끼는 잔인한 부모를 대변한다는 것이다.

연쇄살인범들은 본능적으로 그들이 선택하는 개인의 취약성을 인식하는 것 같다. 주로 피해자가 되는 부류의 사람들이 공유하는 몇 가지 특징적인 특성은 그들이 취약하고, 이용 가능하며, 사회의 분노를 그렇게 심하게 불러일으키지 않고서도 표적으로 삼기 쉽다는 것이다. 결국, 우리 사회에서 가장 약한 구성원이 연쇄살인범의 가장 빈번한 표적이 되고 있다는 것이다.

---

36 S. Egger, "A working definition of serial murder and the reduction of linkage blindness," *Journal of Police Science and Administration*, 1984, 12(3): 348−357.

37 J. Levin and J. Fox, *Mass Murder*, New York: Plenum Press, 1985, pp. 75−78.

38 A. Karmen, "Deviants as victims," in D. E. MacNamara and A. Karmen(eds.), *Deviants: Victims or Victimizers?* Thousand Oaks, CA: Sage, 1983, pp. 237−254.

그런데 연쇄살인범들은 대체로 자신의 피해자를 그들이 편안하고 통제할 수 있다고 느끼며, 경찰의 순찰이 빈번하지 않은 지역에서 선택하는 경향이 있다고 한다. 그들은 자신이 다른 사람들과 달라 보이지 않고 그래서 남들이 쉽게 알아보지 않을 곳에서 사냥을 하는 것이다. 이런 점에서 일부에서는 연쇄살인범의 이동성(mobility)에 따라 세 가지 유형으로 분류하기도 한다. 그 첫 번째는 특정장소살인범(Place-specific Killer)으로서 이들은 자신의 집이나 직장 또는 다른 장소 내에서 살인을 행하는 유형이다. 두 번째 유형은 지역화한 연쇄살인범(localized serial killer)으로 특정 지방이나 도시를 중심으로 그 안에서 피해자를 찾는 경우이며, 세 번째 유형은 여행하는 연쇄살인범(traveling serial killer)으로서 여러 지역과 지방을 돌아다니면서 살해하는 경우이다.[39]

2. 학교폭력의 피해자

일반적으로 괴롭힘(bullying)은 개인이 한 사람 또는 그 이상의 사람에 의하여 부정적 행동에 반복적으로 그리고 오랫동안 노출되는 상황으로 정의하고 있다. 이러한 정의는 동등한 체격과 체력을 가진 두 사람이 싸우는 상황은 제외시키는 것이다. 따라서 괴롭힘은 체력과 힘의 불균형으로 특징지어질 수 있는 것이다. 이런 면에서 괴롭힘은 괴롭힘을 수행하기 위한 신체적 접촉, 말과 몸짓의 이용을 포함하는 것이라고 할 수 있다. 결국, 학교에서의 괴롭힘이란 힘이나 체력이 더 센 한 학생 또는 그 이상의 학생들이 힘이나 체력이 약한 학생을 오랜 기간 반복적으로 말이나 몸짓을 이용하거나 신체적 접촉으로 괴롭히는 것이라고 할 수 있을 것이다.[40]

그런데 이러한 괴롭힘이 학교폭력의 주요원인으로 간주되고 있다. 괴롭힘과 동료 학생들이 서로를 대하는 방법이 청소년 폭력의 두 번째 주요원인으로 미국 법무장관협회(National Association of Attorney General)는 밝히고 있다. 학생

---

39 E. Hickey, *Serial Murderers and Their Victims* (2nd ed.), Belmont, CA: Wadsworth, 1997, p. 112.

40 A. J. Berry-Fletcher and J. D. Fletcher, "Victims of school violence," in Sgarzi and McDevitt(eds.), *op. cit.*, pp. 238-257, p. 249.

들이 환경이 불안전하다고 느낄 때, 학생들은 위협에 과잉반응하거나 자신의 보호를 위하여 스스로를 무장하게 되고 따라서 전반적인 폭력의 위험성을 증대시킨다는 것이다.[41]

그런데 괴롭히는 행위의 영향은 직접적인 피해자뿐만 아니라 그 이상 훨씬 더 확대된다고 한다. 즉, 공격성을 직접 목격하거나 단순히 듣기만 한 학생인 간접적인 피해자도 여러 가지 방법으로 영향을 받는다는 것이다. 학교에서 많은 학생들이 갈등을 부추기기 위하여 싸움을 하는 학생들을 적대하는 것으로 알려지고 있다.

학생들은 자기 가정에서의 폭력적 행위형태를 자신과 다른 학생들을 괴롭히는 행위의 주요원인으로 지적하고 있다. 자신의 폭력이 자신의 가정에서 갈등을 해결하기 위한 위협, 무력, 그리고 협박과 관련된다고 주장한다. 괴롭히는 행위로 인한 일부 학생들의 피해자화가 모든 학생들에게 폭력의 위험성을 상승시킨다고 한다. 즉, 한 학생이 흉기를 소지하면 다른 학생이 불안전하게 느끼게 되어 자신도 흉기를 휴대하게 되는 것이다. 그래서 위험의 인식이 다른 학생에 대한 반응으로써 각 학생이 흉기를 휴대하는 것을 통해서뿐만 아니라 집단으로써 동료들이 무장하고 있고 그래서 불안을 느끼는 학생들의 인식을 통해서 폭력의 위험성이 증대되는 것이다.[42] 또한 많은 경우, 환경이 불안전하다는 학생들의 인식이 일부 폭력집단의 구성으로까지 이어질 수 있다고 한다.

학교폭력이 간접피해자에게 미치는 전체적인 영향이 일종의 피해자화의 악순환을 만들게 된다. 환경이 불안전하다고 인식하는 학생들이 종종 보호를 위한 사회집단화를 지향하게 된다. 이러한 사회집단 또는 폭력집단이 특정한 학생에 대한 폭력을 가할 가능성이 높다는 것이다.

그렇다면 학교폭력이 그 직접피해자에게는 어떤 영향을 미치는가? 괴롭힘을 당한 피해 학생들은 학교가 불안전한 곳으로 느끼게 되어 때로는 학교를 두려워할 수 있다고 한다. 괴롭힘을 당하는 것은 괴롭힘을 당하는 학생의 동료들

---

41 National Association of Attorney General, *Bruised Inside: What Our Children Say about Youth Violence, What Causes It, and What We Need to Do about It* (www.naag.org/features/bruised−inside.pdf), 2000, p. 32.

42 *Ibid.*, p. 33.

이 피해 학생과 접촉함으로써 자신의 사회적 지위를 잃기를 원하지 않거나 그 자신이 괴롭힘을 당하기를 원하지 않기 때문에 피해학생의 소외를 증대시킬 수 있다고 한다.[43]

다수의 직접피해자들은 자신의 부모가 괴롭힘에 대하여 묻지도 않고 알지도 못한다고 말하고 있다. 피해자들은 종종 어른들이 개입하려 하거나 개입하지 않으며, 이 문제를 어른들에게 말하는 것이 보복으로 이어질 것이라고 말한다. 학생들은 또한 교사들이 괴롭힘에 대하여 학생들에게 거의 또는 전혀 언급하지 않는다고 알고 있다. 학교관계자들은 괴롭힘을 언어적 또는 심리적 위협이나 협박이 신체적 폭력이나 갈취로 비화되지 않는 한 무시하는 것을 최선의 방법으로 간주한다.[44]

다수의 학생들이 괴롭히는 행위나 공격적인 행위를 표출하는 학교에서는 집단규범이 공격을 수용할 가능성이 높다고 한다. 더구나, 반사회적인 동료들과 교우관계를 형성하는 청소년 학생들은 후에 비행, 약물남용, 퇴학 등을 포함하는 반사회적 행위를 할 위험성이 높은 것으로 알려지고 있다. 따라서 나쁜 친구들과의 접촉이 어린 학생들에게 부정적인 영향을 미칠 뿐만 아니라 위협, 협박, 금품강요와 같은 억제되지 않은 행위들은 학교에서의 집단규범을 높은 수준의 폭력수용으로 바꿀 수 있다는 것이다.[45]

학교폭력의 피해 학생들은 과연 어떤 특성을 가지고 있는가? 괴롭힘의 피해 학생들은 자신을 방어하지 못하거나 자신을 괴롭히는 학생들에게 응수하거나 보복하지 못하는 것으로 인식되고 있다. 또한 다수의 피해 학생들은 사회기술(social skills)이 좋지 못하거나 사회적으로 소외되는 것과 같은 다른 특성들도 지니고 있다. 이들은 또한 부모들과 가까우며, 부모가 그들을 과잉보호하는 것으로 알려지고 있다. 이들 피해학생들의 주요 신체적 특성은 동료 학생들에 비해 약한 경향이 있으나 안경착용, 체중, 신장 등과 같은 기타 신체적 특성들은 피해

---

43 Berry-Fletcher and Fletcher, *op. cit.*

44 A. Charach, D. Pepler, and S. Ziegler, "Bullying at school: A Canadian perspective: A survey of problems and suggestions for intervention," *Education Canada*, 1995, 35(1): 12- 18.

45 T. J. Dishion, R. Loeber, M. Stiuthamer-Loeber, and G. R. Patterson, "Skill deficit and male delinquency," *Journal of Abnormal Child Psychology*, 1984, 12: 37-54.

자화와 그렇게 중요한 관련이 있지는 않다.[46]

3. 피해자 없는 범죄의 피해자

일찍이 사회학자 Schur는 "피해자 없는 범죄는 우리가 형법의 제정을 통해서 의지가 있는 당사자 사이에 강력하게 원하는 재화와 용역의 교환을 금지하려고 할 때 만들어진다"고 주장하였다. 그에 따르면, 이들 활동은 "재화와 용역의 교환에 가담된 사람들이 자신을 피해자로 보지 않는다는 입장에서 피해자가 없는 것이다"라고 한다.[47] 따라서 피해자 없는 범죄로 분류될 수 있는 금지된 활동은 매우 광범위할 수 있다. 가장 빈번하게 거론되는 것으로는 매춘, 낙태, 약물남용, 도박, 동성애를 들 수 있고, 뇌물, 부랑, 자살 등은 비교적 빈도가 낮게 거론되는 피해자 없는 범죄라고 할 수 있다.[48]

그렇다면 피해자 없는 범죄는 피해자에게 어떤 결과를 초래하는가? 먼저 매춘의 경우를 보면, 광범위한 사회문제와 건강문제를 야기하는 것으로 알려지고 있다. 매춘금지의 지속을 지지하는 사람들의 가장 빈번한 주장은 매춘이 다른 범죄를 일으키고, 성병을 확산시키며, 자기 파괴적인 해악적이고 부도덕한 활동으로 규정하고 있다. 이러한 주장들 중에서도 범죄유발은 매춘이 종종 다른 범죄와 제휴하여 발생하고 있다는 관찰을 통하여 지지되고 있지만 그것이 다른 범죄를 유발시키는지 아닌지는 또 다른 문제이다. 범죄화(criminalization) 그 자체가 매춘활동을 조직적인 지하범죄로 만들기 때문에 다른 범죄를 조장할 수 있다는 것인데, 이는 매춘이 합법적인 국가에서는 매춘과 다른 범죄 사이의 관계가 보고되지 않는 데서 그러한 관계가 확인되고 있다. 또한 매춘부에게서 약물중독

---

46 J. F. Coie, J. E. Lochman, R. Terry, and C. Hymna, "Predicting early adolescent disorder from childhood aggression and peer rejection," *Journal of Consulting and Clinical Psychology*, 1990, 60: 783－792; G. M. Batsche and H. M. Knoff, "Bullies and their victims: Understanding a pervasive problem in the schools," *School Psychology Review*, 1994, 23(2): 165－174.

47 E. M. Schur and H. A. Bedau, *Victimless Crimes: Two Sides of a Controversy*, Englewood Cliffs, NJ: Prentice Hall, 1974, pp. 6－7.

48 J. D. Fletcher, "Victims of victimless crimes," in Sgarzi and Mcdevitt(eds.), *op. cit.*, pp. 309－330.

의 확률이 매우 높으며 약물을 위하여 성을 교환하는 것도 매춘과 다른 범죄와의 관계를 보여주는 또 다른 예라고 할 수 있다.[49]

　매춘이 심리적 건강에 미치는 결과도 심각한 것으로 알려지고 있다. 매춘은 불법적이고 지위가 낮은 일이지 받아들일 수 있는 직업선택은 아니다. 매춘부가 되는 대다수 여성은 아동 시기에 학대와 방기로 고통을 겪은 것으로 알려지고 있다. 또한 폭력도 매춘 여성에게는 주요문제의 하나이고, 약물남용도 대부분의 매춘여성에게서 발견되기도 한다. 약물남용이 매춘을 선행할 수도 있다. 때로는 약물남용이 매춘을 초래하고 이들이 상호작용하여 매춘과 약물남용을 더욱 영속화시킬 수도 있다.

　또한 감정적 장애도 매춘에 상당한 연관이 있다고 한다. 약물남용과 마찬가지로 정신건강문제가 매춘과 상관될 수 있으나 인과요소로서 매춘의 역할이 분명하지는 않다. 문제는 금지의 지속이나 합법화가 약물남용, 폭력, 정신건강, 자살의 해악을 완화할 수 있을 것인가이다.[50]

　다음은 약물남용의 결과를 보자. 마리화나의 가능한 예외를 제외하고는 모든 통제약물은 잠재적으로 유독하고 대부분은 중독성이 있다고 한다. 물론 알콜도 예외는 아니다. 이들 약물은 일차적으로 금지되는 것이지만 약물의 질이나 복용에 관한 방법 등에 관한 규제가 없다는 사실과 관련되는 이차적 영향도 있다. 주사기를 이용한 약물의 주입은 HIV감염의 위험성을 높이게 된다. 더구나, 약물남용이나 중독은 약물을 지속하기 위해 필요한 자금의 마련을 위한 범행, 약물의 영향으로 인한 범행, 그리고 조직범죄와의 결부 등과 같은 다른 범죄문제와도 밀접한 관련을 가지고 있으며, 사실 범죄자의 다수가 범행 시나 범행의 전후에 약물의 영향 하에 있었음이 많은 연구결과 밝혀지고 있으며 실제 수형자나 범죄자 관련 통계에서도 증명되고 있다.[51] 그러나 중독자가 가격인상과 같은 환경변화에 적응할 수 있다는 점에서 중독자의 특징적 강박행위가 통제력의 상실을 만들어내지는 않는다고 한다.[52]

49 M. T. Fullilove, A. Lown, and R. Fullilove, "Crack ho's and skeezers: Traumatic expe‑rience of women crack users," *The Journal of Sex Research*, 1992, 29: 275‑287.

50 J. G. Raymond, "Health effects of prostitution," 1998
(www.uri.edu/artsci/wms/hughes/catw/ health.htm).

51 Fletcher, *op. cit.*, p. 319.

도박도 결과적으로 많은 손상을 초래할 수 있다. 그것은 우선 약물남용과 같이 중독성이 있다는 데서 출발한다. 그래서 임상병리학자들은 병리적 도박은 선입관, 흥분감을 성취하기 위해 점점 더 많은 액수의 금액으로 도박할 필요성, 도박에 대한 통제력의 상실, 가정이나 직장생활에의 심각한 문제의 발전과 같은 증상으로 특징지어지는 지속적이고 재발하는 부적응적 행위로 규정하고 있다.53

도박의 중독결과는 심각할 수 있다. 병리적 도박은 종종 약물남용, 우울증과 같은 다른 감정적 문제와 함께 발생하고, 도박으로 인한 경제적 손실과 빚은 범죄활동, 가정의 파괴, 그리고 자살적 자포자기로도 이어질 수 있다. 심지어 합법화된 형태의 도박까지도 범죄와 관련될 수 있다. 카지노가 개설된 지역의 범죄발생률이 다른 지역보다 훨씬 높다는 통계들이 이를 말해 주고 있다. 물론 아직도 도박에 대한 규제가 강하지만 다량의 현금이 걸려 있다는 점에서 범죄적 관심을 끌고 있어서 자금세탁은 물론이고 강도와 같은 범죄가 앞으로도 도박장 주변에서 더 많이 그리고 더 자주 발생할 것으로 예상되고 있는 것이다.

---

52 G. M. Heyman, "Resolving the contradictions of addiction," *Behavioral and Brain Sciences*, 1996, 19: 561−610.

53 American Psychiatric Association, *Diagnostic and Statistical Manual−IV−TR*, Washington, DC: American Psychiatric Association, 2000, p. 283.

07

범죄피해의 영향

피해자가 가해자의 손에 고통을 받게 되는 것은 누구나 다 아는 사실이다. 그들은 신체적으로 부상을 당하기도 하고, 재산을 잃기도 한다. 물론 모든 피해자는 두려움과 괴로움에 시달리게 된다. 피해경험의 이러한 점들은 피해자들의 삶의 질에 영향을 미치고 아마도 오랜 기간 사라지지 않을 것이다. 더구나 위로와 위안을 찾으려고 형사사법제도에 호소하는 피해자들은 오히려 자신들이 착취당할 위험에 처할 수 있음을 알게 된다. 형사사법제도가 오히려 피해자의 조건을 더 악화시키게 된다는 것이다.

SECTION 01 범죄피해의 결과

대부분의 국가에서 형사사법제도는 시민의 신뢰와 지지를 잃어가고 있다. 그 결과 극단적으로는 다수의 범죄피해자들이 자신의 범죄피해사실을 경찰에 신고조차 하지 않는다고 한다.[1] 신고하지 않는 이유는 많은 피해자들이 신고함으로써 얻을 것이 별로 없기 때문이라고 답하고 있다. 물론 이러한 현상이 오직

---

[1] C. Perkins and P. Klaus, *Bureau of Justice Statistics Bulletin: National Crime Victimization Survey: Criminal Victimization*, 1994, Washington, DC: US Government Printing Office, 1996, p. 6.

경찰에게만 국한된 것은 아니다. 많은 사람들은 법원이 범죄자들을 충분하게 처벌하지 않을 것이라는 의문을 버리지 못하고 있다. 그들은 유죄가 확정된 강력범죄자들에 대한 양형에 의문을 가지는 것이다. 이러한 사실이 의미하는 것은 곧 형사사법제도가 제 구실을 제대로 하지 못하고 있다는 인식을 피해자들이 갖게 하는 것이다.[2]

이러한 분위기 하에서 형사사법제도에 개입되기를 꺼려하는 시민의 저항은 지속적으로 높아지고 있다. 다수의 피해자와 목격자들이 피할 수만 있다면 앞으로 다시는 같은 전철을 밟지 않겠다고 다짐하고 있다.[3] 이들은 서서히 미몽에서 깨어나서 더 이상의 학대에 저항하며, 형사사법제도를 그냥 지나치겠다는 매우 의도적이고 합리적인 결정을 하게 된다.

그런데 피해자들은 적어도 다른 두 가지의 피해를 감수하게 되는데, 이를 이름하여 이중피해(double victimization)라고 부른다. 첫째, 피해자들은 가해자의 손에 피해를 당하고 둘째, 형사사법제도로 인한 더 큰 손상을 받기 때문에 이러한 사법제도를 회피함으로써 오히려 그들의 손실을 최소화할 수 있다고 한다. 가해자에 의한 손실과 비용을 일차적 피해라고 하며 사법제도에 의한 것을 이차적 피해라고 한다.[4]

1. 일차 피해(Primary Victimization)
−범죄피해(Criminal Victimization)

초기의 피해자연구는 피해경험에 동반되는 재난과 재해를 증명하는 데 집중되었다. 예를 들어서 범죄사건으로부터 파생되는 곤경과 어려움을 평가하려는 노력들이었다. 신체적 부상과 재물의 손실 외에도, 적지 않은 피해자들이 직장

---

2 K. Maguire and A. L. Pastore, *Sourcebook of Criminal Justice Statistics−1995*, Washington, DC: US Department of Justice, 1996, p. 174.

3 P. Finn and B. N. W. Lee, *Serving Crime Victims and Witnesses*, Washington, DC: US Department of Justice, 1987, p. 8; L. Norton, "Witness involvement in the Criminal Justice System and intention to cooperate in future prosecutions," *Journal of Criminal Justice*, 1983, 11: 143−152.

4 W. G. Doerner and S. P. Lab, *Victimology* (2nd ed.), Cincinnati, OH: Anderson Publishing Co., 1998, pp. 50−51.

표 7-1	범죄관련 비용목록

범죄의 비용	직접비용부담 당사자
직접적인 재물손실	
보험으로 보상되지 않는 손실	피해자
보험으로 보상되는 손실	사회
보험처리행정경비	사회
경찰의 분실물 회수	사회
의료 및 정신건강치료	
보험처리되지 않는 비용	피해자/가족/사회
보험처리된 비용	사회
보험보상 행정경비	사회
피해자 서비스	
가해자에게 부과된 경비	피해자
기관이 지불한 경비	사회
피해자를 대체할 사람의 훈련과 임시근로 경비	사회
근로손실	
근로손실로 인한 임금손실	피해자
생산성 손실	사회/고용주
학업손실	
교육부족으로 인한 임금저하	피해자
교육부족으로 인한 비재정적 수익의 저하	피해자
교육부족으로 인한 사회적 소득의 저하	사회
가사손실	피해자
고통과 괴로움/삶의 질	피해자
정서/즐거움의 손실	가족
죽음	
삶의 질의 손실	피해자
정서/즐거움의 손실	가족
장례경비	가족
심리적 상처/치료	가족
피해배상청구와 관련된 법률적 비용	피해자나 가족
'제 2 세대 비용'	
전 피해자에 의한 미래 범죄의 피해자	미래 피해자
위와 관련된 미래의 사회적 비용	사회/피해자

자료: T. R. Miller, M. A. Cohen, and B. Wierseman, *Victim Costs and Consequences: A New Look*, Washington, DC: National Institute of Justice, US Department of Justice, 1996, p. 11.

에서의 근무시간의 손실과 정상적인 일상생활의 손상을 경험하는 것으로 알려지고 있다. 피해자들은 또한 가족과 친지들과의 감정적 고통과 대인적 혼란을

표 7-2 범죄에 대한 사회의 대응과 관련된 비용목록

비용의 종류	직접비용 부담자
사전주의 경비/노력	잠재적 피해자
범죄에 대한 두려움	잠재적 피해자
형사사법제도	사회
경찰과 수사비용	사회
검찰	사회
법원	
법률경비	
공익변호인, 개인변호인	사회, 피해자
수용경비	사회
비시설수용적 제재	사회
피해자 시간	피해자
배심 및 목격자 시간	배심원/목격자
피해자 서비스	
피해자 봉사 조직	사회
피해자 봉사 자원자 시간	자원봉사자
피해자 보상 프로그램	사회/범죄자
피해자 시간	피해자
기타 비범죄적 프로그램	
상담저노하와 공공봉사 안내	사회
지역사회처우 프로그램	사회
민간요법처우/상담	사회/범죄자
시설수용 범죄자 비용	
임금손실	범죄자/가족
생산성과 세입손실	사회
상실된 자유의 가치	범죄자
가족에 대한 심리적 비용/배우자권의 손실	범죄자의 가족
'과잉억제(overdeterrence)' 비용	
범행혐의 받는 무고한 개인	무고한 개인
합법적 활동의 제약	무고한 개인
발각되지 않기 위한 범죄자의 행동	피해자
'사법정의(justice)' 비용	
잘못된 비난 회피 위한 헌법적 보호	사회
차별적 형벌 피하기 위한 발각률 증대 비용	사회

자료: T. R. Miller, M. A. Cohen, and B. Wierseman, *Victim Costs and Consequences: A New Look*, Washington, DC: National Institute of Justice, US Department of Justice, 1996, p. 11.

감수해야 한다. 더 큰 문제는 이러한 고통과 어려움을 피해자 혼자서 견디고 있다는 점이다. 물론 그들을 위한 다양한 사회봉사기관이 있지만 대부분의 피해자

들은 제대로 알지 못하고 있어서 범죄로 인하여 유발된 문제를 극복하는 도움을 제대로 받지 못하는 실정이다.[5]

그러나 최근 피해자 연구는 범죄피해와 관련된 비용을 도출하는 데 더 많은 노력을 기울이고 있다. 앞의 <표 7-1>과 <표 7-2>처럼 연구결과에 의하면 범죄피해와 관련된 일부 비용만 보더라도 직접적인 피해자를 능가하여 다른 많은 사람들에게도 간접적으로 영향을 미치는 것으로 알려지고 있다.

이러한 피해비용을 금전적으로 계산하면 미국의 경우 1980년대 말 이미 10대 범죄만으로도 한 해 평균 무려 약 4,500억 달러에 달하며 이 수치는 미국시민 한 사람당 1,800달러에 해당하는 금액이라고 한다. 물론 이러한 금전적 비용은 암수범죄가 없다면 그리고 모든 사건에 대한 더 완벽한 정보가 있다면 훨씬더 많아질 것이다. 동시에 이러한 추정치도 단지 극소수의 노상범죄에만 국한된 것이어서 화이트칼라범죄나 기업범죄 등이 포함된다면 더욱 높아지게 될 것이다. 뿐만 아니라, 미국 전체 의료비의 3%와 부상관련 의료비의 14%가 폭력 범죄로 인한 것이고, 폭력범죄가 미국 전체소득의 1%에 달하는 임금손실을 초래하며, 전체 정신의료경비의 10~20%가 범죄에 기인된 것이며, 대인범죄가 미국 보통시민의 삶의 질을 약 1.8% 정도나 떨어뜨린다는 보고가 범죄비용의 현실을 잘 보여주고 있다.[6] 이와 같은 분명한 경비 외에도 범죄피해는 훨씬 폭넓은 공적 영향을 미치고 있다. 다수의 시민들이 피해경험과는 무관하게 범죄에 대한 두려움을 가지고 그 두려움에 다양한 방법으로 대응하고 있어서 범죄는 피해자와 일반시민 모두에게 영향을 미치는 상당한 부담을 안겨주고 있다.

2. 이차 피해(Secondary Victimization) —사법제도에의 참여(System Participation)

그러나 피해자의 문제는 위에서 언급한 것으로 끝나지 않고 사건이 형사사

---

5 R. A. Jerin, L. J. Moriarty, and M. A. Gibson, "Victim service or self-service? An analysis of prosecution-based victim-witness assistance programs and providers," *Criminal Justice Policy Review*, 1995, 7: 142-154; K. W. Johnson, "Professional help and crime victim," *Social Service Review*, 1996, 71: 89-109.

6 Miller et al., *op. cit.*, p. 1.

법제도를 거치면서 또 다른 문제가 시작된다고 한다. 형사사법제도에 참여하는 사람의 공통된 문제는 시간의 손실과 그로 인한 소득의 감소, 불필요한 대기시간, 법정출두와 관련된 문제 등이라고 할 수 있으나, 그 밖에도 목격자나 증인의 법정출두와 관련된 근로손실과 그로 인한 임금손실도 적지 않을 것이다. 뿐만 아니라 형사절차와 관련된 불안이나 스트레스도 심각한 것으로 알려지고 있다. 피해자나 증인의 법정경험은 결코 유쾌한 것이 아니며 그들을 당황하게 하고 좌절시키게 된다.7

다시 말해서 범죄피해자가 직면한 문제와 그가 받을 수 있는 도움 사이에 심각한 괴리가 있으며, 이 괴리가 메워지지 않는 한 피해자가 형사사법제도와 협조하면 더 큰 경제적 손실과 고통을 감내해야 한다는 것을 깨닫게 될 것이다. 범죄자의 헌법적 권리를 보호하기 위한 제도가 심지어 피해자의 지위조차 인정하지 않고 등을 돌리는 현실을 이해하기란 쉽지 않다.8

더구나 재판의 결과가 피해자가 원하는 대로 나오지 않고 형량이 지나치게 가볍거나, 심지어 무혐의로 처리되기도 한다. 이럴 때, 피해자는 법원의 결정에 분노와 실망 등 부정적 감정을 가지기 마련이다. 만약 이처럼 형사절차가 피해자에게 심리적 해악을 초래한다면 형사사법제도에 있어서 바람직하지 못한 영향이며 그것이 곧 피해자에 대한 이차적 피해의 예라고 할 수 있을 것이다. 여기서 이차적 피해는 일차적 피해의 결과로서의 부정적 사회반응으로 규정되며, 피해자의 합법적 권리의 침해로 경험되는 것이다. 실제로 형사사법제도가 범죄피해자들에게 종종 이러한 이차적 피해를 가하는 것으로 지목되고 있어서 이에 대한 주관적 증거는 물론이고 실증적 증거도 연구결과 나오고 있다. 즉, 일차적 피해로 인한 심리적 곤경 외에도 형사절차에 의한 이차적 피해도 피해자들에게 자기존중, 미래에 대한 믿음, 법률제도에 대한 신뢰, 공정한 세상에 대한 믿음과 같은 기타 심리적 변수에 부정적으로 영향을 미친다는 것이다.9

---

7 Norton, *op. cit.*, pp. 146-147.

8 W. G. Doerner, M. S. Knudten, R. D. Knudten, and A. C. Meade, "Correspondence between crime victim needs and available public services," *Social Service Review*, 1976, 50: 482-490.

9 U. Orth, "Secondary victimization of crime victims by criminal proceedings," *Social Justice Research*, 2002, 15(4): 314.

1) 형사절차의 결과에 의한 이차적 피해

바람직하지 않은 재판결과는 피해자의 몇 가지 중요한 기대를 저버리는 것이다. 우선, 응보라는 것은 범죄피해자의 중요한 형벌목표이다. 응보는 폭력의 득과 실의 균형과 힘의 균형을 다시 잡고, 피해자의 자기존중심을 회복시키는 것이다. 법원의 결정에 대해 피해자는 가해자가 가한 해악에 대적할 정도로 형벌이 충분한가를 판단하게 되는데, 그렇지 못하다고 판단하는 경우에 분노하게 마련이다. 둘째, 범죄피해자가 가지는 다른 하나의 중요한 형벌의 목표는 안전의 확보일 것이다. 피해자들은 재판과 양형을 통해서 가해자들의 더 이상의 범행을 억제하거나 예방할 것으로 기대하는데, 만약 가해자가 시설에 수용되면 수용기간 동안이나마 더 이상의 위협을 초래하지 않을 것이지만 형량이 너무 짧아서 조기에 석방되거나 애당초 시설에 수용되지 않는다면 가해자의 위협을 느끼지 않을 수 없을 것이다. 셋째, 피해자 신분이나 지위의 인정도 피해자의 중요한 동기인데, 그것은 법률적 처벌을 통하여 가해자가 공식적으로 가해자로 인정되고 피해자는 공개적으로 범행의 피해자로 인정받기를 원하는 것이다. 이것이 제대로 또는 분명하게 확인되지 않을 때 심각한 형태의 이차적 피해로 이어질 수 있다.

2) 형사절차의 과정에 의한 이차적 피해

몇 가지 이유에서 형사절차와 과정이 이차적 피해의 원인이 될 수 있다고 한다. 첫째, 절차적 사법정의는 형사절차를 평가하는 데 있어서 핵심적 변수이다. 절차적 사법정의의 범주에는 규칙의 일관적 적용(일관성), 의사결정에 있어서 편견의 불식(편견억제), 모든 상응한 정보에 대한 정확한 고려(정확성), 반대가 있는 경우 의사결정과 새로운 정보에 대한 검토(수정가능성), 관련된 모든 당사자의 견해의 대변(대표성), 그리고 의사결정의 일반적으로 받아들여지는 윤리적 가치와의 비교가능성(윤리성) 등을 꼽고 있다. 피해자들은 피의자에 대한 무죄추정의 원칙은 피해자의 이익과 가해자의 이익을 고려함에 있어 중요한 불균형으로 인식하기 쉽다. 물론 이 원리는 피의자에 대한 공정한 배판을 위한 기본적 보장이지만 가해자의 유죄를 의심하는 것은 곧 피해자 증언의 신빙성을 의심하는 것을 함축하고 있는 것이다.

둘째, 상호작용적 사법정의는 형사절차의 대인적 관점에 관한 것이다. 재판의 당사자들은 판사가 자신에게 대하는 지위나 처우에 관심을 가지기 마련이다. 형사절차와 과정에서 피해자 비난, 감각적이지 못한 언행, 피해의 최소화, 인격의 저하 등은 상호작용적 부정의라고 받아들여지는 것이다. 이러한 경우 피해자의 자기존중심에 부정적 영향을 미치게 되는 것이다.

셋째, 형사절차로 인한 심리적 스트레스도 또 다른 중요한 절차상의 변수이다. 증언, 가해자와 대질, 방청객의 존재 등이 피해자에게 그러한 스트레스를 주는 요인이라고 한다. 피해자들은 때로는 형사절차를 가해자와의 또 다른 심각한 대인적 갈등으로 인식하며, 형사절차의 장기화도 피해자에게 스트레스를 주는 요인으로 지목되고 있다. 또한 일부 피해자들은 가해자나 변호인으로부터 범행에 대해 일부 또는 전적으로 책임이 있는 것으로 비난받기도 한다.

SECTION 02 범죄피해의 비용과 손실

1. 유형적(Tangible) 손실과 비용-경제적 손실과 비용

1) 개인적 손실과 비용

(1) 직접적인 재정손실

범죄피해는 피해자에게 단기적으로 또는 오랜 기간에 걸쳐 직접적, 간접적으로 재정적, 신체적 손실을 초래하게 된다. 물론 직접적 손실은 재물을 취하는 범죄가 발생할 때 초래된다. 간접적 손실은 부상으로 인한 의료비, 일시적 또는 영구적 작업손실, 재산가치의 하락, 형사사법경비 등을 포함하는 것이다. 물론 일부 범죄에 대해 손해를 입은 사람이 아무도 없을 수도 있다는 주장도 있다. 즉, 절도범은 금품을 훔치고, 소비자는 장물을 싸게 구하고, 피해자는 보험으로 보상을 받는다는 것이다. 하지만 심지어 이 경우에도 보험회사가 재정적 손실을 보고 보험가입자에게는 보험비가 높아져서 보험 부담금이 많아지기 마련이다.[10]

(2) 부   상

전체 범죄의 2/3 정도는 재정적 손실을 초래하는 신체적 부상을 유발한다고 한다. 이러한 부상은 피해자나 범죄자의 속성에 의해 좌우될 수도 있지만 어떤 경우라도 면식범에 의한 범죄가 부상을 아주 심화시키는 것을 제외하고는 대부분은 범죄의 상황에 더 많이 좌우된다.[11] 예를 들어서 총기가 실제로 사용되는 경우는 가장 심각한 부상이나 살상도 초래하지만 총기가 저항을 중화시키기 때문에 총기를 이용한 범죄가 오히려 부상을 완화할 수도 있으며,[12] 반대로 피해자가 자기보호를 위하여 총기를 방패로 삼을 때 인명살상의 가능성이 더 높아지며,[13] 범죄자가 과거 피해를 경험한 경우 피해자가 누구인가에 관계없이 더 큰 부상이 초래될 수 있다고 한다.[14]

(3) 간접적 재정손실

물론 모든 범죄피해자가 다 신체적 부상을 당하는 것은 아니지만 부상을 입은 경우 상당한 비용을 부담하게 된다. 많은 경우 병원치료나 입원을 필요로 하지만 다수는 이를 감당하지 못하며 심지어 보험조차 부담할 수 없으며, 병원치료를 받는 피해자도 의료비 외의 많은 경비부담을 감수하게 된다.

신체적 부상과 심지어 심리적 손상도 근로손실로 인한 추가적인 비용을 부담하게 되는데, 때로는 다른 사람으로 대체되거나 더 이상 일을 할 수 없는 장애를 안게 되어 다른 대안을 찾지 못하게 된다. 신체적 부상은 때로는 죽음을 초래하기도 하여 다른 경비는 초래되지 않고 가족 등에게 보험금이 지급될 수도 있지만 가족 전체의 소득을 줄이고 장례비용이나 심리적 고통을 수반하게

---

10 J. Gilsinan, *Doing Justice*, Englewood Cliffs, NJ: Prentice−Hall, 1982, p. 216.

11 M. Bloomberg, "Injury to victims of personal crimes: Nature and extent," in W. A. Parsonage(ed.), *Perspectives on Victimology*, Beverly Hills, CA: Sage, 1979, p. 133.

12 M. Heller, S. Ehrlich, and J. Lester, "Victim−offender relationships and severity of victim injury," *Journal of Social Psychology*, 1983, 120: 229.

13 M. R. Gottfredson and M. J. Hindelang, "Bodily injury in personal crime," in W. G. Skogan(ed.), *Sample Surveys of the Victims of Crime*, Cambridge, MA: Ballinger, 1976, p. 65.

14 S. I. Singer, "Homogeneous victim−offender populations: A review and some research implications," *Journal of Criminal Law and Criminology*, 1981, 72: 779.

된다.15

2) 국가적 경비

범죄피해의 비용은 개인 피해자에게 전가되는 것 이상이다. 정부와 납세자들이 범죄를 예방하고 기소하고 처벌하며 보상하기 위해 형사사법제도의 상당한 경비를 안아야 한다. 범죄피해가 발생하게 되면 국가는 그 처리에 수반되는 모든 형사사법경비, 경찰, 검찰, 법원, 교정에 필요한 경비를 부담해야 하는 것이다. 실제로 형사사법제도가 국가 전체에서 가장 많은 인원을 고용하는 분야이기도 하다.

3) 사적 보호경비

(1) 보호경비

부상과 재산상의 손실을 극복하는 데 따른 범죄피해의 개인적 비용 외에도 피해자와 비피해자 모두가 범죄로부터 자신을 보호하거나 피해발생시 손실을 줄이기 위한 경비시설이나 보호 장비의 설치와 구매비용 등도 부담하게 된다. 물론 여기에는 직접 경비를 부담하는 사람들의 비용도 중요하지만 그것을 감수할 수 없는 노인들이 자신을 보호하기 위하여 외출을 못하고 자신을 사회로부터 격리시키게 되는 막대한 비용이 더 큰 문제라고 할 수 있다.16

(2) 보험경비

일반적으로 사람들은 범죄피해로 인한 손실을 감당하기 위하여 각종 보험에 가입하게 된다. 그러나 불행하게도 범죄피해와 피해의 위협이 범죄가 없다면 불필요할 수 있는 이런 보험경비를 강요할 뿐만 아니라 그렇다고 또 모든 사람들이 동일한 보험혜택을 누릴 수 있는 것도 아니다. 그럼에도 불구하고 대부분의 피해자들은 자신의 손실을 보상해 주는 보험에 대한 아무런 대안도 가지지

---

15 R. Elias, *The Politics of Victimization: Victims, Victimology and Human Rights*, Oxford: Oxford University Press, 1986, p. 109.

16 D. G. Peck, "Criminal victimization of the elderly: Some implications for care," *Journal of Humanics*, 1978, 6: 53.

못하는 형편이다.[17]

4) 기업비용

민간기업도 개인이나 국가와 마찬가지로 보호경비, 보험경비, 보상경비, 그리고 제품, 근로자, 재산의 손실과 같은 범죄피해와 관련된 상당한 경비를 부담하게 된다. 물론 이들 기업에서는 그러한 경비의 상당 부분을 종종 소비자, 근로자, 또는 납세자에게 전가시키기도 하지만 기업의 손실과 그로 인한 경비도 무시할 수 없는 것이다.

이들 기업에서 보안장비는 물론이고 용역경비원을 포함한 다양한 보호 장치를 도입하고 있다. 뿐만 아니라 보험에 가입하고 회사의 손실을 보상받기 위한 법률쟁송의 비용도 감수하게 된다. 또한 부상당한 근로자의 의료비용과 손괴된 재물의 보수비용도 부담하게 된다. 극단적으로는 회사를 이전하는 경우까지도 발생하게 된다.[18]

5) 비공식적 범죄의 비용

지금까지 기술한 범죄피해의 비용은 단지 공식적으로 범죄로 규정된 것만을 반영하는 것이다. 이는 선별적 해악만을 규정할 뿐 다수의 가장 심각한 위협은 배제시키고 있다. 만약 이들 심각한 잘못이나 해악의 객관적 실체를 반영하려면 화이트칼라범죄, 기업범죄, 국가범죄 등에 더 많은 관심을 가져야 하고 이 경우 공식적 범죄피해의 비용도 훨씬 더 커지기 마련이다. 일부에서는 기업범죄의 피해가 일반 재산범죄의 피해를 몇 배나 능가할 것이라고 주장한다.[19] 또한 국가나 정부에 의한 범죄의 피해도 관습적 범죄피해의 비용에 버금가며 그럼에도 어떠한 처벌도 받지 않고 심지어 범죄적 낙인조차 붙지 않는다. 국가의 인권침해, 불법적 구금과 기타 형벌, 경찰폭력, 인종이나 성별의 차별 등의 비용이 여기에 해당되는 것이다. 기업범죄의 피해도 관습적 범죄보다 훨씬 더 파괴적이

17 J. E. Conklin, *The Impact of Crime*, New York: Macmillan, 1975, p. 6.

18 Gilsinan, *op. cit.*, p. 219.

19 J. A. Reiman, *The Rich Get Richer and The Poor Get Prison: Class, Ideology and Criminal Justice*, New York: John Wiley, 1979, p. 106.

고 더 많은 비용을 요한다. 업무와 관련된 각종 질병, 사고, 재해와 그로 인한 작업손실, 임금손실, 생산손실, 의료비 부담을 주요 예라고 할 수 있다. 뿐만 아니라, 부당한 보험료청구, 부당한 유해물질의 처리로 인한 환경파괴와 그 결과로서의 인명살상, 가격담합, 각종 뇌물의 수수와 그로 인한 피해, 부적격 또는 결함 있는 제품의 생산과 그로 인한 피해, 내부자 거래와 같은 불공정 거래와 그 피해, 탈세 등이 우리에게 전가하는 비용은 실로 말할 수 없이 엄청난 것이다.[20]

2. 무형적(Intangible) 손실과 비용-삶의 질의 손상

1) 개인의 심리적 영향

범죄피해는 단순히 재정적 손실과 신체적 손상에만 그치지 않고 우리들의 공포감과 취약감을 조장하고, 환경에 대한 우리의 태도를 변경시키고, 우리의 행위유형을 전환시키는 심리적 영향과 반향을 불러일으킬 수 있다. 가정, 직장, 또는 기타 교우관계 등 사회관계를 방해할 수 있고 더 심각한 것은 우리 자신에 대한 태도를 바꿀 수 있다는 점이다.

(1) 폭   력

폭력의 피해자들은 종종 분노와 수치심을 동시에 가지고 반응하게 된다. 우리의 자아와 자신감은 일정 수준의 개인적 통제를 유지하는 능력에 필요한 것인데, 폭력피해는 우리의 자아는 물론이고 신체에도 폭력을 가하게 되어 모욕감과 자아상실감을 초래하게 되며, 때로는 우리로 하여금 모두를 증오하게 만들기도 한다. 이러한 심리적 고통은 자신의 우수함, 취약하지 않음, 정의로운 세상에서의 삶에 관한 사람들의 가정을 파괴시킴으로써 초래되는 것이다. 예를 들어 남자들이 자신의 피해를 예방하지 못했기 때문에 자신의 남성다움에 큰 손상을 입었다고 생각하는 것이 그것이다.[21] 물론 일반적인 폭력보다는 여성에 대한 성폭력과 가정폭력이 더 심각한 심리적 고통과 부정적 영향을 미치는 것으로 알려지고 있다. 가장 심각한 심리적 영향은 피해자가 단지 가해자와 같은 다른 사람이

---

20 Elias, *op. cit.*, pp. 115−116.

21 R. Janoff−Bulman and I. H. Frieze, "A theoretical perspective for understanding reactions to victimization," *Journal of Social Issues*, 1983, 39: 1.

아니라 자신을 비난하기 시작할 때 일어나게 된다고 한다. 따라서 피해자는 범죄피해의 다른 어떠한 중요한 비용 이상으로 범죄피해의 죄의식이나 죄책감이나 낙인을 극복해야만 한다.

(2) 반 응

범죄피해자들은 자신의 범죄피해와 새롭게 알게 된 자신의 취약한 느낌에 잘 적응할 수도 있고 그렇지 못할 수도 있다. 어느 정도 범죄피해를 당하기 쉽고 약간 취약하다고 느끼는 사람이 자신은 범죄피해를 당하지 않을 것이라고 느끼거나 반면 매우 취약하다고 느끼는 사람은 오히려 자신이 범죄피해에 더 잘 적응할 것이라고 느끼는 것으로 알려져 있다. 일부 피해자는 학습된 무력감을 발전시켜서 범죄피해에 대한 어떠한 대응도 소용없을 것이란 결론을 내리게 되는데, 이 경우 종종 그들을 무감각하고 수동적으로 만들게 된다. 피해자들은 때로는 자신을 비난하기도 하며, 편협한 사고와 인상과 억압되고 부정적인 자아상을 경험하게 된다. 피해를 심리적으로 최소화하기 위하여 일부 피해자는 자신과 자신의 상황을 선별적으로 평가하고, 자신을 불행한 다른 사람에 비교하며, 자신의 긍정적인 속성에만 초점을 맞추고, 더 나쁜 세계를 가정하며, 전화위복으로 삼으려 하며 또는 자신의 생존을 대단한 것으로 만드는 전략을 적용하기도 한다.22

많은 피해자들은 자신의 가해자들에게 매우 격분하게 된다고 한다. 흥미로운 것은 피해자들이 자신을 개인적으로 공격하는 것보다 자신의 재물을 공격하는 범죄자들에게 더 분노와 복수심을 보인다는 것이다. 그리고 남성 피해자들이 여성 피해자들보다 자신의 가해자에게 더 적개심을 보인다고 한다. 그러나 복수심은 단지 피해자들에게 심리적으로 비생산적이라고 한다. 심리학자들에 의하면

---

22 L. S. Perloff, "Perception of vulnerability to victimization," *Journal of Social Issues*, 1983, 39 :41; C. Peterson and M. E. P. Seligman, "Learned helplessness and victimization," *Journal of Social Issues*, 1983, 39: 103; D. T. Miller and C. A. Porter, "Self—blame in victims of violence," *Journal of Social Issues*, 1983, 39: 139; S. E. Taylor, J. V. Wood, and R. R. Lichtman, "It could be worse: Selective evaluation as a response to victimization," *Journal of Social issues*, 1983, 39: 19; R. J. Bulman and C. and C. B. Wortman, "Attributions of blame and coping in the 'real world': Severe accident victims react to their lot," *Journal of Personality and Social Psychology*, 1977, 35: 351.

응보와 형벌을 조장하는 정책은 피해자의 이익을 신장시키거나 피해의 회복에 도움이 되지 않는다고 한다.[23]

일부 분석가들은 피해자들이 보여주는 전형적인 반응형태를 설명하고자 하는데, 예를 들어 피해자들은 스트레스의 단계를 거쳐, 부정하고 감각을 잃고, 점차적으로 완전히 사라질 때까지 간헐적으로 피해에 대하여 생각하게 된다는 것이다. 다른 일부에서는 초기에 충격을 받으면, 믿지 않고 부정하며, 이어서 극심한 두려움에 떨고 초연해지며, 다시 자기비하를 하고, 마지막으로 통합하게 된다고 한다. 그러나 또 다른 한편에서는 초기 해체, 다시 반동, 그리고 마지막으로 점진적 재조직화를 거친다고 설명한다. 그러나 불행하게도 다수의 피해자들이 이러한 순환을 완전하게 거치는 것은 아니어서 이런 피해자들에게는 심리적 문제가 무한히 지속된다.[24]

2) 공공의 범죄에 대한 공포와 우려

피해자들이 때로는 두려움과 조심스러움으로 자신의 피해에 반응한다. 그러나 피해를 당한 사람이 반드시 더 많은 두려움을 가지고 더 많은 조심을 하는 것은 아니다. 피해자와 비피해자 모두가 범죄에 의한 심각한 영향을 받는다고 할 수 있다. 범죄피해는 심지어 다른 사람에게 가해진 것이고 나에게 직접적인 영향을 미치지 않았을 때도 다음은 내 차례일 수 있다는 두려움을 불러일으킬 수 있는 것이다. 또한 우리는 범죄율이 증가하고 있다는 공공의 인식이 공공의 우려와 두려움을 유발한다는 것도 알고 있다. 그렇다면 두려움 또는 공포(fear)와 우려(concerns)는 같은 것인가? 그렇지 않다고 한다. 하류계층이 가장 범죄피해의 위험성이 높기 때문에 더 두려워하지만 중류계층이 범죄와 범죄에 대한 적절한 공공정책에 관한 더 많은 우려와 관심을 표한다. 만약 우리가 범죄에 대한 두려움, 공포와 범죄에 대한 우려, 관심을 구분할 수 있다면 범죄에 대한 공포가 범죄에 대한 우려보다 더 심각한 즉각적인 위험과 더 많은 심각한 심리적 반응

---

23 E. S. Cohn and D. B. Sugarman, "Marital abuse: Abusing the one you love," *Victimology*, 1980, 5: 203; S. L. Halleck, "Vengeance and Victimization," *Victimology*, 1980, 5: 99; M. Wright, "Nobody came: Criminal justice and the needs of victims," *Howard Journal of Penology and Crime Prevention*, 1977, 16: 22.

24 Elias, *op. cit.*, p. 118.

을 함축하는 것이라고 할 수 있을 것이다. 우리는 매일 매일 범죄가 우리 지역 사회에 영향을 미치는 것을 목격할 때 범죄를 두려워하지만, 우리의 지역사회가 비교적 안전하다고 생각하더라도 하나의 문제로서 범죄에 대하여 우려하고 관심을 가질 수 있다. 흥미로운 것은, 범죄에 대하여 우려하는 사람이 종종 범죄에 대하여 비교적 우려할 것이 거의 없으나 통상 범죄를 두려워하는 사람보다 훨씬 더 많은 주의를 한다는 점이다. 노인과 빈곤층과 같이 범죄를 가장 두려워하는 사람이 범죄에 대응할 기회나 자원은 가장 적다는 것이다.[25]

범죄에 대한 공포는 사람들로 하여금 사전주의조치를 취하거나 위험을 피하거나 관리하기 위한 시도를 취하는 등 어떤 방식으로든 자신의 행위유형을 변화시키기 마련이다. 야간외출을 삼가하고 외출횟수를 줄이며 출퇴근방식이나 시기를 조정하는 등 오히려 자신의 공포를 더욱 심화시킬 수도 있지만 사람들은 자신을 격리시키거나 자신의 안전을 위하여 호신장비를 구입, 소지하고, 방범시설이나 장비를 갖추는 등의 노력을 시도하게 된다. 이처럼 사람들은 자신의 범죄에 대한 공포에 대응하기 위하여 위험을 피하거나 범죄의 표적으로서 자신과 자신의 재물에 대한 보안을 강화함으로써 범죄로부터 스스로를 보호하려고 하는 것이다. 이러한 노력들이 결국은 사람들에게 자신을 위험으로부터 격리시키기 위한 행위유형의 변경으로 사회활동이나 경제활동에 제한을 받게 되고 자신의 보호를 위한 방범장비나 시설의 구매로 재정적 지출을 감수하게 되는 등 범죄의 공포로 인한 사회, 경제적 비용을 요구받게 된다. 그러나 범죄에 대한 공포의 원인과 그 결과에 대해서는 별도의 장 '간접적 범죄피해로서의 범죄의 공포'에서 따로 더 자세하게 기술될 예정이어서 여기서는 더 이상의 상세한 논의는 하지 않을 것이다.

3) 생애과정에의 영향

(1) 정신건강과 심리적 고통

정신건강에 대한 생애과정의 연구는 초기 폭력피해의 경험과 후기 일생에

---

25 J. Garofalo, "The fear of crime: Causes and consequences," *Journal of Criminal law and Criminology*, 1981, 72: 839; R. Lotz, "Public anxiety about crime," *Pacific Sociological Review*, 1979, 22: 241.

있어서 정신적 고통의 관계를 지적하고 있다. 아동기의 폭력피해 경험이 아동기는 물론이고 청소년기를 거쳐 성인기에 이르기까지 심리적 장애를 지속적으로 초래한다는 것이다.[26]

범죄피해를 심리적 발달에 적용시키는 것은 범죄피해의 단기적 결과를 인식하는 데서 시작한다. 수많은 연구에서 범죄피해 이후의 고통을 지적하고 있다. 청소년기 이전의 신체적, 성적 학대가 불안, 우울, PTSD증후의 확산을 증대시키며,[27] 비가족에 의한 폭력의 피해자가 PTSD증상의 위험이 가장 높으며 비애감을 가지기 쉬우며,[28] 성폭력이 청소년기 여성의 감정적 장애의 위험성을 증대시키는 것으로 알려지고 있다.[29]

이들 연구결과는 폭력이 피해자의 정신건강에 장기적 영향을 미치고 있음을 보여주고 있다. 학대받은 아동에 대한 연구는 이들 아동들이 성인기에 심리적 고통을 받게 될 확률이 더 높으며 더 심각한 정신적 고통을 받게 되는 것에 더해,[30] 특히나 아동기 가정폭력은 성인기 우울증의 확률과 상당한 관련이 있음을 보여준다.[31] 비가족 폭력도 예외는 아니어서 아동기나 청소년기의 성폭력 피해자가 후에 우울증이나 마약과 알코올 중독으로 고통받을 확률이 더 높으며,[32]

---

26 R. Harrington, H. Fudge, M. Rutter and A. Pickles, "Adult outcomes of childhood and adolescent depression: Links with antisocial disorders," *Journal of American Academy of Child Adolescent Psychiatry*, 1991, 30: 434–439; D. Kandel and M. Davies, "Adult sequelae of adolescent depressive symptoms," *Archive of General Psychiatry*, 1986, 43: 255–262.

27 S. White, B. Halpin, G. Strom and G. Santilli, "Behavioral comparisons of young sexually abused, neglected, and nonreferred children," *Journal of Clinical Child Psychology*, 1988, 17: 53–61; S. McLeer, E. Deblinger, M. Atkins, E. Foa and D. Ralphe, "Post–traumatic stress disorder in sexually abused children," *Journal of American Academy of Child and Adolescent Psychiatry*, 1988, 27: 650–654.

28 S. Boney–McCoy and S. Finkelhor, "Psychosocial sequelae of violent victimization in a national youth sample," *Journal of Consulting and Clinical Psychology*, 1995, 63: 726–736.

29 C. Bagley, F. Bolitho and L. Bertrand, "Sexual assault in school, mental health, and suicidal behaviors in adolescent women in Canada," *Adolescence*, 1997, 32: 341–366.

30 J. Bryer, B. Nelson, J. Miller and P. Krol, "Childhood sexual and physical abuse as factors in adult psychiatric illness," *American Journal of Psychiatry*, 1987, 144: 1426–1430.

31 R. Kessler and W. Magee, "Childhood family violence and adult recurrence of depression," *Journal of Health and Social Behavior*, 1994, 35: 13–27.

초기 범죄피해를 경험한 성인 여성에게서 PTSD증후가 더 많이 발견되었으며,33 아동기 범죄피해가 성인기 우울증의 확률을 배가시킨 것으로 알려지고 있다.

따라서 상당수의 연구에서 초기의 폭력경험이 심리적 안녕의 장기적 행로에 영향을 미치는 것으로 입증되고 있다. 아동의 폭력피해에 대한 연구에서도 성인기의 상당한 심리적 고통이 발견되고 있으며, 강간 피해 여성과 피학대 아동에 대한 연구에서도 단기적 결과는 물론이고 중요한 장기적 결과도 밝혀지고 있다. 결과적으로, 인생초기의 폭력피해가 생애과정에 있어서 후기의 장기적인 심리적 고통을 초래한다고 할 수 있다.34

(2) 범죄와 일탈의 가담

소년비행이 범죄이거나 상관없이 그 지속성을 강조하는 연구가 적지 않다. 범행은 생애의 초기에 시작하며, 성인 범죄자들은 대부분 청소년 비행의 역사를 가지고 있다고 한다.35 더구나 횡적인 연구에서도 초기 범행이 더 장기적이고 더 활동적인 범죄경력과 관련이 있는 것으로 밝혀지고 있다. 이러한 연구의 핵심은 바로 폭력피해의 역할이라고 한다.

초기 범죄피해와 그 후의 범죄와 일탈의 가담 사이의 연계에 대한 연구들은 전형적으로 폭력순환(cycle of violence)의 논제에 초점을 맞추고 있다. 이들에 의하면 인생초기의 폭력피해자, 통상적으로 아동학대의 피해자들은 인생 후기에 있어서 폭력과 범죄에 더 많이 가담한다는 것이다.36 그 밖에, 일반적으로 범죄피해가 범죄에 대한 긍정적 규정의 학습에 중요한 역할을 하며,37 폭력의 부문

---

32 A. Burnam, J. Stein, J. Golding, J. Siegel, S. Sorenson, A. Forsythe and C. Telles, "Sexual assault and mental disorders in a community population," *Journal of Consulting and Clinical Psychology*, 1988, 56: 843－850.

33 R. Duncan, B. Saunders, D. Kilpatrick, R. Hanson, and H. Resnick, "Childhood physical assault as a risk factor for PTSD, depression and substance abuse: Findings from a national survey," *American Journal of Orthopsychiatry*, 1996, 66: 437－448.

34 R. Macmillan, "Violence and life course: The consequences of victimization for personal and social development," *Annual Review of Sociology*, 2001, 27: 1－22.

35 J. White, T. Moffitt, F. Earls, L. Robins, and P. Silva, "How earlt can we tell? Predictors of childhood conduct disorder and adolescent elinquency," *Criminology*, 1990, 28: 507－533.

36 D. Lewis, "From abuse to violence: psychophysiological consequences of maltreatment," *Journal of American Academy of Child and Adolescent Psychiatry*, 1992, 31: 383－391.

화가 범죄피해로부터 발전될 수 있다고 한다.[38]

　　다수의 연구에서 범죄피해가 범죄나 일탈 가담의 전제임이 지적되고 있다. 피학대 아동에 대한 연구결과 이러한 범죄피해의 범죄 유발적 결과에 대한 많은 초기증거들을 보여주고 있다. 교정시설에 수용되어 있는 청소년은 신체적 학대를 당한 비율이 더 높았으며,[39] 아동기의 신체적 학대가 청소년기의 데이트폭력(dating violence)을 증대시킨 것으로 밝혀지기도 하였다.[40] 또한 비폭력적 범행과 약물남용도 아동학대와 관련이 있어서 학대피해자가 더 많은 법률적 문제를 안고 있었으며 가출할 확률도 더 높다고 한다. 그래서 신체적, 성적 학대가 폭력적, 비폭력적 범죄에 많이 가담하는 전제라는 것이다.

　　물론 가정 외부에서의 폭력도 범죄와 일탈 가담을 촉진시키는 것으로 보인다. 폭력피해가 더 많은 범죄가담과 관련이 있으며, 비행적 생활유형(delinquent life style)에 영향을 미친다는 것인데, 흥미로운 것은 폭력피해가 범죄에의 개인적 가담뿐만 아니라 비행교우와의 관계에도 영향을 미친다는 것이다.[41] 뿐만 아니라 초기 범죄피해와 성인기의 범죄가담에 대한 보다 장기적인 연계도 밝혀지고 있는데, 아동학대 피해자가 다른 아동들에 비해 성인기에 폭력 범죄로 체포된 확률과 신체적, 성적 폭력에 가담할 확률이 더 높다고 한다.[42]

　　전체적으로 보아, 초기의 범죄피해가 생애과정에서 범행의 경로에 중요한

37 J. Fagan, E. Piper, and Y. Cheng, "Contributions of victimization to delinquency in inner cities," *Journal of Criminal Law and Criminology*, 1987, 78: 586−613.

38 S. Singer, "Victims of serious violence and their criminal behavior: Subcultural theory and beyond," *Violence and Victims*, 1986, 1: 61−70.

39 D. Lewis, S. Shanok, and D. Balla, "Perinatal difficulties, head and face trauma, and child abuse in the medical histories of seriously delinquent children," *American Journal of Psychiatry*, 1979, 136: 19−23.

40 N. Reuterman and W. Burcky, "Dating violence in high school: A profile of the victims," *Psychology: Journal of Human Behavior*, 1989, 26: 1−9; B. Roscoe and J. Callahan, "Adolescents' self−report of violence in families and dating relations," *Adolescence*, 1985, 20: 545− 553.

41 J. Lauristen, R. Sampson, and J. Laub, "The link between offending and victimization among adolescents," *Criminology*, 1991, 29: 265−292.

42 C. Widom, "The cycle of violence," *Science*, 1989, 244: 160−166; C. Widom and M. Ashley−Ames, "Criminal consequences of childhood sexual victimization," *Child Abuse and Neglect*, 1994, 18: 303−318.

영향을 미치기 때문에 아동학대나 비가족 폭력의 피해자가 청소년기와 성인기에 있어서 범행가담률도 더 높다고 볼 수 있을 것이다. 초기에는 이러한 관계가 폭력적 범행에만 국한된 것으로 예견하였으나 더 폭넓게 폭력, 재산범행, 약물남용에의 가담에도 영향을 미치는 것으로 이해되고 있다. 그래서 범죄피해가 생애과정을 통한 범행의 장기유형화에 대한 하나의 중요한 전제라는 것이다.

(3) 교육적, 사회경제적 성취도

조기 범죄피해 경험은 그 사람의 교육적, 사회경제적 성취도에도 중요한 영향을 미친다고 한다. 예를 들어, 2세에서 14세까지 학대받은 아동에 대한 연구결과 성적으로 학대를 받은 아동들이 IQ가 더 낮았으며, 학업성적도 더 낮았고, 학업에 실패할 확률은 3배나 더 높았다고 한다.[43] 이러한 결과는 고등학생까지도 마찬가지였으며,[44] 심지어 성인기까지도 장기적으로 영향을 미치게 되어 성인이 되어서도 사회경제적 성취도가 더 낮고 소득수준도 더 낮은 것으로 밝혀지고 있다.[45] 이러한 결과에 대해서 학대 피해자가 미래의 교육적, 직업적 목표 지향성이 낮기 때문일 것이라고 설명되고 있다. 사회경제적 성취에 있어서 교육의 역할이 핵심이라는 사실을 고려한다면 아동학대로부터 파생되는 그러한 교육적 결함이 곧 이후 인생에 있어서 상당한 사회경제적 불리함으로 작용하게 될 것이기 때문이라고 한다.[46] 그런데 이러한 영향은 비가족 폭력 피해자에게 더욱 심각한 것으로 알려지고 있다.[47]

(4) 폭력피해가 인생에 미치는 영향의 이해

위와 같은 연구결과들을 종합하면, 폭력이 인생의 성격과 내용에 영향을 미

---

43 A. Sadeh, R. Hayden, J. McGuire, H. Sachs, and R. Civita, "Somatic, cognitive, and emotional characteristics of abused children in a psychiatric hospital," *Child Psychology and Human Deviance*, 1994, 24: 191－200.

44 J. Eckenrode, M. Laird, and J. Doris, "School performance and disciplinary problems among abused and neglected children," *Deviance and Psychology*, 1993, 29: 53－62.

45 C. Perez and C. Widom, "Childhood victimization and long－term intellectual and aca－demic outcomes," *Child Abuse and Neglect*, 1994, 18: 617－633.

46 Macmillan, *op. cit.*

47 R. Macmillan, "Adolescent victimization and income deficits in adulthood: Rethinking the costs of criminal violence from a life course perspective," *Criminology*, 2000, 38: 553－588.

치면서 발달과정을 형성하는 강력한 인생경험임을 알 수 있게 해 준다. 그럼에도 불구하고 왜 폭력피해가 그러한 장기적 결과를 초래하는가에 대한 연구는 흔치 않다고 한다. 폭력피해의 심리적 결과에 대한 연구는 주로 인생에 있어서 스트레스를 주는 사건으로서 피해에 초점을 맞추는 반면, 피해가 범죄 가담에 미치는 영향에 대한 연구는 주로 피해가 피해자로 하여금 범행에 대한 긍정적 가치와 개념규정을 조장한다는 학습모형을 응용하고 있다. 이와 같은 연구에서 빠진 것이 있다면 그것은 바로 피해의 무수한 영향을 설명하고 인생 역정의 발달에 있어서 피해의 역할을 설명하는 일반적 모형이다.

범죄피해는 어쩔 수 없이 어느 한 쪽이 다른 한 쪽을 지배하는 일종의 권력관계(power relationship)를 함축하는 것이다. 폭력피해는 일부 사람들이 단순히 자신이 공격당하고, 강간당하고, 강도당하는 것을 예방하지 못하는 상호작용이다. 그 결과, 범죄피해가 자신과 다른 사람에 대한 피해자의 인식에 영향을 미치게 된다.

이와 같은 관점에서, 범죄피해는 두 가지 신념에 영향을 미친다고 할 수 있다. 첫째, 범죄피해는 자신의 기능과 자기 효율성에 대한 인식에 영향을 미친다. 그것은 범죄피해가 자신의 인생행로에 대한 통제의 상실 때문일 수도 있고, 범죄피해로 인하여 해악에 대한 자신의 비취약성(invulnerability)의 인식을 감소시키기 때문일 수도 있으며, 또는 피해자가 자신을 무기력하고 연약한 사람으로 봄에 따라 피해자로서 부정적 자아상을 심어주기 때문일 수도 있다. 어떠한 이유에서건 범죄피해는 피해자가 자신을 목적이 있고 효과적인 존재로서의 자기 인식뿐만 아니라, 자신의 미래 인생행로를 결정할 수 있는 존재로서의 자기 인식에도 부정적 영향을 미치는 잠재력을 가지고 있다.[48]

뿐만 아니라, 범죄피해는 다른 사람을 지지하기보다는 해악과 위협의 근원으로 인식함으로써 다른 사람의 신념과 인식도 변화시킨다. 예를 들어, 범죄피해가 피해자의 신뢰감을 약화시키며, 이 세상이 사회질서에 대한 느낌을 공유함으로써 하나로 뭉쳐진 의미 있는 세상이라는 인식도 약화시키게 된다는 것이다. 그 결과, 범죄피해는 피해자가 다른 사람과 상호작용하며 개인적 목표의 추구를 위하여 다른 사람들을 이용하는 방식을 취하게 한다. 자신의 기능과 자기 효율

---

48 Macmillan, 2001, *op. cit.*

성에 대한 인식이 이처럼 아동과 청소년의 발달에 핵심적인 결정요인이 되고 있는데, 자기 효율성이나 신뢰 그리고 사회적 상호작용에 대한 범죄피해의 부정적 영향이 광범위하고 장기적인 발달에 영향을 미치는 것은 어쩌면 당연한 것인지도 모른다.49

3. 범죄피해의 영향에 대한 실증적 분석

피해자에 대한 면접조사에서 20% 이상의 피해자가 범죄피해로 인한 7가지 상이한 문제들을 언급하였으며, 그 중에서도 57%의 응답자들이 '정신적 또는 감정적 고통'을 가장 큰 범죄피해의 문제로 지적하였다고 한다.50 이와 유사한 결과로서, 단지 응답자의 32%만이 최악의 문제로서 재산상의 손실이나 손상에 초점을 맞추었으나 41%가 사생활의 침해를, 19%가 감정적 충격을 가장 큰 문제로 지적하였다고 한다. 구체적으로는 침입절도 피해자들의 적어도 1/4 이상이 어떠한 매우 불쾌한 순간을 겪었으며, 65%가 비록 4~10주가 지난 시기에 자신들의 생활에 일부 영향을 미치고 있으며, 가장 보편적인 영향은 일반적인 불안감과 침입절도에 대하여 항상 생각하는 경향이라고 대답하였다고 한다.51 이러한 사실은 결국 범죄피해가 지속적이고 일관적으로 오랜 시간을 두고 물리적, 사회적, 심리적 영향을 미친다고 할 수 있는 것이다.52 또 다른 연구에서는 비교적 소수의 피해자만이 피해 당시 상당한 영향을 받았으며, 면접 당시에는 아주 적은 수의 피해자만이 아직도 영향을 받고 있다고 답하였으며, 전체적으로는 41%가 범죄로 인한 실질적 문제를, 그리고 33%가 감정적, 개인적 문제를 지적하였으며, 그 중 13%가 두려움, 걱정, 신뢰의 상실 등을, 그리고 9%가 분노나

---

49 G. Elder, "Time, human agency, and social change: Perspectives on the life course," *Social Psychological Quarterly*, 1994, 57: 4−15.

50 W. G. Doerner, R. Knudten, R. Meade, and M. Knudten, "Correspondence between crime victim needs and available public services," *Social Service Review*, 1976, 50: 482−490.

51 M. Maguire, "The impact of burglary upon victims," *British Journal of Criminology*, 1980, 20: 261−275.

52 J. Shapland, "The victim, the criminal justice system and compensation," *British Journal of Criminology*, 1984, 24: 131−149.

좌절감을 지적하였다고 한다.[53]

그러나 한 가지 분명한 것은 범죄피해로 인한 문제점을 지적하는 피해자의 비율은 범행유형과 신고여부에 따라 다양할 것으로 이해되고 있다. 즉, 대인범죄의 피해자가 가구범죄(household crime)의 피해자보다, 그리고 경찰에 신고된 범죄의 피해자가 신고되지 않은 범죄의 피해자보다 더 큰 영향을 받는다는 것이다. 한편, 만약 특정 인구집단이 범죄피해의 위험성이 더 높다면, 마찬가지로 범죄피해의 영향도 특정인구집단에게 더 많은 영향을 미칠 것인가도 중요한 의문이지 않을 수 없다. 일반적으로, 노인, 여성, 독거자가 가장 많은 영향을 받는 것으로 알려지고 있다.[54] 주거침입절도 피해자의 경우에는 별거중이거나 이혼하였거나 미망인이 된 여성이 더 많은 영향을 받는 것으로 조사되고 있다.[55]

이에 대한 보다 구체적인 연구로서, 피해자의 특성, 가해자의 특성, 그리고 피해자−가해자의 관계에 따라 범죄피해의 영향이 달라질 수 있는지 여부를 분석하기도 하였다. 분석의 결과는 기대했던 바와 같이 상당한 다양성을 보여주고 있다. 우선, 여성, 노인, 별거/이혼/미망인 여성 피해자와 독거자가 특히 많은 영향을 받는 것으로 분석된 반면, 독신, 남성, 20세 이하, 다른 성인과 같이 생활하는 사람이 가장 영향을 적게 받는 것으로 분석되었다. 또한 사회경제적 지위에 따라서도 영향이 다양해질 수 있어서 하류계층이 가장 큰 영향을 받는다는 것인데, 중요한 것은 그 차이가 상대적인 재정적 손실의 재정적인 실질적 문제라기보다 개인적, 감정적 문제도 하류계층이 상류계층보다 더 많은 영향을 받기 때문이다. 한편, 가해자의 특성에 따른 범죄피해영향의 다양성은 피해자특성에 따른 다양성에는 미치지 못하는 것으로 알려지고 있다. 가해자가 피해자보다 나이가 많고 가해자가 4명 이상이고 가해자가 남성인 경우에 피해자에게 미치는 영향이 상대적으로 강한 것으로 분석되고는 있지만 그렇게 일관적이거나 중요한 것으로는 보이지 않는다. 끝으로 가해자−피해자 관계에 따른 다양성은 누가 범행을 했는지조차도 모르는 경우, 가해자가 전혀 모르는 사람인 경우, 가해자

53 R. I. Mawby and M. L. Gill, *Crime Victims :Needs, Services, and the Voluntary sector*, London: Tavistock Publications, 1987, pp. 20−21.

54 M. J. Gay, C. Holton, and M. S. Thomas, "Helping the victims," *International Journal of Offender Therapy and Comparative Criminology*, 1975, 19: 263−269.

55 Maguire, *op. cit.*

가 그냥 얼굴만 아는 정도인 경우, 그리고 잘 아는 경우로 나누어서 그러한 관계별 피해자에게 미치는 범죄피해의 영향을 분석하고 있다. 가구범죄(household crime)의 경우 범죄자가 누구인지 모를 때 가장 큰 영향을 미쳤으나 대인범죄의 경우는 가해자가 누구인지 모르는 경우가 거의 없기 때문에 오히려 전혀 모르는 사람에 의한 범죄가 가장 영향을 적게 미치고 가해자를 잘 아는 경우에 가장 큰 영향을 미치는 것으로 나타났다.[56]

SECTION 03 범죄피해에 대한 반응

1. 개인적 행위(Personal Behavior)

일반적으로 우리는 개인의 태도로부터 그 사람의 대부분의 행위를 예측할 수 있지만, 완전하게 예측할 수 있는 것은 아니다. 이전에 피해를 경험하였거나 범죄피해의 위험성이 매우 높거나 심지어 범죄에 대하여 두려워하는 사람임에도 불구하고 최소한의 행위도 변화시키지 않는 경우도 볼 수 있기 때문이다. 이는 비록 비이성적, 비합리적 행위이지만 그들이 단순히 자신의 생활유형을 바꿀 의사가 없거나 의사가 있다고 하더라도 그럴 만한 대안이나 자원이 거의 없기 때문에 바꾸기 어려울 수 있다.

1) 사전주의

그럼에도 불구하고, 대부분의 사람들은 사전주의조치를 취하거나 위험을 관리하기 위한 대책을 강구하는 등 어떤 방법으로든 자신의 행위를 바꾸고 있다. 이들은 규칙적인 활동을 다른 방법으로 접근하거나 일부 활동은 아예 포기하기도 한다. 어떤 사람들은 야간외출을 삼가거나 외출 빈도를 줄이는 등 자신의 자유와 이동성을 현격하게 줄이기도 한다. 많은 사람들은 자신의 두려움을 더욱 격화시켜 자신을 격리시키지만, 일부 사람들은 자신이 하는 행위 자체 보

---

56 Mawby and Gill, *op. cit.*, pp. 24 – 25.

다는 그 행위를 하는 방법을 바꾸기 위하여 더 많은 노력을 한다. 그들은 자신의 활동을 완전히 중단하는 대신 범죄의 공포에 적응하는 것이다.[57]

2) 여성, 아동과 노인

태도와 관련하여, 범죄피해가 여성, 아동, 그리고 노인들의 행위에 특히 큰 영향을 미친다고 한다. 만약 전에 성폭력을 당한 여성이라면 이들 여성들의 범죄에 대한 두려움과 공포의 극복을 위해서 자신들의 행위를 철저하고 엄격하게 변경하기 마련이다. 예를 들어, 특히 형사사법과정을 거친 경험이 있는 강간피해자라면 자신의 명예, 존엄성, 그리고 안전을 위해서 거주지조차 이주하려 할 것이다.[58]

심지어 가정에서도 여성들은 외부보다 더 많은 범죄피해의 위험성을 가지고 있다고 할 수 있다. 가정폭력 등은 여성들로 하여금 어쩌면 자신에게 고통을 주는 폭력을 합리화하도록 유인하여 매를 맞는 악순환에 빠지게 할 수 있다. 그들은 미래의 구조에 매달리고, 자신의 부상, 가해자, 피해를 부정하고, 가족과 자녀라는 더 큰 충성심에 호소하는 것이다. 여성들은 일반적으로 경제적 안전성과 자기방어능력이 부족하고 보복을 두려워하기 때문에 고통을 감내하는 것이다. 때로는 피해여성들은 자신들의 저항이 오히려 폭력을 확대하는 것으로 인식하기도 한다. 가정에서의 여성의 폭력피해의 일부는 남성주변에서 그들이 사회적으로 학습한 행위일지도 모른다. 즉, 여성들이 피해자가 되도록 학습한다는 것이다.[59]

아동들도 종종 이러한 여성들과 유사한 형태를 따른다고 한다. 소위 말하는

57 M. T. Gordon and S. Riger, "Fear and avoidance: A link between attitudes and behavior," *Victimology*, 1979, 4: 395; S. Balkin, "Victimization rates, safety and fear of crime," *Social Problems*, 1979, 26: 343.

58 S. Riger, M. T. Gordon, and R. K. LeBailly, "Coping with urban crime: Women's use of precautionary behaviors," *American Journal of Community Psychology*, 1982, 10: 369.

59 L. E. Walker, "Victimology and the psychological perspectives of battered women," *Victimology*, 1983, 8: 82; K. Ferrar, "Rationalizing violence: How battered women stay," Victimology, 1983, 8: 203; C. Cleerhout, J. Elder, and C. Janes, "Problem solving skills of rural battered women," *American Journal of Community Psychology*, 1982, 10: 605; L. E. Walker, "Battered women and learned helplessness," *Victimology*, 1977, 2: 532.

'아동 성학대 적응 증후군(child sexual abuse accommodation syndrome)'은 비밀성, 무력감, 적응성, 그리고 지연된 발각과 폭로 등을 내포하고 있다는 점에서 알 수 있는 것이다. 또한, 노인들도 범죄피해를 예견하여 자신의 행동을 극단적으로 바꾸는 경우가 종종 있다고 한다.[60]

3) 회피와 보호

일부 사람들은 단순히 손실을 줄이려고 노력하거나 신체적 공격에 대해서는 싸우지 않고 피하려고 함으로써 범죄피해에 대응한다. 그러나 대부분의 사람들은 범죄피해의 위협으로부터 물러서지 않고 자신과 자신의 집을 보호하기 위한 조치를 취하려고 한다. 이들 중에는 경비원을 두거나 시금장치(잠금장치)를 하거나 보안견(watch dog)을 사육하는 등과 같은 다양한 소위 '표적강화전략(target hardening strategies)'을 추구하는 사람이 있는가 하면, 경찰이나 친지들에게 부탁하기도 할 것이며, 호신술을 습득하거나 보험에 가입하거나 귀중품에 표식을 달고, 심지어 직장이나 집을 옮기기도 할 것이다.

물론 이러한 대응이 일부 사람들에게는 마음의 평화를 제공할지 모르지만 그 효과성에 의문이 있는 개인주의적 반응에 지나지 않는다. 중요한 것은 이러한 사전주의조치들이 효과가 있다는 증거는 많지 않으며, 더구나 그러한 개별적 대책이 때로는 심리적, 사회적 손상을 초래할 뿐만 아니라 오발사고와 같이 스스로에 의하여 손상을 당하게도 한다.[61]

4) 표준반응

범죄피해에 대한 반응은 몇 가지 모형으로 기술되기도 한다. '공리적 모형(utilitarian model)'은 사람들로 하여금 자신의 행위 선택시 받아들일 수 있는 위험을 계산하도록 하는 것이며, '심리적 모형(psychological model)'은 문제의 심각성과 자신의 위험성을 고려한 어느 정도 합리적인 대응책을 보여주는 모형이며 '기회모형(opportunity model)'은 사람들의 대응능력은 자원에 따라 매우 다양하

---

60 R. C. Summit, "The child sexual abuse accommodation syndrome," *Child Abuse and Neglect*, 1983, 7: 177.

61 J. E. Conklin, *The Impact of Crime*, New York: Macmillan, 1975, p. 108.

여 분명히 비합리적인 대응도 사실은 이러한 제한된 선택으로 인한 것을 제안하는 모형이다.62 일부 다른 연구에서도 사람들은 언제, 어디로 갈 것인가에 대한 자신의 인지적 지도(cognitive map)를 만들 것을 제안하고 있다. 그러한 사람들은 반드시 요새 속으로 숨는 것이 아니라 자신의 사업을 염려하고 관계를 관리하는 것을 학습하게 된다. 사회적 집단화(social grouping)가 이방인을 파악하는 데 도움을 주고, 사람들은 종종 다양한 방법으로 사회적 경계를 규정하게 된다.63

5) 범죄적 대응

실제 범죄피해나 인식된 위협은 일부 피해자를 분노, 격양, 자포자기 상태로 만들어서 그들로 하여금 자신의 범죄피해에 스스로의 범행으로 대응하게 한다. 어떤 사람은 불법적인 방법으로 자신을 방어하고 어떤 사람은 복수로서 대응할 것이다. 미국 뉴욕 지하철에서 있었던 유명한 Benhard Goetz사건이 시민의 공포와 좌절에 대한 점증하는 시민의 자경주의(vigilantism)를 잘 보여주는 좋은 예라고 할 수 있다. 경찰권이 실패한 곳에서는 '수호천사(guardian angels)'가 아니라 일종의 '복수천사(avenging angels)'로서 그러한 자경주의적 행위가 시민은 물론이고 심지어 정치적 지지도 적지 않게 받게 된다.64

매 맞은 아내가 자신의 아이를 학대하는 남편을 살해하는 것과 같이 일부 피해자는 자신의 범죄피해의 고통이나 좌절 때문에 스스로의 범행으로 대응하기도 한다. 자신의 가해자에 대한 사법적 관대함에 좌절한 사람들이 스스로의 사법정의의 실현으로써 범행을 하게 된다. 또한 일부 피해자들은 자신을 강간한 교도관을 살해하는 것처럼 자신의 억압자나 가해자를 되받아치기도 한다.65

---

62 W. G. Skogan, "The fear of crime and its behavioral implications," in E. A. Fattah(ed.), *Reorienting the Justice System: From Crime Policy to Victim Policy*, New York: Macmillan, 1985, p. 201.

63 S. E. Merry, *Urban Danger: Life in a Neighborhood of Strangers*, Philadelphia: Temple University Press, 1981, p. 225.

64 Elias, *op. cit.*, p. 126.

65 S. D. Rittenmeyer, "Of battered wives, Self-defense and double standards of justice," *Journal of Criminal Justice*, 1981, 9: 489; S. L. Halleck, "Vengeance and victimization," *Victimology*, 1980, 5:99; D. Dutton and S. L. Painter, "Traumatic bonding: The develop-ment of emotional attachments in battered women and other relationships of intermittent abuse," *Victimology*, 1981, 6: 139; E. Viano, "Violence, victimization and social change:

6) 무 용 성

대체로 범죄피해를 감내하거나 스스로 범행을 통하여 대응하는 것 외에는 피해자들이 특별히 할 수 있는 대응책은 많지 않다. 특히 제도적 폭력이나 피해에 대응하는 것은 개인 범죄자에 대항한 사전주의조치를 취하는 것보다 훨씬 더 힘든 과제일 수 있다. 직장이 필요한 근로자가 직업상의 재난이나 질병을 피하기 위하여 직장을 그만두기란 사실상 매우 어려운 일이다. 빈민가나 슬럼가의 소수, 빈곤계층의 사람들은 경찰폭력에 대항할 만한 것이 거의 없는 실정이다. 도시거주자가 오염된 공기를 피할 길이 거의 없는 것이나 마찬가지다. 그래서 이처럼 개별적으로 또는 개인적으로 범죄피해에 대응한다는 것은 사실 별 도움이 되지 못하는 것이며, 따라서 집단적으로 대응하는 것이 더 바람직할 수도 있는 것이다. 더구나, 전쟁이나 테러로 인한 피해에 대해서는 더욱더 그렇다.[66]

한편, 지금까지는 범죄피해 이후에 피해자가 어떻게 반응하는가에 관심을 가져왔지만 범죄피해 중에는 어떻게 반응하는가에 대해서도 관심을 가질 필요가 있다. 특히, 피해자가 공격자에게 가하는 저항에 대해서 상당한 논란이 제기되고 있다. 물론 어떤 사람은 강도에 저항하지만 대부분은 저항하지 않으며, 대부분의 인질들은 비행기 납치범들에게 협조하게 된다. 일부에서는 재산범죄의 경우는 저항하는 것이 바람직한 전략은 아니며, 대인범죄의 경우는 분명치 않다고 한다. 더불어 개인적 저항에 비해 집합적 저항의 비교효과성에 대해서는 아는 것이 많지 않다. 그래서 일부에서는 어떤 경우건 비폭력적 저항을 주장하고 폭력적 저항에 반대하고 있다. 저항에 관한 논쟁은 특히 성폭력의 경우에 더 심한데, 저항이 때로는 심각한 부상을 초래할 수도 있지만 반대로 저항하지 않으면 자존심을 해치고 나중에 가해자의 유죄입증과 처벌에 어려움을 겪을 수도 있기 때문이다.[67]

A socio-cultural and public policy analysis," *Victimology*, 1983, 8: 67.

66 S. Salasin, "Services to victims: Needs assessment," in S. Salasin(ed.), *Evaluating Victim Services*, Beverly Hills, CA: Sage, 1981, p. 21; F. Ocherg, "Victims of terrorism," *Journal of Clinical Psychiatry*, 1980, 41: 17.

67 E. A. Fattah, "Victims' response to confrontational victimization: A neglected aspect of victim research," *Crime and Delinquency*, 1984, 30: 75; W. G. Skogan and R. Block,

2. 지역사회의 대응

1) 목격자의 행위

흔히 동료시민들을 도와주는 '선한 사마리아인(Good Samaritans)'이 우리 사회에서 점점 줄어들고 있다고 한다. 대다수 시민들은 아마도 피해자가 가족이나 가까운 친지가 아니라면 범죄현장에 출동한 경찰관이나 피해자 돕기를 매우 꺼려한다. 도우려다가 자신이 입을 수 있는 피해와 그 결과에 대한 공포로 인하여 범죄에 대하여 잠재적으로 아주 중요한 하나의 장애를 약화시키는 데 일조하고 있으며, 그 결과 일반 시민들의 위험을 더욱 증대시키게 되었다. 이러한 현상을 일부에서는 단순히 이해관계의 갈등이나 혼란일 뿐이라고 하지만 한편으로는 현대 사회의 비인간성과 소외를 반영하는 것이라고 할 수 있을 것이다.68

그런데 이러한 시민들의 대응 여부는 범죄의 사회적 배경이나 상황에 크게 좌우된다고 한다. 목격자들이 전혀 행동할 의사가 없는 것은 아니지만 범죄와 같은 비상상황은 그들을 놀라게 하여 행동하지 못하게 되는 것이다. 일부에서는 목격자들의 개입 여부는 범죄자나 당국에 대한 목격자의 태도보다는 자신의 참여를 유인할 수도 있는 다른 목격자들의 행위에 더 많은 영향을 받는다고 한다. 반면에 또 다른 일부에서는 목격자가 개입하는 동기는 피해자에 대한 우려와 관심보다는 범죄, 범죄자, 그리고 경찰에 대한 태도로부터 나오는 것이라고 주장한다. 몇몇 실험에서는 피해자의 직접적인 호소가 간접적인 호소나 아니면 호소하지 않을 때보다 가장 많은 도움을 받을 수 있었다는 결과를 내놓기도 하였다. 그래서 일부에서는 목격자에게 대응할 법적 의무를 지우자는 제안도 내놓고 있다.69

"Resistance and injury in non−fatal assaultive violence," *Victimology*, 1983, 8: 215; S. Ben−David, "Rapist−victim interaction during rape," in Schneider(ed.), *op. cit.*, p. 237.

68 L. F. Lowenstein, "Mugging: Crime of greed and vicious hostility and indifference," *Police Journal*, 1980, 53: 30.

69 H. B. McKay and J. L. Lerner, "Sympathy and suffering: Reactions to the plight of an innocent victim," *Crime and Justice*, 1977, 4: 282; L. Wisepe and J. Kiekolt, "Victim attractiveness as a function of helping and nonhelping," *Journal of Social Psychology*, 1980, 112: 67; W. A. Harrell and J. W. Goltz, "Effect of victim's needs and previous accusation of theft upon bystander's reaction to theft," *Journal of Social Psychology*,

2) 공적 대응

범죄피해나 피해의 위협이 때로는 관계기관 사이의 갈등을 조장할 수도 있다. 이처럼 범죄와 범죄에 대한 공포를 줄이는 것이 단점이 될 수도 있지만 때로는 장점으로 작용할 수도 있다. 범죄피해가 억압 또는 소위 '철권(iron fist)'이라고 불리는 경찰활동에 대한 핑계를 제공할 수도 있는 반면에 한편으로는 경찰과 지역사회의 관계를 증진시키기 위한 보다 부드러운 또는 화해정책을 가져올 수도 있는 것이다. 범죄피해의 증대로 인한 피해자에 대한 새로운 관심이 범죄피해를 예방하고 피해자를 돕기 위한 프로그램들을 장려하는 데 일조하고 있다. 그러나 그러한 프로그램들은 대체로 상징적인 것에 지나지 않을 수 있고 공식기관의 활동에 대한 일종의 좋은 인상 만들기(image building)에 불과하다는 지적도 있다.[70]

3) 집합적 대응과 개별적 대응

범죄피해가 때로는 지역사회에도 큰 영향을 미치고 따라서 지역사회 전체의 반응을 불러일으키기도 한다. 범죄피해나 피해의 위협에 대한 개별화된 반응에 비해, 상대적으로 집합적 대응이 그렇게 빈번한 것은 아니다. 범죄가 사회를 하나로 통일시키고 통합시키는 범죄의 순기능이 일종의 집합적 반응일 수 있으며, 이런 것을 때로는 '부정적 통일(negative unity)'이라고도 한다. 그러나 대부분의 경우에는 범죄로 인한 사회적 불신풍조의 팽배 등으로 인하여 범죄가 오히려 집단대응을 마비시키며 지역사회를 분열시키기 쉽다고 한다. 물론 대체로 개별화된 정략과 심리가 지역사회의 노력에 심대한 장애를 초래할지 모르지만 그렇

1980, 112: 41; M. E. Valentine, "The attenuating influence of Gaze upon the bystander intervention effect," *Journal of Social Psychology*, 1980, 112: 197; L. Bickman, "Bystander involvement in crime," in Viano(ed.), op. cit., p. 144; D. W. Wilson, "Ambiguity and helping behavior," *Journal of Social Psychology*, 1980, 112: 155; J. Kleining, "Good Samaritan," *Philosophy and Public Affairs*, 1976, 5: 382.

70 S. A. Schneingold, *The Politics of Law and Order: Street crime and Public Policy*, New York: Longman, 1984, pp. 37—84; R. Elias, "The symbolic politics of victim compensation," *Victimology*, 1983, 8: 213; D. R. Miers, "Compensation and conceptions of victims of crime," *Victimology*, 1983, 8: 204.

다고 범죄로 인한 사회해체가 불가피한 것만은 아니다. 최근에 강조되고 있는 '범죄예방(crime prevention)'이 아니라 '피해예방(victimization prevention)'을 강조하는 추세가 바로 개별화된 접근을 그대로 반영하는 것이라고 할 수 있다.[71]

4) 대응의 유형

일부 지역사회에서는 다양한 비공식적 제재에 의존하여 때로는 특정 집단이 여성단체와 같은 단체를 조직하기도 하며, 때로는 자기들의 지역사회에 더 나은 법집행을 하도록 로비를 하고, 어떤 경우는 환경이나 건축 설계를 통하여 지역사회를 물리적으로 바꾸려고 하고, 또 다른 지역에서는 다양한 형태의 지역사회경찰활동(community policing)을 시도할지도 모른다.[72]

그러나 이러한 지역사회의 노력들이 범죄와 지역사회 퇴락의 근본적인 원인을 고려하지 않고 피한다면 실패하기 쉽다. 예를 들어, 환경 재설계(environmental redesign)를 통한 방어공간(defensible space)이 사회적 분파와 사회행동 전략의 미개발 하에서는 자동적으로 범죄피해를 줄이는 것은 아니다. 지역사회의 범죄에 대한 공포는 실제 범죄율을 능가하기 때문에 단순히 정부통제를 강화하고 더 튼튼한 성을 쌓고 더 안전한 잠금장치를 하는 것만으로는 개선될 수 없는 인식된 위험의 근원을 해결하지 않고는 안 되는 것이다.[73]

---

71 E. S. Cohn, L. Kidder, and J. Harvey, "Crime prevention vs. victimization prevention: The psychology of two different reactions," *Victimology*, 1978, 3: 285; S. Riger and M. T. Gordon, "The fear of rape: A study in social control," *Journal of Social Issues*, 1981, 37: 71; D. A. Lewis, "Reactions to crime project," *Victimology*, 1978, 3: 345.

72 D. M. Galvin, "Concepts in victimization and the slave," in Viano(ed.), *op. cit.*, p. 593; Conklin, *op. cit.*, p. 194.

73 Merry, *op. cit.*, pp. 232-243.

간접피해로서의 범죄에 대한 공포

1. 범죄에 대한 공포의 개념

직접적 범죄피해는 피해자에 대한 신체상의 손상과 재산상의 손실 등 외형적 결과와 심리적, 사회적 결과도 초래하지만 간접적 피해라고 할 수 있는 범죄에 대한 공포라는 결과도 초래하게 된다. 이뿐만 아니라 피해와 직접 관련이 없는 사람들에게도 심리적 불안과 공포를 조장하고, 사회적 불신과 그로 인한 행동유형의 변경, 그에 따른 사회적 경비와 방범장비나 시설의 구입과 설치에 따른 경제적 비용을 초래하게 되어 실제로 피해의 범위와 정도가 직접적 피해에 비해 더 심각한 것으로 간주되고 있다.[1]

범죄에 대한 공포는 다양하게 정의되고 있지만 보편적으로 시민이 느끼는 바 자신이 특정한 범죄의 피해자가 될 확률이나 가능성에 대한 추정 또는 범죄나 안전에 대한 막연한 두려움의 추정으로 정의할 수 있다. 따라서 범죄에 대한 공포가 반드시 범죄피해(victimization)를 직접 경험한 결과 나타나는 것만은 아니기 때문에 특정한 범죄행위의 피해에 대한 위협의 인식과 그에 대한 심리적

---

1 F. Clemente and M. B. Kleimann, "Fear of crime among the aged," *The Gerontologist*, 1976, 16(3): 207-210; M. T. Gordon and S. Riger, "Fear and avoidance: A link between attitudes and behavior," *Victimology*, 1978, 3(3-4): 395-402.

반응 그 이상을 내포하고 있는 개념으로 이해되고 있다.[2] 분명히 범죄에 대한 공포는 '도시생활의 제 측면에 의하여 영향을 받는 느슨한 심리적 개념'으로 간주된다.[3]

그런데 한편으로는 범죄에 대한 공포는 '위험과 불안감으로 특징지어지는 감정적 반응'이라고도 하는데, 여기서 말하는 '위험과 불안감(the sense of danger and anxiety)'은 신체적 손상을 함축하고 있으나 범죄에 대한 공포의 일부는 범죄에 대한 민감한 감정을 내포하고 있기 때문에 반드시 신체적 손상을 내포하는 것은 아니다. 이러한 점에서 범죄에 대한 공포는 범죄행위가 발생함으로써 실제로 범죄에 대한 위험과 불안을 경험하거나 관찰하게 되는 경우나 범죄행위를 유발할 수 있는 특정한 환경조건을 불안하게 인식하는 경우에 사람들이 범죄에 대한 공포를 느끼게 되는 것으로 확대 해석할 수 있다. 이러한 견지에서, 재산손실의 잠재성에 대한 반응은 보다 이지적이고 계산적이며, 따라서 일종의 '걱정(worry)'으로 기술될 수 있다. 반면에 신체적 손상의 잠재성에 대한 반응은 보다 자의적이고 감정적이라고 이해되어 걱정보다는 '공포(fear)'에 가깝다고 할 수 있을 것이다.[4]

한편에서는 범죄에 대한 공포의 개념화와 관련하여 공포와 염려(concerns)를 구별하기도 한다. 이들에 의하면 범죄에 대한 공포는 '자신이 범죄피해자가 될 확률을 추정'하는 것인 반면 범죄에 대한 염려는 '범죄 상황의 심각성을 추정'하는 것으로 규정하고 있다.[5] 한편에서는 '자신이 범죄의 피해자가 되는 것에 대한 불안과 걱정의 정도'를 범죄에 대한 공포로 규정하기도 한다.[6] 다시 말해서, 범죄에 대한 공포는 자신이 어떠한 범죄행위의 피해자가 되는 데 대한 두려움이나 공포

2 J. Garofalo and J. Laub, "The fear of crime: Broadening our perspectives," *Victimology*, 1978, 3(3-4): 242-253.

3 W. G. Skogan, "Public policy and the fear of crime in large American cities," pp. 1-17 in J. A. Gardiner(ed.), *Public Policy*, New York: Praeger Publishers, 1977, p. 11.

4 J. Garofalo, "The fear of crime: Causes and consequences," *The Journal of Criminal Law and Criminology*, 1981, 72(2): 839-857.

5 F. Furtenberg, Jr., "Public reaction to crime in he street," *American Scholar*, 1971, 40: 601-610.

6 R. A. Sundeen and J. T. Mathieu, "The urban elderly: Environment of fear," pp. 51-66 in J. Goldsmith and S. S. Goldsmith(eds.), *Crime and Elderly: Challenge and response*, Lexington, MA: D. C. Heath and Company, 1976, p. 55.

를 의미하는 것으로 개념화할 수 있다. 반면에 범죄에 대한 염려는 우리 스스로 가 사회의 범죄문제를 개인적인 위험의 차원에서가 아니라 사회전반에 걸친 범 죄문제의 심각성을 걱정하고 염려하는 것으로 해석되어야 할 것이다.

다시 말하자면 범죄를 두려워하고 공포심을 갖는 것은 개인적으로 범죄피 해자가 될 가능성과 확률에 관한 감정적인 공포에 관한 것인 반면 범죄에 대한 염려는 우리 사회의 범죄상황에 대한 자신의 추정에 따른 염려와 걱정 및 자신 이 범죄피해자가 될 확률에 대한 자신의 인식과 범죄피해자가 될 위험성의 추정 으로 이해되고 있다.

하지만 어떠한 형태이든 범죄에 대한 공포는 자신이 범죄피해자가 될 확률 을 추정하는 것으로 이는 자신이 범죄피해자가 되는 것에 대한 불안과 걱정의 정도를 나타내는 것으로 개념화할 수 있을 것이다.[7] 그러나 단순한 재산범죄보 다는 신체적 손상까지도 초래할 수 있는 대인범죄의 피해자가 될 확률과 위험성 에 대한 불안 및 걱정의 정도라고 정의하는 것이 보다 타당할 것으로 보인다.[8]

그런데 지난 30여 년에 걸친 범죄에 대한 공포의 연구결과에서 가장 분명 하게 밝혀진 것은 여성과 노인이 가장 공포를 많이 느낀다는 것이지만 사회경제 적 지위와 같은 다른 변수와 범죄에 대한 공포 사이의 관계는 그리 분명하지 않 다. 이에 대한 한 가지 이유는 범죄에 대한 공포가 연구에 따라 서로 다르게 조 작화되기 때문이다. 일부 연구에서는 응답자에게 야간에 자신의 이웃이 혼자 걸 을 때 얼마나 안전하다고 느끼는가를 묻는 반면, 다른 연구에서는 응답자에게 특정한 범죄의 피해자가 될 가능성에 대하여 묻고 있다. 따라서 범죄에 대한 공 포는 적어도 이 두 가지 차원을 따라 존재한다고 할 수 있다. 위에서 언급한 첫 번째 범죄에 대한 공포는 취약성에 대한 일반화된 느낌 또는 응답자의 거주동네 의 안전성에 대한 인식을 알고자 하는 것이며, 이러한 형태의 공포를 무형의 공 포(formless fear) 또는 일반화된 공포(generalized fear)라고 일컬으며, 공포에 대 한 정서적 척도(affective measure of fear)로 간주된다. 반면에 두 번째 차원의 공

---

7 R. A. Sundeen and J. T. Mathieu, "The urban elderly: Environment of fear," in J. Goldsmith and S. S. Goldsmith(eds.), *Crime and Elderly: Challenge and response*, Lexington, MA: D.C. Hath and Company, 1976, pp. 51 – 66.

8 이윤호, "범죄에 대한 공포: 그 원인과 반응," 한국형사정책연구원, 형사정책연구, 1993, 4(1): 27 – 44.

포는 응답자가 특정한 범죄행위의 피해자가 될 가능성을 평가하도록 묻는 것이라는 점에서 보다 특정적, 구체적 공포이며, 이러한 형태의 공포는 유형의 공포(concrete fear) 또는 구체적 공포(specific fear)라고 하며, 공포에 대한 인지적 척도(cognitive measure of fear)라고 간주된다.[9]

1) 무형의 공포(Formless Fear)

일부 연구자들은 약간의 변형은 있지만 응답자들에게 "야간에 자신의 주거지역을 혼자 걸을 때 얼마나 안전하다고 느끼는가?"라는 설문을 함으로써 응답자의 범죄에 대한 공포를 측정하고자 한다. 이러한 설문은 절도, 강도 등과 같은 범행을 제외시키기 때문에 야간에 집 밖에서의 개인적 안전에 대한 일반적 우려나 공포, 또는 동네의 안전에 대한 일부 인식을 측정하는 것으로 보인다.

이러한 무형의 공포에 대한 연구의 결과는 대부분 노인, 여성, 그리고 사회경제적 지위가 낮은 사람, 미혼자, 도시거주자 등이 공포를 더 많이 느낀다는 것이다. 그래서 이들은 그들의 사회적 취약성(social vulnerability) 때문에 신체적 취약성(physical vulnerability)의 반영이라고 할 수 있는 일반화된 공포를 갖게 된다.

2) 유형의 공포(Concrete Fear)

한편, 다른 일부 연구자들은 응답자들에게 "아래에 열거한 각 유형의 범죄가 정해진 기간 안에 자신에게 일어날 가능성이 얼마나 되는가?"라는 설문을 하는 경향이 있다. 이와 유사한 것으로서, 응답자들에게 자신이 강도를 당하거나 폭행을 당하는 등의 범행에 대하여 얼마나 자주 염려(worry)하는가를 묻기도 한다. 따라서 이러한 형태의 설문은 범죄피해의 위험성이나 염려에 대한 응답자의 인식을 측정하는 것이라고 할 수 있다. 연구결과에 따르면, 젊은 층, 도시거주자, 교육수준이 높은 사람 등이 이러한 유형의 공포를 표현할 가능성이 가장 높다고 한다.

---

9 C. Keane, "Fear of crime in Canada: An examination of concrete and formless fear of victimization," *Canadian Journal of Criminology*, April 1992, pp. 215–224.

2. 범죄에 대한 공포의 원인

범죄에 대한 공포는 개인적 여건과 특성에 따라 상이한 것이므로 범죄에 대한 공포의 절대적인 원인이 무엇인가를 결론짓기는 거의 불가능한 일이라고 할 수 있다. 더불어, 범죄에 대한 공포가 다양한 요소에 의해 영향을 받는 복합적인 감정적 반응으로 이해된다. 그렇기 때문에 범죄에 대한 공포의 원인에 관하여 무엇이 절대적인가를 논하기보다는 지금까지의 연구결과, 범죄에 대한 공포를 야기하는 것으로 지적되어 온 중요변수를 중심으로 분석할 수밖에 없다.

1) 언론의 영향

일반적으로 시민들은 범죄 그 자체에 의하여 야기되는 실제 범죄위험의 정도보다 범죄에 대한 불안과 공포를 훨씬 더 많이 느낀다고 한다. 이는 직접적인 범죄피해경험 이외의 간접적인 경험도 사람들의 범죄에 대한 공포에 중요한 영향을 미칠 수 있음을 보여주는 것이고, 사람들은 보통 언론매체를 통하여 범죄를 간접적으로 경험하는 것으로 알려져 있다.[10]

텔레비전을 많이 시청하는 사람일수록 자신이 폭력범죄에 관련될 수 있다고 느끼게 되는 경우가 더 많고,[11] 범죄에 대한 공포가 실제의 범죄발생빈도보다 과장된 신문지상의 폭력범죄사건의 보도와 상당한 관련이 있으며,[12] 범죄관련기사를 많이 보도하는 신문을 구독하는 독자일수록 범죄에 대한 공포를 더 많이 느낀다[13]는 연구결과들이 범죄에 대한 공포에 중요한 영향을 미치고 있음을 보여준다.

---

10 W. G. Skogan and M. Maxfield, *Coping with Crime: Victimization, Fear, and Reaction to Crime*, Beverly Hills, CA: Sage, 1981, Chapter 2 참조.

11 G. Gerbner and L. Gross, "The scary world of TV's heavy viewer," *Psychology Today*, 1976, 89: 41-45.

12 W. B. Jaehning, D. H. Weaver, and F. Fico, "Reporting crime and fearing crime in three communities," *Journal of Communications*, 1981, 31(1): 88-96.

13 M. T. Gordon and L. Heath, "The news business, crime, and fear," pp. 227-250 in D. A. Lewis(ed.), *Reactions to Crime*, Beverly Hills, CA: Sage, 1981.

2) 방어능력의 취약성

일반적으로 사회적, 신체적 취약성이 그 사람의 범죄에 대한 공포에 상당한 영향을 미친다고 한다. 신체적 취약성(physical vulnerability)이란 범죄로부터의 공격을 격퇴시키고 저항할 수 있는 신체적인 능력이 부족하거나 없는 경우와 일단 범죄가 발생하게 되면 피해의 손상을 회복할 능력이 부족하거나 없는 경우라고 할 수 있다. 여성과 노인들이 남성과 젊은 사람들에 비해 더 많은 공포를 느끼는 것이 이러한 신체적 취약성에 기인하는 것으로 설명하고 있다. 실제로 남성과 여성이 범죄에 대한 공포를 느끼는 정도가 크게 차이가 나는 것이나,[14] 자신의 신체조건이 상대적으로 취약하다고 생각하는 사람이 범죄에 대한 공포를 더 많이 느낀다는[15] 것이 이에 대한 좋은 예이다.

사회적 취약성(social vulnerability)은 범죄위험성의 노출의 정도와 빈도 그리고 피해회복에 필요한 자원의 측면에서 논의되고 있다. 범죄의 위험에 상대적으로 많이 노출되어 범죄피해의 가능성이 높고, 범죄발생시 회복을 위한 자원이나 방범대책에 필요한 자원이 부족한 경우를 사회적 취약성이라고 할 수 있다. 사회경제적으로 취약하다고 간주되는 소수집단이나 저소득층 등이 상대적으로 범죄에 대한 공포를 더 많이 느낄 수 있다는 것은 바로 이러한 이유에서일 것이라고 추론할 수 있다.

3) 범죄에 대한 인식

일반적으로, 지역사회의 범죄발생률과 주민의 범죄에 대한 공포는 상당한 관련이 있는 것으로 알려져 있다. 이러한 견지에서 지역사회 범죄문제의 심각성에 대한 인식도 그 사람의 범죄에 대한 공포에 영향을 미칠 수 있다는 것이다. 자기 지역사회의 범죄문제가 심각한 것으로 인식하고 있는 사람일수록 범죄에 대한 공포도 그만큼 높아진다는 것인데, 이러한 주장은 실제 경험적 연구결과로

---

14 S. Roger, M. T. Gordon, and R. Le Baily, "Womens' fear of crime: From blaming to restricting the victim," *Victimology*, 1978, 3(3−4): 274−284.

15 M. M. Braungart, R. G. Braungart, and W. J. Hoyer, "Age, sex, and social factors in fear of crime," *Sociological Focus*, 1980, 13(1): 55−66.

입증되고 있다.16

4) 경찰의 부적절한 범죄통제

경찰이 효율적으로 범죄를 통제한다면 그만큼 범죄도 적게 발생할 것이고 따라서 시민들도 그만큼 범죄에 대한 공포를 적게 느낄 것이다. 그런데 경찰의 범죄통제에 대한 시민의 평가는 과학적이고 객관적이라기보다 막연한 주관적 판단에 더 가까운 것이라고 할 수 있다. 경찰에 대한 시민의 주관적 판단은 바로 경찰에 대한 시민의 태도에 영향을 미치게 되고, 이렇게 형성된 경찰에 대한 시민의 태도가 곧 시민이 경찰을 평가하는 척도가 되고 있어서 경찰을 긍정적으로 평가하는 사람일수록 범죄에 대한 공포도 적게 느낄 것이다.

여기서 경찰의 범죄통제능력은 대부분 경찰의 가시성(visibility)과 임무수행 능력에 대한 평가로서 개념화되고 있는데, 즉 경찰의 순찰활동을 자주 목격하고, 경찰의 임무수행능력을 긍정적으로 평가하는 사람일수록 범죄에 대한 공포를 적게 느낀다는 것이다.17 물론 지나친 경찰의 가시성은 오히려 시민의 공포심과 불안감을 고조시킬 수도 있지만 대체로 경찰의 가시성을 어느 정도 높이는 것이 시민에게 안전감을 심어줄 수 있다. 이러한 논리를 일부에서는 소위 '마요네즈이론'이라고 한다. 이러한 주장의 근거에는 경찰의 존재 자체가 잠재적 범죄자에 대한 억제작용을 하기 때문에 범죄가 억제되어 시민의 범죄에 대한 인식도 개선되어 결국 범죄에 대한 공포도 적게 느끼게 된다는 전제를 함축하고 있다. 경찰의 범죄통제능력과 시민의 범죄에 대한 공포의 상관관계에 관한 또 다른 가설은 경찰의 임무수행능력에 대한 시민의 평가와 범죄에 대한 공포의 관계에 관한 것이다. 즉, 경찰의 임무수행능력을 긍정적으로 평가하는 사람이 범죄에 대한 공포도 적게 느낀다는 것이다.18

---

16 J. C. Conklin, "Dimensions of community responses to the crime problem," *Social Problems*, 1971, 18: 373−385.

17 J. Hening and M. Maxfield, "Reducing fear of crime: Strategies for intervention," *Victimology*, 1978, 3(3−4): 297−313.

18 C. W. Thomas and J. M. Hyman, "Perceptions of crime, fear of victimization, and public perceptions of police performance," *Journal of Police Science and Administration*, 1977, 5(3): 305−317.

5) 물리적 환경

범죄에 대한 공포와 지역사회의 주거환경 및 생활환경이 갖는 시각적 속성은 상호 관련성이 있어서 지역사회의 물리적 환경조건이 주민의 범죄에 대한 공포에 영향을 미친다는 주장이다. 이러한 주장은 CPTED(Crime Prevention Through Environmental Design), 즉 환경설계를 통한 범죄예방의 이론과 궤를 같이 하는 것으로서 물리적 환경의 개선을 통하여 범죄를 예방할 수 있으며 따라서 범죄에 대한 공포도 줄일 수 있다는 것이다. 반대로 좋지 못한 물리적 환경은 범죄를 유발할 수 있고 따라서 범죄에 대한 공포도 높아질 수 있다.[19]

여기서 말하는 물리적 환경과 범죄와의 상호 관계는 범행의 기회구조와 관련된 문제이다. 범죄행위의 실행을 위해서는 범행의 기회가 주어져야 하는데, 물리적 환경에 따라서 범행의 기회가 달라지기 때문에 좋지 못한 물리적 환경은 이러한 범행의 기회를 더 많이 제공하게 되어 범행발생이 보다 용이하고 빈번해질 수 있어서 시민의 범죄에 대한 공포도 높아질 수 있다. 이러한 주장은 소위 '깨어진 창(Broken Windows)'이론에서도 많이 논의되고 있는 실정이다.[20]

6) 범죄피해경험

범죄피해를 직접 경험한 사람이 범죄에 대한 공포도 더 많이 느낄 것이라는 점은 어쩌면 당연한 논리인지도 모른다. 물론 지금까지의 연구결과들도 대부분은 이러한 사실을 보여주고 있다. 그러나 직접적인 범죄피해의 경험이 범죄에 대한 두려움에 미치는 영향에 대해서 이처럼 간단하게 결론을 내릴 수 있는 것은 아니다. 그것은 범죄피해의 정도와 피해자의 회복능력이 고려되지 않았기 때문이다.[21] 범죄피해 경험과 범죄에 대한 공포의 관계에 대해서는 아래의 범죄피

19 F. Heinzelman, "Crime prevention and the physical environment," pp. 87-101 in D. A. Lewis(ed.), *op. cit.*; E. J. Pesce, "Creating safe environments: A Crime prevention through environmental design, 'The CPTED' concept," pp. 347-362 in B. Galaway and J. Hudson (eds.), *Perspectives on Crime Victims*, St. Louis, MO: The C. V. Mosby Company, 1981.

20 J. A. Nasar, "A model relating visual attributes in the residential environment to fear of crime," *Journal of Environmental System*, 1981-82, 11(3): 247-255.

21 P. D. Yin, "Fear of crime among the elderly: Some issues and suggestions," *Social*

해와 범죄에 대한 공포의 관계에서 보다 구체적으로 기술할 것이다.

7) 사회심리학적 요인

범죄에 대한 공포 그 자체가 현대 도시생활에 영향을 미치는 다양한 요인에 의한 감정적 반응으로 간주되고 있음을 고려한다면 사회적 여건과 개인적 심리상태가 범죄에 대한 공포와 전혀 무관할 수 없음을 보여준다고 할 수 있다. 일례로 이웃주민을 불신하는 사람일수록 자신의 주거지역의 범죄문제가 심각한 수준이라고 인식하는 경향이 높은 반면 자신의 거주지역이 살기 좋은 곳이라고 평가하는 사람일수록 지역사회의 범죄문제를 긍정적으로 인식하며, 절도나 강도에 대한 공포도 적게 느낀다는 것이다. 뿐만 아니라, 주민 상호간의 사회적 지원(social support)의 결핍이 범죄에 대한 공포에 지대한 영향을 미친다는 사실도 연구결과 밝혀지고 있다. 긴급한 상황이 발생했을 때 이웃주민이 도와줄 것이라고 믿는 사람과 자신이 지역사회의 일원으로서 강한 소속감을 가지는 사람일수록 범죄에 대한 공포를 적게 느끼고 사회가 안전하다고 생각하는 경향이 있다. 또한 지역사회의 응집력이 강한 지역에 거주하는 사람과 자신의 지역사회에 대하여 만족하는 사람일수록 범죄에 대한 공포도 적게 느끼게 된다.[22]

8) 종　　합

그렇다면 이러한 범죄피해에 대한 공포를 가장 많이 느끼는 사람은 누구일까? 한 마디로 범죄의 위험성에 많이 노출(exposure)되고 그 위험성을 인식하고 있으나 자신의 위험성을 통제하지 못하고 위험으로부터 자신을 방어할 수 없어서 범죄피해의 가능성이 대단히 높은 사람이라고 할 수 있다. 또한 범죄피해의 결과가 크고 그 피해로부터의 회복은 어려운 사람이 범죄에 대한 공포를 더 많이 느낀다고 할 수 있다. 즉, 범죄의 위험성에 많이 노출되는 자체가 범죄피해의

Problems, 1980, 27(4): 492−504.

22 R. A. Sundeen, "The fear of crime and urban elderly," pp. 13−24 in M. Raifai(ed.), *Justice and Old Americans*, Lexington, MA: D. C. Hath and Company, 1977; T. Hartnagel, "The perception of fear of crime: Implications for Neighborhood cohesion, social activity, and community affect," *Social Forces*, 1979, 58(1): 176−193; R. W. Toseland, "Fear of crime: Who is most vulnerable?" *Journal of Criminal Justice*, 1982, 10: 199−209.

가능성과 확률을 높이는 것이며, 또한 자신을 그러한 위험성 속에서 방어해 낼 수 없다면 범죄에 대한 공포를 더욱 많이 느낄 수밖에 없는 것이다. 또한 범죄로 인한 피해가 크다고 생각할수록 범죄에 대해 더 많은 공포를 느끼게 되는 것이다. 물론 이 세 가지 요인, 즉 범죄위험성에의 노출과 위험성의 인식, 위험성의 통제와 자기방어능력, 그리고 피해결과의 심각성과 피해회복능력이 각각 독립적으로도 범죄에 대한 공포를 유발할 수 있지만, 더욱 심각한 것은 이 세 가지 요인이 상호 복합적으로 작용한 결과로 나타나는 범죄의 공포이다.

즉, 위험성에의 노출이 심하더라도 자기방어능력이 있다면 별 문제가 되지 않을 수도 있으나, 위험성에의 노출이 심하지 않더라도 자기방어능력이 부족하다면 범죄에 대한 공포를 많이 느낄 수 있다는 것이다. 따라서 범죄위험성에의 노출이 심하고, 그 상황을 통제 및 방어할 능력이 없으며, 그 범죄피해를 회복할 능력마저 부족한 사람이 범죄에 대한 공포를 가장 많이 가질 것이다.

이를 종합하자면, 범죄에 대한 공포는 확률(probability)과 취약성(vulnerability)의 문제로 귀착된다고 할 수 있다. 즉, 범죄위험성에의 노출(exposure to crime risk)은 바로 확률의 문제이며, 자기 통제력(self−control)과 방어능력 및 피해결과의 심각성과 피해회복능력은 취약성의 문제이다. 이를 풀어서 본다면, 노출은 생활유형과 밀접한 관계가 있는 것으로, 야간외출이나 야간근무를 하는 사람, 범죄다발지역에 거주하거나 일하는 사람 등이 범죄의 위험성에 많이 노출된다. 당연히 여성이나 노인 등 신체적, 경제적으로 방어능력이 취약하고 피해의 회복도 어려운 사회 경제적 지위가 낮은 사람들은 경제적으로 부유하여 방범장비와 시설을 갖추고 경비원이나 경호원을 고용할 수 있으며 대중교통수단이 아닌 자가용을 주로 이용하는 사람에 비해 범죄에 취약한 사람이라고 할 수 있다. 바로 이러한 사람들이 범죄에 대한 공포를 가장 많이 느낀다고 할 수 있다.[23]

3. 범죄피해와 범죄에 대한 공포의 관계

범죄피해와 범죄에 대한 공포 간의 연계는 분명한 것 같지만 몇 가지 이유

---

[23] 이윤호, 「범죄학개론」, 박영사, 2002, pp. 362−363.

에서 좀 더 깊이 관찰할 필요가 있다고 한다. 우선, 많은 연구결과 두 변수가 단지 미약한 관계만 있는 것으로 파악되고 있다는 점이다. 도시 거주자보다 가난한 사람이 피해를 당할 가능성도 높고 동시에 공포도 더 많이 느끼는 것과 같이 일부 집단에게는 범죄와 공포가 같이 가는 것일 수도 있지만 여성과 노인과 같이 비교적 범죄피해를 당할 가능성이 낮은 사람이 높은 수준의 공포를 느끼는 경우도 많이 있기 때문이다. 더구나 기본적으로 거의 모든 사람들이 실제 피해보다 더 많은 공포를 느끼고 있어서 범죄피해가 다수 사람들의 범죄에 대한 공포를 설명하지 못하며 따라서 범죄에 대한 공포는 어느 정도 '비합리적, 비이성적'인 것이라고 결론내릴 수 있다.24

둘째, 놀랍게도 범죄의 피해자에 대한 일반적 영향에 관해서 알려진 것이 많지 않다. 대부분의 연구가 특정한 범죄나 특정한 범주의 피해자에 초점을 맞추고 있다. 따라서 이러한 연구들은 비피해자들을 연구대상에서 제외시킴으로써 피해경험의 결과 피해자들이 비피해 비교집단과 얼마나 차이가 있는지 답할 수 없게 되었으며, 특정한 범죄와 피해자에 초점을 맞춤으로써 상이한 유형의 범죄피해의 영향과 상이한 사람들에 대한 범죄피해의 영향에 대한 비교분석을 어렵게 한다.

지금까지의 연구를 검토하면, 인구 전체를 놓고 볼 때 두 변수 간의 관계는 미약할 뿐만 아니라 일부 대인범죄와 같이 경우에 따라서는 피해자가 오히려 낮은 수준의 공포를 가지는 부정적 관계가 나타나기도 한다. 대인범죄피해에 대한 공포의 수준이 강력 대인범죄의 정도보다 더 높게 나오기도 한다. 그래서 일부에서는 대부분의 사람들이 범죄피해에 관하여 별 다른 조치를 취하지 않는 것으로 보아 범죄에 대한 공포는 일면 비합리적인 것이라고 주장한다. 이러한 견해는 다수의 자동차 절도가 운전자가 자동차 열쇠를 차안에 두기 때문이며 다수의 침입절도가 사람들이 주의를 충분히 하지 않기 때문이라는 보편적 생각으로 잘 대변되고 있다. 실제로 영향의 척도로서 피해에 따른 행위의 변화를 측정하지만 범죄예방이나 피해예방행위의 큰 변화는 거의 없는 것으로 파악되고 있다.25

---

24 W. G. Skogan, "The impact of victimization on fear," *Crime and delinquency*, 1987, 33(1): 135–154.

25 M. Y. Rifai, "Methods of measuring the impact of criminal victimization through

이와 같은 범죄피해와 범죄에 대한 공포의 어울리지 않는 관계에 대한 다수의 설명이 제기되어 왔다. 그 중에서도 가장 강조되는 이유는 대부분의 범죄가 그 결과가 사소한 것이고 따라서 공포를 불러일으킬 정도가 아니기 때문이라는 것이다. 심지어는 강도나 폭력 피해는 공포를 오히려 줄인다는 주장도 제기되고 있다. 이들은 사람들이 범죄를 직접적으로 경험하기 전에 가장 공포를 많이 느끼고 범죄피해경험 이후에는 비교적 큰 피해를 당하지 않았을 때 오히려 불안감이나 공포를 적게 느낀다고 주장한다.

만약 범죄피해가 공포와 관련된 행위로 이어진다면 위험성에의 노출을 줄이게 되고 따라서 장래 범죄피해의 확률을 낮추게 될 것이다. 그러나 이러한 가정은 사실과 다르다. 그것은 대체로 범죄피해자가 우연히 피해를 당하는 것 이상으로 피해자가 되는 경향이 있기 때문이다. 이를 일부에서는 피해자성향(victim prone)이라고도 한다. 그러나 일부 연구자들은 여성과 노인 같이 공포를 많이 느끼는 집단의 낮은 피해율을 설명하기 위하여 '위험성 노출 가설'을 이용하고 있다. 결국, 장기적 관점에서 이 두 변수 사이의 강력하고 쌍방적 관계가 종단적 자료에 의존한 연구에서는 무관한 것으로 보일 수도 있게 한다는 것이다.26

또한 지금까지의 이 두 변수의 상관관계에 관한 연구는 자료의 한계로 많은 제약을 받고 있다. 범죄경험의 측정은 적절한 피해조사기법을 요하는데, 대부분의 연구가 지나치게 그 규모가 작아서 유용한 분석에 필요한 충분한 피해자를 조사하지 못하며, 뿐만 아니라 정해진 짧은 기억기간(recall period)도 이 점을 더욱 악화시키게 된다. 일부 범죄피해의 결과는 상당히 빨리 소멸될 수 있는데 범죄경험과 조사시점의 시간이 그러한 영향을 놓치게 한다는 것이다. 다수의 연구에서 대부분의 피해자에 대한 대부분의 피해영향은 비교적 짧은 시간 안에 없어진다고 주장되고 있다.27

한편 범죄피해의 차등적 영향도 두 변수 사이의 분명한 관계의 규명을 어

victimization surveys," pp. 189–202 in H. J. Schneider(ed.), *The Victim in International perspectives*, Berlin: de Gruyter, 1982.

26 Skogan, *op. cit.*, p. 138.

27 R. F. Sparks, "Surveys of victimization: An optimistic assessment," pp. 1–60 in M. Tonry and N. Morris(eds.), *Crime and Justice: An Annual Review of Research* Vol. 3, Chicago: University of Chicago Press, 1981.

렵게 하는 요인이 될 수 있다. 범죄피해의 영향은 범죄유형, 피해자 특성, 피해자-가해자 관계 등에 따라 다를 수 있지만 두 변수의 상관관계에서는 그러한 구체적인 고려가 배제되는 경우가 많기 때문이다. 여기서 차등적 영향을 미치게 하는 요소로는 소외(isolation), 자원(resources), 취약성(vulnerability), 과거경험(previous experiences)을 들고 있다.

우선, 사회적으로 소외된 사람이 두려움이 더 크며, 사회적 지지망(networks of supporters)이 사람들의 공포를 줄이고 피해자의 새 출발에 큰 역할을 한다는 것이다. 그러나 사회적 소외자는 피해자가 필요로 하는 자신의 관심과 우려를 공유할 사람이 아무도 없다. 그래서 독거자가 더 많은 공포를 느끼는 것으로 알려지고 있을 것이다.[28] 일부 피해자는 자신의 피해경험의 결과를 극복할 수 있는 더 많은 자원과 능력을 가지고 있다. 재물의 손상이나 재정적 손실은 피해자에게 큰 부담이 아닐 수 없기 때문에 이런 자원의 정도도 피해자에게 상이한 영향을 미치게 마련이고 그래서 교육수준과 소득수준이 낮은 사람이 더 많은 공포를 느끼는 것으로 조사되고 있다.[29] 일반적으로 여성과 노인이 범죄에 취약하며 따라서 공포도 더 많이 느낀다고 한다. 이 점은 피해결과에 있어서도 마찬가지로 여성과 노인이 상대적으로 범죄피해의 영향을 더 많이 받는다고 한다.[30] 끝으로 과거의 경험도 피해자에게 다른 영향을 미친다고 한다. 과거의 경험유무도 중요하지만 여기서는 과거경험의 결과나 과거경험에 대한 태도가 더 중요하다. 범죄피해는 이미 다른 사람보다 두려움이 많은 사람에게 더 심각한 영향을 미친다. 과거경험이 '불공정한 세상(unjust world)'이라는 인식을 강화시키고 개인적 취약성을 강조하게 되기 때문이다. 반대로 심각한 결과를 초래하지 않았던 과거 피해경험은 범죄의 특성에 대한 보다 현실적 평가를 하게하고 따라서 범죄에 대한 공포도 낮추게 된다는 것이다.[31]

28 R. A. Silverman and L. W. Kennedy, "Loneliness, satisfaction and fear of crime," *Canadian Journal of Criminology*, 1985, 27(1): 1-13.

29 E. Sales, M. Baum, and B. Shore, "Victim readjustment following assault," *Journal of Social Issues*, 1984, 40(1): 117-136.

30 K. L. Sheppele and P. Bart, "Through women's eyes: Defining danger in the wake of sexual assault," *Journal of Social Issues*, 1983, 39(2): 63-80.

31 P. P. Yin, "Fear of crime among the elderly," *Social Problems*, 1980, 27: 492-504.

4. 범죄에 대한 공포의 결과와 반응

범죄에 대한 공포를 느끼는 사람들은 대체로 두 가지 유형의 반응을 보인다. 우선 이들은 감정적, 정신적으로 불안한 상태에서 생활하게 된다. 불안한 마음으로 스스로를 집안에 가두고 사회로부터 격리, 소외된 생활을 하게 되어 자신의 인간적 행복은 물론이고 삶의 질을 손상당하게 된다. 뿐만 아니라 범죄에 대한 공포를 극복하고 대응하기 위하여 많은 시간과 노력, 그리고 금전을 투자하게 된다. 실제로 범죄에 대한 공포로 인하여 대부분의 사람들이 자신의 일상생활과 행동유형을 제한하거나 변경하고, 안전을 위하여 상당한 금액을 투자하는 것으로 알려져 있다.

구체적으로는 범죄에 대한 공포를 느끼는 사람들은 자신의 안전을 위하여 대체로 세 가지 유형으로 대처하는 것으로 알려져 있다. 첫째, 야간외출을 삼가거나 특정지역을 피하는 등 자신의 신변안전을 확보하기 위하여 인지된 범죄의 위험으로부터 시간적, 공간적으로 거리를 둠으로써 범죄의 위험에 노출되지 않으려고 한다. 둘째, 방범장비를 설치하거나 경비용역을 구매하는 등 범죄의 대상이 될 수 있는 표적물에 대한 방범설비나 시설을 강화함으로써 표적을 견고화하여 범죄자의 접근을 차단하거나 제한하여 자신과 재산을 보호하려고 한다. 셋째, 자율방범대를 조직하는 등 범죄의 예방과 관련된 지역사회활동에 참여함으로써 집단적으로 대응하려고 한다.[32]

SECTION 02 범죄에 대한 공포의 이론적 모형

사실, 범죄의 공포에 대한 이론적 관심은 범죄의 공포가 유형화되고, 지역

---

32 J. A. Gardiner and G. I. Balch, "Getting people to protect themselves," pp. 113–130 in J. Brigham and D. W. Brown(eds.), *Policy Implementation: Penalties or Incentives*, Beverly Hills, CA: Sage, 1980; P. J. Lavrakas, "On households," in Lewis(ed.), *op. cit.*, p. 73; Gordon et al., *op. cit.*, pp. 153–155; Skogan and Maxfield, *op. cit.*, p. 191.

과 장소에 따라서 달라지는 이유를 설명하고자 하는 데서 출발한다. 우선, 공포의 수준에 대한 연령-성별의 순위가 피해율의 순위와 정반대라는 사실이다. 젊은 사람이 피해확률은 더 높지만 공포는 더 적게 느끼는 반면, 여성과 노인은 피해확률은 낮지만 공포는 더 많이 느낀다. 취약성의 개념이 대체로 이러한 모순을 해결하기 위한 시도이다. 둘째, 많은 사람들이 실제 피해를 당하는 것 이상으로 많은 공포를 가지고 있으며, 심지어 높은 수준의 암수범죄를 고려하더라도 공포의 수준이 실제 피해율보다 더 높다. 바로 이 점이 간접적 피해모형이 주장되고 있는 이유이다. 셋째, 지역별 공포의 정도가 범죄수준과 일치하지 않는다. 이러한 모순에서 범죄공포의 조사항목의 개념적 타당성 또는 의미에 대한 논쟁을 초래하고 있다고 한다.[33]

1. 범죄피해모형(Victimization Model)

일반적으로, 범죄의 피해자는 범죄피해를 경험하지 않은 사람보다 범죄피해에 대한 공포를 더 많이 가지는 경향이 있다고 한다. 범죄피해는 미래 범죄피해에 대한 개인적 취약성을 반영하는 것으로 알려지고 있으며, 어떤 형태로든 피해자가 취하는 사전주의조치가 자신이 안전하다는 것을 확인시키는 데 크게 효과적이지 못하고 자신의 취약성을 상기시켜 준다는 것이다.[34]

다수의 연구에서 과거 범죄피해가 범죄에 대한 공포에 긍정적으로 관련되는 것으로 밝혀지기도 하였지만, 일부 연구에서는 상관관계의 강도에 대해서 의문을 제기하고 있다. 상관관계에 대한 의문을 제기하는 연구에서는 실제 범죄피해가 범죄에 대한 공포와 단지 미비하게 연관되거나 아예 무관하다는 증거를 제시하고 있다. 젊은 사람 등 가장 피해확률이 높은 사람이 비교적 낮은 수준의 공포를 표현하는 반면에 가장 피해확률이 낮은 노인과 여성이 비교적 높은 수준의 공포를 표현하고 있다는 점을 들어 직접피해모형에 대한 신뢰에 의문을 표하

---

33 R. B. Taylor and M. Hale, "Testing alternative models of fear of crime," *The Journal of Criminal law and Criminology*, 1986, 77(1): 151–189.

34 C. L. Gibbson, J. Zhao, N. P. Lovrich, and M. J. Gaffney, "Social integration, individual perceptions of collective efficacy, and fear of crime in three cities," *Justice Quarterly*, 2002, 19(3): 537–564.

고 있다.

전반적으로, 범죄피해모형은 범죄에 대한 공포를 설명하기 위하여 개인의 범죄피해경험과 인구사회학적 요소에 초점을 맞추고 있다. 과거 피해경험을 모형에 포함시키는 것이 약간은 논쟁의 여지가 있지만 간접적 피해의 지표라고 할 수 있는 일련의 인구사회학적 변수들과 함께 과거 피해경험을 포함시키는 보수적 접근이 바람직하다고 한다. 직접적인 범죄피해경험과 범죄에 대한 공포의 관계에 관한 논의는 범죄피해의 영향이나 범죄피해경험이 범죄에 대한 공포에 미치는 영향의 기술에서 자세하게 다루어지므로 여기서는 더 이상의 논의를 생략한다.

2. 지역사회 무질서 모형(Community Disorder Model)

이 모형은 지역사회 환경의 특성을 포함시킴으로써 범죄에 대한 공포 현상 분석의 범위를 확대시킨 것으로 평가받고 있다. 이 모형은 주거지역의 무질서에 대한 인식이 범죄에 대한 공포로 이어진다는 믿음에서 출발한다. 무질서한 지역사회의 주민들이 그 지역에서 발생하는 실제 범죄량보다 더 높은 수준의 범죄에 대한 공포를 느낀다. 배회하는 10대 청소년, 약물남용자와 같은 사회적 무질서와 버려진 자동차나 쓰레기더미와 같은 물리적 무질서의 지표로서 이용되고 있다.[35] 그래서 지역사회의 문제가 악화됨에 따라 불안감이 증대되고 범죄에 대한 공포는 이러한 불안감의 한 부분이라는 것이다.

이 모형의 가설은 다음과 같다. 첫째, 사회경제적 지위가 낮은 사람은 지역의 문제를 더 많이 인식하기 쉽다. 즉, 낮은 사회경제적 지위가 무질서의 징조에 대한 인식의 증대를 통하여 범죄에 대한 공포에 간접적인 영향을 미친다는 것이다. 한편, 사회경제적 지위는 공포에 직접적인 관련성을 가질 수도 있는데 그것은 그들이 보다 취약하고 따라서 공포도 더 많이 가지기 때문이다. 범죄도 공포의 증대에 직접적으로 기여할 수 있으며, 동시에 무질서의 인식을 통하여 간접

---

[35] R. L. LaGrange, K. F. Ferraro, and M. Supancic, "Perceived risk and fear of crime: Role of social and physical incivilities," *Journal of Research in Crime and Delinquency*, 1992, 29: 311–334.

적으로도 영향을 미칠 수도 있는데 그것은 범죄가 많으면 지역사회의 무질서나 문제도 많다고 인식하기 쉬워지기 때문이다. 지역의 물리적 환경도 무질서의 인식을 증대시킬 수 있으며, 동시에 직접적으로도 공포를 증대시킬 수 있다. 이 모형에서 핵심은 사회경제적 지위와 물리적 환경의 퇴락이 지역사회의 무질서에 대한 인식을 증대시키고 결국은 범죄에 대한 공포도 증대시킨다는 것이다.

대부분의 연구가 지역사회의 무질서와 범죄에 대한 공포의 강력한 긍정적 상관성을 보여주고 있어서 지역사회의 무질서가 범죄에 대한 공포를 증대시킨다는 것을 암시하고 있다. 더구나 사회적 무질서가 물리적 무질서보다 범죄에 대한 공포에 더 강한 상관성을 가지고 있다고 한다.

그러나 이 모형에서는 무질서가 다양하게 진술되고 있다. 일부에서는 지역사회의 퇴락으로 인한 사회해체가 사회적, 물리적 문제와 범죄를 초래하는데, 그것은 사회적, 물리적 문제가 공공질서에 대한 관심의 부족은 물론이고, 이들 문제에 대한 당국의 해결능력의 부재를 보여주는 것이기 때문이라고 주장한다. 반면 다른 일부에서는 두 변수 사이에는 오로지 조건적 관계(conditional relations)만 있어서 범죄와 지역사회문제 두 요소가 모두 높을 때만이 공포의 수준도 높아질 수 있다고 한다. 그런데 이들 연구는 대부분 무질서에 대한 인식에 초점을 맞추고 있으며, 무질서에 대한 객관적 평가에 기초한 연구에서는 무질서가 공포에 미치는 영향은 그리 크지 않았으며 모든 지역에서 나타나지도 않았다고 한다.

그림 8-1 **지역사회 무질서 모형**

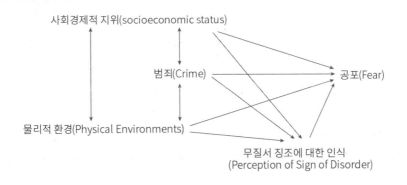

자료: Talyor and Hale, *op. cit.*, p. 162, Figure. 2.

단지 미래가 불투명한 지역에서만 중요하지만 절대적이지는 않은 영향을 미칠 뿐이라는 것이다.[36]

3. 지역사회 우려 모형(Community-Concern Model)

이 모형은 범죄에 대한 공포는 지역사회 역동성에 대한 거주자의 인식과 관계된다는 가설로부터 시작되는 것으로서, 거주지역의 환경의 영향을 고려하지 않고 오로지 범죄피해에 대한 개인의 심리적 반응에만 초점을 맞추어 지나치게 협의의 개념으로 간주되는 범죄피해모형(victimization model)에 대한 반응으로서 발전된 것이다. 그렇다고 이 모형이 범죄에 대한 공포에 영향을 미치는 생태학적 요소에 초점을 맞추고 있다는 것이 아니라 오히려 소외, 아노미, 사회 변동률에 대한 불안, 미래에 대한 비관주의, 생활여건에 대한 통제의 부족, 주거지 생활의 불만족과 같은 사회 – 심리학적 요소에 초점을 맞추고 있다. 이처럼 이 모형은 거주지역의 퇴락과 융화에 대한 거주자들의 인식에 관심을 기울일 것을 강조하고 있다. 지역사회의 도덕적 신뢰성이 사라지면 지역주민들은 더 이상 이웃

그림 8-2 지역사회 우려 모형

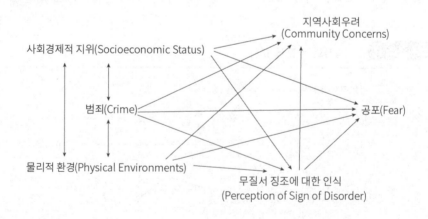

36 W. Skogan and M. Maxfield, *Coping with Crime*, Beverly Hills, CA: Sage, 1981, pp. 110-115.

주민들의 행위가 과거에는 모든 사람이 받아들일 수 있는 기준에 대하여 동조하리라는 확신을 갖지 못하고 범죄에 대한 공포가 나타나게 된다는 것이다. 따라서 범죄에 대한 공포는 다른 사람이 했거나 지금 하고 있거나 앞으로 할 행위에 대한 우려와 염려를 야기하는 상황에 의하여 양산되는 것이라고 한다. 결과적으로, 주민들이 지역사회의 퇴락을 인식하고 지역사회의 융화와 주거안정이 약화되면 지역사회의 관심, 친숙성, 그리고 신뢰의 부족으로 범죄에 대한 공포가 상승된다는 것이다.[37]

이 모형은 <그림 8-2>에서도 알 수 있듯이 무질서모형의 모든 가설을 포함하고 있지만, 여기에다 몇 가지 중요한 가설을 추가하고 있다. 범죄와 지역의 물리적, 사회적 문제의 목격이 지역사회에 대한 우려를 증대시킬 수 있다. 그러한 사건이 지역사회와 주민들의 미래에 관한 우려를 증폭시킬 수 있으며, 이러한 불확실성과 우려가 주민들로 하여금 보다 취약하게 느끼도록 하며 따라서 공포도 증폭시킬 수 있다는 것이다. 또한, 심지어 문제의 인식이 지역사회 우려 수준을 높이지 않을지라도 공포의 수준을 높일 수도 있지만 대부분 지역사회 우려에 대한 영향이 범죄의 공포에 영향을 미친다고 한다. 따라서 이 모형에서의 핵심적 인과관계는 범죄, 물리적 조건, 사회경제적 지위와 같은 객관적 특성으로부터 문제의 인식으로 이어지고 이것이 우려를 낳게 하고 결국 다시 공포로 이어진다는 것이다.

물론 다른 모형만큼 잘 발전된 것은 아니지만 일부 연구결과는 이 모형이 범죄에 대한 공포를 이해하는 데 도움이 될 수 있음을 보여주고 있다. 다수의 연구에서 지역사회, 거주지, 동네의 융화(cohesion),[38] 주거안정,[39] 지역의 퇴

37 R. B. Taylor and M. Hale, "Testing alternative models of fear of crime," *Journal of Criminal Law and Criminology*, 1986, 77: 151-189; D. A. Lewis and G. Salem, *Fear of Crime: Incivility and the Production of a Social Problem*, New Brunswick, NJ: Transaction Books, 1986, p. 99.

38 P. Bellair, "Social interaction and community crime: Examining the importance of neighbor networks," *Criminology*, 1997, 35: 677-703; F. Markowitz, P. Bellair, A. Liska, and J. Liu, "Extending social disorganization theory: Modeling the relationship between cohesion, disorder, and fear," *Criminology*, 2001, 39: 293-318; C. Ross and S. Jang, "Neighborhood disorder, fear, and mistrust: The buffering role of social ties with neighbors," *American Journal of Community Psychology*, 2000, 28: 401-420.

39 E. McGarrel, A. Giacomazzi, and Q. Thurman, "Neighborhood disorder, integration, and

락40이 범죄에 대한 공포에 상당한 관련이 있는 것으로 밝혀지고 있다. 그러나 모든 연구에서 이와 같은 긍정적 결과가 나온 것은 아니다.

4. 사회통합모형(Social Integration Model)

일부 학자들은 범죄의 공포에 대한 개인의 태도는 종종 사회적 통합의 정도에 크게 좌우된다고 주장하고 있다. 자신의 동네에서 낯선 이방인을 파악할 수 있는 능력과 지역사회의 한 부분이라는 느낌으로 측정되는 사회적 통합의 수준이 높을수록 지역사회에서의 범죄에 대한 공포는 낮아진다는 것이다. 이는 사회적 통합이 지역사회의 위험성에 대한 주민들의 인식을 감소시키기 때문이라고 한다. 또한 공식적인 조직 활동에의 참여로 파악되는 사회통합이 안전감을 증대시켜주기 때문이라고도 한다.41

그런데 사회통합과 범죄의 공포에 대한 연구결과는 결론적이지 못하다. 일부 연구에서 주거여건에 대한 만족과 과거 경험 및 공식집단에서의 참여와 사회인구학적 변수를 통제했을 때, 거주지역의 수와 거주기간으로 측정된 사회통합이 안전의 인식에 큰 영향을 미치지 못한 것으로 나타났다. 하지만 지역사회유대는 공포의 정도를 줄이는 것으로 확인되었다. 이처럼 결정적 결론을 내리기 쉽지 않은 것은 사회적 통합의 측정을 위한 조작적 정의가 일관적이지 못한 데 기인한 바가 크다.

일부에서는 지역사회 내에서의 사회적 융화의 정도를 이해하기 위해서 소위 '사회적 자본(social capital)'을 들고 있는데, 이는 사람들 사이의 대인관계 및 집단의 특성이라고 할 수 있다. 사회적 자본은 사람들 사이의 신뢰에 기초한 관계가 정립될 때 만들어지는 것이며, 이러한 신뢰에 기초한 관계의 존재와 주민

---

fear of crime," *Justice Quarterly*, 1997, 14: 479-497.

40 Taylor and Hale, *op. cit.*

41 P. W. Rountree and K. C. Land, "Burglary victimization, perceptions of crime risk, and routine activity: A multilevel analysis across Seattle neighborhoods and census tracks," *Journal of Research in Crime and Delinquency*, 1996, 33: 147-180; D. M. Austin, C. Woolever, and Y. Baba, "Crime and safe-related concerns in a small community," *American Journal of Criminal Justice*, 1994, 19: 79-97.

간의 비공식적 사회 통제력의 강도를 한편으로는 '집합적 효율성(collective efficacy)'이라고도 한다.42 그런데 지역주민들의 비공식적 사회통제 의지와 주민 상호간의 신뢰도에 대한 개인적 인식에 기초한 개인의 집합적 효율성에 대한 인식은 자신의 지역사회에 통합되는 정도에 따라 좌우되는 것이다. 사회통합과 집합적 효율성의 인식은 연속성상에 위치하는 것으로서 지역사회와 지역주민과의 친숙성(familiarity)이 집합적 효율성을 형성하게 만든다고 한다.43

5. 부문화적 다양성 모형(Subcultural Diversity Model)

이 모형은 자신과 다른 문화적 배경을 가진 사람과 가까이 살게 됨으로써 범죄에 대한 공포가 초래된다고 가정한다. 상이한 문화적 배경을 가진 사람들의 가치, 태도, 행위는 해석하고 이해하기가 어렵고 따라서 이웃주민 사이에 신뢰가 부족해지고 불확실성이 높아지게 된다. 결국 이는 궁극적으로 범죄에 대한 공포로까지 이어지기 때문에 자신의 주거지역이나 이웃에서 많은 문화적 다양성을 경험한 개인일수록 범죄를 두려워할 가능성도 높아진다는 것이다. 그러나 인종 그 자체가 범죄에 대한 공포에 직접적으로 관련되는 것으로 이해하기보다는 문화적으로 영향을 받은 행위에 대한 우려와 그 행위가 일부 사람들에게는 편하지 못하게 느껴지는 것과 더 관련이 많다는 점을 명심할 필요가 있다.44

대부분의 연구에서도 이웃주민들과 인종적으로 다른 사람이 범죄에 대한 공포를 더 많이 느끼며, 인종적 이질성이 범죄에 대한 공포와 관련이 있으며, 지역사회의 소수인종의 증가가 주민들의 범죄에 대한 공포를 증대시킨다는 것이

---

42 J. Coleman, "Social capital in the creation of human capital," *American Journal of Sociology*, 1988, 94S: 95-120; R. J. Sampson, S. W. Roudenbush, and F. Earls, "Neighborhoods and violent crimes: A multilevel study of collective efficacy," *Science*, 1997, 277: 918-924.

43 J. D. Morenoff, R. J. Sampson, and S. W. Roudenbush, "Neighborhood inequality, col-lective efficacy, and the spatial dynamics of urban violence," *Criminology*, 2001, 39: 517- 560.

44 J. Covington and R. Taylor, "Fear of crime in urban residential neighborhoods: Implications of between-and within-neighborhood sources of current model," *Sociological Quarterly*, 1991, 31: 231-249; R. R. Bennett and J. M. Flavin, "Determinants of fear of crime: The effect of cultural setting," *Justice Quarterly*, 1994, 11: 357-381.

밝혀지고 있다. 여기서 중요한 것은 이 모형이 어쩌면 갈등이론(conflict theory)과도 유사한 점이 있으나, 자세히 관찰하면 갈등이론에서는 소수인종의 가시성의 증대가 범죄에 대한 인상을 악화시키고 따라서 공포도 증대시킨다고 주장하는 데 반해 이 모형은 소수인종과 같은 다른 사람의 행위와 방식을 해석하고 이해하기 어렵기 때문에 편치 않고 공포를 느끼게 한다. 결과적으로 다른 사람이 보여주는 인상이나 상징이 아니라 다른 사람들의 행위에 대한 인식과 해석이 범죄에 대한 공포를 증대시킨다.[45]

6. 간접피해모형(Indirect Victimization Model)

이 모형은 범죄와 공포를 연결시키는 과정을 명확히 하려는 시도로써 두 가지 점을 강조하고 있다. 우선, 이 모형은 범죄에 대한 공포의 인구사회학적 요인을 폭력범죄에 대한 취약성의 반영으로 해석하고 있다.[46] 이러한 사고에 의하면, 여성과 노인이 공포를 더 많이 느끼는 것은 범죄에 대한 높은 신체적 취약성 때문이며 이들은 범죄 피해시 신체적 손상을 더 많이 받게 되고, 사회경제적 하류계층은 사회적 취약성이 높기 때문에 공포를 더 많이 느끼는데, 그들은 범죄자와 범죄다발 지역에 거주하여 범죄피해를 당할 확률이 높기 때문이라고 한다. 이 점이 바로 인구사회학적 특성과 공포의 연계에 대한 해석을 제공해 준다는 것이다. 둘째, 범죄사건은 지역의 사회망(social network)을 통하여 지역사회 전체로 퍼지는 일종의 '충격파(shock waves)'를 내보낸다는 것이다. 그래서 범죄에 관한 소식을 접한 사람은 범죄에 대한 공포의 수준을 높이게 되는 일종의 간접피해자가 되는 것이다.

이 모형에 대한 연구는 대체로 복합적 결과를 내놓고 있다. 물론 다른 사람으로부터 듣게 된 범죄가 공포의 수준을 매우 높였을지라도 그것이 범죄에 대한 개인적 취약성의 추정치를 크게 높이지는 못하였다고 한다. 지역의 범죄피해자를 아는 사람이 더 높은 수준의 공포를 가졌으며, 그 공포는 자기가 들은 범죄

45 C. M. Katz, V. J. Webb, and T. A. Armstrong, "Fear of gangs: A test of alternative theoretical models," *Justice Quarterly*, 2003, 20(1): 95–130.

46 Skogan and Maxfield, *op. cit.*, pp. 69–78.

그림 8-3 간접피해모형

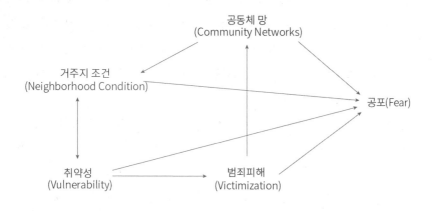

그림 8-3 간접피해모형

가 강도이거나 낯선 사람끼리의 폭력인 경우에 가장 많이 높아졌다. 결국 범죄에 대한 일부 간접적 경험이 범죄의 공포에 중요한 영향을 미칠 수 있지만, 직접피해와 달리 범죄에 대한 간접노출은 빈번하고 상대적으로 폭넓게 확산되어 공포와 범죄의 연계를 명확히 하는 데 대한 관심이 핵심이라고 할 수 있다.47

<그림 8-3>에서 알 수 있듯이, 이 모형에서는 다음과 같은 가설을 설정하고 있다. 여성, 노인이나 저소득층과 같이 보다 취약한 사람은 범죄피해를 당하거나 범죄를 목격할 확률이 더 높다. 범죄피해를 당하거나 범죄를 목격한 사람은 지역의 사회망(social networks)을 통하여 이 정보를 전파할 것이다. 이 지역의 사회망이 범죄피해의 영향을 전파하게 된다. 따라서 지역유대가 더 많은 사람이 더 많은 공포를 가지게 된다. 마찬가지로, 취약한 사람일수록 더 많이 두려워하며, 범죄를 경험했거나 목격한 사람이 공포수준을 상승시키게 된다.

7. 최근의 논의

1) 사회심리학적 모형(Social Psychological Model)

이 모형은 물론 단순히 범죄에 대한 공포 외에도 네 가지 사회심리학적 요

---

47 *Ibid.*, pp. 10−13.

소로 구성되어 있다. 이 모형에서는 어떠한 인과적, 결정론적 중요성보다는 범죄에 대한 공포의 가능한 사회심리학적 배경이 강조되고 있다. 분명한 것은 공포의 요소가 다른 요소들에도 영향을 행사할 수 있으며 더구나 다른 가능한 중재요소도 그 역할을 할 수 있을 것이다. 따라서 이 모형은 어떤 사회심리학적 요소가 범죄에 대한 공포의 경험에 기여할 수 있는가에 대한 의문을 명확히 하는 것으로 이해되어야 할 것이다.

매력성 요소(attractivity factors)는 사람들이 자신이나 자신의 재물을 범죄활동의 매력적인 피해자나 표적으로 보는 정도에 관한 것이다. 이는 자신과 자신의 재물에 대한 특성의 기여도로서, 예를 들어 거액의 현금을 지니고 길을 걸을 때 가질 수 있는 독특한 기분이나 값 비싼 물건을 집에 보관하고 있을 때 경험할 수 있는 주거침입절도나 강도에 대한 공포와 같은 것이다.

악의적 의도의 요소(devil intent factors)는 범죄현상에 있어서 잘못을 저지르는 사람, 즉 가해자의 역할에 관한 것으로서 특정인이 범죄의사나 의도를 다른 사람이나 집단에 귀속시키는 정도로 대변되는 것이다. 예를 들어서 낭인을 보는 순간 자신의 주머니를 소매치기 당할 것을 두려워하거나 사회가 도덕적으로 타락하거나 부패했다거나 청소년들이 자신의 유흥비를 마련하기 위해서 살인도

그림 8-4　범죄에 대한 공포의 사회, 심리학적 모형[48]

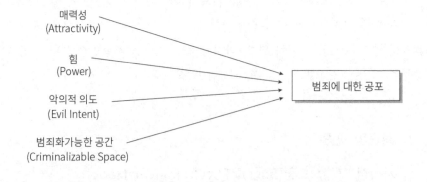

---

48 A. van der Wurff, L. van Staalduinen, and P. Stringer, "Fear of crime in residential environments: Testing a social psychological model," *The Journal of Social Psychology*, 2001, 129(2): 141–160, p. 143, Figure 1. A social psychological model of fear of crime.

마다하지 않을 것이라는 느낌의 공포를 경험할 수도 있다는 것이다.

힘의 요소(power factors)는 다른 사람에 의한 가능한 폭력과 위협에 관한 자기 확신(self-assurance)과 통제력의 정도에 관한 것으로서 원칙적으로 자신의 힘과 다른 사람의 힘이라는 두 가지 관련된 하위요소에 대한 의문이라고 할 수 있다. 물론 범죄의 위험과 직접적으로 관련될 필요는 없다. 일반적으로 생의 도전에 대한 자기 확신, 통제, 그리고 자신감은 위협감에 대한 그 사람의 민감성을 낮추는 경향이 있다. 좋은 가족관계로부터 낙천적 기질에 이르기까지 거의 어떤 것이라도 자기 자신의 힘에 기여할 수 있다.

다른 사람의 힘은 동전의 다른 면으로서 자신의 범행의사를 수행하기 위한 일반적 능력과 같은 잠재적 범죄자의 특성에 관한 것이다. 자신의 힘과 다른 사람의 힘의 비교가 다른 사람과의 대치 여부를 결정하게 된다. 심지어 아무리 허약해 보이는 도둑이라도 흉기를 소지하고 있을지도 모른다는 생각은 그에 대적할 만한 힘이 부족하다고 생각하게 하여 두려운 감정을 가지게 만든다는 것이다.

매력성 요소가 잠재적 피해자, 악의적 의도의 요소가 잠재적 가해자, 그리고 힘의 요소가 잠재적 가해자와 피해자 양자에 관련된 요소인 반면, 범죄화가 가능한 공간적 요소(criminalizable space factors)는 범죄가 발생하는 상황과 관련된 것이다. 장소와 시간의 특성과 다른 사람의 존재가 강조되는 것으로서 가능한 피해자의 눈에 특정한 상황이 범죄나 범죄자를 용이하게 하는 정도에 관한 것이다. 물론 특정 상황에 대한 범죄화가능성에 대한 추정은 개인에 따라 매우 다양할 수 있지만 불빛이 어두운 인도나 숲이 우거진 어두운 공원 등 우범지역을 야간에 혼자 걷는 것이 좋은 예가 될 수 있다. 여기서 중요한 것은 사람들이 자신이 모험하는 상황의 범죄화 가능성에 주의를 기울이는 일반적 경향이나 성향이 어느 정도인가라고 할 수 있다.

그런데 각 요소에 대한 자기 자신의 주관적 추정이 일차적 고려사항이기 때문에 네 가지 요소는 주관적 특성을 가지고 있다. 예를 들어 어느 한 사람에게는 힘이라는 요소가 근력과 직접적으로 관련되지만 다른 사람에게는 사회에서의 자신의 위치에 관한 생각일 수도 있는 것이다. 물론 야간 어두운 길모퉁이를 서성이는 낯선 사람과 같이 특히 범죄자나 범죄화 가능한 장소의 경우처럼 보다 일반적인 전형이 있을 수도 있다. 또한 네 가지 요소가 독자적으로 작용할 수도 있지만 동시에 연합해서 작용할 수도 있다. 뿐만 아니라 쌍방관계도 가능하여 범죄에 대한 공포의 경험 그 자체가 인식에 영향을 미쳐서 보다 범죄화 가능성이 많은 상황과 보다 불길한 사람이 목격될 수 있고 따라서 더 큰 무력감을 느낄 수도 있는 것이다.

2) 인구사회학적 모형(Demographic Model)

인구사회학적 모형은 성별, 연령, 교육수준, 소득; 이웃에서의 친지관계의 규모, 가구구성 그리고 가정 외적 활동에의 참여와 같은 변수로부터 도출되는 것이다. 성별과 연령은 범죄에 대한 공포와의 이미 규명된 관계로 인하여 선정되고, 나머지 변수들은 유사한 긍정적 관계가 있을 것이라는 가정에 기초하여 선정되었다. 이들 변수의 추가는 인구사회학적 모형을 사회 심리학적 모형에 버금갈 정도로 강력한 대안으로 만들기 위한 목적에서 이루어진 것이다.

이웃에서의 교우관계와 가구구성은 보다 자세한 설명을 요한다. 물론 이들

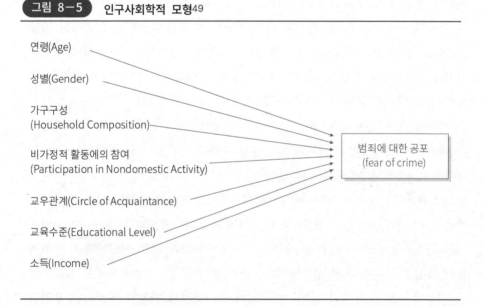

그림 8-5 인구사회학적 모형49

---

49 A. van der Wurff et al., *op. cit.*, p. 145, Figure 2. Demographic Model에서 따옴.

요소가 사회학적 또는 사회 심리학적 변수로 일반적으로 이용되고 있지만 여기서는 그러한 의미로 사용되는 것은 아니다. 이들 변수가 범죄에 대한 공포에 미치는 영향은 심리적 과정을 중재하는 요소임에는 분명하지만 그러한 과정이 명확하게 밝혀지지 않는다면 인구사회학적 모형에서는 아무런 역할을 하지 못할 것이다.

3) 기타 최근의 논의

위의 사회통합모형에서 집합적 효율성을 공동선을 위한 개입의지와 결합된 주민간의 사회적 융화로 규정하고 있다. 이를 위하여 비공식적 사회통제와 사회적 융화와 신뢰를 직시하는 몇 가지 개념적으로 관련된 항목들을 이용하여 집합적 효율성을 측정하고 있다. 비공식적 사회통제와 사회적 융화와 신뢰를 결합하여 측정하는 것은 지역사회를 위한 개입의사와 의지가 상호 신뢰와 융화 속에서 신장되는 것이기 때문이라고 한다. 결국, 집합적 효율성은 지역사회 주민 스스로가 공공질서를 성취하는 비공식적 기제의 효과성을 중심으로 하는 것이다.50

사회적 융화가 발전되기 위해서는 많은 시간을 필요로 한다는 점을 감안하면 집합적 효율성의 인식은 사회구조적 상황에 깊이 뿌리하고 있음을 짐작할 수 있다. 예를 들어서 주거안정이 집합적 효율성을 증대시킨다는 것이다. 더구나 지역사회 무질서와 주민들의 소득수준과 같은 상황적 요소들이 집합적 효율성에 대한 사람들의 인식에 기여할 수도 있다.

SECTION 03 범죄에 대한 공포의 대책

1. 신뢰조성전략(Confidence Building Strategies)

1) 범죄현실 알리기 운동의 전개

많은 사람들이 실제 범죄위험을 과장하는 왜곡된 정보로 인하여 사실 이상

---

50 Sampson, et al., *op. cit.*, p. 921.

으로 높은 수준의 공포를 느끼게 된다고 한다. 따라서 범죄문제에 대한 진실을 알림으로써 시민들로 하여금 지역사회의 범죄문제에 대한 사실적, 현실적 평가를 할 수 있도록 하여 과장될 수 있는 범죄위험성에 대한 인식과 공포를 줄이자는 것이다.

2) 무력시위

이상적이긴 하지만 가능한 모든 지역에 많은 경찰관을 배치함으로써 시민들의 범죄에 대한 공포를 줄일 수 있다. 물론 결정적 증거는 없지만 대부분의 경찰기관에서는 범죄를 억제하고 시민들의 안전감을 고양시키는 가장 좋은 방법은 순찰 경찰관을 증원시킴으로써 경찰의 가시성을 증대시키는 것이라고 믿고 있다. 이러한 전략의 목표는 시민들에게 상징적 의미를 부여한다. 이는 사람들의 범죄에 대한 인식이 실제 범죄율이나 발생량만큼이나 중요하기 때문이다.

그런데 경찰의 가시성을 높이는 데는 다양한 방법이 있다. 2인 승차 대신 1인 승차로 순찰차를 운행하거나, 도보순찰을 확대하거나, 행정지원업무 등 경찰업무의 일부에 민간인을 고용함으로써 잉여 제복 경찰관을 순찰업무에 배치함으로써 가능해진다. 이러한 무력시위는 사적 수단을 활용할 수도 있는데, 경비원의 고용, 폐쇄회로 카메라의 설치 등 용역경비를 활용하는 것이다.

3) 역할모형

이는 피해자를 도와주는 의인이 칭송받는 역할모형으로 자리 잡게 됨으로써 피해자에게 도움을 주는 것은 물론이고 범죄자를 퇴치하거나 경찰에 신고하는 분위기가 확산되면 그만큼 시민들은 더 안전감을 느끼게 된다. 이를 위한 한 가지 방법은 중년의 여성이나 은퇴자와 같이 눈에 잘 띄지만 안전요원으로는 어울리지 않는 사람들을 활용하는 것이다. 일부 범죄에 대해서 가장 취약한 이들을 안전요원으로 활용함으로써 일반시민들에게 누구에게나 안전하다는 인상을 심어 줄 수 있다.

4) 범죄에 대한 보상

범죄피해의 회복능력도 취약성을 증대시킬 수 있다는 가정에 근거한 것으로서 만약 범죄피해자가 될 가능성의 인식을 낮추기가 쉽지 않다면 적어도 범죄로 인한 재정적 비용만이라도 경감시킬 수 있어야 한다. 정부지원 피해자 보험제도나 국가에 의한 범죄피해자보상제도가 좋은 예라고 할 수 있다.

5) 잠재적 비용과 평가

거의 모든 신뢰조성전략은 금전적 비용과 예기치 못한 부정적 결과를 초래할 수 있다. 대규모 무력시위전략이나 범죄보상제도는 당연히 매우 큰 비용을 요하는 것들이다. 그럼에도 불구하고 사람들은 피해자보상을 위한 보험경비를 부담할 정도로 범죄피해를 두려워하지 않고 있다. 반대로 너무 지나치게 홍보되고 알려진 보상이나 보험제도는 오히려 실제로는 공포를 더 증대시킬 수도 있다. 사람들은 그것을 시민의 생활과 사회질서를 유지하기 위한 국가의무수행의 마지막 수단이라고 생각할 수 있기 때문이다.

한편 무력시위의 경우도 사람들은 왜 경찰력이 증가되고 순찰이 강화되는지 더 궁금해 하고 그 지역에 범죄문제가 심각하지 않다면 그럴 필요가 없다고 추정하게 되어 범죄에 대한 공포를 더 많이 가지게 할 수도 있다. 범죄현상을 있는 그대로 제대로 알리자는 운동도 이와 유사한 역효과를 낼 수도 있다. 범죄율이 낮아졌다는 것을 시민들에게 확신시키려는 노력도 실제 그들의 범죄에 대한 공포가 낮아지지 않았기 때문에 일부 사람들은 당국이 조작하거나 악용하고 있다고 의심할 수도 있다.[51] 결국, 이 전략은 범죄에 대한 개인의 인식을 변화시키고 개인의 행위에 대한 공포의 영향을 최소화하려는 시도라고 할 수 있다.[52]

2. 공동체조성전략(Community Building Strategies)

1) 주민의 상호작용 증대

연구결과 지역사회의 익명성이나 해체가 공포를 증대시키는 반면 주민 간의 융화나 응급시 이웃이 도와줄 것이라는 기대감 등은 공포를 줄여주는 것으로

51 C. Bahn, "The reassurance factor in police patrol," *Criminology*, 1974, 12: 338–345.
52 J. Hening and M. G. Maxfield, "Reducing fear of crime: Strategies for intervention," *Victimology*, 1978, 3(3–4): 297–313.

알려지고 있다. 따라서 지역사회와 공동체와의 소속감을 높이고 응급시 상부상조의 분위기를 조장하기 위하여 주민 간의 상호작용을 활성화하자는 것이다.

2) 경찰과의 상호작용 증대

시민들이 경찰을 잘 알고 경찰에 대하여 긍정적인 평가를 하고 긍정적인 태도와 인식을 가질 때보다 안전하다고 느끼기 쉽고 범죄에 대한 공포도 낮아진다고 한다. 범죄현장에 출동한 경찰관으로부터 만족스러운 서비스를 받은 피해자가 자신의 피해경험으로 인한 범죄에 대한 공포가 증대되었다고 답하는 확률도 낮아진 것으로 연구결과 밝혀지기도 하였다. 이러한 연구결과는 피해자나 잠재적 피해자에게 만족스러운 경찰 서비스를 제공하는 것이 범죄의 공포를 줄이는 데 도움이 되고 있음을 보여준다.

집단경찰활동(team policing), 도보순찰(foot patrol), 그리고 최근에는 지역사회 경찰활동(community policing)이 실제 범죄발생률까지 낮추었다는 명확한 증거는 없지만 적어도 범죄에 대한 공포는 줄일 수 있었다고 한다. 이는 그러한 전략들이 바로 시민과 경찰 사이의 상호작용을 높이는 데 도움이 되기 때문이라는 것이 다수 경찰기관과 전문가들의 일관된 생각이다.

3) 잠재적 비용과 평가

일부 공동체조성전략은 매우 적은 비용으로 그리고 비교적 빠른 시간에 적용할 수 있다고 하지만, 신뢰조성전략과 마찬가지로 몇 가지 부작용도 있기 마련이다. 공동체조성전략은 의심과 불신의 표면적 특징 저변에는 공유된 이해와 공동의 목적이 자리하고 있다는 가정에 기초하고 있다. 그러나 인종, 계층, 연령과 문화의 다양성이 존재하는 도시에서는 사실상 기대하기 어려운 면이 없지 않다. 이 경우에는 상호작용과 노출의 증대는 오히려 억압된 분노와 이미 존재하는 공포마저 악화시킬 수 있다.

성곽조성(fortress building)은 공동체조선전략에 반대되는 것으로서 도심이란 완화될 수 없는 적대와 적의를 안고 있다는 전제로부터 출발하고 있다. 만약 도심 상업지역과 주변 지역사회가 통합될 수 없다면 대안은 그 구분을 더 분명하게 함으로써 공포를 줄이는 길뿐이다. 이 전략은 결국 도심지역을 차단하고 출입을 통제하는 방법밖에 없으며 이는 기본적 비용은 물론이고 시민의 기본권과 이동의 자유를 침해하게 된다.

3. 물리적 환경조성전략(Physical Environment Building Strategies)

1) 순환의 향상

사람들의 순환을 바꾸자는 것은 곧 활용되지 않고 있는 공간을 최소화하고, 사람들의 이동과 흐름을 시간과 공간적으로 균등하게 분포시키자는 것이다. 이렇게 함으로써 방어공간을 확대하고 감시기능을 강화할 수 있어서 야간에 외진 곳을 혼자 걸을 때 느낄 수 있는 공포의 경험을 제거하자는 것이다.

2) 자연적 감시기회의 향상

경비원이나 경찰관이 자연적 감시(natural surveillance)를 대신할 수는 없다. 자연적 감시를 방해하고 경비순찰의 효과를 떨어뜨리는 구조물은 사람들의 공포를 증대시키기 마련이다. 예를 들어서 승강기나 사무실 문에 유리창만 부착하더라도 자연스럽게 사무실이나 승강기의 내부를 외부에서 쉽게 감시할 수 있게 한다. 따라서 숨거나 은닉할 수 있는 공간을 제거함으로써 안전감을 향상시킬 수 있다.

3) 조명과 외관의 향상

일반적으로 사람들은 복도나 길거리가 조명이 밝을 때 더 안전하게 느끼기 마련이다. 그러나 일부에서는 일어날 일을 목격할 사람들이 주변에 있을 때만 조명이 중요한 것이라는 주장도 제기되고 있다. 그것은 사람들이 밝은 조명이 안전함을 느끼게 하는 데 중요한 것으로 지적하지만 범죄를 두려워하는 사람들 중에서 다수는 조명이 지금도 충분히 밝다고 대답하기 때문이다. 더불어, '깨어진 창이론'에서처럼 물리적 환경을 지속적으로 개선하는 것도 범죄는 물론이고 따라서 범죄에 대한 공포도 줄일 수 있다고 한다.

4) 잠재적 비용과 평가

물리적 환경을 개선하는 것은 기본적으로 많은 비용을 수반하기 마련이다.

뿐만 아니라, 다른 전략과 마찬가지로 물리적 환경조성전략도 부작용을 초래할 수 있다. 예를 들어, 인적이 끊어진 도로의 밝은 조명은 오히려 더 취약해지고 더 노출되는 느낌을 가지게 할 수도 있다. 또한 사무실의 창문은 잠재적 범죄자에게도 내부를 관찰할 수 있는 기회를 줄 수 있다. CPTED와 관련된 문제의 하나는 시민들에게 특정 지역이 안전하다고 확신시키기 위한 노력이 때로는 범행할 수 있는 새로운 지역이라고 느끼는 범죄자들을 유인할 수도 있다는 점이다. 즉, 주의와 군중을 유인하기 위한 전략은 범죄자도 끌어들일 수 있다는 것이다.

더 중요한 문제는 범죄의 공포를 줄이려는 이러한 전략들이 오히려 사람들의 부주의함을 증대시킬 잠재성도 내포하고 있다는 점이다. 하나의 전략이 성공하게 되면 사람들이 범죄와 공포의 감소에 기여했던 안전절차들을 무시하거나 포기해 버리는 결과를 초래하게 된다. 그 결과, 범죄피해의 가능성이 다시 높아질 수 있고 따라서 범죄에 대한 공포도 증대될 수 있다.

Chapter 09

형사사법과 피해자학

형사사법제도는 모든 정치집단으로부터 통렬한 비판을 받는 정부의 한 부서이다. 심지어 그 종사자들까지도 변화의 요구에 동참하고 있다. 모든 사람들의 공통된 결론은 형사사법제도가 기대에 미치지 못한다는 것이다. 특히 형사사법제도가 소비자나 고객으로서 피해자의 필요와 요구를 충족시켜주지 못하고 있다는 것이다.

일반적으로 범죄란 다양한 형태로 매일같이 발생되지만 그냥 지나쳐 버리는 범죄가 있을 수 있고 그렇다면 그것은 곧 범죄피해자에 대한 형사사법제도의 무감각일 것이다. 이미 범법자의 손에 고통을 당한 피해자에게 다시 피해를 가하는 형사사법제도의 둔감함은 비극이지 않을 수 없다.

현실적으로 이들 피해자와 목격자의 협조 없이는 범죄자에게 책임을 묻기가 거의 불가능에 가까운 일이다. 그럼에도 불구하고 이들이 협조하려고 하면 제대로 보호받지는 못하면서 균형을 잃은 형사사법제도의 부속물로 취급받게 되는 것을 깨닫게 된다. 형사사법제도는 변호사, 판사, 피의자에게 봉사하고 있지만, 피해자는 제도화된 무관심으로 대하고 있다. 오랫동안 피해자의 권리가 형사사법제도에서 경시되고 있다. 그래서 피해자들은 범죄의 영향을 경험함과 동시에 흔히 '2차적 피해'라고 하는 형사사법제도의 무감각한 처우를 감수해야만 하였다. 결국 피해자들은 자신이 단지 증거의 한 부분이고 종종 무시되고 있다고 느끼며 그렇다고 사법정의가 실현되지도 못한다고 느끼고 있다.

경찰은 피해자가 처음 접하는 형사사법기관으로서 피해자에게 필요한 물리적, 심리적 응급조치를 제공하고 범인을 검거하고 도난품을 되돌려 줄 수 있을 것이다. 검찰은 피의자를 기소하고 신속한 재판을 요구하며, 법원에서는 피해자의 기대와 지역사회의 요망과 범법자의 필요를 균형적으로 수렴할 수 있는 양형을 선고하고, 교정당국에서는 보호관찰 대상자나 재소자가 피해자나 사회에 해악을 끼치지 못하도록 하는 것이 우리가 형사사법제도에 기대하는 최선의 시나리오일 것이다. 그러나 대부분 피해자들은 이들 형사사법기관들과 갈등을 경험하게 되는 최악의 시나리오를 접하게 되기 일쑤라고 한다.1

SECTION 01 형사사법 내 피해자의 지위

1. 역사적 발전

국가의 생성 이전까지는 범죄의 수사, 기소, 처분이 범죄피해자의 책임이었다. 중세 초기에는 조직화된 형사사법제도가 없이 피해자가 자신이 경험한 손상을 해결하기 위하여 자신의 혈족이나 군주에게 손을 벌릴 수밖에 없었다. 전통적으로 대부분의 곳에서는 보상과 배상이라는 회복적 사법의 척도가 갈등해결의 지배적인 모형이었다. 그리스, 로마, 아랍의 법체계에서는 심지어 살인사건에 있어서도 회복의 원리가 적용되었으며, 보상받을 권리는 바빌로니아 법률의 특징이기도 하였으며, Saxon England에서는 범법자가 자신이 파기한 평화를 피해자나 그 가족에게 금전을 지불함으로써 되살 수도 있었다고 한다.2 뿐만 아니라, 7세기에 들어서며 범법자들이 왕이나 군주에게도 합의나 협상의 비용을 지불하도록 법률로 성문화되었는데, 그 주요목적은 유혈분쟁을 피하기 위한 것이었다.

12세기에 이르러 영국에서는 군주제도가 강화됨에 따라 왕의 권한이 사법적 역할에까지 미쳐서 피해자의 요구가 점차적으로 국가의 이익으로 대치되었

---

1 A. Karmen, *Crime Victims: An Introduction to Victimology* (4th ed.), Belmont, CA: Wadsworth, 2001, p. 141.

2 H. Strang, *Repair or Revenge: Victims and Restorative Justice*, New York: Oxford University Press, 2002, p. 3.

다. 범죄에 대한 사적 해결이나 교회의 역할도 더 이상 허용되지 않았으며 따라서 범죄문제의 판단은 왕권의 문제가 되었다. 더불어 이때 왕권이 보상의 수혜자로서 피해자나 그 혈족집단을 대체하게 되었다. 더구나, 중세를 거치면서 피해자에 대한 보상적 납부를 대신한 국가에 대한 벌금이 국가형벌의 형태로서 응보의 길을 열어주었다. 이러한 발전에 대한 철학적 정당성은 개인에 대한 부정행위는 가족에 대한 것 이상으로서 지역사회 공동체에 대한 부정행위이며 따라서 그 부정행위자는 공공의 적으로 간주될 수 있다.[3]

물론 주요 범죄문제의 판결이 왕권의 문제가 된 이후에도 영국에서는 왕의 이름으로 기소를 제기할 권리는 19세기 초반까지도 개별 시민에게 귀속되었다. 비록 왕권의 개입이 더 이상 두 사인간의 재판은 아니라는 것을 의미하였지만 피해자는 사건을 기소할 의무를 가지는 것으로 간주되었다. 그러나 기소란 피해자에게는 많은 비용을 요하는 일이었기에 지역 공동체에서 적절한 중재자로 간주되는 인물을 두게 되었다.

19세기 초반에 이르러 자신의 법률적 권리를 행사하는 피해자의 비용으로 인하여 범법자들이 기소를 완전히 피하는 경우가 점증하게 되었다. 이것이 바로 1820~1850년 사이에 영국에서 경찰대(police constabularies)가 창설된 이유이다. 물론 이것이 결국은 1879년에 검찰제도의 창설로 이어지게 되었다. 그 결과는 대체로 형사사법제도에서의 어떠한 의미 있는 역할로부터 피해자를 제외시키게 되었다. 형사절차에 있어서 피해자는 무시된 당사자였고 단지 또 다른 한 사람의 목격자에 지나지 않게 되었다.[4]

2. 피해자의 현대적 지위와 역할

불가피하게 국가와 피해자는 범행의 특성과 그 처리방법에 대하여 서로 다른 관점을 가지게 된다. 피해자에게는 범행이 물질적, 감정적인 손상의 복구를 요하는 개인적 문제이지만, 국가에게는 법률에 의하여 일관적이고, 예측할 수

---

3 M. Wright, *Justice for Victims and Offenders: A Restorative Response to Crime*, Milton Keynes: Open University Press, 1991, p. 5.

4 Strang, *op. cit.*, p. 5.

있으며, 균등한 대응을 요하는 형법의 위반이다.[5] 그래서 범죄를 어떻게 할 것인가는 범죄의 공적 관점과 개인적 관점 사이의 균형을 요한다. 그러나 근래까지도 이 문제에 있어서 국가가 절대적으로 우위에 있었고, 실제로 피해자가 형사절차에 있어서 적극적, 능동적 역할을 해야 한다는 생각은 좋지 않게 받아들여지게 되었다.

피해자는 형사사법제도에서 완전히 잊혀진 존재가 되었고 1940년대가 되어서야 Mendelsohn과 Hentig의 연구를 필두로 피해자의 역할에 대한 학계의 관심을 조금이나마 받게 되었다. 사실 이 두 사람의 연구는 피해자유형과 피해촉진에 관한 것이며, 실질적인 관심은 피해자에 대한 배상과 피해자의 권리를 주장한 Margery Fry로부터 시작된다. 그러나 피해자 자신이 형사사법제도에 있어서 자신의 역할이나 또는 역할의 부재에 대하여 목소리를 높이기 시작한 것은 70년대 중반이 되어서이다.

1972년 Wolfgang은 경찰에서 보호관찰에 이르기까지 전 형사사법제도가 범법자에 대한 혐의인증에 기여하는 것을 제외하고는 피해자를 무시하며, 경찰의 범인검거 노력을 마땅히 알아야 할 피해자에게 알리지도 못한다고 비판하고 있다.[6] 형사절차가 국가가 피해자를 대신하는 것이라면 당연히 피해자는 모든 과정, 절차, 결과에 대해서 알 권리를 가져야 한다는 것이다.[7]

한편, 미국 법무부의 한 위원회에서는 피해자가 점점 형사사법제도에 개입되는 것을 꺼리게 된 이유를 대부분의 피해자가 겪는 불편함과 경비 때문이라고 결론 내린 바 있다.[8] 만약 피해자가 전적으로 협조하지 않게 된다면 과연 어떤 결과가 초래될 것인가? Gottfredson은 불편함, 무관심, 분노촉발, 증거물품이나 물품 회수의 지연, 정보의 부족 등을 초래할 것이라고 하였으며,[9] 일부에서는

---

5 M. Joutsen, "Victim participation in proceedings and sentencing in Europe," *International Review of Victimology*, 1994, 3: 57−67.

6 M. Wolfgang, "Making the criminal justice system accountable," *Crime and delinquency*, January 1972, pp. 15−22.

7 N. Morris, *The Future of Imprisonment*, Chicago: University of Chicago Press, 1974, p. 56.

8 R. Knudten, A. Meade, M. Knudten, and W. Doerner, "*The victim in the administration of Criminal Justice:Problems and perceptions*," in W. McDonald(ed.), *Criminal Justice and the Victim*, Beverly Hills, CA: Sage Publications, 1976, pp. 115−146.

위협으로부터의 부적절한 보호, 불필요한 법정 출두 등 다양한 불편함을 열거하고 있다.

그러나 지난 20~30년에 걸쳐 사법제도에 있어서 피해자의 중요성에 대한 인식이 점점 높아지고 있다. 그러한 주장은 너무나 당연한 것이고 피해자가 처한 여건은 너무나 불공정하여 그들에 대한 무관심이나 태만이 오래 계속된다면 그것이 오히려 이상한 것이기 때문이다. 물론 피해자에 대한 관심의 증대는 이와 같은 요인에 의해서만 이루어진 것은 아니다. 이는 세계적으로 범죄와 피해율을 급증시키는 데 기여한 70년대 초기의 사회적, 인구학적 변화와도 분명히 관련이 있다. 즉, 당연히 피해자가 많아지면 그만큼 피해자에 대한 관심도 커지게 마련이었다.10

피해자권리의 신장에 기여한 또 다른 하나의 요소는 바로 여성운동의 성장이었다. 물론 여성단체들은 초기에는 강간피해자의 곤경에 초점을 맞추었지만, 후에 특히 가정폭력과 같이 여성의 삶의 한 부분인 폭력의 경험과 형사사법제도에 있어서 여성의 위치도 포함시키게 되었다. 실제로 이 시기의 피해자 옹호의 주창은 한편으로는 범죄피해자에게 제공될 수 있는 매우 향상된 지원 서비스의 수단을 제공하였고, 다른 한편으로는 배제와 형벌정책과 법과 질서라는 기타 범죄에 대한 다른 강경정책의 도구가 되기도 하였다.11

피해자의 곤경에 대한 이러한 새로운 관심은 그것이 지원이나 옹호 어디에 초점을 맞추건 범죄피해의 고통의 정도와 특성은 물론이고 경찰, 검찰, 법원에 의한 2차적 범죄피해에 대한 연구를 초래하게 되었다. 결과적으로 피해자들은 자신의 사건을 처리하는 과정에 개입하고자 하는 욕구와 국가가 자신의 범죄를 다루는 방식에 관해서 자신들이 무시당하고 있는 현실 등에 대한 자신의 입장을 피력하기 시작하였다.

---

9 G. Gottfredson, "The experience of violent and serious victimization," in N. Weiner and M. Wolfgang(eds.), *Pathways to Criminal Violence*, Newbury Park, CA: Sage Publications, 1989, p. 210.

10 Strang, *op. cit.*, p. 7.

11 S. Scheingold, T. Olson, and J. Pershing, "Sexual violence, victim advocacy and republican criminology: Washington State's Community Protection Act," *Law and Society review*, 1994, 28(4): 729－763.

1. 처벌, 처우 또는 배상

범죄피해자가 자신의 범죄피해를 형사사법기관에 신고하는 이유는 무엇이며, 무엇을 바라고, 무엇이 이루어지기를 원하는가? 피해자운동이 피해자에게도 권한이 주어지기를 요구하였는데 그것은 모든 형사사법에 있어서 중요한 결정에 개입할 수 있기를 바라는 것이다. 그렇다면 왜 피해자들은 그러한 권한을 요구하는가? 왜 형사사법과정에 개입할 기회를 가져야 한다고 주장하는가?

피해자는 범죄자에 대한 처벌(punishment), 처우(treatment), 또는 자신에 대한 범죄자의 배상(restitution)이라는 세 가지 목표를 추구할 수 있다고 한다. 우리가 형사사법을 생각할 때 가장 먼저 떠오른 것은 바로 처벌일 것이다. 역사적으로 사람들은 서로가 서로를 처벌해 왔지만 처벌하는 이유에 대해서는 이견의 여지가 있을 수 있다. 그렇다면 형벌의 정당성 또는 목적은 무엇인가? 처벌은 보통 필요악(necessary evil)으로서 공리적 근거에서 정당화되고 있다. 그러나 이러한 공리적 목적의 형벌도 그 목적을 성취하는 수단은 다를 수 있다. 우선 범죄자를 처벌하는 것은 여러 가지 방법으로 미래의 범죄를 억제할 수 있다고 주장되고 있다. 범죄자에게 처벌의 고통을 경험하게 함으로써 더 이상의 범행을 억제시킬 수 있다는 특별억제(specific deterrence)가 그 하나이고, 범죄자가 처벌되는 것을 표본으로 보임으로써 일반시민들로 하여금 자신의 범행을 억제하도록 하는 일반억제(general deterrence)가 또 다른 하나이다. 한편, 구금의 형태로 가해지는 형벌은 범죄자를 구금함으로써 범죄자의 범행능력을 무력화시켜 더 이상 무고한 시민에게 범행할 수 없도록 하자는 무능력화(incapacitation)도 형벌의 또 다른 하나의 정당화이다. 그리고 피해자의 복수심을 충족시켜주는 의미로도 정당화되고 있다.

이와는 반대로 형벌은 도덕적으로 건전한 관행으로서 비공리적 정당성도 동시에 가지고 있다. 응보로서의 형벌이론에 의하면, 다른 사람에게 가한 불행만큼 가해자에게도 고통을 부과하는 것은 지극히 공정하고 정의로운 것이다. '눈에는 눈, 이에는 이'라는 것처럼 범법자는 당연히 자신이 받아야 할 만큼 고통을 받는 것이며(just desert), 응보는 형사제재의 심각성이 범행의 정도에 상응한 것인 한 도덕적 질서에 균형을 잡아주는 것이다.

물론 형벌이 아직도 가장 대중적인 관행이지만 많은 논란의 여지를 가지고 있는 것도 사실이다. 공리주의적 반대론자들은 지나친 구금이 얼마나 비실용적이고, 비용이 많이 들며, 비효과적이고, 비생산적인가를 강조하고, 민권운동가들은 지나친 형벌을 시민들을 복종시키기 위한 도구라고 몰아붙이고 있다.12

어떤 경우에는 또한 피해자가 형사사법제도가 자신을 대신하여 응징하기를 원치 않고 그 대신 전문가들의 도움으로 가해자가 생산적이고 법을 준수하는 시민이 될 수 있게 해주기를 바란다. 교화개선(rehabilitation)은 상담, 교육, 훈련, 심리요법, 행동수정 등 다양한 형태로 이루어지고 있다. 물론 범죄자에 대한 처우와 교화개선의 효과에 대해서 극단적으로는 어떠한 것도 효과가 없다(nothing works)라는 주장도 제기되었지만13 교화개선사상은 현재도 형사사법제도의 중요한 사명의 한 부분을 차지하고 있다. 이러한 비판이 지금까지의 교화개선이나 교정처우가 범죄자 개인의 변화만 강조하고 범죄를 유발한 사회의 변화를 도외시하였기 때문이라는 비판을 감안하여 범죄자와 사회 모두가 변화, 개선되어 서로 재통합할 수 있어야 한다는 재통합(reintegration)이 강조되기도 하였다.

교화개선이나 재통합은 사회와 피해자 양자의 자기이익의 향상을 위한 장기적 전략이라면 교화개선되지 않은 범법자의 구금과 그로 인한 무능력화는 단순히 시간을 벌고 잘못된 안도감을 조장하는 단기적 전략이라고 할 수 있다. 그래서 때로는 초기의 감정적 분노를 극복한 피해자들 중에는 범죄자를 더욱 강력한 반사회적 행위를 하게 만드는 지나친 형벌적 정책에 대하여 격노하기도 한다.14

때로는 피해자들이 응보나 교화개선도 아닌 또 다른 대안으로서 배상(restitution)을 추구하기도 한다. 이들은 자신의 범죄피해를 완전히 회복하는 데 필요한 전제로서 사법제도가 자신의 손실을 매우고 비용을 부담하는 데 도움

---

12 H. Pepinsky, "Peacemaking criminology and criminal justice," in H. Pepinsky and R. Quinney(eds.), *Criminology as Peacemaking*, Bloomington, IN: Indiana University Press, 1991, pp. 299–327.

13 R. Martinson, "What works — Questions and answers about prison reform," *Public Interest*, 1974, 35: 22–54.

14 Karmen, *op. cit.*, p. 147.

을 주기를 바란다는 것이다. 이처럼 범법자가 피해자에게 금전적으로 배상 (monetary restitution)을 하게 되면 피해의 물질적, 금전적 회복 외에도 가해자와 피해자의 화해가 가능해질 수 있다는 부수적인 이익도 기대할 수 있다. 가해자나 가해자의 가족에 의한 피해자나 피해자의 가족에 대한 배상에 대해서는 이 책의 다른 곳에서 보다 자세하게 논의될 것이다.

2. 현실적 요구

1) 처리과정의 형식성 탈피

피해자와 범법자 사이의 갈등이 형사사법제도의 전문가들의 손으로 넘어가 버렸다는 주장이 제기되고 있다. 모든 시민의 최대 이익을 위하여 갈등을 줄여야 하는 의무가 국가에 있고 역할을 피해자로부터 가져오는 것이 피해자를 보호하고 범법자를 기소하는 데 도움이 된다는 것은 수용하지만 이러한 경향으로 인하여 오히려 피해자들이 고통을 당하고, 물질적으로 손실을 당하며, 상처를 받게 되어 실질적인 패자가 되었고 무엇보다도 피해자가 자신의 사건에 참여하지도 못하게 되었다는 것이다.15 범죄는 자신에게 발생하였지만 범죄자를 기소하는 것은 국가이고 자신의 권리를 주장할 곳은 어디에도 없으며 자신은 단지 증거의 하나에 지나지 않는다는 것이다.16

물론 이러한 현실이 형사사법의 전문화(professionalization)라는 장점을 보여주기도 한다. 그러나 피해자들은 피해자는 자신이지 국가가 아닌데도 누구도 자신에게 아무런 자문을 하지 않는지 반문하게 된다. 이러한 견지에서 일부에서는 범죄자에 대한 형벌의 억제는 기대하기 어려운 반면 법률소송의 위협은 일부 바람직한 효과도 기대할 수 있다는 점에서 폭력피해자로 하여금 민사적으로 해결할 것을 권고하기도 한다. 강간범에게 자유형이 부과되어 교도소에서 수형생활을 하게 하더라도 강간피해자의 정신적 고통과 치료비 등 물질적 피해는 어쩌란 것인가? 그뿐인가? 설사 민사소송을 제기하더라도 배심이나 재판과정에서 자신의 성생활 등이 또 한 번 도마 위에 올라야 하지 않는가?

---

15 N. Christie, "Conflict as property," *British Journal of Criminology*, 1977, 17(1): 1-15.
16 Schneingold et al., *op. cit.*, p. 12.

형사사법제도는 범행의 신고와 범인의 검거 및 증거의 확보 등 거의 모든 것을 거의 전적으로 피해자에게 의존하지만 피해자의 가치를 인정해 주지는 않는다.17 피해자들은 형사사법에 대하여 다양한 견지에서 불만을 표출하고 있는데, 특히 사건의 처리과정에 대해서 자신들과 아무런 자문을 하지 않고 자신들을 위해서 아무런 노력도 하지 않으며, 사건에 대한 자신들의 견해가 중요함에도 크게 고려하지 않는다는 것이다.

결과적으로 피해자가 기소를 위한 증인으로서의 역할 외에 아무런 역할을 하지 못하는 사법제도의 형식성(formality)이 바로 다수 피해자들의 분노와 좌절의 근원이란 것이다. 반대로 피해자들이 자신의 견해를 표현할 기회가 많아지고 자신의 소망이 무시되지 않는다고 느낄 때 사법제도에 대한 피해자의 만족도 커진다고 한다.18

2) 정   보

위에서 형사사법제도에 대한 피해자들의 불만을 언급하였지만 다른 한편에서는 형사사법당국과의 접촉이 많을수록 피해자들의 만족도도 더 높아진다는 연구결과가 있어 주목된다.19 형사사법이 피해자를 필요로 하지만 가치를 평가하지 않는 피해자 역할의 이중성은 바로 피해자가 사건 처리과정에서 참여하는 시점의 다양성 때문이라고 한다. 사건의 초기에는 사건해결에 필요한 정보원으로서의 가치로 인하여 피해자들의 만족도가 상당히 높지만 수사 중반부터 수사과정에 대한 정보나 통지의 부족으로 만족도가 낮아지기 시작한다. 즉, 피해자들은 사건처리의 전 과정에 걸쳐 모든 것을 자세하게 알기를 원한다. 따라서 수사중반 이후 접촉빈도에 따라 피해자의 만족도는 달라진다는 것이다.20

---

17 J. Shapland, "Victims and criminal justice system," in E. Fattah(ed.), *From Crime Policy to Victim Policy: Reorienting the Justice System*, London: Macmillan, 1986, p. 215.

18 A. Heinz and K. Kerstetter, "Pretrial settlement conference: Evaluation of a reform in plea bargaining," *Law and Society review*, 1979, 13: 349－366.

19 Shapland, *op. cit.*, p. 214.

20 J. Shapland, J. Willmore, and P. Duff, *Victims in the Criminal Justice System*, Aldershot: Gower, 1985, pp. 79－80.

3) 참   여

피해자들의 주요 불평의 하나는 자신의 사건에 대한 형사사법절차에서 소속감을 느끼지 못한다는 것이다. 대부분의 피해자들이 수동적이건 능동적이건 형사사법제도에 개입하기를 바라며, 따라서 수사단계와 공판단계에서 단순한 증인 이상의 역할을 해야 하는 것으로 믿고 있다.[21]

그러나 불행하게도 대부분의 피해자들은 형사사법으로부터의 좌절과 소외를 느낄 뿐만 아니라 중요한 것은 그들의 불만은 사건의 결과보다는 과정에 초점이 맞추어져 있다는 사실이다. 그래서 사법과정에의 참여가 피해자의 회복과 소외감의 해소 모두에 도움이 되는 것으로 알려지고 있다.[22] 피해자 참여를 증대시키기 위한 목적으로 발전되어 온 전략의 하나는 소위 피해자 진술(victim statement)로서 자신이 경험한 피해의 특성에 대한 자신의 견해를 판사에게 밝히도록 하는 것이다. 그런데 이에 대한 비판으로서 피해자진술이 더 엄중한 처벌을 초래할 수 있다는 우려는 초래되지 않은 것으로 알려지고 있다.[23]

그러나 피해자진술이 얼마나 피해자의 만족을 향상시킬 수 있는가에 대해서는 의문의 여지가 있다. 즉, 피해자 진술이 과정과 처분에 대한 만족도를 크게 향상시켰다는 확실한 증거는 찾기 힘들다. 이는 피해자들이 피해자진술의 존재나 그 준비과정에 대해서 잘 알지 못하기 때문인 것으로 해석되고 있다. 또한 피해자들은 피해자진술을 통하여 자신들이 양형에 영향을 미칠 수 있다고 기대하게 된다. 이는 자신들이 재판결과에도 영향을 미칠 수 있다고 기대하게 만드는 또 다른 부작용을 초래할 수 있다. 그러나 높은 기대감과 큰 희망에도 불구하고 형사사법제도에 큰 영향을 미치지는 못한 것으로 알려지고 있다.[24]

---

21 M. Umbreit, "Crime victims seeking fairness, not revenge: Toward restorative justice," *Federal Probation*, 1989, 53(3): 52−57.

22 J. Hagan, "Victims before the law: A study of victim involvement in the criminal justice process," *The Journal of Criminal Law and Criminology*, 1982, 73(1): 317−330; E. Erez and P. Tontodonato, "The effects of victim participation in sentencing on sentencing outcomes," *Criminology*, 1990, 28(3): 451−474; E. Erez and P. Tontodonato, "Victim participation in sentencing and satisfaction with justice," *Justice Quarterly*, 1992, 9(3): 393−415.

23 Erez and Tontodonato, 1990, *op. cit*.

24 R. Davis and B. Smith, "Victim Impact Statement and victim satisfaction: An unfulfilled

4) 공정한 처우

형사사법제도에 대한 전반적인 만족도는 범법자에게 부과되는 형량에 대한 피해자의 만족도와 강력한 상관관계가 있지만 형량에 대한 만족도에 영향을 미치는 주요 변수는 양형에 있어서의 공정성 인식, 즉 절차라고 할 수 있다. 중요한 것은 이러한 만족은 원하는 결과를 도출하는 데 참여함으로써 영향을 받는 것이 아니라는 것이다. 형사사법제도 전체에 대한 피해자의 반응은 피해자의 범법자와의 개인적 갈등을 해결하고 피해자가 사법정의가 실현되었다고 느끼게 하는 형사사법제도의 능력의 표시로 간주되는 것이라고 한다.

물론 의사결정과정과 결과에 대한 통제 모두가 사람들로 하여금 자신이 공정하게 취급 받았다고 느끼게 하지만 시민들이 사법절차의 공정성을 평가할 때는 과정에 대한 통제를 결과에 대한 통제보다 더 중요하게 느낀다. 사람들이 공정성을 평가할 때는 당국자의 동기, 정직성, 인종적 중립, 자기변론의 기회, 오류시정의 기회, 결정의 질 등 다양한 요소를 고려하는데, 과정의 공정성에 대한 평가의 주요 범주는 다른 결과와의 일관성보다는 공정을 기하려는 노력, 정직성 등 결과와 가장 관련이 적은 절차적 관점들이라고 한다.[25]

그런데, 대체로 집단이나 공동체 내의 개별 지위나 신분의 인지라고 할 수 있는 위치(standing), 권위나 당국에 대한 호의적 개념인 신뢰(trust), 그리고 편견 없는 결정을 하는 당국의 중립성(neutrality)의 세 가지 요소가 공정성을 결정하는 것으로 알려지고 있다. 범죄피해자에게 있어서 위치는 그들이 공정하게 처우 받고 있다는 느낌을 준다는 견지에서 자신이 가치를 인정받는 집단이나 공동체의 구성원이라고 느끼는 것을 의미한다. 즉, 자신이 존엄성과 인격체로 처우 받고 있다고 느끼는 정도로 규정될 수 있다. 궁극적으로는 그래서 형사사법에 대한 범죄피해자의 만족도는 피해자의 공식적인 역할이 아니라 피해자의 존엄성과 자존감이 얼마나 보장되는가가 주요요소라고 할 수 있다.[26]

---

promise?" *Journal of Criminal Justice*, 1994, 22(1): 1-12; E. Erez and L. Roger, "The effects of victim impact statements on sentencing patterns and outcomes: The Australian experience," *Journal of Criminal Justice*, 1995, 23(4): 363-375.

25 T. Tyler, "What is procedural justice?: Criteria used by citizens to assess the fairness of legal procedures," *Law and Society Review*, 1988, 22(1): 103-135.

5) 물질적 회복

국가 이전에 피해자가 범법자로부터 금전적, 물질적 배상이나 보상을 받을 권리는 역사적으로 그리고 거의 보편적으로 행해져 온 것 같다. 일부에서는 '눈에는 눈'이라는 사법정의도 사실은 변상이나 배상에 초점을 맞추어 응보는 범행에 동일한 조치로 제한하고 그것을 배상(restitution)으로 전환시키자는 제안을 하기도 한다. 이것은 곧 피해자의 권리를 주장하는 한 가지 방법이라고 한다.

그런데 이러한 권리를 국가가 도둑질하여 피해자와는 무관하게 벌금이라는 이름으로 변환하고 말았다. 이러한 변화의 배경에는 시민은 국가에 자신의 보호와 범죄자의 처벌에 대한 독점적 권한을 위임하였기 때문에 국가가 제대로 보호하지 못하면 자신의 무능에 대하여 피해자를 보상할 도덕적 의무가 있다는 것이다.

피해자에 대한 범법자의 직접적인 배상의 개념은 형벌에 대한 지배적인 형사사법 패러다임을 뒤집을 수 있는 잠재력을 가지는 것으로 간주된다. 이들의 견해에 의하면 범죄는 개인에 대한 개인의 범행이며, 피해자가 손실의 고통을 받기 때문에 범죄는 사회에 대한 빚(debt)이 아니라 피해자에 대한 빚이라는 것이다.27 실제로 피해자들은 범법자로부터 직접 보상받는 것을 선호하고 있다. 그 것은 피해자는 배상을 국가에 의한 무고한 시민에 대한 일종의 자선이 아니라 범행에 대한 상징적 진술의 한 수단이요, 형의 한 부분으로 보기 때문이다.28

배상을 받는 것이 형사사법제도에 대한 피해자의 만족도의 중요한 지표이고, 피해자가 범법자로부터의 직접적인 배상을 선호하지만, 법원에서는 상대적으로 배상명령을 꺼려하는 것으로 알려져 있다. 그것은 적당한 배상액수의 문제와 범법자의 배상능력을 결정하고 누가 집행할 것인가 하는 현실적 어려움 때문이라고 한다.29

---

26 M. Joutsen, "Victim participation in proceedings and sentencing in Europe," *International Review of Victimology*, 1994, 3: 57-67.

27 R. Barnett, "Restitution: A New Paradigm of criminal justice," *Ethics: An International Journal of Social, Political and Legal Philosophy*, 1977, 87(4): 279-301.

28 Shapland, 1986, *op. cit.*, p. 227.

29 L. Sebba, *Third Parties: Victims and Criminal Justice System*, Columbus, OH: Ohio

6) 감정적 회복과 사과

피해자가 겪게 되는 물질적 차원의 손실 이외에도 심리적 차원의 손실이 해결되어야만 범죄피해의 경험이 만족스럽게 해결될 수 있다. 즉, 실제로 피해 자들은 물질적 배상보다도 감정적 화해를 더 중요한 것으로 간주한다고 알려지고 있다.[30]

범죄에 따라서 피해자가 경험하는 감정적, 심리적 고통이 다르고 피해자에 따라서도 동일한 범죄라도 그 고통이 다르지만 전통적 형사사법제도에서는 유사한 범죄와 피해자를 유사한 방식으로 다루고 있다는 비판을 받아 왔다. 거의 모든 연구에서 범죄피해가 지대한 마음의 상처를 초래하며 그에 대한 형사사법 제도의 처우는 매우 불만스러운 것으로 지적되고 있다. 뿐만 아니라, 피해자들이 범죄를 완전히 극복하기 위해서는 피해자가 지역사회로 재통합되어야 할 필요성도 지적되고 있다. 범죄피해의 경험은 종종 피해자가 자신이 평가절하되었다고 느끼게 하는데, 이는 피해자의 지배의식(sense of dominion)의 회복을 요하는 것이다. 이를 위해서는 상징적으로, 유형적으로 피해자가 평가절하되지 않았으며, 피해자의 지배의식은 존중할 가치가 있음을 피해자에게 확인해 줄 필요가 있다. 상징적으로는 범죄와 범죄자를 비난함으로써 가능하며, 유형적으로는 피해자에 대한 보상과 배상에 의하여 가능한 것이다.[31] 따라서 피해자의 성공적 회복을 위해서는 형사사법제도가 피해자에게 초기 단계에서는 위안과 도움을 제공하고, 피해자의 문제해결에 도움을 줄 수 있는 사람과 피해자의 접촉을 제공하고, 적절한 경우 보상이 가능함을 확인시켜 주고, 가해자로 하여금 자신이 피해자에게 잘못을 저질렀음을 인정하게 하는 것들이 필요하다고 한다.[32]

그러나 대부분의 피해자학 문헌에 범법자로부터 사과를 받고 싶어 하는 피해자의 욕구에 대해서는 별로 언급되지 않고 있는 실정이다. 갈등의 해소와 성

State University Press, 1996, p. 175.

30 M. Wright, *Justice for Victims and Offenders: A Restorative Response to Crime*, Milton Keynes: Open University Press, 1991, p. 113.

31 J. Braithwaite and P. Pettit, *Not Just Deserts: A Republican Theory of Criminal Justice*, Oxford: Oxford University Press, 1990, p. 91.

32 *Ibid.*, p. 209.

공적인 범행의 해결 및 피해자의 회복을 위해서 범법자의 진솔한 사과와 피해자가 그 사과를 수용하는 것이 상상할 수 있는 가장 자연스러운 일임에도 불구하고 피해자학에서 이에 대한 논의가 없는 것은 형사사법이 순수하게 지배적인 응보적 패러다임 안에서 운용되고 있는 결과라고 할 수 있을 것이다. 실제 법체계에서도 범법자의 사과가 상대적으로 부족한 것은 심지어 아무런 경제적 손실이 없는 경우까지도 사법제도가 모든 손실을 금전적인 것으로 국한하려는 경향과 깊은 관련이 있다고 한다. 이러한 경향은 우선적 결과로서 물질적 배상을 강조하는 피해자-범법자 중재(victim-offender mediation)프로그램에서 잘 나타나고 있다. 이는 범법자의 사과가 형사제재의 대안으로서 빈번하게 이용되는 일본의 상황과는 아주 대조적이라고 할 수 있다.[33]

사과와 용서는 우리의 일상생활에 있어서 매우 중요한 부분이다. 따라서, 피해자가 가해자를 용서하고 자신의 감정적 손상을 회복하는 것은 마땅히 가치있는 일이라고 할 수 있다. 실제로 용서가 형벌과 복수로부터 피해자를 해방시키고 더 이상의 분쟁의 가능성을 불식시킨다고 한다.[34] 이때, 사과는 최소한 위반된 법률의 정통성과 합법성의 시인, 위반에 대한 책임과 잘못의 인정, 그리고 범죄결과에 대한 진솔한 후회와 반성을 포함하는 것이어야 한다.

SECTION 03 피해자학의 기여

1. 피해자학적 관점

피해자학의 다양한 관점이 주장되고 있지만 일반적으로 실증주의 피해자학(positivist victimology), 급진적 피해자학(radical victimology), 그리고 비판적 피해자학(critical victimology)으로 크게 나누기도 한다. 우선, 때로는 행정적(administrative) 또

---

33 H. Wagatsuma and A. Rosett, "The implications of apology: Law and Culture in Japan and the United States," *Law and Society Review*, 1986, 20(4): 461-498.

34 N. Tavuchis, *Mea Culpa: A Sociology of Apology and Reconciliation*, Stanford, CA: Stanford University Press, 1991, p. 6.

는 보수적(conservative) 피해자학으로 일컬어지는 실증주의 피해자학은 20세기 중반 피해자학의 발상과 그 궤를 같이 한다고 할 수 있다. 실증주의 피해자학은 대체로 다음과 같은 네 가지 관점으로 구성된다. 첫째, 초기에는 대부분이 실증적이라기보다 추론적이었으며, 둘째로 실증적인 근거를 가진 것도 적어도 60년대 피해자조사가 도입되기 전까지는 공식적인 범죄통계에 의존하였다. 셋째, 주로 피해자 성향(victim proneness), 피해자 촉진(victim precipitation), 그리고 생활유형(lifestyle)에 관심의 초점을 맞추고 있어서 범죄피해에 대한 피해자의 기여정도에 관심을 가지는 것이었다. 예를 들어, Von Hentig는 피해자의 역할에 초점을 맞추어 피해자를 13가지 심리학적, 사회학적 계층으로 분류하였고, 반면에 Mendelsohn은 범죄 발생에 대한 피해자의 책임에 초점을 맞추었던 것이다. 그러나 자신의 범죄피해에 대하여 피해자에게 책임을 지우는 소위 '피해자비난(victim blaming)'의 개념은 피해자학에 있어서는 상당한 문제의 소지를 가지고 있다.35 범죄피해에 대한 피해자의 기여에 관한 논의는 Wolfgang의 피해자촉진에서도 찾을 수 있고, 개인의 범죄피해 위험성을 자신의 특별한 일상적 활동에 연계시키는 피해자 생활유형의 개념에서도 찾을 수 있다. 넷째, 대부분의 실증주의 피해자학이 노상범죄와 폭력의 대인범죄인 가시적 피해자(visible victim)에 초점을 맞추고 있다는 점이다.36

이러한 실증주의 피해자학의 유산도 적지 않다. 우선, 범죄피해에 대한 질적 척도의 개발과 개선을 가능하게 하였고, 두 번째로 국가, 형사사법기관, 그리고 다양한 자원봉사기관과 조직이 범죄피해와 피해자에 대응하는 방식에 확실한 영향을 미쳤다. 그러나 대체로 실증주의 피해자학이 관습적 범죄에 초점을 맞춘 결과로 국가, 국가기관, 그리고 기업의 피해자와 같은 '사적 분야'는 비교적 최근까지도 피해자학적 연구와 개입에 있어서 방치된 분야로 남게 되었다는 비판도 받고 있다. 더구나 그렇게 정교화되지(sophiscated) 못한 자료와 방법에 의존하게 되어 범죄피해의 위험성을 지나치게 가볍게 다루고 종종 범죄피해에 대

---

35 S. Walklate, *Victimology: The Victim and the Criminal Justice Process*, London: Unwin Hyman, 1989, pp. 2−3.

36 P. Davies, P. Francis, and V. Jupp, "Victimology, victimization and public policy," in P. Davies, P. Francis, and V. Jupp(eds.), *Victimization: Theory, Research and Policy*, Hampshire: Palgrave Macmillan, 2004, pp. 1−27.

한 무질서한 그림(random picture)을 그리게 된다. 또한, 정치적, 구조적 분석을 받아들이지 않음으로써 범죄피해와 범죄피해자에 대한 대응방법에 관한 제한된 이해를 제공하는 데 그치고 있다.

급진적 피해자학은 실증주의 피해자학의 편파성과 부분성에 대한 반응으로서 그리고 70~80년대 피해자학의 정치화의 결과로 발전된 것이다. 급진적 피해자학의 출현은 한편으로는 여성운동, 신 좌파이념, 그리고 저항과 대항문화와 관련이 있고, 다른 한편으로는 범죄피해조사와 신 좌파 사상가들의 이론적 공헌과 같은 학계 자체 내부의 발전과 관련이 있다.

실증주의 관점에 대한 대응으로서, 급진적 피해자학은 국가와 국가의 행동에 관한 분석을 범죄피해자들의 생생한 경험과 결합시키는 데 관심을 가지고 있다. 그래서 이들은 범죄피해의 두 가지 핵심적 요소를 언급하고 있는데, 먼저 범죄는 지리적으로, 사회적으로 지역사회의 가장 취약한 부분에 초점이 맞추어지며, 두 번째로 범죄피해의 영향은 위험율과 취약성의 산물이라는 것이다. 그래서 급진적 피해자학은 힘 있는 사람들의 범죄와 자본주의가 만들어 내는 사회문제의 영향을 부정하지 않아야 한다는 것이다.[37]

실증주의 피해자학과 마찬가지로 급진적 피해자학도 몇 가지 비판을 받고 있다. 먼저, 자신이 대신하려 한 실증주의 피해자학의 대부분을 반영하고 있다는 것이다. 둘째, 국가권력에 초점을 맞춤에도 불구하고, 법과 국가에 대한 단순화된 이해만 제공하며, 제한된 연구만을 제안하고 있다는 비판을 받고 있다. 그럼에도 불구하고, 범죄피해를 광의의 사회경제적, 정치적 틀 안에서 이해하려고 한 점, 피해자학적 조망을 국가와 그 기관 및 기관원의 행동에 초점을 맞추는 능력, 범죄피해를 정책 입안가들과 공동으로 대처하려는 목표 등은 피해자학에 지대한 공헌을 한 것으로 평가받고 있다.

일부에서는 급진(radical)과 비판(critical)을 상호 교환적으로 사용하지만, 다른 일부에서는 별개의 관점으로 다루어지고 있다. 비판적 피해자학은 실증주의와 급진적 피해자학 모두의 문제점을 해소하고자 하는 관점이라고 할 수 있다. 그래서 일부에서는 급진적 피해자학과 여성해방론의 이익점을 통합하는 관점이

---

37 J. Young, "The failure of criminology: The need for a radical realism," in R. Matthews and J. Young(eds.), *Confronting Crime*, London: Sage, 1986, p. 23.

라고 보고 있다. 이들에게 있어서 비판적 피해자학은 대체로 범죄학에 있어서
급진적 좌파 현실주의의 업적에 대한 비판적 이해, 과학적 현실주의에 대한 이
해, 그리고 범죄학에 대한 여성해방주의 비판으로부터 나타난 것이다. 그래서
비판적 피해자학은 다른 피해자학적 관점에서 제대로 탐구되지 않은 것에 대한
이해를 증진시키는 데 관심을 가지는 것이다. 피해자학에 대한 이러한 관점은
실증적으로 기초한, 합리적이고 객관적인 과학 발전의 필요성을 중요하게 다루
고 있다.[38]

2. 범죄피해자에 대한 연구

70년대 초반 이후 피해자조사를 통하여 범죄피해자에게 직접 질문을 하는
것이 피해자학연구의 중심에 있었다. 부분적으로는 피해자조사가 사회의 범죄정
도에 대한 타당한 척도로써 공식범죄통계의 결점을 인식하고 보완된 결과로 발
전된 것이다. 피해자조사는 사건이 경찰에 신고되었는지에 관계없이 범죄행위의
발생에 관한 자료를 수집하는 것이어서 신고되지 않은 암수범죄의 정도를 어느
정도 측정할 수 있게 해 준다.[39]

70년대 미국과 80년대 영국을 중심으로 한 범죄피해자에 대한 관심의 증대
로 새로운 정보가 범죄조사(crime survey)의 형태로 나타나기 시작하였다. 그 이
후, 범죄피해자조사는 범죄조사에 가장 많이 이용되는 연구방법의 하나가 되어
범행의 상황은 물론이고 형사사법기관과의 다양한 경험과의 관계에서도 상세한
정보를 제공하게 되었다. 이러한 관심은 피해자지원제도와 피해자헌장의 작성과
도 그 궤를 같이하고 있다.

다양한 방법으로 이루어지는 범죄피해자조사는 범죄피해의 다양한 관점에
서 측정하게 되는데, 이에는 범죄측정과 과소신고(under-reporting)의 이유, 범

---

38 M. Cain, "Realist philosophy and standpoint epistemologies or feminist criminology as
successor science," in L. Gelsthorpe and A. Morris(eds.), *Feminist Perspectives in
Criminology*, Milton Keynes: Open University Press, 1990, pp. 124–140.

39 M. Maguire, "Crime statistics: The 'data explosion' and its implications," in M. Maguire,
R. Morgan, and R. Reiner(eds.), *The Oxford Handbook of Criminology* (3rd ed.), Oxford:
Clarendon Press, 2002, pp. 332–368.

죄의 두려움과 범죄피해 가능성과의 관계, 피해자의 관점에서 본 범죄의 경험, 그리고 형사사법제도에서 피해자의 처우 등이 포함되어 있다.

그러나 범죄조사 혹은 피해자조사도 결점이 없는 것은 아니다. 가장 주요한 결점은 특히 가정폭력이나 성폭력과 같은 민감한 범죄의 정도를 충분히 파악하지 못한다는 것이다. 또한 비록 피해자조사가 일부 신고되지 않는 범죄를 파악할 수 있지만 사기나 가게절도와 같은 많은 범죄는 가구조사에서는 다루어질 수 없다. 따라서 공식자료와 피해자조사는 상호 보완적이라고 할 수 있다. 공식통계는 신고가 잘되는 범죄의 추세를 잘 파악할 수 있고, 경찰의 업무량의 좋은 지표이며, 지역 범죄유형의 분석에도 유용하게 이용될 수 있다. 반면에 피해자조사는 경찰에 신고되지 않은 범죄를 포함하기 때문에 범죄를 보다 사실적으로 반영하며, 범죄의 신고나 기록의 변화에 크게 영향을 받지 않기 때문에 장기적 범죄추세를 알 수 있는 지표가 될 수도 있다.[40]

이러한 피해자조사는 범죄학과 정책결정에 중요한 역할을 해 왔다. 그것이 경찰의 공식통계보다는 범죄정도에 대한 더 정확한 추정을 가능케 하고, 범죄와 형사사법에 대한 피해자의 경험을 파악할 수 있게 해 주기 때문이다. 그러나 문제는 피해자조사가 '피해자 없는 범죄'의 추정을 할 수 없고, 환경오염과 같은 범죄를 다루지 않으며, 접근하기 어려운 사람들의 범죄피해를 조사할 수 없다는 것이다. 또한 개인이 알지 못하고 있는 사기와 같은 범죄를 측정하지 못한다는 결점을 가지고 있다.

3. 범죄피해의 위험성과 두려움

피해자조사에 의하면 범죄피해의 위험성은 종종 지리학적 지역에 관련이 있다고 한다. 뿐만 아니라, 대인범죄피해의 위험성은 성, 연령, 그리고 일상활동의 유형과 밀접한 관련이 있다고도 한다. 이는 결국 위험성은 자동차절도를 제외한 대부분의 경우 인구사회학적, 지리학적 특성에 따라 다양해진다고 볼 수 있다.[41]

---

40 Davies et al., *op. cit.*
41 L. Zender, "Victims," in Maguire et al., *op. cit.*, 1997, p. 581.

조사 자료에 의하면, 범죄피해자가 되는 확률이 가장 높은 사람은 가장 빈곤한 지역에 살고 있는 가장 소외된 사회집단이다. 범죄와 범죄의 두려움에 대한 취약성은 사회적, 경제적, 정치적 배제에 의하여 악화되기 때문이다. 결국, 대인범죄피해의 위험은 연령, 성별, 인종 등의 변수와 밀접한 관련을 가진다는 것이다. 뿐만 아니라, 이들 인구집단이 또한 범죄피해자가 되는 데 대하여 더 많이 걱정하고, 야간에 자신의 집이나 노상에서 덜 안전하게 느낀다는 것이다.

이러한 견지에서 보면, 젊은 사람은 범죄피해자로서 두드러지지 않고 오히려 젊은이와 범죄에 관한 대부분의 연구가 피해자로서의 경험보다는 그들의 범행유형과 행위에 초점을 맞추고 있다. 즉, 아직도 젊은 사람들은 주로 범죄자로서 연구되어 그들의 범죄피해와 범죄의 두려움은 범죄예방정책에서 거의 언급되고 다루어지지 않는다.[42]

그러나 최근 들어 범죄피해자로서 젊은 사람들의 역동성과 복잡성을 탐구하려는 연구가 이루어지고 있다. 이러한 추세는 젊은 사람들의 범죄피해의 영향, 특성과 정도, 그들의 범죄에 대한 두려움과 걱정, 그리고 그들을 통제하고, 규제하고, 지원하는 데 책임이 있는 제도, 조직, 개인에 대한 그들의 경험에 대한 이해를 가능케 하였다. 더구나 이들 연구는 젊은 사람들의 피해경험에 대한 신고수준이 낮고, 그들에 대한 형사사법기관과 관련된 복지 서비스 제공자들의 대응도 부족함을 보여주고 있다.[43]

사실, 젊은 사람들이 범죄자의 비율도 높고 동시에 피해자가 될 확률도 높기 때문에 젊은 사람, 특히 접근이 어렵거나 소위 배제된 젊은이들이 범죄와 범죄피해와 관련된 논의에서 열쇠라고 할 수 있다. 특히 이들 젊은 사람들은 지나치게 통제되고 규제와 감시도 더 많이 받고 있다. 또한 이들의 상대적 무력감은

---

42 S. Brown, "Crime and safety in whose 'community'? Age, everyday life, and problems for youth policy," *Youth and Policy*, 1995, 48: 27-48; S. Brown, *Understanding Youth and Crime: Listening to Youth?*, Buckingham: Open University' Press, 1998, pp. 116-117.

43 J. M. Hartless, J. Ditton, G. Nair, and P. Phillips, "More sinned against than sinning: A study of young teenagers' experiences of crime," *British Journal of Criminology*, 1995, 35(1): 114-133; I. Loader, E. Girling and R. Sparks, "Narratives of decline: Youth, disorder and community in an English 'Middletown'," *British Journal of Criminology*, 1998, 38(3): 388- 403.

그들을 성인에 의한 범죄피해의 잠재적 위험에 처하게 하고, 지나친 규제는 그들의 의존성을 높이며, 피해자비난의 분위기가 확산되면 그들의 범죄피해의 정도와 특성은 대중의 시야에서도 멀어지게 된다.

이와는 반대로, 노인들은 언론이나 정치의 장에서 사회적, 경제적으로 범죄피해에 취약하고, 범죄피해에 저항할 신체적, 심리적 힘이 부족한 것으로 그려지고 있다. 그러나 물론 노인들은 젊은 사람과 비교할 때 범죄피해 위험성이 다르지만 노인들과 그들의 범죄피해 사이의 관계는 사실 이상으로 복잡한 것이다.44

범죄피해의 위험성은 개인이나 집단의 특성뿐만 아니라 지리적 지역이나 지역사회에 균등하게 분포되지 않는다고 한다. 지역사회의 안전이 증폭되면서 범죄피해예방을 위한 다양한 노력들이 취해지고 있다. 예를 들어, 공포에 휩싸인 지역사회(frightened community)에서의 다양한 형태의 지역사회감시(community watch or surveillance), 해체된 지역사회(disorganized community)에서의 주민주도 지역사회 신뢰구축(resident—led community trust approach), 그리고 피해자지향(victim—oriented)의 지역사회에 기초한 전략(community—based strategies)들이 시도되고 있다.45

4. 피해자와 공공정책

지금까지의 논의를 종합하면, 범죄피해, 피해자, 그리고 국가, 국가기관과 관련된 자선 및 자원조직 간의 관계의 변화를 감지할 수 있다. 우선, 형사사법정책과 실무에 있어서 피해자의 대변이나 그 부족함이 검증되고 있다. 그것은 전통적으로 형사사법정책과 실무에서 범죄의 피해자들이 방치되어 왔기 때문이다. 따라서 피해자 지향적이거나 적어도 범죄피해자에 대한 지원을 중시하는 정책의 필요성이 제기되고 실천되고 있다. 두 번째는 형사사법정책과 관행이 실제로 범죄피해를 유발 또는 초래하는 방식이 검증되고 있다. 예를 들어, 젊은 층의 사

---

44 R. Pain, "Old age and victimization," in Davies et al., *op. cit.*, pp. 61—79.

45 K. Evans and P. Fraser, "Communities and victimization," in Davies et al., *op. cit.*, pp. 80—100.

람들이 국가정책과 관행의 피해자가 되기도 하며, 폐쇄회로화면과 같은 감시를 통한 범죄예방대책들이 때로는 범죄피해의 정도와 특성에 영향을 미치기도 한다는 것을 지적하고 있다. 세 번째는 피해자지원, 대변, 그리고 보상의 개발과 제공에 있어서 국가와 민간자원분야의 역할에 대한 고려이다. 끝으로, 최근 확산되고 있는 중재(mediation)와 회복적 사법(restorative justice)프로그램의 발전에 대한 관심이다.

이러한 변화의 추세는 바로 범죄피해자, 국가와 국가의 형사정책과 관행 사이의 관계변화가 있었기에 가능한 것이라고 할 수 있다. 영국에서는 피해자와 형사사법정책이 세 번의 주기를 거쳐 발전해 왔다고 한다. 60년대부터 70년대 중반에 이르는 초기에는 주로 국가보상과 보호관찰의 도입과 발전에 관련된 시기였다. 70년대 중반부터 80년대 초반의 두 번째 주기는 강간위기센터, 쉼터, 피해자지원계획의 발전과 관련이 있었다. 80년대 초반 이후 현재에 이르는 마지막 주기는 피해자지원과 피해자에 대한 사법정의요구의 제도화에 관련된 시기라고 한다.46

지난 수세기에 걸쳐 국가정책과 관행에 있어서 피해자와 관련된 다양한 진전이 있었다. 실제로 특히 형사사법제도에 있어서 피해자의 지위를 변화시키고 위치를 움직이는 데 긍정적인 영향을 미쳐 왔다. 그러나 자원봉사분야에 의해서 제공되는 점증하는 서비스와 지원의 제공은 도외시되고 있다.

종합하면, 우선 통일된 피해자정책이 부족하며, 범죄피해자는 계속해서 그들의 권리라는 개념보다는 그들이 필요로 하는 것에 의하여 규정된 지위나 위치를 점하게 된다. 외국의 경우처럼 피해자지원, 피해자헌장, 그리고 피해자보상 등의 정책들은 권리에 기초한 모형이라기보다 필요나 요구에 기초한 모형에 가까운 것이다. 앞으로, 피해자의 요구와 필요가 점점 더 분명해지게 되고, 인권에 대한 인식은 피해자권리에 대한 의문이 해결되도록 요구하게 될 것이다. 또한, 경찰, 검찰, 법원, 그리고 교정에 이르는 형사사법제도와 기관에 대한 피해자들의 생생한 경험은 우리가 희망했던 것보다 긍정적이지 못할 것으로 예견되고 있다. 경찰-피해자관계, 특히 소수계층이나 소외계층 또는 청소년 등과 경찰의 관계가 아주 허약하고 무너지거나 깨지기 쉽다는 특성을 고려한다면 그러한 예견은 그리 어려운 것이 아니라고 할 수 있다.

---

46 Davies et al., *op. cit.*

10

형사사법과 피해자

SECTION 01 형사사법 절차상 피해자의 역할

1. 경찰과 피해자

1) 범죄신고

형사사법당국에서는 사람들이 범죄를 신고하고, 범인을 파악하고, 증언해 주기를 바란다. 하지만 잠재적 범죄자가 피해자는 신고하지 않을 것이라고 확신하게 되면 처벌 위험성에 따른 억제 효과는 약화되기 마련이다. 뿐만 아니라, 대중이 범행의 시간과 장소에 대한 보다 완전한 정보를 제공한다면 경찰이 다음 범행을 보다 효과적으로 예견할 수 있을 것이다. 사건을 신고하지 않는 피해자는 보상, 세금감면, 보험 등에 의한 손실보전과 서비스를 받을 자격과 같은 중요한 기회와 권리를 포기하는 것이다.

사건의 신고가 이처럼 중요함에도 불구하고 문제는 많은 피해자들이 비용과 위험 때문에 사건을 신고하지 않는다는 것이다. 피해자가 신고하는 경우는 범죄자가 자신을 또다시 해치지 못하도록 예방하고 분실물을 찾는 것이 일차적 이유라고 한다. 반면 신고하지 않는 주요이유는 범행이 미수에 그쳤거나 분실물을 찾았으며, 개인적 또는 사적인 문제로 여기고, 이미 다른 기관에 신고했기 때문이라고 한다. 그런데 이러한 과소보고(underreporting)는 바로 다수의 사람들이 외관상 자신을 돕기 위한 형사사법제도로부터 소외되고 격리되고 있다는 신호

로 해석될 수 있는 것이다.[1]

2) 긴급출동

피해자가 경찰에 도움을 요청할 때는 당연히 경찰관이 즉각 출동하여 필요한 조치를 취하기를 바랄 것이다. 이를 위하여 모든 경찰이 통신관제시설과 체계를 갖추고 가급적 빠른 시간에 현장에 출동하려고 온갖 노력을 다하고 있다. 상식적으로도 경찰관이 범죄현장에 빨리 도착한다면 피해자를 구조하고, 용의자를 검거하며, 분실물을 되찾고, 중요한 증거를 확보하며, 목격자를 확보할 가능성도 그만큼 더 높아지기 마련이다.

위기에 처한 피해자의 입장에서는 설사 경찰이 아무리 빨리 현장에 도착하더라도 기다리는 시간이 길게만 느껴질 수밖에 없어서 경찰의 출동시간에 크게 만족하기 쉽지는 않다. 더구나 도시의 교통상황은 경찰의 신속한 출동을 지연시키게 되어 신고하는 시민의 불만은 더욱 가중될 수도 있는 것이다. 그러나 문제는 이러한 출동시간의 지연이 출동하는 데 걸리는 시간만의 문제가 아니라는 점이다. 더 큰 문제는 바로 피해자나 목격자가 신고를 망설이거나 늦게 신고함으로써 더 많은 시간이 지연될 수 있다는 것이다. 목격자나 심지어 피해자가 범죄발생 자체를 확신하지 못하거나, 정신을 차린 다음에야 신고할 생각을 하기 때문이다. 더 중요한 것은 출동시간보다는 현장에 출동한 경찰관의 말과 행동에 따라 경찰에 대한 만족도가 달라지며, 또한 비록 출동시간이 지연되더라도 사전에 미리 양해를 구하고 가능한 출동시간을 사전에 이해시키면 출동시간의 지연에 대한 불만도 크게 문제가 되지 않고 출동시간의 단축 이상으로 만족도를 높일 수 있다는 것이다.

3) 수   사

신고자의 협조 없이는 신고사건의 해결이 불가능하기 때문에 현장에 출동한 경찰관은 신고자의 협조를 구하기 마련이지만, 경찰과 피해자 사이에 두 가지 문제로 갈등이 초래될 수 있어서 신고자의 협조를 구하기가 어려워질 수 있다. 우선, 경찰관이 피해자의 고통에 흥미나 관심을 가지지 않을 수 있고, 두 번

---

1 Karmen, *op. cit.*, pp. 149−151.

째로 경찰이 신고자의 주장이나 신고내용이 신빙성을 결하는 것으로 결론을 내리고 수사나 조사를 종결할 수 있기 때문이다.

심지어 일부 피해자는 일종의 경찰의 심리적 잔혹성(psychological police brutality)을 두려워하여 도움을 청하는 것을 꺼려할 수도 있다. 범죄자에 의한 최초의 손상 이후에 특히 경찰에 의한 이차적 부상(second wound)을 우려하기 때문이다. 경찰이 자신을 위로하고 문제를 해결할 수 있도록 도와주리라 기대하지만 때로는 경찰이 뜻하지 않게 자신을 더 기분 나쁘게 만들고 있음을 발견하게 된다. 범죄피해를 당하게 되면 무력감, 자괴감, 죄책감, 우울증, 복수심에 빠지게 되어 피해자들은 경찰관이 자신을 위로하고 진정시켜서 안정감을 되찾고 무력감을 해소하는 데 도움을 줄 것으로 기대한다. 하지만 만약 경찰관이 냉정하게 행동하고 고통을 불필요하게 장기화시킨다면 오히려 경찰에 대하여 실망과 거부감을 느끼게 되는 것이다.[2]

사실 피해자가 직면하는 것은 경찰관이 주변에서 일상적으로 경험하는 불행에 압도당하지 않으려고 만들게 되는 감정적 분리의 보호막(protective coating of emotional detachment)이라고 할 수 있다. 소진(burnout)을 피하기 위하여 경찰관은 사건에 깊이 개입하려는 충동을 억제한다. 더구나 준군사적 조직과 전문화와 표준화라는 관료제의 속성이 가능한 비인격적으로 냉담하게 범죄라는 비극을 다루려는 경찰관의 성향을 강화시키게 된다. 강인함의 강조, 외부인에 대한 의심, 뿌리 깊은 냉소주의와 같은 경찰의 부문화도 사건을 다룸에 있어서 경찰관이 업무적으로 행동하도록 압력을 가하게 된다. 이렇게 피해자와 자신의 거리를 두는 것은 오로지 어떤 이유이건 불행은 당해 마땅한 사람에게만 일어난다는 믿음을 보전하기 위한 일종의 방어기제라고 할 수 있다.

피해자가 너무나 많은 것을 기대하거나 아니면 너무나 적은 것을 받건 간에 경찰에 대한 피해자의 불만이나 불평은 경찰의 지역사회관계의 문제로 이어질 수 있다. 만약 경찰이 전문가적인 방식으로 행동하고, 기대보다 더 빨리 현장에 도착하며, 범죄수사에 대한 노력을 더 경주한다면 경찰 서비스에 대한 만족도가 극대화 될 것이라는 기대에서 이에 대한 해결책으로서 경찰의 전문화가 제

---

2 M. Symonds, "The 'second injury' to victims," *Evaluation and Change*, 1980, 7(1): 36-38.

시되고 있다.[3]

4) 사실판단

신고자들은 누구나 경찰이 자신의 이야기를 의심 없이 받아들이기를 원하지만, 경찰의 입장에서는 신빙성 검증을 거칠 때까지는 단순히 '추정적' 피해자에 불과하다. 자신이 확실한 피해자라고 주장하는 사람 중에는 어떤 숨은 목적을 가지고 거짓 주장을 할 수도 있다. 사람들은 무고한 사람을 문제에 빠지게 함으로써 보복하려고 또는 진실을 은폐하기 위하여, 보험사기를 하기 위하여 등 여러 가지 이유에서 자신이 범죄자로부터 피해를 당했다고 허위신고를 하게 된다. 따라서 경찰에서는 자신이 피해를 당했다고 하는 사람들을 조사하고 판단하는 것이 매우 중요하다.

그런데 경찰이 이러한 잘못된 신고를 처리하는 형태는 크게 두 가지라고 한다. 먼저 자신이 범죄의 피해자라는 신고자의 주장을 완전히 거부하는 것(unfounding)이고, 다른 하나는 범죄가 발생은 했지만 신고자의 주장만큼 그렇게 심각한 것은 아니라고 믿는(defounding) 것이다. 경찰은 사건 자체를 완전히 없는 것으로 하거나 가벼운 범죄로 격하시킴으로써 해결해야 할 강력사건의 수를 줄일 수 있다는 유혹을 받게 된다. 실제로 실적평가 등으로 인하여 해결되지 않은 사건을 완전히 배제하거나 경미한 사건으로 처리하는 경향이 있다.[4]

5) 용의자 검거

시간이 흐름에 따라 많은 피해자들이 자신의 사건이 해결되지 않았음에도 불구하고 이미 종결된 것을 발견하게 된다. 물론 수사기간은 대체로 경찰의 업무량과 사건의 심각성에 의해 좌우된다. 만일 경찰이 용의자를 파악하지 못하거나 검거할 만한 충분한 증거가 없다면 수사를 종결할 재량권을 행사하게 된다. 그러나 피해자는 수사를 계속하도록 경찰을 강제할 아무런 수단을 갖고 있지 못하다. 더불어 특별한 이유가 없이는 피해자가 수사를 종결한 경찰의 재량행위에

---

3 S. Brandl and F. Horvath, "Crime victim evaluation of police investigative performance," *Journal of Criminal Justice*, 1991, 19: 109–121.

4 Karmen, *op. cit.*, p. 155.

개입하도록 법원을 설득할 수 있는 방법도 많지 않다.

심지어 용의자를 체포 할 일련의 증거가 있어도 용의자의 체포가 자동으로 이루어지는 것은 아니다. 경찰관은 누구를 체포할 것인가에 대한 개인적 재량과 기관의 재량을 행사할 수 있다. 이러한 의사결정에 영향을 미치는 요소는 동료나 상급자의 압력, 경찰관의 개인적 예측, 범행의 특성, 그리고 피해자와 용의자의 관계 등을 포함하는 것이다. 피해자들은 범행한 것으로 자신이 지목한 사람을 경찰이 체포하지 않을 때 분노하게 마련이다.

반대로 피해자들은 경찰이 증거에 입각하여 용의자를 구금할 때 경찰이 자신의 의무를 성공적으로 수행한 것으로 생각하게 된다. 이런 것을 사건 해결률 (clearance rate)이라고 하는데, 이것이 보통 개별 경찰관, 특정 부서, 또는 특정 경찰기관이나 전체 경찰의 업무수행평가의 지표로 활용되지만, 때로는 경찰에 대한 만족도의 근거가 되기도 한다. 많은 피해자들이 경찰에 사건을 신고하지 않는 이유 중에는 신고해도 별 소용이 없기 때문이라는 점에서 경찰의 사건 해결률에 대한 만족도가 그리 높지 않다는 것을 유추할 수 있다. 그러나 더 큰 문제는 비록 용의자가 체포되었다고 해도 그 용의자가 기소되어 유죄판결을 받는다는 것을 뜻하지 않는다는 점이다. 살인을 제외하고는 범죄 해결의 가장 중요한 요소는 피해자의 용의자에 대한 단서나 증거나 정보의 제공능력이라고 할 수 있다. 이것이 바로 대인범죄가 재산범죄보다 해결률이 더 높을 수 있는 이유이기도 하다. 현실적으로 많은 범죄자가 체포되지도 않고 처벌받지도 않게 되어 대부분의 피해자들이 법집행기관의 업무수행에 대한 불만을 가지게 된다.

한편, 용의자를 체포할 때는 경찰이 Miranda경고라고 하는 용의자의 헌법적 권리를 주지시키지만 피해자들에게는 그들의 의무와 기회에 대한 권리를 주지시킬 아무런 의무도 없다는 사실을 발견하게 된다. 또한, 대부분의 피해자들은 자신의 사건이 해결되었는지, 용의자는 체포되었는지, 사건이 어떻게 진전되고 있는지 구체적으로 통보받거나 파악하고 있지 못하다고 한다.

6) 분실물 확보

범법자를 검거하는 것 외에도 범죄로 인한 분실물을 찾아서 피해자에게 되돌려줌으로써 경찰이 피해자를 만족시킬 수 있다. 범죄 해결률과 마찬가지로 분실물의 확보도 경찰의 업무수행능력을 평가할 수 있는 하나의 지표가 될 수 있다. 그러나 불행하게도 분실물 확보율은 경찰통계 어디에서도 찾을 수 없다. 따라서 경찰에서는 분실물의 확보에 많은 노력을 경주하기 쉽지 않다. 뿐만 아니라 확보한 분실물도 때로는 여러 가지 절차와 문제로 피해자에게 바로 되돌려주지 못하고 있다. 결과적으로 이로 인해 많은 피해자들이 불만을 가지게 되는 것이다.5

2. 검찰과 피해자

검찰도 여러 가지 다른 방법으로 피해자에게 봉사할 수 있다. 우선, 검사들이 사건의 진행상황에 대하여 피해자들에게 자세하게 알려줄 수 있을 것이다. 그리고 고객인 피해자들의 사건에 대한 관심과 주의를 법원에 촉구함으로써 피해자를 도울 수도 있을 것이다. 또한, 피해자를 위협이나 보복 등으로부터 보호함으로써 피해자에게 도움을 줄 수도 있다. 뿐만 아니라 사건을 신속하게 처리함으로써 피해자의 시간과 노력을 최소화함으로써 피해자를 도울 수도 있다. 끝으로 분실물을 되찾아 되돌려주는 것도 피해자를 도울 수 있는 길이다.

때로는 검찰이 아무런 갈등도 없이 정부, 피해자, 검찰 자신에 봉사할 수 있지만 종종 모두에게 최선을 다하지 못하는 경우가 발생하게 된다. 국가, 피해자, 그리고 검찰 자신의 이익 사이에 갈등이 초래되기도 하는 것이다. 이러한 갈등상황에서 어느 일방의 이익을 희생해야 한다면 그것은 피해자가 될 가능성이 가장 높다.

1) 피해자부조

기소단계에서 증인으로서 검찰에 봉사하는 피해자가 겪는 좌절, 불편함, 어려움은 익히 잘 알려진 사실이다. 그것은 증인으로서 피해자들이 여러 가지 방법으로 잘못된 처우를 받기 때문일 것이다. 실제로 아무것도 이루지도 못하면서

---

5 R. Lynch, "Improving the treatments of victims: Some guides for action," in W. Mac-Donald(ed.), *Criminal Justice and the Victim*, Beverly Hills, CA: Sage, 1976, pp. 165-176.

근무시간을 뺏기고 임금손실을 경험하고 학생은 학교에 가지 못해 수업 결손을 초래하기도 할 것이다. 이러한 상황을 개선하기 위하여 검찰이 피해자를 도울 수 있는 프로그램을 시도하고 있다.

당연히 그러한 프로그램의 혜택을 받는 피해자가 법정에서 증언하는 고통이나 불편함도 더 잘 견디고 따라서 기각률은 낮추고 유죄확정률은 높이는 것으로 알려지고 있다. 또한 정부의 도움을 응당 받아야 마땅한 것으로 인식되는 집단에 대한 서비스의 제공은 검찰의 지역사회관계에도 큰 도움이 될 것으로 판단된다. 검찰에 대한 공공의 확신과 신뢰도 회복되고 당연히 신고율도 향상될 것이기 때문이다. 특히 지역사회검찰활동(community prosecuting)이 새롭게 강조되고 있는 요즘엔 이러한 노력이 더욱 중요한 것이지 않을 수 없다.[6]

그러나 피해자부조 프로그램(victim assistance program)은 일부 헌법적, 윤리적 문제도 야기하고 있다. 피해자에 대한 부조가 권리가 아니라 오히려 특전으로 주어지는 것이기 때문에 협조가 꼭 필요하지 않은 피해자에게는 서비스를 제공하지 않는 것이 물론 불법은 아니지만 공정한 것이라고도 할 수 없을 것이다. 변호인 측의 증인에 대한 서비스를 거부하는 것도 공정성의 침해요, 훼손이라고 할 수 있다. 유죄가 확정되기 전까지는 피의자도 무죄로 추정되는 한 모든 증인에 대한 동등한 처우가 보장되어야 하기 때문이다. 한편, 피해자와 피해자부조 프로그램 담당자와의 지나친 신뢰(rapport)는 피해자가 법정진술에서 초기 진술을 번복하게 되면 조작되거나 사주를 받은 것으로 간주될 수 있다는 또 다른 문제의 소지를 안고 있다.[7]

2) 증인으로서의 피해자에 대한 보호

검찰의 증인으로 서기로 한 모든 피해자, 특히 Gang이나 조직폭력과 마약조직과 관련된 피해자나 매 맞는 아내와 같은 위험에 처하기 쉬운 피해자들은 협박과 위협 또는 보복으로부터 보호되어야 할 필요가 있다. 검찰에 협조함으로

---

6 G. Geis, "Victims and witness assistance programs," in *Encyclopedia of Criminal Justice*, New York: Free Press, 1983, pp. 1600−1604; A. Schneider and P. Schneider, "Victim assistance programs," in B. Galaway and J. Hudson(eds.), *Perspectives on Crime Victims*, St. Louis, MO: C. V., 1981, pp. 364−373.

7 Karmen, *op. cit.*, p. 164.

써 있을 수 있는 위험에 대한 피해자의 인식이 피해자가 법정에서 증언할 것인지 결정하는 요소이기 때문에 피해자의 안위를 보장하는 것이 검찰의 우선적 임무라고 할 수 있다. 검찰이 이러한 보복과 위협행위에 제대로 대응하지 못한다면 피해자들은 형사사법제도가 자신들을 보호하지 못한다는 인식을 갖게 되고 보복을 피할 수 있는 유일한 방법은 더 이상 검찰에 협조하지 않는 것이 되고 만다.

그러나 협박과 보복의 문제는 직접적인 위협 이상의 문제를 초래한다. 잠재적인 피해자들이 경찰에 신고하거나 검찰에 협조하지 못하게 하는 주위로부터의 강력한 압력을 겪게 될 수 있다. 또한 피해자들이 심지어 특정한 위협이 실제로 행해지지 않아도 범법자가 어떻게 할지 모른다는 생각에 괴로움을 당할 수도 있다. 더구나 이러한 사건에 대한 언론의 자극적 보도가 문제를 더욱 악화시킬 수도 있는 것이다.

3) 기   각

피해자들은 검찰이 용의자에 대한 혐의를 기각하거나 축소할 때 자신이 방기되거나 좌절된 것으로 느낄 수 있다. 더 이상 사건을 진행시키지 않겠다는 결정은 더 이상의 공식적 행위가 취해지지 않을 것임을 의미하는 것이고 피해자는 그들이 사건을 신고했을 때 추구하였던 목표를 성취할 수 없게 되는 것이다. 심지어 피해자를 격노하게 하더라도 검찰에게 있어서 이러한 결정은 피할 수 없는 것이다. 검찰이 모든 법을 다 집행하고 모든 범법자에게 유죄를 확정한다는 법률적 사명을 다하기란 사실상 불가능한 것이다. 검찰은 이러한 결정을 위해서 사건의 정황, 피해자의 신뢰성과 협조 여부, 증거확보의 여부, 억제효과, 지역사회의 안전도, 증인확보 여부, 이익집단의 대응, 검사의 개인적 판단 등 다양한 요소를 고려하게 된다. 이들 요소를 고려한다면 피해자는 검찰의 의사결정에 영향을 미치는 여러 핵심 요소 중 하나에 지나지 않는 것이다.

4) 유죄협상(Plea Bargain)

유죄협상의 전형은 피의자가 일부 혐의를 제외시키거나, 보다 가벼운 처벌을 조건으로 자신의 혐의사실을 자백하는 것이다. 그런데 이러한 유죄협상이라는 표현이 유죄협상이 피의자가 자신의 응당한 처벌을 피할 수 있게 해 주는 혜택을 준다는 잘못된 인상을 심어 줄 수 있다고 한다. 그러나 일부에서는 그러한 주장이 사실과 다르다고 항변한다. 보다 가벼운 처벌을 받을 수 있다는 우려를 미리 고려하여 검찰이 하나의 사건에 적용 가능한 모든 범죄혐의를 부여하고 범죄사실 이상의 더 심각한 범행으로 기소하는 경향이 있기 때문이라는 것이다. 즉, 유죄인정으로 감형될 수 있다는 점을 미연에 감안하여 더 엄중하게 기소함으로써 설사 유죄협상으로 가벼운 처벌을 받더라도 범행에 상응한 처벌을 할 수 있게 한다는 것이다. 그 결과, 실제 유죄협상에 임하는 피의자가 유죄협상을 하지 않을 때 받게 되는 처벌과 거의 동일한 수준의 처벌을 받는다고 한다. 따라서 유죄협상이 과다한 업무를 처리하는 현실적인 방안이라고 주장한다.8

그럼에도 불구하고, 대부분의 피해자들은 범죄자들이 검찰과의 유죄협상으로 응당한 처벌을 받지 않고 빠져나간다고 확신하게 된다. 그러나 실제로는 유죄협상을 하지 않고 재판을 하는 것보다 유죄협상으로 사건을 종결하는 것이 일부 피해자에게는 최상의 이익을 줄 수도 있다. 확실한 처벌을 할 수 있다는 점 외에도 변호사의 적대적 심문과 법정증언의 고통을 피할 수 있게 된다. 피해자들은 자신이 사건에 직접적으로 관계되고 개인적으로 손상을 당한 사람이기 때문에 일부 피해자들은 유죄협상에 적극적인 역할을 하기를 원하고 있지만 현실은 그렇지 못한 실정이다. 유죄협상에 있어서 판사, 변호사, 검사 등 소위 법정의 내부자들이 상호 이해관계가 맞아 떨어지기 때문이다. 즉, 검사는 유죄확정률을 높일 수 있고, 변호사는 처벌을 낮출 수 있으며, 판사는 업무 부담을 줄일 수 있다는 점 때문이다.9

뿐만 아니라 이들 내부자들은 외부자인 피해자가 유죄협상에 적극적으로 참여 하고 개입하는 것을 바라지 않는다. 이들은 피해자의 존재로 협상을 위한 진솔한 대화가 방해를 받고, 피해자와 피의자 사이의 적대적 충돌이 발생할 수 있으며, 판사의 역할을 잘못 해석할 수 있게 하며, 판사의 존엄성이 손상될 수

---

8 G. Beall, "Negotiating the disposition of criminal charges," *Trial*, October 1980, pp. 10−13.

9 R. Davis, "Victim/witness noncooperation: A second look at a persistent phenomenon," *Journal of Criminal Justice*, 1983, 11: 287−299.

있다고 주장한다. 특히 검찰은 피해자가 유죄협상을 개인적 보복의 수단으로 이용하고 최고의 형량을 부과하려는 비합리적 요구를 할 수 있다는 우려에서 유죄협상에 피해자가 참여하는 데 반대하고 있다.[10]

3. 변호사와 피해자

피해자와 변호사는 법정에서 천적이라고 할 수 있다. 재판의 기간이나 출석횟수, 그리고 피해자심문 두 가지 문제로 변호사와 피해자 사이에 갈등이 초래될 수 있다고 한다. 피해자의 입장에서는 변호사가 공판이나 심리를 지연시킴으로써 피해자를 지치게 하고, 검찰측 증인으로 재판에 출석할 때 피해자의 신뢰성을 흠집 내기 위한 불공정한 전략을 이용한다고 비난한다.

1) 심리의 지연

보편적으로 모든 국가에서는 피의자에게 신속한 재판을 받을 권리를 헌법적으로 보장하고 있다. 그러나 많은 경우 피의자가 보석으로 풀려나게 되면 변호사는 피의자에게 자유의 시간을 벌어주고 피해자를 지치게 하기 위하여 가능한 재판절차를 지연하려고 한다. 심리의 지연이 계속되고 불필요하게 법정에 자주 출두하게 됨으로써 피해자가 인내심을 잃게 되고 재판에 대한 그들의 전념이 점점 약화시킬 수 있다고 한다. 피해자가 염증을 느끼고 재판정에 출석하지 않게 되면 변호사의 전략이 성공하게 되는 것이다.

2) 대질심문

변호사가 지연전술로 피해자를 지치게 하지 못하면 피해자의 신뢰성을 약화시켜서 판사나 배심원들로 하여금 피해자의 증언에 큰 비중을 두지 않도록 하려고 할 것이다. 대질심문은 증인의 약점을 노출시키기 위한 것이다. 피해자의 숨은 동기, 편견, 무능력, 부정직함, 불성실성 등을 강조함으로써 피해자의 신뢰성을 약화시키기 위한 의도이다. 유죄입증의 책임이 검찰에 있고 유죄가 확정되

---

10 W. McDonald, "Criminal justice and the victim," in W. McDonald(ed.), *Criminal Justice and the Victim*, Beverly Hills, CA: Sage, 1976, pp. 17-56.

기 전까지는 피의자는 무죄로 추정되기 때문에 원고는 합리적 의심(reasonable doubt) 이상으로 자신의 신뢰성을 입증해야 한다. 극단적인 경우, 피해자가 표적이 되어 거짓말쟁이나 바보처럼 보이게 되어 또다시 손상을 받게 된다. 그래서 대질심문이 때로는 피해자에게 가혹한 시련이 될 수 있는 것이다.

4. 법원과 피해자

판사는 재판정의 공정한 심판이지만, 피의자는 판사가 국가와 검찰의 편을 드는 것으로 간주하고 피해자는 종종 판사를 무고한 시민의 보호보다는 피의자의 권리의 수호자로 보게 된다. 피해자들은 판사가 궁극적으로 자신이 추구하는 사법정의를 내려 주리라 기대하지만, 피해자와 판사 사이에 보석결정과 양형에 관하여 갈등이 생기기도 한다.

1) 보석허용

보석을 허용할 것인가 구금할 것인가의 의문은 몇 가지 쟁점을 초래하게 된다. 보석이 허가되지 않거나 보석금을 마련할 능력이 없으면 피의자는 구금시설로 보내지게 되어 즉각적으로 유죄가 확정되기도 전부터 처벌을 받게 된다. 그러나 확실하게 죄가 있고 재범의 성향이 높은 피의자를 보석으로 석방하는 것은 증인으로서 증언을 해야 할 피해자에게 또다시 직접적인 위협을 가하거나 전체 지역사회에도 위험을 초래할 수 있다. 이 경우 보석을 허용한 판사와 법원에 대해서 피해자는 분노하게 된다.[11]

2) 형의 선고

양형지침(sentencing guideline)이나 강제최소양형(mandatory minimum sentencing)의 규정이 없는 경우, 판사는 형을 선고할 때 상당한 재량권을 행사할 수 있다. 이러한 재량권의 행사로 인하여 유사한 사건에 대하여 형벌의 엄중성에 있어서 판사 간에 상당한 차이를 보이는데, 이를 '양형 불균형(sentencing disparity)'이라고 한다. 민권운동가 측에서는 판사가 자신의 사회적 편견을 표출

---

11 Karmen, *op. cit.*, p. 175.

할 수도 있다는 문제점을 지적하고 있고, 수형자들은 그것을 정당화될 수 없는 임의성의 신호라고 간주한다. 또한, 법과 질서를 옹호하는 입장에서는 처벌이 지나치게 경미하거나 판사가 범법자에 대하여 지나치게 관용적이라고 비판하고, 피해자권리운동의 활동가들은 양형에 있어서 더 많은 영향력을 행사할 수 있는 기회로 생각할 수도 있다.

역사적으로, 양형절차나 과정에서 피해자를 배제하는 것은 몇 가지 근거에 기인된 것이라고 한다. 만약 범법자를 처벌하는 목적이 다른 사람이 동일한 범행을 하지 못하도록 억제하는 것이라면 제재가 신속하고, 확실하며, 예측 가능해야 하며 피해자에 의한 수정이나 불확실성의 대상이 되어서는 안 될 것이다. 만약 목적이 응보라면, 법위반자는 피해자가 요구하는 벌이 아니라 범법자가 응당 받아야 마땅한 형벌을 받아야만 할 것이다. 만약 양형의 목표가 범법자를 교화하는 것이라면, 피해자의 형벌적 욕구가 전문가가 처방하는 처우의 형태와 기간에 장애가 되어서는 안 될 것이다.[12]

양형에 있어서 많은 당사자가 영향력을 행사할 수 있기 때문에 피해자의 요망이 양형에 미칠 수 있는 잠재적 영향은 제한적이기 마련이다. 의회에서는 형량이나 형기를 정하는 법률을 제정하고, 검찰에서는 형량을 구형하며, 변호사는 어떻게든 고객의 형량을 줄이려고 한다. 피의자도 자신의 언행이나 태도, 인성특성, 전과 등에 의하여 어느 정도 자신의 형량에 영향을 미치며, 보호관찰관은 양형전조사(presentence investigation)에 기초하여 판사에게 적절한 처분을 권고한다. 가석방심사위원회에서는 가석방 결정에 의하여 실제 수형기간을 결정할 수 있고, 교도관은 선시제도(good-time system)나 행형성적의 기록을 이용하여 가석방심사에 영향을 미칠 수 있고, 언론은 보도를 통하여, 그리고 대중은 사회적 반응을 통해서, 그리고 대통령은 사면 등을 통하여 영향을 미칠 수 있는 것이다.

피해자는 선고공판에서 구두로 또는 문서로 판사에게 자신의 견해를 피력하거나 요청함으로써 직접적으로 양형에 영향을 미치려고 한다. 그 대표적인 것이 소위 피해자영향진술(victim impact statement)로서 이를 통하여 판사가 피해자

---

12 W. McDonald, "The prosecutor's domain," in W. McDonald(ed.), *The Prosecutor*, Beverly Hills, CA: Sage, 1979, pp. 15-52.

와 그 가족에게 미친 범죄의 실질적인 신체적, 감정적, 재정적 영향에 대해서 알 수 있게 한다. 피해자의 의견서(statement of opinion)는 피해자에게 자신이 생각하는 적절한 형에 대해서 의견을 묻는 것이며, 일부에서는 보호관찰관의 선고전 조사보고서에 피해자영향진술서를 첨부시키기도 한다.13

피해자진술서와 같은 시도는 피해자권리운동에서 대단한 진전이지 않을 수 없다. 피해자진술서가 받아들여지고 시행되기 전에는 피해자는 자신의 고통을 완벽하게 기술하고 견해를 표현하기 위해서 검찰에 의존해야만 했었다. 이렇게 판사에게 직접 호소하는 것은 재판과정에 감정적 고려를 주입시킴으로써 사법의 전문적 객관성을 해치는 것으로 고려되기도 한다. 그러나 피해자권리운동가들은 피고인은 자신을 대변하기 위하여 변호사에게만 의존하지 않아도 되고 선고 전 직접 법정에서 진술할 수 있어서 균형을 잃고 있다고 주장한다. 따라서 고통받는 당사자, 피해자도 형량이 결정되기 전에 자신의 경험을 말하거나 글로 쓸 수 있어야 한다는 것이다.

피해자진술이 허용되어야 할 것인가에 대해서는 많은 논란의 여지가 남아 있다. 피해자권리운동과 검찰조직에서는 모든 관심을 피의자의 어려운 환경과 여건에만 초점을 맞추고 피해자의 고통은 무시하는 것은 논리적이지 못하다고 주장하고 있다. 그러나 민권운동가들은 피해자진술의 도입이 지나치게 선동적이고 편견적이어서 법정의 관심을 피의자가 비난받아야 할 정도와 범죄의 주변 상황을 평가할 의무로부터 피해자의 특성으로 초점을 전환시키게 된다고 주장한다.14

5. 교정과 피해자

교정에는 교도소, 구치소, 보호관찰소 등을 포함시킬 수 있을 것이다. 피해자는 돈이나 안전에 관하여 교정기관과 갈등을 빚을 수 있다. 그런데 교정과 관련하여 피해자는 수용시설보다는 보호관찰과 더 많은 관련을 가진다. 피해자들은 대체로 보호관찰관으로부터 두 가지를 바라게 된다. 범법자가 보호관찰을 조

---

13 Karmen, *op. cit.*, p. 176.

14 C. Clark and T. Block, "Victim's voices and constitutional quandries: Life after Payne v. Tennessee," St. John's *Journal of Legal Commentary*, 1992, 8(1): 35–64.

건으로 가석방되거나(parole) 형의 선고나 집행이 유예(probation)될 때, 피해자들은 더 이상의 손상이나 희롱을 당하지 않도록 보호받기를 원한다. 또한 만약 피해자에 대한 배상이 보호관찰의 조건이라면 제 시간에 제대로 받기를 원할 것이다. 보호관찰관도 이러한 목표를 공유하지만 과다한 업무로 인하여 효과적으로 그 임무를 수행하기가 어려운 실정이다. 한편, 교도관도 피해자에게 재소자의 소재를 알려줌으로써 피해자의 안위를 보호하도록 되어 있다. 귀휴(furlough)나 탈옥한 재소자가 피해자를 위협하거나 해악을 가하지 못하도록 해야 할 것이다. 이를 제대로 이행하지 못할 때 피해자는 교정당국과도 갈등을 가질 수 있는 것이다. 그러나 현대의 기술적 진보로 등록된 피해자들에게 재소자의 석방이나 탈옥에 대하여 어렵지 않게 통보할 수 있게 되었다.

수형자권리를 주창하는 입장에서는 교화개선에 대한 특전이나 자비의 형태로 보호관찰부 가석방을 보는 것을 반대한다. 또한, 보호관찰이 전과자에 대한 국가통제의 기간을 확대하는 방법이고, 형벌을 장기화하는 도구요, 재소자에게 불안과 불확실성을 심어주는 근원이라고 비판한다. 그래서 이들은 보호관찰부 가석방의 폐지를 주장하고 부정기형(indeterminate sentencing)의 대안으로서 보다 짧은 기간의 정기형(determinate sentencing)을 제안한다. 법과 질서를 강조하는 측에서는 보호관찰부 가석방이 위험한 범법자를 너무 일찍 석방함으로써 지나치게 관대한 형벌의 근원이 되고 있다는 이유에서 그 폐지를 주장하고 있다. 이들은 보호관찰부 가석방은 폐지하되 보다 긴 기간의 정기형으로 대체할 것을 제안하고 있다. 피해자도 역시 보호관찰부 가석방이 수형기간을 지나치게 단축시킨다고 반대의 목소리를 내고 있다.

미국의 경우 대부분의 주에서 피해자로 하여금 가석방심사위원회에 참석하여 자신의 견해를 표현하거나 문서나 녹화된 진술서를 제출할 수 있는 권리를 인정하고 있다. 이를 통하여 피해자는 자신의 견해로는 범법자가 아직도 충분히 처벌되지 않았다는 근거에서 조기석방에 반대할 수 있다. 범법자가 가한 신체적, 감정적, 재정적 손상에 관한 정보가 범죄의 심각성에 관하여 위원들을 확신시킬 수도 있다. 한 가지 대안으로, 피해자가 조기석방에는 찬성하나 기본적인 보호관찰부 가석방의 조건 외에 추가로 배상(restitution)을 요구할 수도 있다. 일부 주에서는 위원회에서 면제시키지 않는 한 배상을 전제조건으로 강제하기도 한다.

그러나 가석방심사위원회에 대한 피해자의 영향력은 제한적이라고 할 수 있다. 위원회는 피해자, 검찰, 판사, 그리고 기타 관련자로부터의 진술들을 검토하고, 재소자를 면담하며 수용기간의 수형성적과 행동에 관한 기록들을 검토하게 된다. 뿐만 아니라 위원회는 종종 재소자를 더 오래 수용하도록 하거나 신입 수형자들을 위한 수용공간을 마련하기 위하여 일부 재소자를 더 빨리 출소시키도록 상당한 압박을 받기도 한다.

6. 사법정의와 피해자

헌법에서는 모든 시민이 법 앞에서 평등할 것을 요구한다. 이는 곧 형사사법기관의 법집행에 성별, 인종, 연령, 계층, 종교 등 사회적 요소가 합당한 고려사항이 되어서는 안 된다는 것으로 이해되어야 할 것이다. 그러나 비교적 최근까지도 과연 일부 피해자가 차별적으로 처우되지 않는지에 대해서는 큰 관심을 얻지 못하고 있다.

이러한 법치주의는 극단적으로는 적법절차와 동등한 보호의 원리가 형사사법기관의 상당한 재량권을 제한하는 것을 함축하고 있다. 적법절차는 절차적 규칙성을 의미하고 동등한 보호는 상이한 범주의 사람들이 유사한 처우를 받아야 함을 요구하는 것이다. 그럼에도 불구하고 여러 가지 이유로 재량은 아직도 상당 부분 존재하고 있는 실정이다. 이러한 현실은 피해자에게도 예외는 아니어서 일부 피해자는 더 나은 처우를 받고 다른 일부 피해자는 차별적 처우를 받기도 한다. 결국, 피해자가 받게 되는 처우는 피해자와 가해자가 어떤 사람인가에 따라 결정되고 달라질 수 있다는 것이다. 실제 많은 연구에서도 존중받는 배경을 가지고 특권을 누리는 피해자가 그렇지 못한 피해자들보다 경찰, 검찰, 법원, 교정으로부터 더 나은 처우를 받는 것으로 확인되고 있다. 이는 곧 차별적 처우를 받게 되는 사람들과 형사사법기관의 관계에도 문제를 초래하게 된다.

1. 피해자와 경찰

경찰이 피해자의 신고에 어떻게 대응하는가는 피해자와 경찰 서비스에 대한 인상에 매우 중요하다. 경찰의 관점에서는 피해자와의 초기 의사소통이 경찰 대응의 견지에서 사건의 우선순위를 결정할 수 있도록 가능한 많은 정보를 이끌어낼 필요가 있다. 피해자에게 있어서는 그 의사소통이 사건에 대응하는 경찰처럼 그렇게 일상적 활동이 아니며, 경찰과 접촉하려는 결정을 하기 위해서 이에 대한 상당한 용기를 필요로 했을 가능성이 있다.

최초의 접촉으로부터 피해자와 대중의 경찰에 관한 인상이 형성되고, 범죄에 관한 경찰의 중요한 정보가 아마도 처음으로 확보되는 것이다. 경찰이 범죄에 관한 정보를 거의 전적으로 대중에 의존하고 있다는 것은 이미 잘 알려진 사실이다. 피해자가 쉽게 경찰에 알려지는 범죄는 대체로 보다 전통적인 유형의 범죄이고, 권력층의 범죄와 그 피해자들은 경찰 서비스의 일상적 업무인 대인범죄와 재산범죄만큼 관심의 초점이 되지 못하고 있다. 따라서 피해자에 대한 경찰사고의 기초는 바로 그러한 전통적 범죄의 피해자로부터 형성된다. 그러한 사실 자체가 범죄피해자정책에 관한 문제가 될 수 있다. 더구나 가정폭력과 같은 일부 범죄피해자에게는 심지어 폭력적인 특성을 가진 범죄임에도 불구하고 이러한 초기접촉이 더 이상 진전되지 않을 수도 있다.[15]

최초 접촉순간부터 경찰과 피해자 사이의 관계는 불평등한 권력관계로 구축되기 마련이다. 처음부터 피해자는 피해자가 되지 않길 바라며 경찰과 접촉도 바라지 않게 마련이지만, 반대로 경찰 주요기능의 하나는 전적으로 피해자의 존재에 의존하게 된다. 이와는 달리, 양자는 서로의 협조를 필요로 하게 된다. 피해자는 범죄자를 검거하여 처벌받도록 하거나 또다시 피해를 당하지 않도록 해 주거나 경찰이 자신의 범죄피해에 대하여 무언가를 해 줄 수 있다고 믿는다. 경찰은 범죄의 특성과 정도, 범행과 관련된 정보, 그리고 검거를 위한 정보 등을 피해자가 경찰에 말해 주기를 바란다.

---

15 P. Davies, "Crime victims and public policy," in Davies et al., *op. cit.*, pp. 101－120.

그러나 현실적으로 경찰과 형사사법제도는 피해자에게 제공할 수 있는 자원이 부족하다. 재물이 돌아오고, 범죄자가 붙잡히고, 사법정의가 실현된다는 아무런 보장도 없으며, 더 큰 문제는 피해자가 경찰이나 법원에 의하여 재피해를 당할 위험성에 놓이게 된다는 것이다. 형사사법제도의 경험이 바로 2차피해가 발생하는 곳이며, 피해자들이 경찰에 신고하지 않는 이유가 바로 이런 점에 기인하는지도 모를 일이다. 보다 피해자 지향적인 관점에서 본다면, 왜 피해자가 범죄를 신고하고 그래서 경찰과의 접촉에 임하는가를 고려해야 할 것이다.

이상이 얼마나 피해자와 경찰의 관계가 불평등하고 비정상적인가를 분명하게 보여주는 것이다. 피해자는 핵심적이고 중요한 증거의 소지자로서 강력하고 주요한 위치에 있어야 한다. 그러나 현실적으로는 대부분의 피해자들의 생생한 경험은 그렇지 못하다. 사건이 진행됨에 따라 경찰이 피해자에 대하여 점점 더 큰 권한을 가지게 된다. 그러한 경찰의 권한이나 힘은 피해자보다 경찰이 더 많은 정보와 지식을 가지고 있기 때문에 가능한 것이다.

한편, 경찰에 자신의 범죄피해를 신고한 피해자라도 자신의 범죄가 경찰에 매일 신고되는 다른 수많은 사건들과 함께 처리된다는 점을 잘 알지 못하고, 경찰은 사건의 우선순위를 결정하게 된다. 사건을 신고한 피해자는 언제 어떤 일이 다음에 일어나게 될지 알고 싶어 하지만, 분명한 것은 다음에 일어날 일에 대하여 경찰과 피해자의 관심이 조화를 이룰 수 없는 경우가 많다는 것이다.

범죄의 특성과 피해에 따라 경찰이 아주 다르게 반응하고 대응하기 때문에 경찰이 우선순위를 정하는 방식에 대한 언급이 필요하다. 일부는 경찰 서비스의 표준일 것이고 일부는 지침에 따를 수도 있을 것이다. 한편으로는 우선순위의 결정이 지역별 정책결정과 정책의 우선순위에 따라 정해질 것이다. 일부 정책은 오랜 기간 안정적일 수도 있고 일부는 범죄에 대한 수용정도와 경찰의 행정결정 및 지역사회 안전에 대한 우선순위에 따라 변화할 수도 있다. 일부 범죄는 쉽게 적발되고 경찰은 시간과 자원과 열정이 허용하는 한 상당히 만족스러운 해결률을 성취할 수 있는 반면, 가정폭력과 같은 일부 범죄는 충분히 심각하게 다루어지지 않고 전통적으로 경찰의 높은 우선순위를 차지하지 못한다. 마찬가지로 권력층의 범죄도 가시성이 높은 노상범죄만큼 적극적으로 다루어지지 않아서 그러한 범죄의 피해자들은 경찰과 형사사법제도에 의하여 전적으로 방기되거나 숨겨진다. 이런 모든 것들이 피해자가 다양한 형사사법기관과 그 직원들과의 접촉과 경험에 영향을 미치게 된다.

이처럼 일부 범죄는 다른 범죄보다 더 적극적으로 처리되지만, 범죄가 처리되고 따라서 피해자를 보는 방식의 다변성은 범죄와 그 통제에 대한 언론의 보도와 경찰활동의 문화적 관점으로 인하여 더욱 복잡해진다. 이러한 사실은 이미 알려진 바와 같이 가정폭력의 여성피해자들 같은 피해자를 향한 비난에 대한 경찰관의 전형적인 태도, 일부 피해자에 대한 언론의 불공정하고 부적절한 보도, 피해자의 부주의나 과실 또는 촉진을 따지는 법원의 태도 등에서 잘 나타나고 있다.16 매춘부나 동성애자와 같은 일부 피해자들은 경찰의 비동정적 반응을 두려워할 수 있고, 다른 일부 피해자들은 2류 시민으로 취급되거나 취급될 위험에 처하게 되는 것을 두려워할 수도 있다. 이러한 쟁점들이 범죄피해자가 범죄를 경찰에 신고하는데 그리고 경찰이 공식범죄를 기록하는 데 상당한 영향을 미치게 된다.

한편, 범죄자가 검거되지 않는다면 대부분의 피해자들은 어떤 것도 경찰로부터 듣기 힘들고 형사사법제도와의 접촉은 여기서 끝나기 쉽다. 비록 범인이 검거되더라도 법원에 송치되지 않는다면 피해자는 가해자로부터 직접적인 보상을 받을 자격이 주어지지 않고, 오로지 민사소송에 의한 보상만이 가능한 대안으로 남게 된다. 실제 대부분의 주거침입절도 피해자들은 결과에 대한 통보를 전혀 듣지 못하고, 경찰로부터의 정보에 불만족하는 것으로 알려지고 있다. 추후방문(follow-up visit)의 필요성도 일반적으로 피해자의 필요보다는 경찰의 정보 필요성에 따라 결정되고 있다.

그럼에도 불구하고 경찰이 계속해서 많은 범죄피해자들에게 중요한 접촉점이 되고 있다. 그래서 경찰의 업무수행과 효과성 평가에서도 경찰과 피해자의 대면과 관련된 다양한 관점을 다루고 있다. 따라서 범행당시나 범행 직후에 피해자가 받을 수 있는 다양한 형태의 지원을 향상시키는 데 관심을 가진 사람들은 경찰을 핵심적인 역할을 할 수 있는 대상으로 보기 마련이다. 일반적으로 피해자와 경찰 사이에는 다수의 긴장이 있을 수 있다. 범죄의 관리와 예방에 일차

---

16 J. Shapland, J. Wilmore and P. Duff, *Victims in the Criminal Justice System*, Aldershot: Gower, 1985, p. 67.

적으로 매달리지만 불가피하게 피해자와 밀접한 접촉을 갖는 경찰업무의 태성적인 특성에서 긴장이 기인하는 것이다. 이로 인해 어쩔 수 없이 범죄자가 우선이고 피해자는 제2 또는 제3의 위치 밖에 차지하지 못하게 된다. 물론 범죄피해자에 대한 대응과 지원을 어떻게 할 것인가라는 견지에서 경찰관행이 가시적으로 변하고 있지만 어떻게 하면 피해자가 경찰활동의 핵심적 기능에 대한 더 중요한 위치와 역할을 할 수 있을 것인지 알기는 쉽지 않다.

2. 피해자와 검찰과 법원

검찰의 주요업무는 기소 여부의 결정이며, 그 결정은 공익, 충분한 증거, 그리고 유죄확정의 현실성 등에 따라 이루어진다. 모든 증인으로서 피해자(victim-witness)가 증인석에 다 서는 것은 아니다. 피해자의 관점에서 피해자를 위한 검찰의 역할은 아주 미비한 것이다. 피해자와의 의사소통향상은 무조건 경찰에 맡겨지고, 불기소결정이 내려지면 피해자는 형사사법제도에 의한 더 이상의 행위가 취해지지 않는다는 것을 가정하게 한다. 많은 사람들이 보석, 구형, 그리고 기타 재판 전 결정(pre-trial decision)에 관한 정보의 부족을 피해자에게 있어서 불만의 근원으로 지적하고 있다.

일반적으로 피해자들은 법원에서 불만스러워하고, 불편해하며, 화나게 되는 것으로 알려지고 있다. 실제로 재판 전 준비단계에서는, 형사사법기관에 의한 충분한 지원, 자문, 정보와 같은 피해자의 수요와 요구가 형사사법과정의 관료제에 의한 요구에 밀리기 마련이다. 이 과정에서 피해자에 대한 지원보다는 피해자-증인에 대한 요구가 더 강조되고 있다. 이를 흔히 법원에 의한 피해자의 2차 피해라고 비판하고 있다. 많은 경우 피해자들은 법원에서 불편함과 불쾌감을 느낄 뿐만 아니라 소득의 손실과 재물의 박탈 등 재정적 손실까지도 경험하게 된다. 그래서 일부에서는 법원의 피해자를 '사람도 아닌(nonperson) 것'으로 기술할 정도이며, 일부에서는 법원의 피해자를 '증거품목(item of evidence)'으로 취급하는 경향이 있음을 지적하고 있다. 결국, 피해자는 가끔 증인인 경우를 제외하고는 재판에서 완전히 그 존재조차도 찾을 수가 없게 된다.

대부분의 피해자들은 재판단계에 서지 못하고, 증인으로서 호출된 피해자도 항상 증인석에 서는 것은 아니다. 일부 범죄자들은 유죄협상을 하고 이 경우 피해자들은 최종 심리에 출석하여 형의 선고나 판결을 듣지 못하는 경우가 많다. 그런데, 가해자가 피해자에게 직접 보상하도록 하는 법원의 보상명령은 보편적 추세의 하나가 되고 있다. 그러나 피해자들이 자신의 가해자와의 접촉이 계속되는 것을 꺼려하고, 보상형태로서 피해자보다는 처벌을 완화하는 견지에서 가해자에게 더 유리한 것으로 인식되는 등의 비판의 소리도 있다.

3. 피해자와 회복적 사법

피해자에 대한 피해의 보상이 최근 중재(mediation)와 기타 회복적 사법 프로그램의 형태로 변하고 있다. 피해자에게 있어서 이는 재정적 배상 기회의 증대를 의미하지만 형사사법제도에 의한 피해자의 처우방식에 대한 만족의 증대도 동시에 의미하는 것이다. 이러한 회복적 사법은 보상명령(compensation order), 사회봉사명령(community service order)과 통합명령(combination order)의 형태로 이미 존재하고 있는 회복적·배상적 대책을 포함하고 있다. 이들 명령은 청소년 범죄자로 하여금 피해자가 원할 경우 피해자에게 또는 지역사회에 배상할 것을 요구하는 것이다. 물론 형사사법과정에 대한 피해자의 경험에 미치는 영향을 평가하기는 아직 이르지만 피해자가 원한다면 형사사법과정에 피해자가 참여할 수 있는 잠재성을 크게 확대할 수 있을 것으로 기대되고 있다.

4. 피해자와 보호관찰

90년대 영국에서는 보호관찰로 하여금 선고 전 보고서(pre-sentence report)의 작성 시보다 피해자 지향적인 관점을 강조하고 있다. 보호관찰관이 보호관찰 업무의 보상적 요소를 강조하여 범죄자로 하여금 자신의 범죄가 피해자, 자신, 그리고 지역사회에 미친 영향에 대해서 이해하도록 하기 위한 필요한 조치를 파악하도록 강조하고 있다. 물론 아직은 범죄피해자에 대한 보호관찰의 새로운 역할과 책임을 충분하게 비판하기는 이르지만 몇 가지 쟁점이 지적되고 있다.

심지어 90년대 말까지도 영국 피해자헌장(victim's charter)에서는 범죄피해자를 위한 어떠한 새로운 또는 강제할 수 있는 권리를 제공하지 않고 있다. 그러나 2000년대에 접어들면서 공중의 보호는 물론이고 피해자에 대한 범죄의 영향에 대한 고려의 중요성과 관련된 쟁점들이 강조되고 있다. 이 경우 보상적 철학이 강조되었지만 크게 진전되지는 못하였다고 한다.

앞으로도 보호관찰에 의한 피해자서비스의 개발은 범죄자의 교화개선이라는 관점으로 인하여 쉽지 않은 일이 될 것으로 예견되고 있다. 보호관찰이 보다 피해자 지향적인 관점을 취하도록 하는 요구가 쉽게 환영받고 수용되기는 어려울 것이란 가능성이 상존하고 있는 것이다. 그러한 경우, 책임과 역할의 혼돈이 피해자비난으로 바뀔 수 있다. 주 고객이 피해자가 아니라 범죄자인 경찰과 마찬가지로 보호관찰도 새로운 요구, 특히 범죄자와 함께 더 많은 피해자접촉에 대한 요구를 충족시키기가 쉽지 않을 것이다.

피해자의 권리와 형사사법

SECTION 01 피해자 권리의 형사절차적 보장

    과거 일반적인 사법제도에서는 범죄를 사회에 대한 해악으로 피해자는 사회를 위한 증인으로 인식하였다. 그러나 최근에는 사법과정에 피해자의 참여가 증가되고 있다. 단순히 피해자의 인간적 존엄성을 인정하는 것에서부터 법정이나 가석방청문회에서 피해자의 진술을 참고하는 절차에 이르기까지 다양한 형태로 나타나고 있다. 심지어는 사건 자체를 공식절차에서 빼고 피해자가 문제를 가해자와 합의하여 해결하는 비공식적 절차로 전환시키는 변화도 일고 있다.

    이러한 새로운 피해자권리를 주장하는 데는 몇 가지 이유가 있다. 우선, 특별이익집단들이 피해자권리와 가해자권리의 균형을 맞출 것을 요구해 왔으며, 두 번째로 형사사법제도의 피해자 처리와 처우에 대한 불만이 고조되었기 때문이다. 그리고 셋째로, 형사사법제도의 과중한 업무량이 새로운 대안의 개발을 요구하였다. 끝으로 얼핏 예기치 않은 것 같지만 피해자에게 보다 적극적이고 의미 있는 역할을 제공함으로써 가해자와 피해자 모두에게 교화개선의 효과를 기대할 수 있다는 것이다.[1]

---

1 Doerner and Lab, *op. cit.*, pp. 255－256.

1. 피해자권리의 법률적 보장

미국의 범죄피해자에 관한 대통령특별위원회의 연구보고서는 피해자의 권리를 보장하는 새로운 조항이 추가되어야 한다고 주장하였다. 그들은 단 한 문장만 추가해도 피해자의 헌법적 지위에 균형을 이룰 수 있음을 설파하고 있다. 그들의 주장은 구체적으로, "모든 형사소추에 있어서 가해자와 마찬가지로 피해자도 사법절차의 모든 중요단계에 참석하여 진술할 권리를 가져야 한다"는 것이다.2

피의자권리의 향상과 피해자지위의 추락으로 피해자는 자신의 잘못이 없음에도 불구하고 고통을 감수하고 있고, 국가는 범죄자들의 권리를 보호하는 데 더 많은 관심을 가지고 있는 실정이다. 위와 같은 헌법수정 제안 등의 목적은 피해자의 법률적 지위를 회복시키고 어느 정도의 사법정의를 보장하기 위해서이다. 헌법에 피해자권리수정안을 포함시킴으로써 과거의 손상을 원상 복구시키는 교정기제(corrective mechanism)를 제공할 수 있을 것으로 판단한 것이다.3

그러나 이러한 제안에 대해서 일부에서는 단순히 한 조항만을 수정하는 것으로는 부족하므로 새로운 하나의 별도 수정안을 추가하여 피해자의 권리를 보다 구체적으로 명시할 것을 다음과 같은 이유에서 제안하였다. 첫째, 오로지 피해자만 다루는 독립된 수정안을 추가함으로써 모든 쟁점에 있어서 혼란을 줄이고 보다 객관화할 수 있다는 것이다. 즉, 피해자권리의 획득이 범죄자권리를 전제로 하지 않는다는 것이다. 둘째, 새로운 수정안을 만드는 것이 보다 포괄적이고 광범위해질 수 있다는 것이다. 예를 들어, 피해자의 참여를 단지 사법절차에 국한시키기보다 전 형사사법과정에의 참여를 목표로 할 수 있다는 것이다. 셋째, 피의자의 권리를 억누르지 않기 때문에 피해자권리가 기존의 피의자보호에 장애가 된다는 비판을 피할 수 있다는 것이다.4

그러나 여러 가지 이유로 아직도 미국에서는 피해자권리보장을 위한 헌법

---

2 The President's Task Force on Victims of Crime, *Final Report*, Washington, DC: US Government Printing Office, 1982, p. 114.

3 K. Eikenberry, "Victims of crime/victims of justice," *The Wayne Law Review*, 1987, 34: 29-49.

4 M. A. Young, "A constitutional amendament for victims of crime: The victim's perspec-tives," *The Wayne Law Review*, 1987, 34: 51-68.

수정이 이루어지지 않는 대신 그 대안으로 피해자관련 법률의 제정이 등장하고 있다. 1974년 미국 법무부의 법집행지원(LEAA)에서 피해자와 증인을 형사사법 제도로 유인할 수 있으리라는 기대로 피해자－증인 프로그램 도입을 지원하였다. 이러한 노력의 결과로 1982년에는 연방정부 차원에서 종합피해자/증인보호법(Omnibus Victim/Witness Protection Act)이 통과되었고, 피해자에 관한 대통령특별위원회의 최종보고서가 발간되었다. 종합법안에서는 피해자가 진술서를 법원에 제출할 수 있는 권리, 범죄자의 위협으로부터 자유로울 권리, 유죄협상에 관한 자문을 받을 권리, 기타 권리를 포함하고 있다. 대통령특별위원회의 최종보고서는 피해보상, 피해자진술, 비밀보장 등을 포함한 무려 68가지를 제안하고 있다. 이에 대한 영향으로 미 연방검찰총장(U.S. Attorney General)은 피해자/증인지원지침을 마련하게 되었는데, 여기서는 위의 대통령특별위원회의 제안과 종합피해자/증인보호법을 보다 구체화하였다.

그러나 가장 중요한 연방입법은 1984년의 범죄피해자법(Victims of Crime Act)으로서 범죄피해자기금(Crime Victim's Fund)의 설치를 가능하게 하여, 주정부의 피해자보상과 지원프로그램에 재정지원을 하게 되었다. 그런데 피해자권리의 큰 수확은 역시 1990년 범죄통제법(Crime Control Act)의 통과에서 찾을 수 있는데, 이 법안은 피해자권리와 배상법(Victims' Rights and Restitution Act)과 아동학대피해자법(Victims of Child Abuse Act)의 두 가지 주요 요소로 구성되어 있다. 이 법안의 중요성은 범죄피해자의 취급에 있어서 연방공무원의 자의에 맡기지 않고 구체적인 행동과 책임을 강제하고 있다는 점이다. 이 법안의 한 가지 가장 가치 있는 특징은 역시 연방정부의 범죄피해자권리장전(Crime Victims' Bill of Rights)의 제정이라고 할 수 있다.

이보다 더 많이 알려진 피해자입법 중 하나는 1997년의 피해자권리명시법(Victim Rights Clarification Act of 1997)일 것이다. 일련의 재판과정의 선고단계에서 피해자가 피해진술을 하고자 한다면 재판을 방청하지 못하게 하였는데 이는 재판과정에 피해자의 증언이 노출되면 그 이후 양형단계에서 피해자의 진술에 영향을 받을 수 있다는 우려 때문이었다.[5] 그러나 이 법안이 이러한 장애

---

5 R. K. Myers, "Victim Rights Clarification Act of 1997 affects Victim Bill of Rights Act, Violent Crime Control Act, and Rule of Evidence," *The Crime Victims Report*, 1997, 1:

물을 제거하고 피해자로 하여금 공판과 선고단계 모두 참여할 수 있도록 한 것이다. 이러한 연방정부의 법제화노력의 결과 대부분의 주정부에서도 피해자 보상 프로그램을 설치, 운영하고, 자체 피해자권리와 관련된 법을 제정, 통과시키게 되었다.

그러나 이러한 피해자권리법안의 도입 역시 비판을 받았다. 우선, 이와 같은 부가적인 대책과 책임은 곧 형사사법 근무자들의 업무량의 증대를 초래하였다는 점이다. 뿐만 아니라 결과적으로는 사법절차의 지연과 추가적인 비용의 부담이 증가되었다. 한편, 일부에서는 피해자참여의 확대는 피해자에 대한 손상을 과장할 수 있다고 비판한다. 예를 들어, 변호사의 반대심문이 피해자의 상처를 장기화시키고 격화시킬 수도 있다는 것이다. 또 다른 문제는 피해자의 권리를 제대로 보장할 충분한 자원이 확보되지 않고, 보장되더라도 사실상 강제할 수단이 부족하다는 것이다. 더 문제가 되는 쟁점은 형사사법제도의 목표에 관한 논란이다. 피해자의 손상에 대한 관심의 증대는 곧 양형을 범죄자에 대한 교화개선으로부터 응보와 배상의 강조로 이동시키기 마련이라는 것이다. 이는 범죄자권리의 축소를 초래하면서 피해자권리와 가해자권리의 균형을 깰 수 있으며, 보다 엄중한 제재는 이미 과중한 교정의 업무를 능력 이상으로 확대시키는 결과를 가져온다는 것이다. 즉, 이제는 형사사법제도에서 피해자의 지위를 위한 투쟁이 아니라 국가와 그 제한된 자원 사이의 새로운 전투를 벌이는 것에 지나지 않는다는 것이다.[6]

17-29.

6 J. R. Acker, "Social sciences and criminal law: Victims of crime — Plight vs. Rights," *Criminal Law Bulletin*, 1992, 28: 64-77; E. Erez, "The impact of victimology on criminal justice policy," *Criminal Justice Policy Review*, 1989, 3: 236-256; D. R. Ranish and D. Shichor, "The victim's role in the penal process: Recent development in California," *Federal Probation*, 1985, 49: 50-57; P. B. Calcutt, "The Victims' Rights Act of 1988, The Florida Constitution, and the New Struggle for Victims' Rights," *Florida State University Law Review*, 1988, 16: 811-834.

2. 피해자권리의 주요내용

1) 피해자영향진술(Victim Impact Statements)

아마도 피해자권리를 위한 더 중요한 단계의 하나는 피해자진술서일 것이다. 이는 피해자에게 사건이 자신의 삶에 어떤 영향을 미쳤는지를 법원에 알릴 수 있는 기회를 허용하는 것이다. 피해자는 범죄피해와 관련된 감정적, 재정적 비용을 기술하고 자신이 생각하기에 적절한 형벌을 제시할 수 있다. 피해자진술은 보통 선고 전 조사보고서에 동반되는 문서의 형태나 소위 연설이라고 할 수 있는 구두진술의 두 가지 형태가 있다.

그러나 놀라운 것은 다수의 피해자들이 자신에게 주어진 기회를 이용하지 않는다는 사실이라고 한다. 한 가지 이유는 다수의 피해자들이 그 권리를 알지 못하며, 경우에 따라서는 피해자의 소재를 파악할 수 없기 때문이라고 한다. 때로는 피해자가 그러한 기회를 알고 있더라도 그 기회의 이용을 주저한다고 하는데, 그것은 다수의 피해자가 자신의 진술이 그리 중요하지 않다고 생각하며, 보복을 두려워하거나 자신의 감정적 문제를 우려하기 때문이라고 한다.[7]

이 제도를 활용하는 피해자들은 사람들이 우려했던 것과는 달리 가능한 엄중한 처벌을 요구하기 위하여 피해자진술을 응보적으로 이용하지 않았다고 한다. 그러나 비판자들은 피해자진술이 법률적 사실에 우선하여 사법처벌이 주관적 피해자항변(victim plea)을 따를 것이라며 우려하였고, 실제 경험연구에서도 자유형의 선고에 영향을 미친 것으로 알려지기도 하였다.[8] 그러나 실제로 피해자진술은 법률적 변수와 전과기록보다 양형을 결정하는 데 있어서 영향의 비중이 확연히 낮았다. 어떤 연구에서는 피해자진술이 양형, 배상명령, 재판의 속도, 피해자만족에 아무런 영향을 미치지 않았다고 발표되기도 하였다.[9]

---

7 M. McLeod, "An examination of the victim's role at sentencing: Results of a survey of probation administrators," *Judicature*, 1987, 71: 162−168; E. Erez and P. Tontodonato, "The effect of victim participation in sentencing on sentence outcome," *Criminology*, 1990, 28: 451−474.

8 Acker, *op. cit.*; Erez and Tontodonato, *op. cit.*

9 R. C. Davis and B. Smith, "Victim impact statements and victim satisfaction: An unfulfilled promise?" *Journal of Criminal Justice*, 1994, 22: 1−12; R. C. Davis and B. Smith, "Domestic violence reform: Empty promises or fulfilled expectations?" *Crime &*

그러나 이러한 연구결과와 반대되는 연구들도 있다. 예를 들어, 가석방위원회에서 피해자가 반대하는 경우 형기종료 전 석방을 허용하지 않거나, 또는 피해자진술을 듣거나 보는 경우 사형에 찬성하는 경향이 더 높았다는 연구결과이다.10

2) 비공식적 피해자참여

범죄가 증가하는 만큼 피해자도 증가하고, 범죄자에게 적법절차의 권리를 제공함과 동시에 피해자 중심의 새로운 규정도 따라야 하는 형사사법제도로서는 특별히 추가적인 지원 없이 적은 자원으로 더 많은 일을 하도록 강요받고 있다. 이처럼 새롭게 지워진 부담을 덜기 위하여 다양한 제안이 나오고 있지만 그 중에서 희망적인 하나는 문제를 사법제도로부터 외부로 옮기는 것이다. 분쟁해결(dispute resolution), 피해자-가해자 중재(victim-offender mediation), 피해자-가해자 화해(victim-offender reconciliation)프로그램, 회복적 사법(restorative justice) 등이 여기에 해당한다.

분쟁해결은 70년대 경미한 분쟁을 공식적인 재판제도로부터 전환시키려는 일련의 시도로 거슬러 올라간다. 초기의 프로그램들은 피해자와 가해자가 만나서 상호 합의할 수 있는 해결책에 도달할 수 있는 장을 마련해 주었다. 물론 목표는 재판까지 가는 것을 피하기 위한 것이었다.

이러한 분쟁해결은 몇 가지 목표를 동시에 달성하기 위한 기제였다. 우선, 상황에 외부의 당국자가 해결책을 부과하도록 하는 것보다 관련된 당사자들이 함께 문제를 해결하는 것이다. 둘째, 합의에 도달하는 분쟁만큼 공식적 사법제도가 감당해야 하는 사건의 수가 줄어들게 된다. 이러한 대안은 사법제도의 업

Delinquency, 1995, 41: 541−552; E. Erez, "Victim participation in sentencing: Rhetoric and reality," *Journal of Criminal Justice*, 1990, 18: 19−31; E. Erez and L. Roger, "The effect of victim impact statements on sentencing patterns and outcomes: The Australian experiences," *Journal of Criminal Justice*, 1995, 23: 363−375.

10 W. H. Parsonage, F. P. Bernat and J. Helfgott, "Victim impact testimony and Pennsyl−vania's parole decision making process: A pilot study," *Criminal Justice Policy Review*, 1994, 6: 187−206; J. Luginbuhl and M. Burkhead, "Victim impact evidence in a capital trial: Encoutaging votes for death," *American Journal of Criminal Justice*, 1995, 20: 1−16.

무를 줄일 수 있다. 셋째, 이러한 비공식적 접근이 자신의 문제에 대한 직접적인 목소리를 낼 수 있게 해 줌으로써 피해자에게 힘을 실어 주기 때문에 피해자가 최종결과에 대한 안전한 거부권을 가진다. 끝으로, 분쟁해결은 피해자에게 가해자와의 대면접촉을 허용하기 때문에 피해자가 분노보다는 범죄자를 용서할 수 있게 해준다. 이러한 분쟁해결에 대해서 검사와 판사는 업무량을 줄일 수 있다는 점에서 긍정적인 입장을 보였으며, 반면 피해자옹호자들은 피해자들을 도울 수 있는 잠재력을 긍정적으로 평가하였다.[11]

(1) 분쟁해결 프로그램

분쟁해결의 배경이 되는 기본이념은 상호 합의할 수 있는 해결책을 강구하도록 양 당사자들을 함께 모으는 것이다. 초기의 프로그램들은 대부분 분쟁해결(dispute resolution)이나 분쟁조정(dispute mediation)이라는 이름으로 불려졌다. 몇 가지 상이한 형태가 있을 수 있지만 모두가 5가지 공통적인 특징을 가지고 있다. 즉, 제3의 중재자가 개입하고, 분쟁 당사자들이 보통 서로 잘 알고 있으며, 자율적으로 참여한다. 또 그 과정은 비공식적이고, 형사사법기관에 의하여 분쟁해결 프로그램을 참여하는 것이다.[12]

분쟁해결은 최근에는 유죄가 확정된 범죄자와 그 피해자 사이의 만남도 포함할 수 있도록 확대되고 있는데, 확대된 분쟁해결 프로그램은 보통 피해자 – 가해자 화해(victim – offender reconciliation)프로그램이라고 한다. 이러한 프로그램, 즉 피해자와 가해자의 화해를 위한 만남의 공통적인 결과는 일종의 피해자에 대한 가해자배상의 합의라고 할 수 있다. 그러나 동시에 가해자도 피해자를 만남으로써 이익을 얻을 수 있다고 기대된다. 예를 들어, 성공적으로 운영이 될 경우 보호관찰의 조건이 되는 경우도 있다.

운영결과에 대한 평가는 다양하다. 대다수의 참여자는 해결책에 만족하며 당사자 모두가 그 합의결과를 지키는 것으로 평가되고 있다. 그러나 재범률의 경우 상반된 결과가 나오고 있다.[13] 이러한 연구결과는 세 가지 문제가 있는데

---

11 Doerner and Lab, *op. cit.*, p. 276.

12 J. Garofalo and K. J. Connelly, "Dispute resolution centers, Part I: Major features and processes," *Criminal Justice Abstracts*, 1980, 12: 416–436.

13 P. Reichel and C. Seyfrit, "A peer jury in juvenile court," *Crime & Delinquency*, 1984, 30:

우선, 이 프로그램의 참여는 자발적이라는 것이다. 이는 곧 참여할 것을 동의한 사람은 분쟁의 해결에 매우 희망적이고 동기가 강하기 때문에 당연히 결정을 잘 지킬 것이고 미래 유사행위를 제재할 가능성이 더 높기 마련이다. 둘째, 평가연구가 대부분 양 당사자가 해결에 합의한 성공적인 사례만 포함시키기 때문에 당연히 긍정적인 결과를 보장하기 마련이다. 셋째, 피해자 관점의 문제이다. 우선, 양 당사자가 모두 참여에 동의해야 하기 때문에 다수의 피해자는 그러한 서비스를 이용할 기회조차 갖지 못하게 된다. 다만 피해자-가해자 화해와 같이 가해자의 참여를 강제하는 프로그램만이 원하는 피해자에게 가해자를 만날 수 있는 기회를 제공할 수 있다. 또 다른 문제는 대부분의 분쟁해결이 단지 재산범죄만을 대상으로 한다는 점에서 즉각적이고 단기적인 해결책은 될지라도 문제의 장기적인 근본적 원인은 해결하지 못하기 때문에 모든 범죄피해자에게 다 적절한 처방은 아닌 것이다.[14]

(2) 회복적 사법

모든 회복적 사법 프로그램은 피해자에게 가해진 손상을 회복하고 가해자 행동의 원인을 제거하려는 것이다. 이를 위해서 지역사회, 피해자, 가해자 모두가 문제를 해결하는 데 즉각적으로 개입할 필요가 있다. 이를 통하여, 지역사회는 단지 피해자와 가해자뿐만 아니라 모든 사람에게 더 좋은 곳이 될 수 있다.

회복적 사업은 다양한 당사자가 있다. 피해자는 배상(restitution)을 통하여 보상을 받고, 사건처리에 있어서 자신의 목소리를 내며, 범죄자에게 제공되는 개입이나 처우의 중요한 부분이 된다. 가해자는 자신의 잘못에 대한 책임을 지고, 수용(incarceration), 배상명령, 피해자와의 만남, 약물처우나 직업훈련과 같은 교화개선 프로그램, 사회봉사명령을 포함하는 다양한 개입의 대상이 될 수 있다. 가해자는 행실을 고치고 미래 일탈의 가능성을 줄이도록 도움을 받는다. 지

423-438; M. S. Umbreit and R. B. Coates, "Cross-site annalysis of victim-offender mediation in four sites," *Crime & Delinquency*, 1993, 39: 565-585; R. Sarri and P. W. Bradley, "Juvenile aid panels: An alternative to juvenile court processing in South Australia," *Crime & Delinquency*, 1980, 26: 42-62.

14 J. Garofalo and K. J. Connely, "Dispute resolution centers, Part Ⅱ: Outcomes, issues, and future directions," *Criminal Justice Abstracts*, 1980, 12: 576-611; Doerner and Lab, *op. cit.*, p. 278.

역사회는 가해자에게 돈을 내게 하거나 사회봉사명령을 통하여 보상을 받게 하고 동시에 피해자를 돕고, 가해자와 함께 그들의 범죄원인을 제거하도록 노력하게 된다. 끝으로, 정부, 특히 형사사법기관은 모든 당사자들에게 공정하고 균등한 사법절차를 제공함으로써 공중의 지지와 지원을 얻게 된다. 그래서 회복적 사법은 모든 당사자들을 한 자리에 모아 상호 지원할 수 있게 하여 어느 정도의 만족감을 가질 수 있게 하는 것이다.15

분명한 것은 피해자, 가해자, 형사사법제도 및 지역사회 모두가 관심을 필요로 한다는 사실이다. 회복적 사법의 한 가지 매력은 이처럼 다양한 욕구와 그 욕구를 위한 관심 있는 노력을 인식하고 있다는 점에서 피해자옹호의 이익과 관심을 확실하게 대변하고 있다. 이 점에서 회복적 사법을 지향하는 움직임들은 당연히 피해자권리를 지지하는 사람들을 이끌어 오고 있다. 그러면서도 동시에 전통적으로 가해자권리와 처우에 관심을 가져온 다수의 사람들도 회복적 사법을 피해자권리의 성장 중에서도 가해자에 대한 관심을 유지할 수 있는 하나의 수단으로 보고 있다. 피해자와 가해자의 줄다리기의 중간에 있는 형사사법제도는 특정집단에만 관심을 더 중시하지 않아도 된다는 점에서 장점이라고 할 수 있다.

이러한 장점에도 불구하고 이 역시 한계가 있다. 우선, 피해자를 형사사법과정으로 받아들이는 것 자체가 전통적으로 가해자 지향적이었고 사회를 피해자로 파악하고 있는 형사사법제도에는 하나의 위협이라는 것이다. 강력한 형벌을 선호하는 사람과 처우를 바라는 사람은 피해자가 가해자를 다루는 데 있어서 걸림돌로 간주할 수 있다. 피해자가 처벌 대신에 배상이나 사회봉사를 원할 수도 있고 처우 대신에 강력한 처벌을 바랄 수도 있는 것이다. 둘째, 형사사법제도의 적정역할에 관한 관심과 우려로서 회복적 사법이 형사사법제도, 특히 교정에 대한 새로운 철학을 제시하고 있다는 것이다. 즉, 가해자 중심의 교정제도는 다양한 욕구를 수용할 수 있는 교정제도로 대체되어야 하는 것이다. 끝으로, 회복적 사법은 공식적 사법제도의 꼭 필요한 부분으로 자리 잡아가고 있는데, 이는 그만큼 형사사법제도가 봉사해야 할 고객의 수와 수행해야 할 임무를 증대시키게 되어 사법제도의 업무량 증대를 초래하게 된다는 것이다. 뿐만 아니라 일부

---

15 M. S. Umbreit, "Victim−offender dialogue: From the margins to mainstream throughout the world," *The Crime Victims Report*, 1997, 1: 35, 36, 48.

에서는 형사사법과정에 있어서 피해자의 역할을 공식화하는 움직임 자체를 반대하기도 한다.

SECTION **02 형사사법과 피해자권리의 새로운 방향**

1. 경   찰

경찰관은 형사사법기관의 어느 누구보다도 범죄피해자와 더 많은 상호작용을 하고, 신고접수를 받는 경찰관, 최초 현장 출동 경찰관, 사건수사 경찰관의 처리방식에 따라 전 사법과정에 거쳐 자신이 어떻게 다루어질 것인가에 대한 기대감을 형성하게 하기 때문에 범죄피해자에 대한 대응에 있어서 경찰의 역할은 매우 중요하다.

최초의 대응자로서 경찰은 피해자들의 사건들을 민감하게 처리해야 하고 피해자들이 즉각적으로 필요한 정보와 긴급구호를 제공받을 수 있게 해야 한다. 경찰이 피해자의 권리와 범죄피해보상에 관한 정보에 대한 권리, 협박과 위협으로부터 보호받을 권리, 수사상황에 대한 통보를 받을 권리, 그리고 피의자가 구금으로부터 석방될 때 통보받을 권리 등을 피해자에게 강제하도록 법률로 규정하고 있는 경우가 대부분이다.

1982년 미국의 '범죄피해자에 대한 대통령특별위원회'의 최종보고서는 범죄피해자에 대한 법집행기관의 처우를 향상시키기 위한 네 가지 중요한 분야를 제시하였다. 피해자 관련 쟁점의 민감성과 지식을 향상시키기 위한 경찰관교육훈련 프로그램의 개발, 신속하게 피해물품을 되돌려줄 수 있는 절차의 시행, 사건수사의 종결과 수사상황에 관련된 주기적인 정보의 제공, 협박과 위협에 대한 피해자신고의 우선적 처리가 그것이다. 이를 기초로 미국의 법집행기관들은 다음과 같은 구체적인 노력들을 시도하고 있다.[16]

---

16 President's Task Force on Victims of Crime, *Final Report*, Washington, DC: US

1) 다학제적 팀(Multidisciplinary Team)과 동반자관계(Partnership)의 구축

미국의 법집행기관에서는 80년대 아동학대와 90년대 가정폭력과 성폭력에의 대응에 있어서 다학제적 팀제 접근방식을 개발하는 데 능동적이고 주도적인 역할을 하였다. 이러한 특수 다학제적 프로그램을 도입, 운영함으로써 한 곳에서 다양한 학문의 전문성을 활용할 수 있게 되어 범죄피해자에 대한 법집행기관의 대응을 향상시킬 수 있게 되었다.

다수의 지역사회에서 법집행기관원들과 보건전문가들이 응급실보다 더 병원 같은 특수한 곳에서 성폭력과 아동학대 피해자를 처리하게 되었는데, 이러한 더 안전하고 편안한 환경에서 훈련받은 간호사들이 증거확보를 위한 의료검사를 실시하고 있다. 최근 한국에서도 경찰병원에 성폭력피해자를 위한 원 스톱 서비스센터를 설치·운영하고 있는 것도 이러한 맥락이다.

2) 사망통보(Death Notification)

경찰관의 직무 중에서 가장 어려운 부분의 하나가 유가족에게 가족의 사망을 통보하는 것이라고 한다. 법집행기관에서는 그래서 적절한 사망통보절차에 관한 전범을 마련하고 있다. 미국의 여러 지역에서는 경찰관이 유가족에게 필요한 각종 서비스와 지원을 어디서 어떻게 받는지를 보여주는 점검표(checklists)를 작성하여 제공하고 있다.

3) 지역사회경찰활동(Community Policing)

지역사회경찰활동은 경찰관과 시민들이 함께 창의적인 방식으로 일을 함으로써 범죄, 범죄에 대한 공포, 사회적, 물리적 퇴락, 지역사회의 퇴락 등과 관련된 기존의 지역사회문제들을 해결하는 데 도움이 될 수 있다는 문제해결의 철학이다.[17] 이는 또한 경찰기관은 지역사회 구성원들로 하여금 지역의 법집행우선순위를 정하는 데 목소리를 낼 수 있고 지역사회의 삶의 질을 향상시키기 위한

Government Printing Office, 1982, p. 57.

17 R. Trojanowicz and B. Bucqueroux, *Community Policing*, Cincinnati: Anderson, 1990, p. 5.

노력에 참여할 수 있게 하도록 지역사회 구성원들과의 새로운 관계를 발전시켜야 한다는 신념에 기초하고 있다. 대부분의 자원을 단순히 신고전화에 대응하여 긴급출동하는 데 써버리기보다는 경찰은 문제를 해결하기 위하여 지역사회와 함께 사전 예방적으로 운영되어야 한다는 것이다. 결국, 지역사회경찰활동의 궁극적인 목표는 효과적인 범죄예방 전략을 마련하기 위하여 지역사회-경찰 동반자관계를 이용함으로써 범죄를 줄이자는 것이다. 경찰관이 지역주민들과의 신뢰를 발전시킴으로써 전통적으로 범죄를 신고하지 않던 피해자로 하여금 형사사법제도에 참여하고 도움과 지원을 받도록 권장할 수 있게 된다.

4) 피해자와 목격자 지원의 기준 마련

법집행기관이 형사사법기관 중에서는 처음으로 범죄피해자를 돕기 위한 서비스의 기준을 마련하였다고 할 수 있다. 기준을 마련하는 데 대한 기본적인 정당성은 그러한 기준이 건전한 법집행에 매우 중요하기 때문이다. 만약에 피해자와 목격자가 제대로 취급받고 처우 받지 못한다고 생각하게 되면 최선을 다하여 법집행기관에 협조하지 않을 수 있게 되어 수사와 이어진 기소에도 엄청난 영향을 미치게 된다. 이런 점에서 법집행기관은 피해자/목격자 지원에 있어서 역할이 있는 것이다. 이 기준에는 강제적인 것과 선택적인 사항이 있을 수 있는데, 강제적인 것으로는 재피해(revictimization) 가능성에 대한 억제와 협박을 두려워하는 피해자/목격자에 대한 적절한 지원 등이 해당되는 것이다.

5) 훈   련

이러한 피해자에 대한 관심의 증대는 곧 경찰로 하여금 가정폭력, 아동학대, 성폭력, 노인학대, 위기개입, 기타 중요한 피해자 쟁점사항에 관한 집중적인 교육과 훈련을 실시하도록 하는 계기가 되었다. 많은 경찰관련 단체, 조직, 연구기관, 정부기관에서 피해자지원을 지역사회경찰활동과 통합시키기 위한 훈련과정을 개발하고 있다. 현재 대부분의 법집행기관에서는 가정폭력과 성폭력에 대한 훈련을 신임교육의 기본교과로 제공하고 있으며 주기적으로 재교육도 실시하고 있다. 이러한 교육훈련이 범죄피해자에 대한 경찰관의 대응에 미친 영향은 이미 확인되고 있다. 이에 대해 교육훈련 참가자들의 피해자에 대한 태도와 서비스의 질 및 유관기관과의 공조관계개선이 효과로 도출되었다고 한다.

2. 검   찰

1982년 미국의 '범죄피해자에 관한 대통령특별위원회'는 최종보고서에서 검찰이 초기 기소결정에서 보호관찰부 가석방결정에 이르기까지 사건의 현황에 대하여 피해자에게 고지하고, 법정에서는 보석결정, 유죄협상, 양형이나 배상 등에 대한 폭력범죄의 피해자견해에 대해서 관심을 갖는 것을 권한다. 뿐만 아니라 이들 문제가 알려지도록 할 수 있는 기회가 피해자에게 제공되게 하는 절차를 확립하고, 피해자나 증인을 위협하거나 보복하려거나 위협하는 피의자에게 법이 허용하는 최고의 죄명으로 기소하고 구형하며, 성폭력피해자에 대한 특별한 배려와 일정의 변경 등으로 인한 피해자의 불편을 최소화하도록 권고하였다.[18]

1) 기소단계에서의 피해자참여의 확대

기소단계에서 가장 중요하고 기본적인 피해자권리 중의 하나는 참여할 수 있는 권리이다. 검찰에 대한 피해자의 만족은 피해자가 의사결정과정에 참여할 수 있고 양형 등 중요한 단계에서 진술할 수 있을 때 극적으로 높아진다고 한다. 핵심 의사결정에 있어서 피해자의 참여는 피해자권리의 시금석일지도 모른다. 연설이나 피해영향진술권의 이용에 의한 양형결정에 있어서 피해자개입은 증가하였으나 초기 단계에 있어서 피해자개입은 종종 경시되고 있는 실정이다. 검찰은 피해자에게 귀를 기울이고, 석방 전 청문에의 참여를 용이하게 하고, 유죄협상에 들어가기 전에 의견을 나누도록 하여야 한다. 보석결정, 유죄협상, 그리고 사건의 속행에 대한 피해자의 개입이 증대되어야 한다.

2) 위협과 손상으로부터 피해자와 증인 보호

피해자와 증인에 대한 협박행동과 위협에 대응하는 것은 검찰이 직면한 가장 큰 도전의 하나라고 할 수 있다. 실제로 절대 다수의 검사들이 피해자와 증인에 대한 협박이 주요문제라고 지적하고 있다. 이러한 상황에서 검찰은 다양한

---

[18] The President's Task Force on Victims of Crime, *op. cit.*, pp. 63–64.

형태로 피해자와 증인을 보호하기 위한 법률과 규정을 마련하고 있다. 예를 들면, 피해자와 증인에 대한 협박, 위협, 보복 등을 범죄로 규정하고, 피해자에게 보호받을 권리를 헌법이나 법률로 보장하며, 피해자에게 받을 수 있는 보호대책을 알려주도록 하는 것이다. 또한 법원이 법집행기관에게 피해자나 증인의 안전을 고려하도록 개혁할 것을 요구하고, 일부에서 석방의 조건으로 피해자나 증인을 접촉하지 못하게 명령하고 있는 것 등이다.

이러한 관심과 노력의 결과로 피해자-증인의 보호를 위한 법규나 대책이 마련되었지만 아직도 다수의 피해자가 보복이 두려워서 자신의 범죄피해를 경찰에 신고하기 두려워하고 있는 것이 현실이다. 특히 조직폭력이나 가정폭력과 관련된 사건의 경우, 이러한 현실은 더욱 심각한 상황이다. 그럼에도 불구하고 피해자-증인의 보호를 위하여 스토킹(Stalking)을 범죄로 규정하여 위협과 손상에 대한 검찰의 대응을 강화하고, 피해자/증인지원 센터를 설치하여 그들의 보호에 필요한 조치와 서비스를 제공하는 등의 노력을 기울이고 있다.[19]

3) 특별부서의 설치

검찰은 가정폭력, 성폭력, 아동학대의 피해자와 같이 유사한 욕구를 가진 피해자인구에 봉사하기 위한 특별부서를 설치하기도 한다. 물론 이러한 특별부서의 검찰은 자기 분야의 전문적인 훈련을 받게 된다. 담당사건들도 처음 접수부터 동일한 검사가 진행하도록 하여 피해자와의 신뢰관계(rapport)를 구축할 수 있게 하고, 피해자들이 여러 단계를 거치면서 자신의 입장과 피해를 반복적으로 말하지 않아도 되게 하고 있다.

이와 유사한 경우로써, 검찰에서는 노인학대나 약취 피해자들을 위하여 또는 장애인 피해자를 위하여 검찰에 특별부서를 설치하거나 특정검사를 지정하기도 한다. 또한 아동학대의 수사와 기소를 위하여 주도적으로 다학제적 팀을 구성하여 참여하기도 하는데, 이러한 방법을 통하여 아동학대 피해자가 조사받거나 진술하는 횟수를 줄이고 형사사법제도에 의한 재피해 또는 이차적 피해의 가능성을 현저하게 낮출 수 있게 하였다.

---

19 US Department of Justice, *Serving Crime Victims and Witness* (2nd ed.), Washington, DC: National Institute of Justice, 1997, p. 66.

4) 지역사회검찰활동의 실시

전통적으로 검찰은 경찰의 수사 이후에 기소를 담당하는 것을 주요임무로 하였으나, 최근에는 지역사회검찰활동의 철학을 점증적으로 채택하고 있다. 지역사회검찰활동의 주요특징은 지역사회의 삶의 질에 장애가 되는 문제를 파악하기 위하여 지역사회에서 활동하고 민법과 형법의 적용과 지역사회활동을 통하여 그러한 문제들을 해결하는 것이다. 그래서 오늘날 검찰은 다른 국가기관과 민간기관과의 다학제적 동반자관계를 구축하고 대중에게 보다 가시적이 되어 지역사회 지도자로서 그들의 역할을 확대하고 있다.

그런데 이러한 지역사회검찰활동이 제대로 운영되기 위해서는 검찰은 범죄의 근본원인을 다루고 범죄피해자 부조를 위한 체계적 접근을 검증해야 한다. 이와 같이 광의의 접근법을 취함으로써 검찰이 하나의 사건에 대한 처벌이라는 전통적인 협의의 초점으로는 불가능한 복합적인 목표를 성취할 수 있게 된다. 범죄예방, 개입, 피해자부조에 대한 지역사회검찰활동의 사전 예방적 접근은 지역사회활동의 조직, 범죄를 초래할 수 있는 지역사회 내 문제의 파악, 이들 문제를 해결할 수 있는 지역주민의 결집, 주민들과의 대화 등을 강조하고 있다. 기소가 검찰의 일차적, 우선적 활동이 아니라 문제를 해결하고 필요할 때만 법을 적용함으로써 지역사회의 삶의 질을 향상시키기 위하여 지역사회의 문제를 다루는 장기 전략을 개발하고 응용하는 데 도움을 주는 것이다.

3. 법   원

피해자는 그들의 안전에 대한 정당한 관심에도 불구하고 피의자의 보석결정에 아무런 목소리도 내지 못하고, 피의자가 석방될 때도 통보받지 못하며, 많은 경우 일정의 변경도 통보받지 못하고 있다. 유죄협상이 법원이 과중한 업무를 관리하는 데 효율적인 수단을 제공하지만 사법과정에의 투입과 통보받을 권리를 거부당한 피해자들과는 아무런 협의도 자문도 투입도 없이 종결되고 있다. 다수의 피해자들은 선고공판이나 피해자영향진술을 법적으로 보장받고 있음에도 진술권에 대해서 아무런 통보도 받지 못하고 있다. 더구나 어마어마한 범죄의 비용에도 불구하고 판사들은 배상명령을 하지 않는 등 피해자의 재정적 고충을 무시하기 일쑤다. 이러한 관심사항이나 우려를 해소하기 위해서는 판사와 법원이 법에 의한 피해자권리의 보호와 서비스를 특별한 것이 아닌 적절하고 당연한 것으로 보도록 시각의 근본적인 변화가 필요하다.20

미국의 '범죄피해자에 관한 대통령특별위원회'는 사법부가 범죄피해자의 이익과 욕구에 관한 훈련 프로그램을 개발하고 참여할 것, 변호인 측 증인과 검찰 측 증인의 대기실을 분리하는 등 범죄피해자의 욕구를 위한 법정절차와 과정을 적용할 것, 피해자의 이익도 피의자의 이익과 동일한 비중을 둘 것, 피해자의 참여를 용이하게 할 것, 피해자에게 미친 범죄의 영향을 이해할 것 등을 권고하였다.

그런데 이들 권고안을 실행하는 데는 몇 가지 어려움이 따른다고 한다. 많은 판사들에게 있어서 피해자는 형사절차에 있어서 공식 당사자가 아니기 때문에 사법과정에서 정당한 역할을 가지는 것으로 보기가 쉽지 않다는 것이다. 때로는 판사들이 피해자가 받을 수 있는 서비스와 권리를 규정하는 법률을 잘 알지 못하고, 더구나 피해자에게 특별한 관심을 보이는 것이 법원의 비당파성을 저해하고 부적절성을 초래할 수 있다는 우려도 한다는 것이다. 판사들은 또한 범죄피해자와 그 가족에게 미치는 영향, 형사사법제도에 대한 피해자의 경험과 느낌, 치유과정, 그리고 피해자에 대한 사법부의 적절한 행동 등에 대한 훈련을 거의 또는 전혀 받지 못하고 있는 실정이다.

더구나 전통적인 법원조직과 행정은 사건에 있어서 문제 해결적 접근을 권장하지 않는다. 제한된 자원, 과중한 업무, 신속한 재판의 요구로 인하여 심지어 좋은 의도를 가진 판사까지도 재판과정에 피해자의 투입을 개방하는 데 대하여 우려를 표하기도 한다. 또한 피해자들이 재판절차나 과정에 대한 언론이나 대중의 관심을 증대시킴으로써 판사들을 불편한 입장에 처하게 하는 경우도 있다.

그렇다면 대통령위원회의 권고안을 비롯한 피해자권리의 향상을 위해서 법원이 할 수 있는 것은 무엇일까? 먼저 일부에서는 사법부의 지도력을 향상시켜

---

20 The President's Task Force on Victims of Crime, *op. cit.*, p. 72; National Victim Center, *1996 Victims' Rights Sourcebook: A Compilation and Comparison of Victims Rights Laws*, Arlington, VA: National Victim center, 1997, p. 9.

야 한다고 주장하고 있다. 일반적으로 판사들은 학교, 병원, 사회봉사기관을 포함하여 다양한 문제를 해결할 수 있는 지역사회의 제도들을 하나로 결합시킬 수 있고 범죄자와 그들이 피해를 가하는 사람들을 사법제도로 끌어 올 수 있는 유리한 입장에 있다고 한다. 공－사 동반자관계를 구축함으로써 이들 기관들이 제한된 자원을 최대한으로 활용할 수 있게 해 준다.

지역사회 지도자로서, 판사는 피해자와 가해자 모두에 대한 서비스의 제공을 조정하는 구심점이 되어야 한다. 판사가 사법운용에 문제해결적 접근법을 도입한다면 법원이 지역사회에 더 많이 다가갈 수 있고 지역사회는 법원에 더 많이 접근할 수 있을 것이다. 실제로 미국의 일부 법원은 이미 가정폭력이나 아동학대 피해자를 위한 위원회나 기구를 지역사회의 유관 기관과 함께 구성하여 종합적인 서비스를 제공하고 있다.[21]

한편, 절차적 권리를 강조하는 법원의 전통이 사법정의를 구현하기 위한 자신의 사명의 다른 부분들을 경시하도록 만드는 경우도 적지 않다. 하지만 일부에서는 지역사회를 참여시키고, 감시와 처벌을 통하여 가해자에게는 책임을 묻고, 피해자에게는 치유에 도움을 주는 회복적 지역사회사법에 새롭게 초점을 맞추어 피해자와 가해자 모두의 욕구를 충족시키고자 시도하고 있다.

그러나 사법부가 문제해결을 통하여 피해자를 돕기 위해서 지도적 역할을 하는 좋은 예는 특별법정의 설치와 운영이라고 할 수 있다. 마약법정, 가정폭력법정, 삶의 질과 관련된 경미범죄를 다루는 지역사회법정, 모든 가정과 관련된 문제를 다루는 통합 가정법정, 특별히 아동피해자를 위한 특별법정 등이 현재 설치, 운영되고 있는 특별법정들이다. 피해자와 가해자에 대한 이들 특별법정의 가치는 상담, 처우, 직업훈련과 같은 자원의 분배가 한 곳에서 다 이루어질 수 있어서 과거에는 여러 법정에서 다루어져야 할 복합적 문제들을 판사가 한꺼번에 한 법정에서 처리할 수 있게 되었다. 이들 법정에서는 예를 들어 유죄를 인정한 피의자에게 형을 선고할 때 법정과 지역사회가 공동으로 노력하여 범죄자에게는 생산적이고 동시에 지역사회에는 회복적인 사법정의를 실현하고 있다. 범죄자는 사회봉사를 통하여 지역사회에 보상하고 동시에 다양한 도움과 서비

---

21 Hon. L. P. Edwards, "Reducing Family Violence: The Role of the Family Violence Council," *Juvenile and Family Court Journal*, 1992, 2: 43.

스를 제공받게 된다.

사법부가 지도적 역할을 할 수 있는 또 다른 예는 중재나 화해의 제도로서 피해자, 가해자, 그리고 그 가족들이 모여서 문제를 해결하거나, 가족회합이나 지역사회배상위원회라는 이름으로 판사, 검사, 변호사, 피해자, 가해자, 지역사회 구성원, 그리고 사회봉사기관 모두 함께 피해자, 가해자, 그리고 지역사회에 적절한 해결책, 제재, 처우 프로그램을 결정하는 것이다. 이들 회복적 사법 프로그램들은 다양한 이름과 형태로 운영될 수 있지만 피해자에 대한 손상을 강조하는 협동적 과정을 통한 문제해결, 피해에 대한 가해자의 책임, 피해자와 가해자를 지역사회 생활로 되돌려 보냄으로써 지역사회관계를 회복하는 것 등의 공통적인 목표를 가지고 있다.

4. 교   정

1982년 미국의 '범죄피해자에 관한 대통령특별위원회'는 그들의 최종보고서에서 피해자의 권리와 관련하여 시설 내 교정이나 보호관찰부 집행 유예(probation)에 대해서는 아무런 권고도 하지 않았지만 보호관찰부 가석방(parole)에 대한 네 가지 권고안을 제시하였다. 범죄의 피해자와 그 가족에게 사전에 가석방심사청문회에 관해서 고지하고, 피해자, 그 가족 또는 대리인이 가석방청문회에 출석하여 가해자의 범죄가 그들에게 미친 영향에 대해서 진술할 수 있게 하며, 피보호관찰자가 범행을 하면 즉각 구금시킬 수 있도록 필요한 조치를 취하며, 보호관찰파기청문에서는 배제법칙(exclusionary rule)을 적용하지 말 것을 권고하였다. 이처럼 위원회의 권고가 협의의 범위에 국한된 것은 당시의 상황을 반영한 것이라고 할 수 있다. 80년대 초 교정에 있어서 피해자권리와 서비스는 거의 존재하지 않았기 때문이다. 피해자 참여의 확대를 위한 개혁조치는 대체로 형사사법제도의 초기단계에 초점이 맞추어져서 경찰, 검찰, 법원의 역할과 책임을 대상으로 하는 것이었다. 가석방청문회에서 피해자진술권을 제외하고는 교정에 있어서 피해자권리와 서비스는 대체로 무시되었다고 할 수 있다.[22]

그러나 80년대 중반에 접어들면서 교정도 피해자에 대한 관심을 가지기 시

---

22 The President's Task Force on Victims of Crime, *op. cit.*, pp. 83–85.

작하여, 86년에는 미국교정협회(American Correctional Association)는 정책보고서에서 피해자는 존엄과 존중으로 처우 받고 가해자의 지위에 대해 통보받을 권리가 있음을 천명하였고, 87년에는 피해자특별위원회를 설치하여 교정에 기초한 피해자 서비스를 향상시키기 위한 15가지 권고안을 제시하였다. 1991년 미국 보호관찰 협회(American Probation and Parole Association)도 피해자 문제위원회 (Victim Issues Committee)를 설치하였고, 1995년 미국 교정협회 피해자위원회 (American Correctional Association Victims Committee)는 소년범죄자의 피해자에 관한 보고서를 작성하여 소년범죄자의 피해자도 성인범죄의 피해자와 동등한 권리를 가져야 한다는 권고를 하였다.

1) 교정에 있어서 피해자의 역할

전통적으로 교정기관은 자신의 역할을 범죄자를 처벌하고 교화개선을 시도하는 것으로 제한해온 경향이 있다. 그러나 오늘날에는 범죄피해자에 봉사하는 것도 교정기관의 주요한 임무의 하나로 폭넓게 받아들여지고 있다. 교정기관이 범죄피해자에게 특별한 서비스를 제공하도록 강제하는 입법적 개혁이 교정에 있어서 피해자의 권리와 서비스의 범주를 크게 확대시켰으며, 그 결과 다수의 교정기관이 범죄피해자의 욕구를 더 많이 이해하게 되고 그러한 피해자 욕구에 보다 잘 대응하기 위한 정책과 절차를 마련하기에 이르렀다. 이들 교정기관은 현재 '공공의 보호'라는 그들의 책임을 개별 범죄피해자도 포함하는 것으로 해석하게 되었다.

(1) 시설 내 교정

이러한 추세를 반영하여 구치소나 교도소와 같은 교정시설에서도 피해자가 중요한 고객이라는 점를 인식하기 시작하였다. 이와 같은 목표를 추구하기 위하여 범죄피해자에 대한 서비스를 자신들의 주요업무로 통합시키고 피해자자문위원회(Victim Advisory Boards)를 설치하는 두 가지 중요한 조치를 취하게 되었다. 현재 교정기관에서는 범죄자 지위에 대한 피해자통보, 배상금추징, 위협과 물리적 손상으로부터의 보호, 범죄의 영향에 대한 범죄자 교육 프로그램을 포함한 다양한 종류의 서비스를 피해자에게 제공하게 되었다.

(2) 지역사회교정

가장 대중적 형태의 지역사회교정이라고 할 수 있는 보호관찰, 특히 보호관찰부 가석방에 있어서 피해자의 권리도 최근 들어 크게 신장된 것으로 알려지고 있다. 피해자진술을 통하여 가석방청문회에 피해자로 하여금 자신의 입장을 설명할 수 있게 하고, 범죄자 석방시 피해자에게 통보하며, 가석방청문회에 출석하여 증언할 수 있게 하며, 가석방심사위원회를 일반에 공개하기도 한다. 오늘날에는 다수의 보호관찰기관은 지정된 직원이 범죄자의 석방과 관련된 어떠한 청문회에도 피해자, 증인, 그 가족들을 동반하도록 하고, 가석방청문회에서 피해자와 가해자 사이의 잠재적 위협과 대면을 완화하기 위한 다양한 조치를 취하고 있다.[23]

2) 범죄피해자에 대한 교정의 대응

교정기관은 점점 피해자도 중요한 서비스를 필요로 하는 주요고객이라는 사실을 인식하게 되어 지금은 위협과 희롱으로부터 피해자를 보호하고, 가해자의 지위와 석방에 대해서 피해자에게 통보하며, 석방결정에 있어서 피해자의 의견을 반영하고 있다. 또한 교정기관은 피해자는 물론이고 가해자와 교도관 모두에게 이익이 되는 정책, 절차, 프로그램을 개발하는 데 도움을 주는 주요한 역할을 한다는 점도 인식하고 있다. 범죄피해자로 하여금 자문위원회와 기관위원회에 참여하고, 가석방위원회의 공식적인 구성원이 되고, 범죄자에게 그들의 범행이 피해자에게 미친 인간적인 영향을 이해시키기 위한 교육에 참여하도록 권장하고 있다. 뿐만 아니라 교도소나 보호관찰기관은 범죄피해자에 대한 서비스를 자신들의 주요임무로 기술하고 있다.

(1) 피해자 고지(Victim Notification)

범죄자의 석방에 대해서 피해자에게 고지해주는 것은 피해자에 대한 중요한 서비스의 하나이다. 만약에 범죄자의 석방을 고지하지 않는다면 그것은 피해

---

23 National Victim Center, *op. cit.*; A. Seymour, *National Victim Services Survey of Adult and Juvenile Correctional Agencies and Paroling Authorities 1996*, Arlington, VA: National Victim Center, 1997, p. 15.'

자가 자신의 안전을 위한 사전주의조치를 취할 능력을 부정하는 것이다. 그래서 피해자고지가 82년 미국의 피해자에 관한 대통령특별위원회의 핵심권고안으로서 만약 피해자가 자신의 주소와 성명을 제공한다면 피해자와 그 가족에게 가석방청문회에 대해서 사전에 고지할 것을 권고하였다. 뿐만 아니라 피해자, 가족, 그리고 대리인이 청문회에 참석하여 범죄의 영향에 관한 정보를 제공할 수 있도록 허용할 것도 권고하였다.

(2) 피해자와 증인의 보호

매일 같이 많은 피해자와 증인이 심지어 구금된 범죄자로부터 희롱당하고, 협박당하고, 보복당하고 있기 때문에 교정당국에서도 이 문제를 다양한 형태로 보다 적극적이고 창의적으로 대응하기 시작했다고 한다. 보호관찰대상자가 피해자를 위협, 협박, 희롱, 보복하면 보호관찰을 취소하도록 하고 심지어 시설에 수용된 재소자의 서신검열과 통화차단에 이르는 다양한 조치를 취하고 있다.

재소자가 보호관찰 등 지역사회교정을 위하여 석방되면 보호관찰관은 피해자와 공중의 안전을 확보하기 위하여 범죄자를 수시로 접촉하여 위치와 동태 및 근황을 파악하고 보호관찰조건을 지키고 있는지 확인할 필요가 있다. 경찰이나 검찰이 특별 부서를 설치하여 운영하는 것처럼, 보호관찰당국에서도 이제는 성폭력과 가정폭력 부서와 같은 특별 부서를 설치하여 사회전체와 피해자의 안전위험성을 줄이기 위한 집중적인 보호관찰을 제공하기 시작하였다. 또한 교정당국에서는 피해자의 안전을 강화하기 위하여 전자감시(Electric Monitoring), 가택구금(House Arrest), 강제배상(Mandatory Restitution), 집중감시 등과 같은 중간제재(Intermediate Sanction)를 활용하기도 한다.

(3) 지역사회 고지(Community Notification)

소위 'Megan's laws'를 중심으로 석방된 성범죄자에 대하여 지역사회에 고지하거나 일반시민, 특정개인이나 조직이 성범죄자 명부를 열람할 수 있도록 하는 법을 제정하고 있다. 이와 같은 지역사회고지는 범죄자의 위치와 거동에 대하여 알고자 하는 지역사회의 강한 관심을 반영하는 것이다. 그런데 지역사회고지제도가 확실히 성공하기 위해서는 법집행 관련자, 법원, 교정기관, 피해자서비스 제공자, 언론, 그리고 기타 주요 관계자 사이의 원활한 조정과 협조가 필요하다. 여기서 교정기관이 성범죄자가 언제, 어디로 석방될 것인가를 결정함으로써 이러한 서비스를 제공하는 데 중심적인 역할을 하게 된다.

(4) 피해자영향진술서(Victim Impact Statements)

오늘날 피해자들은 가석방청문회나 심지어는 보호관찰위반청문회에서까지 범죄의 영향에 대해서 직접, 녹음이나 녹화, 화상회의나 문서로 진술할 수 있는 경우가 많다. 이들의 진술은 범죄로 인한 재정적, 신체적, 감정적 영향에 관한 중요한 정보를 보호관찰당국에 제공하게 된다. 이러한 진술은 가장 보편적으로 활용되고 있는 피해자권리의 한 부분이 되고 있다. 그러나 이러한 권리가 진정으로 의미가 있는 것이 되기 위해서는 보호관찰당국이 피해자와 그 가족에게 청문회를 사전에 통보하여 진술서를 준비하여 제대로 진술할 수 있는 시간적 여유와 기회를 주어야 한다.

(5) 배상(Restitution)

배상은 범죄자에 대한 양형의 중요한 한 부분이 되고 있다. 범죄에 대하여 범죄자에게 재정적으로 책임을 물음으로써 범죄자의 책임을 증대시키고 범죄자의 범죄행위로 초래된 비용의 얼마라도 피해자에게 보상하게 된다. 교정기관은 배상금의 징수를 통하여 범죄자가 피해자에게 책임이 있음을 확인하는 데 있어서 중요한 역할을 하게 된다.

(6) 보호관찰조건의 위반

미국의 많은 주에서는 피해자에게 보호관찰조건위반청문회에 의견을 개진할 수 있도록 허용하고 있다. 그러나 아직도 보호관찰에 있어서 감시의 조건을 위반하여 청문회를 할 때는 피해자에게 고지하는 경우는 많지 않으며, 보호관찰조건을 위반했을 때는 원 범죄 피해자에게 고지하는 경우도 그리 많지 않다. 그러나 피보호관찰자의 보호관찰조건 위반의 대상이 되는 새로운 범죄행위의 피해자에게 범죄자가 피보호관찰대상자이며 범죄가 보호관찰조건의 위반이라는 사실을 통보하는 경우는 위의 두 경우보다는 많다고 한다.[24]

---

24 Seymour, *op. cit.*, p. 5.

(7) 피해자의 범죄영향에 관한 범죄자 교육

교정시설에서 범죄자와 피해자 모두를 참여시키는 교육 프로그램이 최근 급증하고 있다. 그러한 프로그램의 목적은 범죄자로 하여금 자신의 범죄가 피해자와 그 가족, 지역사회, 자신과 자신의 가족에게 미친 엄청난 영향을 이해할 수 있도록 도와주기 위한 것이다. 피해자에게는 가해자와 함께 하는 프로그램에 참여함으로써 비록 그것이 자신이 입은 손상을 되돌리지는 못하지만 다른 사람의 피해를 예방할 수 있기 때문에 유용한 것이다. 물론, 그것이 자신의 감정적 상처를 치유하는 데도 도움이 될 수 있다.

(8) 피해자-가해자 대화

이 프로그램은 주로 소년사법에서 널리 활용되고 있지만 성인사법에도 시도되고 있는 것으로서 우선적으로 재산범죄를 대상으로 하는데, 이미 자신의 유죄를 인정했거나 유죄가 확정된 가해자에게 피해자와의 대화기회를 주는 것이다. 피해자와 가해자 모두가 자발적으로 참여하게 하도록 조심스럽고 신중하게 시행된다면 피해자가 자신의 고통과 손실을 극복하는 데 도움을 줄 수 있는 효과적인 도구가 될 수 있다. 이 프로그램이 피해자에게 형사사법제도에 대한 더 큰 만족을 주고, 보상받을 수 있는 가능성을 높이며, 미래의 피해에 대한 두려움을 줄일 수 있기 때문이다.

(9) 회복적 사법의 부상

형사사법제도 전반은 물론이고 특히 교정은 범죄자에 대해 배타적으로 초점을 맞추었으나 이제는 피해자와 지역사회에 대한 보다 광범위한 관심으로 큰 변화를 겪고 있다. 이러한 회복적 사법의 경우, 교정을 비롯한 형사사법기관에서는 봉사와 지원을 통하여 지역사회와 피해자에 대한 손상의 일부를 보상할 수 있기를 희망하고 있다. 회복적 사법의 중요한 부분은 범죄자에게 직접적으로 책임을 묻고 지역사회의 생산적이고 준법하는 시민이 되도록 도와줌으로써 범죄자를 자신이 초래한 해악을 해결하는 과정에 능동적으로 참여시키는 것이다.

교정기관은 범죄자에게 피해자와 지역사회에 대한 책임을 지게 할 수 있는 상황에 놓여 있다. 다수의 교정기관은 회복적 잠재성으로 인하여 피해자-가해자 프로그램을 시도하고 있고, 피해자가 겪는 재정적 손실에 대하여 범죄자에게 직접적으로 책임을 물을 수 있는 배상과 같은 전통적 관행을 새롭게 강조하고 있다. 많은 교도관들도 이러한 새로운 관점의 회복적 사법이 자기 업무의 효율성을 향상시키고 사회의 안녕과 안전에 긍정적으로 기여할 수 있는 훌륭한 기회를 제공하는 것으로 느끼고 있다.

SECTION 03 피해자권리와 사법정책

1. 피해자에 대한 처우향상의 중요성

우선, 폭력범죄의 해결에는 극단적으로 많은 사회적 비용이 들어간다. 폭력범죄는 신체적, 정신적 피해를 초래할 뿐만 아니라 큰 경제적 손실을 초래한다. 피해자에 대한 처우향상을 통해 범죄발생 직후 피해자에게 적절한 서비스를 제공하여 문제가 악화될 위험성을 줄이고 2차 피해 예방에 기여할 수 있다. 이러한 점에서 피해자에 대한 처우향상은 중요하다고 할 수 있다. 유사한 경우로 이미 정신적, 육체적 문제를 겪은 피해자에 대한 효과적인 개입은 효과적인 3차 예방에 기여할 수도 있는 것이다. 결과적으로, 피해자에게 서비스를 제공함으로써 폭력과 관련된 문제의 발생을 예방하고, 문제 발생시 피해자를 치료하거나 처우하며, 따라서 폭력과 관련된 경제적 비용을 줄일 수 있는 것이다.[25]

둘째, 형사사법제도는 피해자의 협조 없이는 그 임무를 성취할 수 없다. 피해자가 신고를 꺼려서 발생한 사건을 인지하지 못하면 경찰은 범죄자를 체포하거나 사건을 해결할 수 없다. 검찰도 피해자가 증언하는 등 협조가 없다면 재판을 준비할 수 없으며, 판사도 범죄의 영향에 대하여 피해자의 진술을 듣지 않고는 양형결정을 하기가 곤란할 것이다. 보호관찰위원회도 피해자로부터의 정보가 없다면 가석방결정을 하기가 힘들며, 형사사법에 대한 피해자의 태도가 부정적

---

25 D. G. Kilpatrick and R. E. Aeerno, "Mental health needs of crime victims: Epidemiology and outcomes," *Journal of Traumatic Stress*, 2003, 16(2): 119－132; H. S. Resnick, R. Aeierno, and D. G. Kilpatrick, "Health impact of interpersonal violence: Section Ⅱ: Medical and mental health outcomes," *Behavioral Medicine*, 1997, 23(2): 65－78.

이라면 형사사법에 대한 공중의 신뢰도 떨어지기 마련이다. 피해자를 회복시키고, 형사사법에 대한 공중의 신뢰를 회복하며, 피해자의 협조의사를 향상시키기 위하여 형사사법제도의 개혁이 필요한 것이다. 결국, 형사사법제도의 피해자 처우를 향상시킴으로써 형사사법제도의 임무수행능력을 향상시킬 수 있는 것이다.26

셋째, 공정성, 평등성, 그리고 정의라는 형사사법의 원리는 우리가 피해자를 처우하는 방법을 향상시키는 것이 매우 중요하다는 것을 보여주고 있다. 피의자는 그들의 권리에 대한 다수의 헌법적, 법률적 보호를 받고 있지만 범죄피해자는 전혀 그렇지 못한 실정이다. 더구나 권리와 서비스라는 측면에서 피의자와 피해자 사이의 불균형을 해소하기 위해서 범죄피해자와 직면하는 전체 형사사법기관과 기타 집단과 기관의 다양한 개혁이 필요하다는 것이다. 그래서 실제로 미국에서는 피의자의 권리와 피해자의 권리 사이의 필요한 균형을 회복하기 위해서는 피해자권리의 수정조항이 헌법에 보장되어야 한다는 주장이 제기되기도 하였다. 이를 종합하자면, 우리는 피해자의 권리와 서비스의 향상이 형사사법의 공정성, 평등성, 그리고 정의의 이념과 맥을 같이 하기 때문에 피해자의 권리와 서비스를 향상시켜야 한다는 것이다.27

넷째, 폭력범죄의 위험요소 중의 하나는 아동기의 범죄피해라고 한다. 폭력피해를 포함한 아동학대와 같은 것은 약물 사용 장애를 유발시키는 위험요소이고 약물 사용 장애는 폭력범죄의 위험요소가 된다는 것이다. 따라서 범죄피해자에게 적절한 서비스를 제공하는 것이 신체적, 정신적 문제에 대한 2차적, 3차적 예방에 있어서 잠재적 역할 외에도 결과적인 폭력행위의 일차적 예방에 있어서도 일정 역할을 하는 것으로 볼 수 있다. 이러한 서비스를 아동과 청소년 피해자에게 제공하는 것이 이런 점에서 특히 효과적이라고 할 수 있다. 즉, 오늘의 범죄피해자에게 서비스를 제공함으로써 그들이 내일의 범죄자가 되는 것을 예방하는 데 도움을 줄 수 있는 것이다.28

26 President's Task Force on Victims of Crime, *Final Report*, Washington, DC: US Government Printing Office, 1982, p. 16.

27 D. G. Kilpatrick, "Interpersonal violence and public policy: What about the victims?," *Journal of Law, Medicine and Ethics*, 2004, 32: 73-81.

28 A. Caspi, J. McClay, and T. E. Mottiff, "Role of genotype in the cycle of violence in maltreated children," *Science*, 2002, 297: 851-854; C. S. Wilson, "The cycle of

2. 기존 형사사법의 한계

역사적으로 형사사법제도는 범죄피의자의 처리와 범죄예방이라는 두 가지 사명을 가지고 있다. 두 번째 사명인 범죄예방의 경우 한 가지 주요전략은 개인이 폭력범죄피해자가 되는 위험성을 줄일 수 있도록 도움을 주는 것으로 이를 기회축소(opportunity reduction)라고 한다. 이는 공격의 잠재적 표적에 접근할 수 없게 하거나 공격 그 자체를 범죄자에게 위험하거나 이익이 되지 못하게 함으로써 범죄표적이 매력적이지 않게 하는 것으로 규정되고 있다. 기회축소전략은 몇 가지 가정에 근거하고 있는데, 일차적 가정은 잠재적 범죄피해자는 범죄피해의 위험성을 줄이기 위한 행동을 취할 책임이 있다는 것이다. 이웃감시나 범죄예방/자기방어훈련의 수강 등이 여기에 해당되는 것이다.[29]

그런데 이러한 기회축소전략은 몇 가지 문제점도 가지고 있다. 먼저, 어떤 한 사람이 자신을 접근이 어렵고 매력적이지 못한 표적으로 만들어서 공격을 피하면 범죄자는 그 사람보다 접근이 쉽고 매력적인 사람을 공격할 수도 있는 것이다. 이는 곧 실제 범죄예방이 아니라 특정피해자가 다른 피해자로 단순히 대체된 것일 뿐임을 의미하는 것이다. 둘째, 기회축소전략은 범죄행위의 통제를 위하여 잠재적 가해자가 아니라 잠재적 피해자에게 범죄예방의 책임을 둔다는 점이다. 이는 또한 폭력범죄가 발생할 때 피해자비난에도 기여하게 된다. 셋째, 기회축소전략은 일반 시민들로 하여금 자신을 보호하기 위하여 자신의 자유를 상당히 제한하도록 요구하게 된다. 이는 특히 범죄를 피하기 위하여 자신의 생활유형의 많은 제약적 변화를 해야만 하는 여성에게 특히 문제가 된다. 그러나 이것은 개인이 기회축소 범죄 예방전략에 개입하지 않아야 한다는 것을 말하는 것은 아니다. 사실, 접근이 어려운 표적이 될 수 있는 방법을 학습하는 것은 자신이 폭력적 범죄의 피해자가 될 위험성을 줄이기 위해 개인이 할 수 있는 몇 가지 중 하나일 수 있다.[30]

---

violence," *Science*, 1989, 244: 160−166.

29 J. R. Freedy and S. E. Hopfoll(eds.), *Traumatic Stress: From Theory to Practice*, New York: Plenum Press, 1995, pp. 129−161, p. 151.

30 Freedy and Hobfoll(eds,), *op. cit.*, p. 151.

범죄예방에 기초한 두 번째 형사사법은 입법적 예방(legislative prevention)이라고 한다. 간단하게 기술하자면, 이 접근법은 범죄자의 범행을 억제하거나 범죄자가 유죄가 확정될 때 장기구금을 가능케 하는 법률의 제정을 포함하는 것이다. 이와 같은 '범죄에 대한 강경대응(get tough on crime)'적 접근은 두 가지 방법으로 범죄를 예방할 수 있는 것으로 이해되고 있다. 첫 번째, 범죄자들이 강력한 처벌을 두려워하기 때문에 그들의 범행을 억제할 수 있다는 것이고, 두 번째로 직업적 범죄자들은 구금을 통하여 그들의 범행능력이 무능력화(incapacitation)되기 때문이다. 그러나 이와 같은 입법적 예방의 효과성에 대한 의문이 일고 있다. 형벌의 기간, 즉 형벌의 엄중성(severity)은 범죄자가 체포되어 일정한 형을 선고받을 가능성, 즉 처벌의 확실성(certainty)보다 폭력범죄율에 미치는 영향이 적다고 한다.[31]

입법적 예방의 주요한계는 대다수 폭력범들이 검거되고, 유죄가 확정되어 구금되지 않는다는 점이다. 경찰에 신고하지 않음으로써 폭력범에 대한 성공적 검거와 구금을 하지 못하게 하기 때문에 범죄피해자가 경찰에 신고하도록 권장하는 것의 중요성을 확인해 주고 있다.

형사사법제도의 일차적 사명은 전통적으로 범죄와 범죄피의자를 처리하는 것이었다. 80년대 이전에는 범죄피해자는 범죄를 수사하고 범죄자를 기소하는 데 필요한 핵심증거를 제공한다는 점에서만 형사사법제도에 중요한 것으로 간주되었다. 이러한 전통은 범죄피해자보다 피의자에게 더 많은 관심을 기울이고 더 많은 자원을 할당하는 형사사법제도를 만들게 되었다. 최근엔 범죄피해자의 권리와 서비스에 있어서 많은 진전과 향상이 있었지만 형사사법제도는 아직도 범죄피해자의 필요와 권리보다는 범죄피의자와 범죄를 처리하는 데 훨씬 더 많은 자원을 투입하고 있다.[32]

---

31 G. J. McCall, "Risk factors and sexual assault prevention," *Journal of Interpersonal Violence*, 1993, 8: 223－255.

32 R. C. Davis, A. J. Lurigo, and W. G. Skogan(eds.), *Victims of Crime* (2nd ed.), Thousand Oaks, CA: Sage, 1997, p. 232.

3. 피해자권리운동과 피해자권리와 서비스의 입법화

형사사법제도에서 아무런 법률적 권리와 지위가 없는 사람으로서의 과거의 신분과는 대조적으로 지난 30여 년에 걸쳐 범죄피해자는 몇 가지 참여적 권리와 절차적 권리를 제공받게 되었다. 80년대 이전 범죄피해자의 권리장전(bill of Rights)이 제정되기 전에는 범죄피해자는 범죄피의자가 누렸던 아무런 참여적 권리를 부여받지 못했다. 70년대 초에서 중반에 이르기까지는 일부 범죄피해자보상 프로그램이 시행되기도 하였고, 이어서 피해자권리가 헌법으로 보장되어야한다는 주장이 제기되기도 하였다. 예를 들어서 모든 형사소추에 있어서 피해자가 참여하고 사법절차의 모든 중요단계에서 의사를 표현할 수 있는 권리가 주어져야 한다는 것이다.[33]

피해자권리는 형사사법절차에 참여할 수 있는 피의자의 권리와 균형을 맞추기 위한 것이다. 주요한 피해자권리는 따라서 참여적 권리이며, 그 밖에 배상명령도 주요한 피해자권리에 포함되고 있다. 이 배상명령은 간단히 말하자면 가해자가 피해자에게 범죄피해로 인한 경제적 손실을 되갚도록 하는 것이다. 뿐만아니라 피해자는 범죄피해보상의 권리도 가질 수 있는데, 이는 범죄피해를 보상할 다른 공적·사적 자원이 없을 때 마지막 수단으로 주어지는 것이다.[34]

그렇다면, 과연 이러한 피해자권리와 관련한 공공정책의 변화가 형사사법제도에서 피해자의 처리나 처우에 어떠한 실질적 변화를 가져왔는가? 미국에서의 한 조사에 의하면 70% 이상의 시민들이 위에서 언급한 피해자의 참여적 권리를 피해자에게 제공하는 것이 매우 중요하다고 답하였으며, 81%가 피해자에게 보상을 제공하는 것도 중요하다고 답한 것으로 알려지고 있다. 더구나 이러한 인식과 태도는 일반시민보다는 범죄피해자에게서 더 강한 것으로 나타났다고 한다.[35]

이처럼 피해자권리가 일반대중과 범죄피해자 모두에게 중요한 것이지만 피

---

33 President's Task Force on Victims of Crime, *op. cit.*, pp. 5, 114.

34 Kilpatrick, *op. cit.*, p. 78.

35 US Department of Justice, Office of Justice Programs, National Institute of Justice, *The Rights of Crime Victims — Does Legal Protection make a Difference?*, Washington, DC: US Department of Justice, 1998, p. 1.

해자권리의 제공이 집행되는 방법에 문제가 있는 것도 분명하다. 일부 피해자들은 아무런 통보를 받지 못해서 그러한 권리를 전혀 행사하지 못하고 있다는 것이다. 이렇게 된 주요 이유는 피해자에게 그러한 권리를 충분히 통지하고 숙지시키지 않은 형사사법 공직자에 대한 아무런 법률적 제재가 없기 때문이라고 한다. 법집행기제가 없다면 그러한 권리가 실제 권리가 아니라 단순히 형사사법제도가 줄 수 있는 특혜에 지나지 않는 것이다.[36]

4. 피해자권리와 서비스 향상을 위한 사법정책

먼저 범죄피해자의 권리가 헌법으로 보장되어야 한다는 주장이 제기되고 있다. 중요한 것은 피해자의 권리가 피의자나 유죄가 확정된 범죄자의 기본적 권리와 동일한 수준이 되어야 한다는 것이다. 두 번째, 관련 기관 간의 협조가 원활해질 수 있도록 법률, 정책, 규범이 바뀌어야 한다는 것이다. 그러나 지금까지는 관료제적 조직의 오랜 전통은 자기 조직과 서비스가 다른 조직에서 제공되는 서비스와는 구별되는 것이었다. 이로 인하여 피해자에 대한 적절한 서비스의 제공이 어렵게 되었던 것이다. 따라서 관련기관 간의 유기적인 공조와 협조가 이루어질 수 있어야 한다.

세 번째 제안은 형사사법과정의 모든 단계에서 범죄피해자에게 적절한 서비스를 제공할 수 있는 충분한 자원이 확보되어야 한다. 마찬가지로 경찰에 신고하지 않은 피해자가 그러한 서비스에 대한 적절한 접근이 가능해야 하는데, 이러한 접근의 필요성은 특히 아동과 청소년 피해자에게 더욱 중요한 것이다. 그러한 서비스에 대한 접근을 제공하는 것은 이차적, 삼차적 예방의 중요한 수단이기도 하다.

네 번째는 가능한 최대한 공공정책과 그 집행은 실증적 연구에 기초하여야 한다. 그러나 불행하게도 범죄피해자의 처우향상을 위한 다수의 형사사법제도 개혁은 충분히 평가되지 못하였다. 실제로 많은 형사사법제도 종사 실무자들이 실증적 연구결과에 익숙하지 않기 때문에 범죄피해자를 위한 효과적인 개입에 대한 정보가 부족하다. 따라서 더 나은 연구와 평가의 필요성이 대두되고 있고

---

36 Davis et al., *op. cit.*, pp. 196, 232, 241.

또한 효과적이고 효율적인 것으로 검증된 것에 대한 정보를 널리 알릴 필요성도 강조되고 있다.

1. 법과 질서의 도구로서 피해자 이용의 위험성

일부에서 지금까지의 피해자운동이 보수적인 법과 질서의 이념과 사상을 반영해 왔다고 비판하고 있다. 특히 보수정치인들이 피해자에 대한 사법정의의 실현에 필요한 것으로서 모든 종류의 형벌적, 처벌적 대책을 옹호하는 데 이용해 왔다는 것이다. 실제로 우익정치인들이 범죄문제를 논하고 범죄피해자의 고통이나 부상 등을 이유로 범죄피해자를 대신한 동정과 분노를 이야기하는 주된 목적은 범죄자에 대한 적개심을 증폭시키기 위한 것이라고 비판한다. 또한 범죄예방을 위한 환경적 대책보다는 응보(retribution)나 억제(deterrence)를 지지하기 위한 것으로 활용되고 있다는 지적도 받는다. 이런 점에서 보면 보수주의적 사고에서의 피해자는 목적을 위한 수단(a means to an end)에 지나지 않는 것이다.[37]

보수주의자들은 피해자가 효과적인 정치적 상징이 될 수 있다는 점을 깨닫고 피해자의 권리와 이익이 피의자의 권리와 균형을 맞추는 데 이용될 수 있는 동정적 존재로서 피해자를 채색하기 시작했다는 것이다. 따라서 그들에게는 피해자가 비난 받지 않아야 할 전형으로서의 피해자의 인상을 강화한다는 것이다. 그래서 피해자는 전적으로 낯선 사람에 의하여 피해를 당한 사람으로 기술되고 있는 것이다.[38] 피해자권리운동은 형사사법의 범죄통제모형을 주창하는 사람들

---

37 R. Elias, "Has victimology outlived its usefulness," *Journal of Human Justice*, 1994, 6: 4−25; A. Phips, "Ideologies, political parties, and victims of crime," in M. Maguire and J. Pointing(eds.), *Victims of Crime: A New deal*, Milton Keynes: Open University Press, 1988, pp. 177−186.

38 L. N. Henderson, "The wrongs of victim's rights," in A. Fattah(ed.), *Towards a Critical Victimology*, London: Macmillan, 1992, pp. 100−192.

의 주요관심이 되었다. 예를 들어 피해자권리헌장(victims' bill of rights)과 같은 것의 핵심 주창자는 전통적인 보수적 기소지향적 법과 질서 주창자들이며, 반면에 민권운동가들이 주요 반대자들이라는 것이다.

한편, 범죄피해자에 대한 관심의 표명은 피해를 예방하지 못한 형사사법제도의 무능과 비효율성을 숨기기 위한 것으로도 이용될 수 있다고 한다. 피해자의 고통을 해소하거나 돕기 위해 무언가를 하도록 하는 요구가 그 사회의 범죄문제를 정면으로 다루지 않으려는 점을 숨기게 한다. 범죄에 대한 우려와 관심이 증대됨에 따라 피해자에 대한 동정심을 표명하고 피해자를 위한 서비스나 프로그램에 적은 돈을 투자함으로써 사회적 부정의, 부와 권력의 불균형, 좌절과 같은 사회문제를 직면해야 하는 정치인들에 대한 압력을 제거해 주게 된다는 것이다.[39]

2. 피해자에 대한 동정이 복수의 요구로 변질될 위험성

피해자에 대한 동정이 최근 범죄자에 대한 반발심을 불러일으키는 데 점점 많이 이용되고 있다. 캐나다에서는 피해자집단들이 사형제도의 부활, 보호관찰부 가석방(parole) 조건의 강화, 조기석방(early release)의 폐지 등은 물론이고 보다 중형과 장기수용의 요구를 주장하고 있다. 대부분이 성적, 사회적, 정신적 부적절성으로 인하여 처우를 절실히 필요로 하는 성범죄자들에게 특히 더 엄중한 형벌을 부과할 것과 더 나아가서는 모든 초범 성범죄자에게도 강제최소양형(mandatory minimum sentence)을 부과해야 함을 주장하고 있다.[40] 이러한 추세는 미국에도 반향을 일으켜서 자경사법(vigilante justice)과 뉴욕의 수호천사(guardian angels)와 같은 자경집단의 태동을 가져오게 하였다.

그와 같은 노상자경활동뿐만 아니라 법정자경(court vigilance)도 구성되어 법정감시자(court watcher)프로그램을 운영하며 관대하다고 고려되는 판사들을 공격하기도 하였다. 법정에서 피해자옹호자로 하여금 피해자를 대신하게 하여 검사의 구형보다 더 강한 형벌을 요구하는 등 직접 개입하여 법원의 결정에 영

---

39 Fattah, 1992, *op. cit.*, p. 45.
40 *Ibid.*, p. 8.

향을 미치려고 시도하기도 한다. 범죄자들은 지은 죄보다 훨씬 가벼운 경미한 형벌을 받고 그것도 가석방으로 형기의 반밖에 구금되지 않으며, 그들에게는 모든 권리가 보호되고, 공공시설에서 공공예산으로 교육을 받지만 피해자도 범죄피해에 따른 외상 및 내상을 겪어야 하는 형을 받고 그 형은 평생을 가는 종신형이라는 식의 소위 '공포물증후군(horror story syndrome)'이 확산되기에 이르렀다.41

3. 피해자 부조, 무엇이 필요한가?

사실 지금까지의 피해자운동이나 피해자부조를 자세히 보면 '피해자를 위한 정의(justice for victims)'라는 수사적 주장은 하나의 공허한 슬로건에 지나지 않는 것임을 알 수 있다. 피해자보상, 피해자진술, 피해자권리확대와 같은 피해자를 돕기 위한 대책들은 정치적 위안이나 변명이요 일회용 반창고에 불과한 것으로 기술되고 있다.42 어떤 면에서 보면 피해자의 이익이 결코 그러한 시도들의 동기가 아니었다는 것이다. 예를 들어, 피해보상은 피해자의 대응적 자경을 완화하기 위한 것이고, 배상(reparation)은 범죄자를 구금으로부터 전환시키는 도구라는 것이다.

현재 피해자에 대한 처치는 범죄가 더 이상 두 사람의 개인 사이의 갈등이 아니라 범죄자와 사회의 갈등으로 간주된다는 사실로부터 파생된 것이다. 인간을 손상시키는 행동이 어떻게 그 개인이 아니라 사회에 대한 범행으로 고려될 수 있는지 이해하기 힘든 것이다. 어떻게 그러한 대인적 범행이 피해자에 대한 의무가 아니라 사회에 대한 빚이며, 어떻게 범죄자에게 부과된 벌금이 피해자가 아니라 국가로 가는가? 결국, 범죄행위의 피해자는 얻는 것이 거의 없거나 아무것도 없는가? 이 모든 의문이 바로 새로운 사법 패러다임을 요구하고 있다. 형벌제도는 이제 피해자요구가 충족되고 피해자요망이 존중되는 또 다른 제도에 자리를 양보해야 할 때이다. 일부에서는 형사사법의 응보적 모형을 회복적 모형으로 대체하는 것이 범죄피해자를 위한 새로운 시대를 여는 서막이 될 수 있다고

---

41 The President's Task Force on Victims of Crime, *op. cit.*, 1982, p. 11.

42 R. Elias, "Which victim movement? The politics of victim policy," in E. A. Fattah(ed.), *op. cit.*, pp. 74－99.

한다. 회복적 사법은 피해자, 범죄자, 지역사회의 기본적인 인간요구를 존중하고, 사법행정은 직접적으로 관련된 사람과 범죄활동의 영향을 받은 사람의 적극적인 참여를 포함하며, 합의는 피해자가 다시 일어설 수 있게 하고 가해자가 의무를 수행할 수 있게 해 주기 때문이다.[43]

1) 범죄피해자의 실질적 요구사항

그렇다면 과연 회복적 모형이 형벌적 모형보다 우월한 것인가라는 물음에 답하기 위해서는 피해자가 기존의 형벌적·응보적 사법제도로부터 얻는 것은 무엇이며, 실제로 피해자가 원하는 것이 무엇인지, 즉 복수(vengeance)인가 아니면 재기(redress)인가를 검증하지 않으면 안 된다. 우선 형벌적·응보적 사법은 범죄의 피해자에게 범죄자가 고통받는 것을 보는 것 외에는 아무것도 제공하지 못하고 있다. 범죄자에 대한 복수가 줄 수 있는 만족은 무엇이든 그것은 아주 단기적인 것이며 무엇보다도 중요한 것은 형법이 복수를 조장하는 데 이용되지 않는다는 점이다. 형법의 일차적 목적은 평화를 회복시키고 부상을 치유하며, 해악을 고치는 것이다. 형법의 주요기능은 응징이 아니라 화합을 이루는 것이고, 인간갈등을 해소하는 것이지 영속화시키는 것이 아니며, 분쟁의 두 당사자를 결별시키는 것이 아니라 하나로 뭉치게 하는 것이다. 다수의 폭력범죄가 서로 관련된 두 사람 사이에서 발생한다는 사실만으로도 두 사람 사이의 살아 있는 관계를 지속하면서 더 이상의 폭력을 예방하고 분쟁을 조정하는 갈등해결기제가 얼마나 중요한가를 보여주는 것이다. 그러나 불행하게도 기존의 형벌적 사법은 이와는 정반대로 가고 있다.

한편, 과연 피해자들은 복수를 원하는가 아니면 재기를 원하는가에 답하는 것은 그리 어려운 일이 아니다. 우선 피해자들은 대부분 형벌모형의 옹호자들이 믿고자 하는 만큼 원한을 품지 않는다고 한다. 그들의 주요관심사는 재기로서 부서진 차량이 고쳐지고 잃어버린 물건을 되돌려 받는 것이며, 따라서 그들의 기대와 요구는 도덕주의적인 것이 아니라 현실주의적이다. 심지어 가족을 살해한 살인범까지도 용서하고 선처를 부탁하는 경우도 적지 않게 볼 수 있지 않은가? 피해자들은 자신에게 가해진 범행을 사회에 대한 빚이 아니라 재기를 위한

---

43 E. A. Fattah, "A victim policy aimed at healing," in Davis et al. *op. cit.*, p. 264.

직접적인 의무를 야기하는 것으로 보고 있다. 형벌모형은 그러나 그러한 피해자의 기본적 요구를 무시하고 있다. 이러한 현실은 피해보상의 일차적 필요성을 더욱 강조하게 한다. 다수의 재산범죄피해자들은 보험도 없고 경제적 여력도 없음에도 불구하고 피해보상은 폭력범죄에 제한되어 절대다수의 피해자들이 손실이 무엇이고 얼마든지 간에 아무런 보상도 받을 수 없다. 따라서 형벌적 사법에서는 누구도 승자가 아닌 두 사람의 패자만 있다. 즉, 피해자는 재산을 잃고, 범죄자는 자유를 잃게 된다.

2) 포괄정책과 배제정책

과거 잊혀지고, 경시되고 때로는 학대되었던 피해자가 이제는 그들의 처지와 권리가 보편적으로 인정받게 되고 재기와 지원을 받아야 하는 대상으로 인식되고 있다. 그러나 개혁의 철학, 피해자욕구가 가장 잘 충족될 수 있는 수단, 피해자의 입지를 향상시키고 권리를 향상시키기 위해 필요한 정책의 특성에 관해서는 그렇게 의견의 일치를 보이지 못하고 있다. 물론 많은 사람들이 피해자의 재기, 화합, 치유를 증진시키는 포괄의 정책(policies of inclusion)이 피해자에게 더 잘 봉사할 수 있는 것으로 확실하게 믿고 있지만, 근래에 소개된 다수의 정책은 오히려 배제와 강요의 정책(policies of intrusion and exclusion)이었다고 할 수 있다. 그런데 문제는 배제와 강요의 정책은 국가의 권력을 강화시키지만 자유에 대한 위협을 가할 수 있다는 문제가 따른다고 한다. 이러한 정책들은 대부분 전형적이지 못한 극단적인 사건에 의하여 주도되고 그러한 사건에 대한 공중의 반응에 기초하고 있다. 교도소에서 출소하여 중간교도소(halfway house)에 수용되는 출소자에 대한 등록과 지역사회공지가 하나의 좋은 예라고 할 수 있다.44

배제의 정책은 피해자와 범죄자 인구가 서로 확연히 구분될 뿐만 아니라 상호 배타적이라는 잘못된 가정에 기초하고 있다. 이와 같은 가해자와 피해자에 대한 잘못된 이분법(dichotomy)은 범죄피해와 범행 사이에는 상당한 연계가 있으며, 범죄자와 피해자 사이에는 상당히 겹치는 부분이 많다는 많은 증거들과 배치되는 것이다. 피해자조사와 범죄학적 연구에 의하면 가해자와 피해자는 상

---

44 A. Reiss, Jr., "Foreword: Towards a revitalization of theory and research on victimization by crime," *Journal of Criminal Law and Criminology*, 1981, 72: 704−710.

당한 특성을 공유하고 그들의 인구사회학적 유형이 상당히 유사하다는 것을 보여주고 있기 때문이다. 더구나 범죄피해의 경험이 미래 범행의 잠재성도 증대시킨다는 연구도 이러한 점을 잘 보여주고 있다.[45]

결국, 이들 주장과 연구들은 피해자와 가해자의 역할이 고정된 것도 아니며, 더구나 적대적이지도 않으며 오히려 상호 교류적이며 순환적이라는 것을 보여주고 있다. 학대받은 아동이 학대하는 부모가 되고, 매 맞는 아내가 때리는 남편을 살해하는 것이 오늘의 피해자가 내일의 가해자가 되고 오늘의 가해자가 내일의 피해자가 될 수도 있음을 보여주는 좋은 예이다. 표출적 폭력(expressive violence)에 있어서 보복(retaliation)이 중요한 요소라는 사실이 피해자가 가해자로 빈번하게 변환하는 것을 잘 설명해주고 있다.[46]

배제의 정책은 가해자와 피해자 인구의 유사성, 근친성, 중첩성을 최소화하고, 부정하고, 약화시키기 위한 시도이다. 그러한 시도는 실증적 증거와는 달리 가해자와 피해자 사이에 질적 괴리(qualitative disjunction)가 있음을 함축하고 있다. 배제의 정책은 가해자와 피해자의 왜곡된 전형을 영속화시키고 이는 곧 능동적 공격자와 수동적 피해자 사이의 규범적 구분을 강화하는 것이다.[47]

3) 피해자권리와 범죄자권리의 균형

보편적으로 피해자옹호자들은 다수의 전통적인 법률적 안전장치를 폐지하고 가해자권리와 피해자권리 사이의 잘못된 경쟁을 부추기는 결과를 초래하였다. 이들에 의하면 범죄자의 권리에는 많은 관심이 주어졌지만 그들이 해악을 끼친 무고한 시민들의 고통과 처지에는 충분한 관심이 주어지지 않았다고 비판

---

45 P. Mayhew and D. Elliott, "Self−reported offending, victimization and the British Crime Survey," *Violence and Victims*, 1990, 5: 83−96; R. J. Sampson and J. L. Lauritzen, "Deviant lifestyles, proximity to crime, and the offender−victim link in personal violence," *Journal of Research in Crime and Delinquency*, 1990, 27: 110−139; S. Singer, "Victims of serious violence and their criminal behavior: Subcultural theory and beyond," *Victims and Violence*, 1986, 1: 61−69; Reiss, Jr., *op. cit.*, pp. 710−711.

46 D. Black, "Crime as social control," *American Sociological Review*, 1983, 48(1): 34−45; R. Felson and H. Steadman, "Situational factors in disputes leading to criminal violence," *Criminology*, 1983, 21: 59−74.

47 D. Miers, "Positivist victimology: A critique," *International Review of Victimology*, 1989, 1: 3−22.

하며, 가해자의 권리를 희생하여 피해자의 권리가 회복되어야 한다고 주장하였다. 즉, 피해자와 가해자의 권리가 적어도 균형을 이루거나 아니면 피해자의 권리가 가해자의 권리에 우선해야 한다는 것이다. 이는 곧 힘의 균형을 가해자로부터 피해자에게로 이동시켜야 함을 의미한다.[48]

실제로 미국의 범죄피해자에 대한 대통령특별위원회에서는 소위 '불법취득 증거배제규칙(exclusionary rule)'의 폐지를 권고하였는데, 과연 이의 폐지로 피해자가 얻게 되는 것이 무엇일지 궁금하지 않을 수 없다. 사실 폐지결과에 대해 일부에서는 피해자에게 도움을 준 것이 아니라 오히려 피해자에게 불리하게 작용되었다고 주장한다. 특히 변호사로 하여금 피해자를 임상적으로 검사하거나 사건 이전의 성적 활동에 관한 질문을 할 수 있게 함으로써 강간피해자에게 더욱 불리하게 작용하게 되었다고 한다. 또한 보석허가권리에 대한 엄격한 제한도 권고하였는데 보석의 권리도 사실은 무죄추정의 원칙으로부터 직접 파생된 것임을 고려한다면 지나친 면이 없지 않다.

뿐만 아니라, 피해자의 발언, 피해자영향진술서, 가석방청문회 참여 등도 단지 보다 엄중한 양형과 장기구금 및 수형시설로부터의 석방지연만을 초래하게 된다. 이러한 것들은 비시설수용과 전환과 같은 형벌적 의미가 낮은 대책들과 어울리지 않는 것이다. 그러면서 동시에 이들 정책으로부터 피해자들이 얻을 수 있는 것을 찾기가 어렵다. 수사학적 정당화에도 불구하고 이들 정책의 일차적 목적이 범죄피해자를 위한 사법정의의 확립이나 고통의 해소가 아니라 단순히 가해자에게 주어졌던 인본주의적 추세를 바꾸는 데 지나지 않는 것이다. 심지어 가해자에게 치우친 사법정의의 척도가 피해자를 위한 사법정의가 되도록 균형을 맞추자는 식의 주장 자체가 피해자 권리보장의 형벌적 의도와 응보적 동기를 보여주는 것이다.[49]

그러나 이러한 새로운 시도와 정책들이 간과하고 있는 것은 공정하고, 인간적이고, 효율적인 사법제도가 피해자와 범죄자 모두의 이익에 봉사할 수 있다는

---

48 Elias, 1992, *op. cit.*; L. N. Henderson, "The wrong's of victim's rights," in E. A. Fattah (ed.), 1992, *op. cit.*, pp. 100–192; A. Karmen, *Crime Victims: An Introduction to Victimology* (2nd ed.), Monterey, CA: Brooks/Cole, 1990, p. 331.

49 Fattah, 1997, *op. cit.*, p. 268.

점이다. 범죄자에 대한 비인간적인 처우가 피해자에 대한 인간주의적 고려의 당연한 결과도 아니요 그럴 필요도 없다는 것이다. 또한 피해자의 권리를 확보하고 지키기 위하여 반드시 범죄자의 기본적이고 헌법적인 권리를 희생할 필요는 없는 것이다. 당연히 범죄자의 고통을 더한다고 피해자의 고통이 줄어드는 것도 아니다. 범죄자에게 필요 이상의 고통을 가한다고 피해자의 고통이 해소되지 않으며, 범죄자의 고통이 피해자가 겪는 모멸을 지우지도 못한다. 피해자에 대한 과도한 관심으로 인해 종종 범죄자가 사회구조에 따른 피해자일 수 있다는 사실을 간과해서는 안 될 것이다.[50]

4. 바람직한 피해자부조

일부에서는 어떤 상담도 범죄 피해 트라우마(postcrime trauma)를 줄이는 데 효과적이라는 증거를 찾기 힘들다고 주장한다. 물론 이러한 주장은 상담효과의 측정이 어렵고 방법론적 문제가 많이 내포되어 있으며, 어떠한 처우가 효과가 있고 어떤 처우가 그렇지 못한지 분명하게 알지도 못하면서 피해자를 위한 위기개입 서비스에 막대한 돈이 쓰이고 있는 것에 대한 반박인 것이다. 일부 형태의 개입은 상황을 개선시키기보다 악화시키고 치유하기보다 영속화시킬 수 있다는 것을 고려한다면 더욱 문제가 아닐 수 없다. 개입유형에 따라 일부는 효과적일수 있으나 다른 일부는 효과가 없을 수 있고, 프로그램에 따라 일부 피해자에게는 효과적이지만 다른 피해자에게는 효과가 없을 수도 있는 것이다. 또한 피해자 서비스가 자연적인 치유과정을 지연시키고 범죄피해의 증상을 장기화시키는 부작용을 경고하기도 한다.[51]

범죄경험에 대한 반응은 매우 다양할 수 있기 때문에 범죄피해에 대한 반응에 있어서 개인적 차이를 연구하는 것이 매우 중요하다고 한다. 피해자의 피

50 E. A. Fattah, "On some visible and hidden dangers of the victim movement," in E. A. Fattah(ed.), *From Crime Policy to Victim Policy: Reorienting Justice System*, London: Macmillan, 1986, pp. 1–14

51 R. C. Davis and M. Henley, "Victim service programs," in A. J. Lurigo, W. G. Skogan and R. C. Davis(eds.), *Victims of Crime: Problems, Policies, and Programs*, Newbury Park, CA: Sage, 1990, pp. 157–171.

해회복의 다양성은 피해자 특성과 속성, 사건의 특징, 범죄발생에 대한 피해자의 인식과 해석, 범죄 이후에 일어나는 사태 등의 기능이라고 한다. 여기서 범죄 후 증상과 그 회복의 개인적 상관관계가 강조되는 것이다. 사회문화적 요소와 태도도 매우 중요할 뿐만 아니라 회복과정을 단축시키거나 지연시킬 수 있다. 어떤 사회에서는 범죄피해의 부정적 영향이 강조되는 반면, 어떤 사회에서는 긍정적 영향만이 강조되며, 범죄피해로 인한 신체적 손상도 동일하게 취급되지 않고 따라서 그 영향도 다소간 차이가 날 수 있다. 또한 심리적 손상도 곳에 따라서 더 빨리 또는 더 느리게 치유될 수 있다는 것도 부정할 수 없다. 따라서 치유과정을 용이하게 하고 신속하게 하는 문화의 특성과 피해의 회복을 방해하거나 지연시키는 문화의 특성이 연구되어야 할 필요가 있다.[52]

---

52 A. J. Lurigo and P. A. Resick, "Healing the psychological wounds of criminal victimization: Predicting postcrime distress and recovery," in Lurigo et al., *op. cit.*, pp. 50 − 68.

12

피해자 지원과 옹호

SECTION 01 개   관

1. 피해자를 위한 기관

범죄피해자를 위한 기관이나 조직은 다양한 방법으로 분류될 수 있다. 만약 공적 기관과 사적 비영리기관으로 분류한다면 대부분의 피해자/증인 프로그램들은 경찰이나 검찰이 후원하는 공적 범주에서 찾을 수 있으나 나머지 위기센터, 피난처, 옹호단체 등은 사적 비영리범주에서 찾을 수 있다.

공적 범주에 속하는 피해자/증인 프로그램은 더 큰 조직의 한 부분으로서 기능하고 범죄피해자에 봉사함으로써 더 큰 조직에 봉사한다는 면에서 보다 관료제적이라고 할 수 있다. 또한 이들은 광범위한 사명을 가져서 모든 범죄피해자를 다 도울 것으로 기대되고 있다. 따라서 피해자/증인 프로그램이 기타 피해자 봉사조직이나 기관에 비해 가장 업무부담이 높은 것으로 알려지고 있다.

그러나 사적 비영리조직은 상이한 조직형태에 의존하는데, 이들 조직은 관료적이지 않지만 그들도 일부 관료제의 형식주의(formalism)를 안고 있다. 이들은 또한 일반적으로 회원을 가지지 않고 집합주의 조직이 되기에는 지나치게 형식주의화되었기 때문에 협회라고 할 수도 없다.[1] 이들의 가장 특징적인 것은 조

---

1 S. Staggenborg, "The consequences of professionalization and formalization in the Pro−choice movement," *American Sociological Review*, 1988, 53: 585−606; J. Rothschild−Whitt, "The collectivist organization: An alternative to rational bureaucratic

직의 운용에 외부인의 참여를 권장한다는 것인데, 이러한 참여적 조직구조는 이들 조직이 독재적 형태로 운영되지 않고 오히려 자원봉사자와 지지자들의 합의를 일정한 정도 요한다는 것이다.

2. 피해자 지원의 구성

피해자를 위한 지원은 기관의 목표와 프로그램의 지향성에 가장 상응한 '피해자의 문제'가 무엇인가에 따라 매우 다양해진다. 피해자의 문제가 규정되는 방식이 제공되는 서비스에 영향을 미치고 반대로 지원 서비스가 피해자문제의 모수를 규정하게 되는 것이다. 대체로 피해자의 문제에 대한 기본적 접근방법으로는 다음의 세 가지가 있다고 한다.[2]

첫 번째 접근법으로서, 범죄자에 대항하는 증인으로서 피해자를 지원하는 관점이다. 많은 경우 피해자는 증인이 될 의향이 없고, 두려워하며, 관심이 없다. 즉, 피해자들이 유죄판결을 얻어내기 위하여 경찰이나 검찰과 협조하는 것에 소극적이다. 따라서 조직의 역할은 피해자가 협조하도록 지원하는 것이며, 이 경우 피해자는 증인의 역할로서 봉사하게 된다.

두 번째 접근법은 범죄의 피해자에게 가해진 감정적 손상의 견지에서 문제를 보는 것이다. 문제는 범죄의 결과로서 고통을 당하고 있는 개별 피해자에게 놓여 있는 것이다. 따라서 조직의 역할은 피해자가 회복하는 데 도움이 되도록 고안된 서비스를 제공하는 것이며, 이 경우 피해자는 고객의 역할을 수행하게 된다.

세 번째 접근법은 개인에게 가해진 해악의 심각성으로 인하여 공적인 행동의 측면에서 문제를 보는 것이다. 따라서 조직의 역할은 피해자의 이익을 대변하고 지역사회의 사회기관과 제도에 의한 피해자 처리방법의 변화를 옹호하는 것이다. 이 경우 피해자권리를 증진시킴으로서 피해자의 지위와 신분을 높이는 데 초점을 맞추는 새로운 입법에 영향을 미치기 위한 정치행동도 포함될 수 있다.

---

model," *American Sociological Review*, 1979, 44: 509－527.

2 F.J. Weed, *Certainty of Justice: Reform in the Crime Victim Movement*, New York: Aldine De Guyter, 1995, p. 106.

그런데 일선 피해자 지원조직들은 대체로 위의 세 가지 접근법을 대변하는 네 가지 유형으로 분류될 수 있다고 한다. 첫째 유형은 피해자/증인 프로그램으로서 그 목적은 피의자에 대한 사법절차에 있어서 피해자의 협조를 얻기 위한 것이며 목표는 유죄판결을 받아내는 것이다. 두 번째 유형은 피해자옹호(victim advocacy)와 관련된 것으로, 이들 피해자 옹호조직은 검찰과 변호인단에 유리한 형사사법제도에 있어서 피해자의 이익에 더 높은 우선순위를 두도록 형사사법제도에 압력을 가하는 것이다. 세 번째 유형은 여성센터(women's center)와 가정폭력쉼터(domestic violence shelters)로 구성되며, 이들 조직은 가정폭력의 여성피해자들의 필요와 요구를 지향하는 위기개입 서비스에 관심을 가지고 있다. 피해자 서비스 프로그램의 네 번째 유형은 강간위기센터(rape crisis center)와 성폭력기관(sexual assault agencies)으로 구성되며, 이들 조직은 성폭력을 경험한 여성과 아동을 다루고 있다. 세 번째와 네 번째 유형의 경우는 피해자가 기관의 고객(client)으로 간주되고 있다.

SECTION 02 민간분야의 지원

1. 피해자요구와 서비스

범죄피해자들은 관심과 자원을 요구하는 많은 다른 집단들과의 경쟁에 놓여있기 마련이며, 따라서 특히 필요한 서비스가 무엇인지를 결정하고 요구의 수준을 평가하기 위한 시도를 함으로써 보다 확고하게 자신의 요구와 주장을 표현하는 것도 중요하게 되었다.[3]

그러나 그러한 요구와 서비스가 어떻게 평가되어야 하는가? 일반적으로 피해자의 요구를 측정하는 데에는 다음과 같은 세 가지 접근방법이 시도되고 있다고 한다. 즉, 범죄의 결과나 영향에 초점을 맞추는 설문조사와 피해자에게 자신

---

3 M. Maguire, "Victims needs and victims services," *Victimology*, 1985, 10: 539 – 559.

의 요구를 평가하도록 요청하는 보다 직접적인 접근, 그리고 마지막으로 서비스의 요구나 수요와 그에 대한 대응을 검증하는 접근방법이 그것이다. 이들 상이한 접근방법으로부터 도출된 결과를 가지고 피해자서비스와 관련된 다양한 범주의 요구를 파악하고 있다.

많은 범죄피해자들이 보편적으로 지적하는 요구는 보험과 범죄예방에 관한 정보의 요구에서부터 사건처리과정에 대해서 알고자 하는 바람에 이르기까지 다양한 정보에 대한 요구이다. 피해자들이 지적하는 두 번째 요구는 실질적 도움의 요구이다. 예를 들어서 손괴된 재물의 수리에서 각종 서식의 작성과 단기 재정지원 등이 그것으로서 이들은 대체로 사건직후에 일어나기 쉬운 것들이다. 그런데 이러한 요구는 파악하기가 힘든데, 그것은 다수의 피해자들은 그러한 필요와 요구를 스스로 아니면 가족이나 친지의 도움으로 해결하기 때문이다. 따라서 서비스의 제공과 관련한 문제는 이러한 요구를 필요로 하는 피해자를 파악하는 것이라고 할 수 있다. 마지막으로 피해자들이 주로 지적하는 요구는 아마도 요구의 파악과 측정이 가장 어려운 것 중의 하나로서 감정적 요구와 필요일 것이다. 그것은 피해자들에게 사건의 결과로 인한 어떠한 감정적 문제로 고통을 받았는지 단순하게 묻는 것으로 항상 그에 상응한 정보를 얻기는 힘들기 때문이다. 그럼에도 불구하고, 보편적으로 범죄피해자들은 감정적, 심리적 곤경을 경험하고 있다는 것을 보여주는 증거들이 존재한다.[4]

2. 민간분야 필요성의 이유

우선 예산과 자원의 한계로 보다 독립적이고 확실히 더 비용이 적게 드는 자원단체의 필요성이 다시 강조되기에 이르렀다. 물론 범죄피해자와 관련하여서는 정부의 공식적인 분명한 정책이 결여되어 있다는 사실이 민간분야의 중요성을 더욱 강화시키는 것도 사실이다. 범죄피해보상위원회의 등장과 함께 지역사회주도(community initiatives)를 마다하지 않고, 더 많은 돈을 쓰지 않으며, 정부정책을 선제하지 않고, 범죄피해보상 비용의 상승을 우려한다. 또 피해자에게

---

4 J. Shapland, "The victim, the criminal justice system and compensation," *British Journal of Criminology*, 1984, 24: 131－149.

초점을 맞추는 것이 형사사법제도의 합당한 일이 아니라고 느끼고 있다.[5] 그러나 이러한 진전은 여성운동의 중요성과 관련이 있다고 한다.

1) 피난처운동(The Refuge Movement)

피난처운동은 가정폭력을 성차별주의적 사회의 산물로 보기보다는 왜 여성들이 폭력적 관계에 유혹(attracted)되는가를 이해하는 데서 출발한다. 또한 피난처운동은 특히 경찰을 비롯한 형사사법기관에서의 가정폭력 처리방법에 대한 불만의 지표이기도 하다. 물론 경찰에서는 배우자관계의 유지도 중요한 것이라고 항변하며 더불어 가정폭력은 진정한 경찰업무가 아닌 것으로 간주되기도 한다. 이러한 불만은 경찰에 대한 것만이 아니라 다른 형사사법기관에서도 가정폭력에 개입하기를 꺼려하기는 마찬가지라고 한다. 바로 여기서 가정폭력에 대한 스스로의 접근을 시도하게 된 것이다.[6]

2) 강간위기센터(Rape Crisis Center)

피난처운동과 마찬가지로, 사실은 문제의 심각성뿐만 아니라 '이차 피해자화 과정'에 대한 인식으로부터 시작되었다. 물론 이러한 이차 피해자화 과정은 강간에 대한 촉발적·유발적 견해에 그 뿌리를 두고 있다. 피해여성이 오히려 가해자처럼 조사를 받는 것이다. 이러한 견해는 법원에서도 '기여적 태만(contributory negligence)'으로 해석되고 있다. 이러한 일반적 틀 속에서 여성을 위한 여성에 의한 여성의 조직이 발전해야 하는 것은 놀라운 것이 아니다.[7]

위기센터는 피난처와 유사한 역할과 기능을 하기 때문에 단순히 피해자를

---

5 P. Rock, "Governments, victims, and policies in two countries," *British Journal of Criminology*, 1986, 28(1): 44–66.

6 V. Binney, G. Harkel, and J. Nixon, "Refuges and housing for battered women," in J. Pahl(ed.), *Private Violence and Public Policy*, London: Routledge and Keagan Paul, 1985, pp. 166–178; S. Edwards, "Provoking her own demise: from common assault to homicide," in J. Hamner and M. Maynard(eds.), *Women, Violence and Social Control*, London: Macmillan, 1987, pp. 152–168.

7 S. Jeffreys and J. Radford, "Contributory negligence or being a women? The car rapist case," in P. Scraton and P. Gordon(eds.), *Causes for Concern*, Harmondsworth: Penguin, 1984, pp. 154–183.

위한 서비스의 간극을 채우는 것뿐만 아니라 강간에 대한 태도를 변화시키고 교육시키기 위한 것이다. 이런 점에서 일부에서는 '피해자(victim)'라는 단어가 남성우월적인 의미를 함축하고 있다고 본다. 즉, 남성이 여성을 희생시키는 것이 자연스러운 것이란 사고가 반영된 것이다. 따라서 피해자 대신에 범죄와 적극적으로 맞서 싸우는 능동적 주체로서의 범죄피해자를 뜻하는 '생존자(survivor)'라는 용어를 사용하는 것이 옳다는 주장도 있다. 이 용어는 여성이 폭력에 저항하는 많은 방법과 성폭력이 그들에게 미치는 영향을 극복하는 전략에 대한 관심을 그리고 있다. 이는 여성운동과 강간에 대한 전통적인 형사사법기관의 대응 사이에 분명한 선을 긋는 것이다.[8]

3) 근친상간 생존자 집단(Incest Survivor Groups)

근친상간의 대응에 있어서 어려운 점은 근친상간의 피해아동이 느끼는 죄책감과 분노라고 한다. 그들의 죄책감은 근친상간 행위 그 자체뿐만 아니라 행위의 결과로부터도 도출되는 것이다. 피해아동은 종종 아버지의 행위가 보고되면 피해아동 본인에게 가족의 붕괴에 대한 책임이 있는 것으로 생각하게 된다. 이런 면에서 아동은 근친상간의 피해자요 생존자일 뿐만 아니라 아버지를 가정으로부터 격리시키는 대응으로 인하여도 피해를 당하게 된다. 따라서 일부에서는 가족단위의 전통적 역동성에 초점을 맞추기보다는 남성 학대자에게 자신의 행동에 대한 책임을 묻는 전략들을 강조하고 있다.[9]

3. 피해자 지원운동(Victim Support Movement)

피해자 지원운동의 목표는 사람들이 자신이 경험한 범죄를 극복하는 데 도움을 주기 위한 것이다. 피해자 지원에는 다양한 모형이 있으나 자원봉사자의 활용과 관리구조의 측면에서 지역사회에 기초한 모형이 강조되고 있다. 피해자

---

8 L. Kelly and J. Radford, "The problem of men: feminist perspective on sexual violence," in P. Scraton(ed.), *Law, Order and Authoritarian State*, Milton Keynes: Open University Press, 1987, pp. 237-253.

9 L. Dominelli, "Father-daughter incest: Patriarchy's shameful secret," *Critical Social Policy*, 1986, 16: 8-22.

지원은 어떠한 정치적 목표도 없으며 범죄자, 공판과정 또는 양형에 대해서는 거의 관심을 가지지 않음으로써 피해자를 위탁받는 데 있어서 경찰의 협조를 확보할 수 있었다. 그 결과, 피해자 지원은 현재 자원봉사 부분에 있어서 가장 빨리 성장하고 있는 조직의 하나가 되고 있다.

일부에서는 피해자 지원을 국가의 재정지원을 받고 사회적 준비에 관심을 가지며 도움을 제공하는 측과 받는 측을 분명하게 구분하는 등의 견지에서 법령에 의한 법정 서비스와 밀접한 관련이 있는 것으로 특징짓고 있지만 다른 한편에서는 강간위기센터 같은 것은 법정 서비스와 아무런 관계가 없으며, 국가재정에의 의존도가 낮으며, 사회운동에 관심을 가지고, 도움을 주는 측과 받는 측 사이에는 동료의식관계가 존재한다고 주장하고 있다.[10]

SECTION 03 피해자 지원과 피해의 회복

범죄 피해자들은 형사사법제도에의 참여가 종종 자신의 손실을 악화시키며, 동시에 형사사법제도가 범행과 제도운용 모두에 이방인처럼 느끼게 만들어서 자신을 소외시키고 있다는 느낌을 갖게 된다. 과거, 피해자들은 스스로 가해자나 그 가족으로부터 범죄의 피해를 갚도록 하였으나, 오늘날에는 피해자가 국가를 위한 핵심 증인에 불과한 처지로 전락하게 되었다. 따라서 피해자의 고통을 완화시킬 수 있는 노력의 필요성이 강력하게 제기되고 있다.

최근 피해자 고지나 상담 등과 같은 피해자-증인 지원 프로그램이 강조되고 있는 것이 피해자의 형사사법제도에 대한 부정적 경험을 줄이기 위한 시도를 보여주는 예라고 할 수 있다. 그러나 통상적으로 그러한 피해자-증인 지원 프로그램은 범죄피해 경험의 경제적 곤경을 줄이기 위한 것은 아니며, 그 대신 사법제도 내에서 피해자가 겪게 되는 가혹한 처우를 줄이거나 완화하려는 시도로

---

10 R. I. Mawby and M. Gill, *Crime Victims: Needs, Services and Voluntary Sector*, London: Tavistock, 1987, pp. 113, 185.

이해되고 있다. 물론 이러한 프로그램이 피해자들에게 의미 있는 서비스를 제공하지만, 한편으로는 관심을 호도하는 경향도 있다는 우려가 나오고 있다. 만약 형사사법제도와의 접촉을 피하려는 피해자의 결정이 합리적인 비용 – 편익의 평가로부터 나오는 것이라면 의당 경제적 보상을 통하여 피해자들을 제도권으로 재합류시키는 것이 도리이기 때문이다.[11]

물론 범죄의 비용이 돈으로 모든 것이 해결될 수 있는 것은 아니지만, 재정적 건강은 피해의 회복을 위한 성취 가능한 목표이고 필요한 첫 단계라고 할 수 있다. 피해자는 다양한 방법으로 자신의 재정적 손실의 회복을 추구할 수 있다. 범죄자로 하여금 대가를 지불하게 하는 것은 모든 사람의 우선적 선택이다. 법원에서는 피의자에게 배상을 명령하고, 손해를 보상하게 하며, 책임있는 제3자에게 보상을 명하고, 보험금의 지급을 청구하며, 국가로부터 피해자 보상을 받을 수도 있다.[12]

1. 배상명령(Restitution Order)

창의적, 건설적, 대안적 양형활용의 증대로 배상에 대한 새로운 관심이 고조되었는데, 배상을 옹호하는 사람들은 피해자의 재정적 건강이 모든 사람에 대한 정의의 추구라는 명목으로 희생되거나 방치되어서는 안 된다고 주장하고 있다. 배상제도는 범죄자가 초래한 손상에 대하여 범죄자로부터 피해자로의 서비스나 금전의 이전을 일컫는 것이다. 이와 같은 배상제도는 사실 공식적 형사사법제도 이전부터 있어 왔으나 범죄자를 검거하고 기소하는 책임을 국가가 맡게 되면서 대부분 사라지게 되었다.

범죄행위는 공공의 안전이나 사회질서에 대한 상징적 폭력 이상이기에 범죄자들이 단지 국가와 국민을 대신하여 기소되어서는 안 되는 것이며, 그들은 단지 사회에만 빚을 지고 있는 것이 아니라 피해자에게도 빚을 지고 있기 때문에 피해자가 범죄발생 이전의 재정적 조건으로 회복되는 것이 하나의 공정성이라고 할 수 있다.

---

11 Doerner and Lab, *op. cit.*, p. 74.
12 Karmen, *op. cit.*, p. 268.

한때 사법정의와 질서가 훼손된 국가가 피해자로 간주되던 때는 개별 피해자에 대한 배상이 그렇게 중요한 제재가 아니었으나, 배상명령이 범죄자의 교화개선의 수단으로 간주되면서 다시 활용되기 시작했다. 오늘날 양형목표로서의 교화개선에 대한 공공의 확신은 거의 없고 응보적 사법이 점증하고 있지만 그럼에도 불구하고 수형인구의 증대는 형벌적 제재를 선호하는 사람까지도 덜 심각한 범죄자에 대한 대안적 제재의 현실적 필요성을 인식하게 만들었다. 이런 점에서 배상명령이 비교적 경비가 적게 들고 범죄자에게 적어도 일부 희생을 요하는 것이기 때문에 호의적으로 간주되는 것은 놀라운 일이 아니다. 또한 형사사법이 범죄피해자의 필요를 인정하고 대응하는 것도 당연한 것이기도 하다.[13]

1) 배상의 정당성과 목표

무엇보다도 배상이 가지는 가장 중요한 정당성은 바로 피해자의 욕구와 필요의 고려라고 할 수 있다. 피해자의 손실이 곧 배상의 활용과 성장의 주요 동력이다. 물론 다른 요소로서 배상은 하나의 양형대안(sentencing alternative)이기도 하다. 이러한 배상명령은 재산범죄는 물론이고 대인범죄에도 적용될 수 있고, 적어도 이론적으로는 상한과 하한이 정해지지도 않으며, 형사사법과정의 일부로 포함될 수 있고, 피해자의 참여행위를 요하지도 않는다는 것이 다른 피해자 지원방법에 비해 장점이라고 할 수 있기 때문에 피해자 권리운동의 일관적인 주제가 되고 있다.[14]

많은 배상 프로그램들이 사실은 범죄자를 위한 이익이라는 견지에서 시도되고 있다. 즉, 배상을 통하여 범죄자를 교화개선 또는 사회복귀시킬 수 있다는 것이 배상제도의 가장 큰 결실이라는 것이다. 범죄자로 하여금 피해자에게 봉사하거나 금전적으로 되갚게 함으로써 가해자가 자신이 가한 고통을 볼 수 있게 하여 단순히 그를 처벌하는 것보다 일탈행위에 대한 치료적이고 교화개선적인

---

13 J. Gittler, "Expanding the role of the victim in a criminal action: An overview of issues and problems," *Pepperdine Law Review*, 1984, 11: 117−182; S. Hillsman and J. Greene, "Tailoring criminal fines to the financial means of the offender," *Judicature*, 1988, 72: 38−45.

14 B.E. Smith and S.W. Hillenbrand, "Making victims whole again: Restitution, victim−offender reconciliation programs, and compensation," in Davis et al.(eds.), *op. cit.*, pp. 245−256.

대응이 될 수 있다는 것이다. 특히 이러한 교화 개선적 주장은 배상 프로그램이 직업훈련이나 취업과 연계될 때 더욱 가치 있는 것이다.

배상 프로그램을 주장하는 사람들은 수용을 동반하는 보편적 과정보다 배상이 범죄자를 적게 제약하는 대안으로 간주하는 경향이 있다. 잘못된 사법제도의 개입을 미래 범죄나 일탈의 원인으로 보는 낙인론의 주장은 배상을 미래 범행을 줄이는 수단으로 지지한다. 배상이 범죄자를 미래의 일탈로 유도하기보다는 미래의 범죄활동을 제재하는 데 도움이 된다는 것이다. 뿐만 아니라 배상은 또한 억제효과(deterrence effect)도 수반할 수 있다고 한다. 범죄자에게 피해자의 손상에 대해 되갚도록 강제함으로써 범죄를 저지르기 이전의 상태와 동일한 재정적 상태로 되돌려놓기 때문이다. 즉, 그렇게 함으로써 가정된 쾌락이라는 범행의 결과와 고통이라는 사법제도의 대응 사이에 부정적 균형을 초래하기 때문이다. 이런 부정적 균형으로 인하여 범죄자는 처음부터 범행하지 않는 것이 더 좋은 것이고 따라서 처벌된 범죄자에게는 특별억제 그리고 시민들에게는 본보기를 보임으로써 일반억제를 가하게 된다는 것이다.

그러나 일부에서는 형사사법제도는 전반적으로 사회 전체에 이익이 되기 위한 것이지 손상당한 당사자만을 위한 제도가 아니라는 점을 들어 배상제도를 비판하기도 한다. 즉, 배상보다는 엄중한 처벌을 통한 억제, 교정처우를 통한 교화개선과 사회복귀, 또는 장기구금에 의한 무능력화 등이 먼저 고려되어야 한다는 것이다. 그렇지 않고 이들보다 배상을 우선하는 것은 사법제도를 단순히 빚을 받아서 피해자에게 돌려주는 기관으로 격하시키는 꼴이 된다는 것이다. 이러한 이유로 때로는 배상제도가 경시되는 경우도 적지 않다고 한다.15

한편, 배상제도가 필요한 관심을 얻게 되더라도 이의 지지자나 주창자들 사이에 우선순위, 즉 목표에 대하여는 의견의 일치를 보지 못하는 경향이 있다. 일부 주창자들은 하나의 추가적인 형벌의 형태로 선전하는 반면 다른 일부 주창자들은 교화개선의 더 좋은 방법으로 주장하며, 또 다른 일부에서는 피해자의 재정적 건전성에 미치는 영향과 대인관계의 갈등을 해결할 수 있는 잠재력을 강조하고 있다.16

---

15 J. Triebwasser, "Court says you can't run from restitution," *Law Enforcement News*, June 9, 1986, pp. 6, 8.

배상명령의 다양한 목표 중에서 배상명령은 피해자에게 되갚음을 할 수 있는 수단으로 간주되고 있다. 배상이 일차적으로 피해자를 도울 수 있는 방법이라는 생각을 가지고 있는 사람들은 형벌지향의 형사사법제도는 피해자들에게 그들이 사법제도에 참여하게 하는 당근을 거의 제공하지 못한다고 주장한다. 형사사법제도에 참여, 협조하는 피해자들은 시간과 금전의 추가손실을 겪게 되고 범죄자로부터의 위협과 보복의 고통이라는 위험을 감수하게 된다. 그러나 그 대가로 받는 것은 거의 고마움도 느끼지 못한 채 시민으로서 사회적 의무를 다한다는 느낌 외에는 아무런 유형의 소득을 얻지 못하고 있다. 이들에게 형사사법제도가 제공할 수 있는 유일한 것은 복수이다. 그러므로 배상명령이 도입되면 협조는 더욱 향상될 것이라고 한다.[17]

한편에서는 배상명령을 범죄자를 교화 및 개선시키는 수단으로서 고려하기도 한다. 범죄자의 경우 처벌되기보다는 자신의 불법행동이 초래한 혼란과 고통에 민감해지도록 하여 피해자의 고통을 알게 함으로써 자신이 입힌 해악을 깨닫게 된다는 것이다. 노력을 배가하고, 시간과 편의를 희생하며, 의미 있는 일을 행함으로써, 사회적 의무와 개인적 책임을 이해하기 시작하게 되는 것이다. 또한 재정적 보상을 하고 노력봉사를 함으로써 죄책감을 씻고 도덕적으로 재무장하며 사회로 다시 수용된다는 것을 느낄 수 있게 된다. 배상을 위하여 열심히 일함으로써 성취감과 합법적 성취로 인한 자아존중감도 발전시킬 수 있게 된다. 그들은 또한 시장성 있는 기술, 바람직한 근로습관, 가치 있는 실무경험을 얻게 된다.[18]

배상명령의 세 번째 목표는 범죄자와 그 피해자를 화해시키는 수단으로 보는 것이다. 배상명령의 일부 주창자들은 배상명령을 일차적으로 화해의 도구로 간주한다. 범죄자가 피해자에게 완전히 배상하게 되면 피해자가 가지는 나쁜 느

16 B. Galaway, "The use of restitution," *Crime and Delinquency*, 1977, 23(1): 57–67; M. Outlaw and B. Ruback, "Predictors and outcomes of victim restitution order," *Justice Quarterly*, 1999, 16(4): 847–869.

17 R. Barnett, "Restitution: A new paradigm of criminal justice," in R. Barnett and J. Hagel(eds.), *Assessing the Criminal: Restitution, Retribution, and the Criminal Process*, Cambridge, MA: Ballinger, 1977, pp. 1–35.

18 P. Keve, "Therapeutic uses of restitution," in B. Galaway and J. Hudson(eds.), *Offender Restitution in Theory and Action*, Lexington, MA: Lexington Books, 1978, pp. 59–64.

낌도 사라질 것이라는 가정에서이다. 배상명령의 마지막 목표는 범죄자를 처벌하는 수단이 될 수 있다는 것이다. 즉, 이들은 배상명령을 일차적으로 추가적인 처벌로 보는 것이다. 피의자는 우선 사회에 진 빚을 갚기 위하여 구금의 고통을 겪어야 하며 다음으로 자신이 가해한 특정 피해자에게 진 빚을 갚기 위한 노력을 다해야만이 형사사법제도와의 관계가 끝나게 된다는 것이다.[19]

그런데 배상명령을 교화개선, 화해, 보상의 수단으로 주장하는 사람들은 배상명령을 추가적인 처벌과 억제의 수단으로 간주하는 강경주의자들과 충돌하게 된다. 구금에 이은 추가적인 형벌로서 배상명령을 부과하는 것의 문제는 수형기간과 그로 인한 소득의 손실 등으로 인하여 보상의 기간이 장기화되거나 지연될 수 있다는 점이다. 따라서 어쩌면 배상명령과 구금은 같이 갈 수 없는 것이라고 할 수 있다.[20]

2) 배상명령의 유형

일반적으로 배상명령에는 네 가지 유형이 있는 것으로 알려지고 있다.[21] 먼저, 재정적 피해자 배상(monetary–victim restitution)은 배상명령에 대한 일반인의 인상에 가장 가까운 것으로서 범죄자가 범죄로 인한 손실과 손해의 정확한 금액을 피해자에게 직접 금전적으로 되갚는 것이다. 이는 직접적으로 되갚는 것으로 고려되지만 사실 실무적으로는 법원이나 보호관찰소를 통해서 피해자에게 전달되고 있다. 이러한 과정은 피해자가 범죄자와 더 이상의 접촉을 바라지 않는 경우에 매우 유용한 것이다.

두 번째 유형은 재정적 지역사회 배상(monetary–community restitution)이라고 하는 것으로서 범죄자가 실제 피해자보다는 지역사회에 금전적으로 갚는 것이다. 범죄자가 지역사회에 금전적으로 되갚는 데는 몇 가지 이유가 있는데, 예를 들어서 공공의 재산에 대한 파손과 같이 피해자를 파악하기 어려운 경우, 피해자가 배상 프로그램에 참여를 원치 않는 경우, 양형에 있어서 법원이 피해자

---

19 C. Tittle, "Restitution and deterrence: An evaluation of comparability," Galaway and Hudson(eds.), *op. cit.*, pp. 33–158.

20 Karmen, *op. cit.*, p. 275.

21 B. Galaway, "The use of restitution," in B. Galaway and J. Hudson(eds.), *Perspectives on Crime Victims*, St. Louis, MO: Mosby, 1981 참조.

표 12-1 배상명령의 기회[22]

불법행위	체포	고발·기소	재판·유죄 확정	수용	가석방	석방
비공식적: 가해자와 피해자의 직접협상에 의해 or 비공식적: 재량권 행사하는 경찰관에 의해	공식적: 기소면제 조건으로 재판전 전환 (Diversion) 에 의해	공식적: 형의 유예나 보호관찰조건으로 유죄협상 (plea bargain) 일부로 검사와 변호인이	공식적: 형의 유예/ 보호관찰 조건으로 선고시 판사가	공식적: 중간교도소 거주나 외부통근, 교도작업의 일부로 교도관이 감독	공식적: 조기석방 조건으로 법원이 선정, 보호관찰위 원회가 감독	

에 대한 배상을 꺼리는 경우 등에 이용되는 형태이다.

세 번째와 네 번째 유형은 금전을 대신하여 봉사한다는 것을 제외하고는 첫 번째와 두 번째 유형과 밀접하게 그 궤를 같이 하고 있다. 피해자에 대한 봉사를 통한 배상(service-victim restitution)은 피해자에게 봉사하고, 지역사회에 대한 봉사를 통한 배상(service-community restitution)은 지역사회에 금전을 대신하여 봉사를 제공하는 것이다. 이들 유형의 배상은 비행 청소년이나 실업자와 같이 범죄자가 금전적 배상 능력이 없는 경우에 가장 보편적으로 이용되고 있다.

3) 배상명령 적용의 범위

배상명령은 그 잠재력만큼 활용되지 못하고 있을 정도로 매우 융통성이 있는 제재라고 할 수 있다. <표 12-1>과 같이 범행 직후에서부터 보호관찰부 가석방의 마지막 순간에 이르기까지 모든 단계에서 다 적용될 수 있다. 용의자가 검거되자마자 비공식적 배상조정으로 문제를 마무리할 수 있고, 기소의 대안, 즉 전환으로서 배상합의가 이루어질 수도 있다. 만약 용의자가 소추되면 검사는 기소유예의 조건으로 배상명령을 할 수 있고, 기소가 된 이후에는 유죄협상(plea bargain)의 일부로써 활용될 수도 있다. 특히 배상명령은 보호관찰부 형의 유예(probation)나 선고, 집행유예의 조건으로 매우 적절하며, 구금된다면 재

---

22 Karmen, *op. cit.*, p. 276, Figure 6.1 Opportunities for Restitution 참조.

소자는 교도작업이나 외부통근 또는 중간교도소(halfway house) 거주 중 자신의 임금으로 피해자에게 되갚을 수 있고, 일정기간 동안의 수형생활 이후에는 보호관찰부 가석방의 조건으로 부과될 수도 있다.

그러나 배상명령이 모든 피해자에 대한 해답이 될 수는 없다. 다수의 범죄자는 피해자가 사건을 경찰에 신고하지 않기 때문에 또는 신고되더라도 경찰이 범인을 파악하지 못하고 검거하지 못하기 때문에 아무런 조치도 받지 않는다. 그 결과, 범행 직후부터 많은 피해자들은 이미 배상받을 기회조차 갖지 못하게 된다.

상대적으로 적게 해결된 범죄 중에서도 추가적인 문제가 사법과정 중에 발생할 수도 있다. 다수의 사건이 유죄협상을 통하여 해결되어 다수의 피해자들은 배상명령의 고려대상에서 제외된다. 기소되고 유죄가 확정된 범죄자 중에서도 다수는 재정적 의무를 감당할 능력이나 의지가 없는데, 이러한 경우는 보호관찰이 허가된 재소자에게도 마찬가지이며, 다수의 사법기관에서는 배상명령의 전통과 운용기제가 부족하므로 배상명령의 적용범위에 한계가 있다.[23]

경제적 현실도 또한 다수의 유죄가 확정된 범죄자들이 자신의 배상명령의무를 충족시킬 능력을 제한하고 있다. 대부분의 노상범죄문제가 가난에서 비롯되는 것으로 알려지고 있어서 배상명령 수행을 위해 범죄자들이 일을 하여야 하지만 사회의 경제적 현실이 그들에게 괜찮은 직업을 마련해 주지 못하고 있는 실정이다.

이와 같은 격심한 경쟁과 상대적 희소성의 상황에서 배상명령이 고려될 때는 많은 갈등이 생기게 마련이다. 만약에 범죄자들의 모든 소득이 피해자에게 지불되어야 한다면, 그리고 직장의 수준이 떨어진다면 생산적인 고용에 기초한 새로운 생활유형을 지향하는 첫 걸음으로서 치료적 가치는 상실되고 말 것이다. 반면에 범죄자를 위한 직장이 영구적이고 보수가 좋다면 범죄자들의 비행에 대한 처벌이 아니라 보상이라고 비난받을 수 있을 것이다. 한편, 너무 어려서 직장을 가질 수 없는 청소년들에게는 오로지 무보수의 지역사회 봉사만이 가능한 대

23 A. Harland, "One hundred years of restitution: An international review and prospectus for research," *Victimology*, 1983, 8(1): 190–202; R. Davis and P. Banniser, "Improving the collection of court ordered restitution," *Judicature*, 1995, 79(1): 30–33.

안이므로 피해자에게 돌아가는 것은 아무것도 없게 된다. 또한 가난한 범죄자가 열심히 노력하여 부유한 피해자에게 모든 것을 다 지불한다면 배상명령은 가난한 사람에게서 빼앗은 것을 부자에게 지급하는 약취의 결과를 낳을 것이다. 반면에 부유한 범죄자가 노역 없이 은행에서 돈을 꺼내 가난한 피해자에게 갚는 것이라면 그것은 형벌을 돈으로 때우는 꼴이 되고 말 것이다. 만약 시장성 있는 기술이 없는 범죄자가 구금되어 보호관찰의 조건으로서 배상명령의 기회마저 거부된다면 그것은 균등한 보호라는 전제를 위반하는 것이다.[24]

4) 배상명령의 평가

배상명령의 효과성을 평가하기 위해서는 특정한 목표를 적절하게 파악하고 성공과 실패의 정도를 측정하기 위한 적절한 범주를 고안할 필요가 있다. 피해자 지향의 목표는 피해자가 모든 보상을 받을 수 있고 마음의 평화를 되찾을 수 있게 하는 것을 포함하고, 가해자 지향의 목표는 교화개선의 징조와 낮아진 재범률을 파악하는 것을 포함하게 된다. 체제 지향의 목표는 사건 처리 비용의 절감, 피해자 보상을 위한 납세자의 재정적 부담의 회피, 대안적 양형을 통한 과밀수용의 완화, 형사사법과정에의 참여에 대한 물질적 보상의 제공에 의한 시민협조의 증진 등을 포함하게 된다.[25]

이처럼 너무나 많은 상이한 목표와 이점이 혼재하는 관계로 배상명령의 효과성에 대한 분명한 결론을 내리기는 쉽지 않다. 일부 가해자 지향의 평가에서는 참여자의 재범률이 낮았다는 결과가 보고되었다. 그러나 피해자 지향의 평가에서는 배상액, 지급률, 실제 수령액 등에 대해 상당한 불만을 가지고 있는 것으로 조사되었다. 이러한 피해자 지향의 평가는 배상명령을 집행하는 기관에서 더많은 노력을 할 필요가 있음을 보여주는 것이라고 할 수 있다.

배상명령의 가치는 프로그램이 얼마나 잘 운영되는가에 좌우되어 배상명령이 기관의 우선순위를 점하게 될 때 과정평가(process evaluation)는 물론이고 결과평가(outcome evaluation)도 좋아진다는 것이다. 즉, 배상명령을 공격표적으로

---

24 M. Outlaw and B. Ruback, "Predictors and outcomes of victim restitution order," *Justice Quarterly*, 1999, 16(4): 847–869.

25 Karmen, *op. cit.*, p. 280.

하는 프로그램은 보다 성공적인 성취결과와 낮은 재범률을 초래한다는 것이다.[26]

또 다른 하나의 결과평가 척도는 범죄자를 정상적인 형사사법절차로부터 전환(diversion)시킴으로써 절감되는 사법경비라고 할 수 있는데, 불행하게도 배상명령으로 인한 구금인구의 절감을 뒷받침하는 증거는 거의 없는 편이다. 이러한 결과를 설명할 수 있는 한 가지 이유는 형사사법망의 확대(net widening)라고 할 수 있다. 그럼에도 불구하고 배상명령을 평가하는 또 다른 방법의 하나가 비용-편익이라는 견지에서 바라보는 것인데, 배상명령이 시설수용에 비해 훨씬 그 비용이 저렴한 것은 틀림없는 사실이며 그런 점에서 일부에서는 배상명령을 경제적 대안에 더 가까운 것으로 평가하기도 한다.

이론적 매력과 긍정적 결과에도 불구하고, 배상명령은 문제점도 없지 않다. 우선은 범죄자를 검거하고 사법절차에 회부해야 한다는 것이다. 문제는 전반적으로 모든 범죄가 다 신고되지 않으며 신고된 범죄도 다 해결되지 않고 있다. 더구나 재산범죄에 가장 적합한 배상명령이 그 해결률은 낮다는 것 또한 문제점이라고 할 수 있다.

두 번째 문제는 범죄자의 배상금 지불능력이다. 대부분의 범죄자가 하류계층 출신이고 이들이 배상에 필요한 충분한 능력을 소유하고 있다고 보기 어려운 것이다. 한 가지 잠재적 해결방안인 피해자에 대한 봉사와 취업의 알선은 항상 이상적인 것만은 아니다. 범죄자에게 직장을 알선하는 것은 상당한 공적자금과 민간부분으로부터의 협조를 요하는 것이다. 또한 법을 준수하는 사람보다 범죄자에게 우선하여 직업을 알선하는 것 또한 논쟁의 대상이 될 수 있다. 더구나 범죄자가 일하기를 원하지 않는다면 모든 것이 불가능해지는 것이다.

세 번째 문제는 피해에 상응한 적절한 수준의 배상을 결정하는 것이다. 일부 범죄는 계량화가 가능할 수 있지만 대부분의 경우 그 결정이 어렵다. 즉, 사용 중인 물품의 감가상각, 특별한 의미가 있는 물품에 대한 가치, 그 밖에도 심리적 또는 신체적 손상과 임금의 손실 등을 결정하는 것은 쉬운 일이 아니다. 더구나 봉사명령의 경우에는 손해액에 상응한 봉사수준을 정하는 것도 어려운 일이다.

한편 범죄자가 배상명령을 따르지 않는다면 그것도 문제이지 않을 수 없다.

---

26 Doerner and Lab, *op. cit.*, p. 77.

이 문제도 법원이 강제명령이나 경고장의 발부 그리고 보호관찰소의 지속적인 감시와 감독 등의 노력을 통해서 어느 정도 개선될 수는 있다고 한다.

또 다른 하나의 주요문제는 형사법원의 적절한 철학에 대한 의문과 관련된 것이다. 배상명령은 형사사법제도의 강조점이 사회로부터 피해자에게로 옮겨가는 것이라고 주장한다. 배상제도에서는 피해자가 사회를 대신한다기보다는 자신을 위하여 보상을 추구하기 때문이다. 결과적으로 배상명령이 형사사법절차와 양형의 중요성을 감축시킨다는 것이다. 배상의 기본전제가 법원을 형사지향에서 민사지향으로 이동시키고 피해자가 과정의 초점이 되는 것이다.

2. 민사소송에 의한 손해보상

특히 유죄가 확정되지 않는 경우, 많은 피해자들은 자신의 사건을 형사소송에서 검사들에게만 맡겨 두지 않고 민사소송에서 자신의 이익을 추구하도록 하고 있다. 형사절차는 사회전반을 위협하는 공공의 적 또는 공공의 잘못을 다루는 것이라고 할 수 있는데, 그 결과로 유죄가 확정된 피고인으로부터 배상을 추구하는 피해자의 경제적 이익은 일상적으로 보호관찰, 구금, 사형을 집행할 것인가에 관심을 가지는 정부의 우선순위에 밀리기 마련이다. 재정적 배상을 추구하는 피해자들은 그래서 민사법정을 지향하게 된다. 민사법정에서 피해자들은 형법의 위반으로부터 야기되는 사적인 잘못을 치유하기 위해 고안된 소송을 제기할 수 있게 된다. 피해자들이 피고인을 상대로 소송을 제기하여 부당 행위자를 처벌하고 다른 사람의 부당행위를 억제하기 위한 형벌적 손상(punitive damages)과 비용을 되갚기 위한 보상적 손상(compensatory damage)에 대한 판단을 얻게 되는 것이다.[27]

피해자운동의 행동가들도 때로는 경시되어 온 이 법률적 권리와 기회에 관심을 불러일으키기를 원한다. 형사법정에서의 유죄평결은 범죄자에게 자유를 잃게 하지만 민사법정에서의 성공적인 판결은 범죄자에게 금전을 부담하게 한다. 심지어 형사법정에서 혐의가 부과되지 않고, 재판결과 무죄로 판결나도 민사소송에서는 성공적일 수 있다.

---

27 *Ibid.*, pp. 281 – 282.

민사소송은 형벌적 손상뿐만 아니라 보상적 손상과 금전적 손상에 대한 요구를 포함하는 것이다. 비용의 지불인 보상적 손상과 손실된 임금인 금전적 손상에 대한 보상은 피해자를 과거의 재정적 조건으로 회복시키기 위한 것이라고 할 수 있다. 피해자는 도난당한 재물이나 파손된 재물에 상당한 금전, 작업손실로 인한 임금, 범죄자에 의하여 초래된 부상 때문에 받지 못하게 되는 예견된 미래의 소득, 의료비와 임상심리치료비, 신체적 고통과 정신적 곤경에 대한 보상을 받을 수 있다. 또한 형벌적 손상은 법률위반자들로 하여금 부정적 본보기로서의 역할을 수행하게 할 수 있다.

민사소송을 고려중인 피해자들은 그로 인한 장점과 단점을 신중하게 저울질해야 한다. 민사소송이 비교적 그렇게 일반적이지 못한 이유 중의 하나는 대부분의 피해자가 소송으로 인한 이점이 그에 따른 비용만큼 가치 있는 것이 아니라는 결론을 내리기 때문이라고 한다. 뿐만 아니라 다수의 피해자들이 이러한 대안 자체에 대해서도 낯설기 때문이다. 그럼에도 불구하고 민사소송은 여러 가지 매력을 가지고 있다.

가장 중요한 것은 피해자가 주도권을 장악할 수 있다는 점이다. 형사사건에서는 검사가 상당한 재량을 행사하고 모든 중요한 결정을 하지만 민사사건에서는 피해자가 권한을 부여받고 통제할 수 있게 된다. 또한 민사법정에서 승소하는 것이 형사법정에서 유죄를 확정하는 것보다 더 쉬운데 그것은 민사법정에서의 증거기준이 형사법원보다 더 낮고 덜 요구되기 때문이다. 성공적인 소송은 피해자에게 진실이 입증된 것으로 느끼게 하고, 가해자에게는 범행이 가져다주는 것은 아무것도 없으며 궁극적으로는 자신의 비행에 책임을 져야 한다는 교훈을 주게 된다. 민사소송은 전체손상과 손실이 고통과 고난과 같은 무형의 것일 때는 보상의 유일한 방법이기도 하다.

이러한 장점에도 불구하고, 다수의 문제들로 인하여 많은 피해자들이 민사소송을 제기하는 것을 자제하고 있다. 우선, 민사소송은 피해자로 하여금 자신의 부담으로 사건 전체를 또다시 겪도록 만든다. 울분, 좌절, 모멸은 물론이고 이기거나 지거나 오랜 시간이 걸리는 것 등이 피해자가 민사소송 과정에서 겪어야 하는 문제들이다. 뿐만 아니라, 때로는 피해자를 당황스럽게 하고 불리한 합의를 받아들이도록 하기 위한 전략으로서 피해자들 자신이 가해자로부터 역소송을 당할 위험성도 감수해야 한다. 배상명령과 마찬가지로 우선은 범죄자가 검거되어야 한다. 또한 민사소송을 위해서는 변호사를 필요로 하고 이에 수반되는 비용도 만만치 않으며 설령 소송에 이기더라도 많은 변호사비와 기타 소송경비로 인하여 금전적으로 오히려 손해를 볼 수도 있다. 또한 소송의 과정에서 개인적 상황이나 과거행위에 대한 정보 등이 밝혀지게 되는 결과로 더 많은 피해를 입을 수도 있다. 민사소송은 대체로 소송기간이 길어지게 되어 오랜 기간 동안 범죄자와 접촉해야 하고 그로 인하여 더욱 불편하게 만들 수 있다. 끝으로, 대부분의 범죄자가 소득이 거의 없기 때문에 피해자가 승소하더라도 배상을 받기란 쉽지 않다.28

한편, 대체로 대부분의 노상범죄자들은 충분한 자산과 소득이 없는 경우가 많기 때문에 일부 피해자운동 내부의 법률가들은 재정적으로 건전한 제3자에 대한 소송이라는 전략적 대안을 제안하고 있다. 이 제3자 소송 이면의 법률적 이론은 '태만(negligence)'의 전통적 개념과 맥을 같이 하는데, 원고는 피고(제3자)가 의무나 임무가 있고 이 의무를 태만하였으며 이러한 태만이 원고에게 부상을 초래하였다고 주장하는 것이다. 즉, 원고는 제3자의 종합적 부주의가 범죄자로 하여금 원고를 대상으로 범행하도록 하였다는 것을 입증하려고 하는 것이다.29

그런데 제3자에 대한 소송은 두 가지 형태로 이루어지고 있다. 그 첫 번째는 기업을 상대로 하는 것이고, 두 번째는 구금기관이나 형사사법제도의 공무원을 상대로 하는 것이다. 가해자에 대한 소송은 대응적·반응적(reactive)인 것이나, 제3자에 대한 소송은 사후 대응적이면서 동시에 사전 예방적이기도 하다. 즉, 피해자에게는 보상이라는 사후 대응적 의미가 있지만, 기업으로서는 더 이상의 소송을 당하지 않기 위한 사전 예방적 노력을 하기 때문이다.

기업을 상대로 하는 제3자 소송은 결코 기업이 의도적으로 원고를 해쳤다고 비난하지 않고 다만 기업의 태만과 책임의 파기가 범죄자의 일을 더 쉽게 만들었고 사고를 예측할 수 있게 만들었던 분위기를 조성하였다고 주장하는 것이다. 피해자들은 제3자가 합리적으로 예견할 수 있는 범죄를 예방하기 위한 조

---

28 *Ibid.*, p. 81.
29 F. Carrington, "Victim's rights litigation: A wave of the future?" *University of Richmond Law Review*, 1977, 11(3): 447–470.

치를 취하지 않았다는 것을 법정에서 증명할 수 있다면 승소할 수 있는 것이다.

국가기관을 상대로 하는 소송에서 주장되는 기본적 혐의 역시 태만이다. 이 경우, 원고는 공무원이 재량권을 심각하게 남용하였다고 주장하는 것이다. 만약 공무원의 무능이나 유기가 무고한 시민에게 위해를 가하려는 범죄자의 의도를 용이하게 하였기 때문에 범죄가 발생하게 되었다는 것이다. 경찰의 경우, 의무 불이행 또는 부작위(nonfeasance), 즉 경찰관이 증인과 같이 특별한 의무를 지고 있는 사람을 보호하지 못했거나, 위법행위 또는 부정행위(malfeasance), 즉 경찰관이 부주의하고 태만하게 행동하여 피해자가 부상을 당했을 때 소송을 당할 수 있는 것이다. 교도소에서도 행정착오로 또는 부적절한 감시로 재소자가 탈출하여 해악을 초래하였다면 원고는 '잘못된 탈출(wrongful escape)'을 주장하고, 위험한 수형자가 석방되어 공개적으로 비난하였던 사람에게 상해를 가했다면 그것은 '경고실패(failure to warn)'로 소송될 수 있고, 태만으로 위험성이 높은 재소자가 가석방되어 범행하였다면 교정당국은 '잘못된 석방(wrongful release)'에 대해서 소송을 당할 수 있다는 것이다.[30]

3. 보험(Insurance)

보험회사도 피해자들에게 손실을 보상해 줄 수 있는 무고한 제 3 자이다. 신중한 보험가입자들은 큰 어려움 없이 보상받을 수 있다는 긍정적인 면도 있지만, 잠재적 표적이 사전에 보험을 구입하려는 예견을 가져야 하며, 보험회사는 범죄와 관련된 보험정책을 판매할 의지가 있어야 하는 등의 문제가 있다. 생명보험회사에서는 살인피해자의 유족에게 그리고 자동차 보험에선 자동차 절도나 파손의 피해에 대한 보상을 제공하고 있다.

4. 보상(Compensation)

대부분의 노상범죄 피해자들은 범죄자들이 검거되어 유죄가 확정되지 않았다는 한 가지 분명한 이유로 형사법원에서 명령한 배상을 전혀 받지 못한다. 마

---

30 Karmen, *op. cit.*, pp. 288－289.

찬가지 이유로, 대부분의 피해자들은 민사소송도 제기하지 못하고 있다. 더구나 제 3 자도 사건에 부분적으로 책임이 있고 그로 인하여 소송을 당하는 경우도 아주 드문 편이다. 또한 민간보험마저도 대부분의 피해자에게는 적절한 것이 되지 못하여 피해자들에게 남은 금전적 회복을 위한 유일한 희망은 상이한 유형의 제 3 자인 피해자에 대한 국가보상이라고 할 수 있다.

1) 철학적 기초

첫 번째 철학적 기초는 범죄피해자에 대한 국가보상제도를 하나의 추가적인 형태의 사회보험으로 모든 시민에 대하여 경시되었던 국가적 의무의 충족 방법과 재정적 파탄을 겪고 있는 개인에 대한 지원의 수단으로 만드는 것이다. 즉, '위험성의 공유(shared risk)'로 보상제도를 합리화하는 사람들은 종합적인 사회보험제도와 같이 안전망의 한 부분으로서 받아들이고 있다.

한편, 두 번째 철학적 기초는 사회계약(social contract)의 관점으로써 이들은 '정부책임(government liability)'을 강조하여 국가가 범죄를 억압하고 범죄자를 처벌할 무력사용의 권한을 위임받아 독점하기 때문에 시민의 안전에 대한 책임이 있다고 주장한다. 즉, 시민은 자신의 보호를 위하여 살상무기를 사용하지 못하도록 금지되어 있어서 자신을 보호하고 손실을 회복하기 어렵기 때문에 형사사법기관이 시민에 대한 공공안전의 의무를 다하지 못할 때 손상에 대한 책임을 지게 된다는 것이다.

또한 세 번째 기초는 '사회복지(social welfare)'적 입장을 취하는 것으로서 국가가 장애인이나 불우한 사람 등 도움이 필요한 다른 사람들에게도 도움을 주는 것과 같이 피해자를 지원할 인본주의적 책임을 가진다고 주장한다. 이 주장에 따르면, 보상을 받는 것은 권리가 아니라 특전이고 따라서 자격과 지급액은 제한될 수 있다는 것이다.

그 밖에, 앞부분에서 언급되었던 범죄의 원인 또는 피해자화의 원인으로서 소위 '제도 또는 체제비난(system blaming)'처럼 사회제도나 정치경제체제 등 제도나 체제(system)가 지나친 경쟁, 빈곤, 차별, 실업을 영속화시킴으로써 범죄를 유발하였기 때문에 정부기관을 통해서 사회는 범죄피해자에게 사회정의의 문제로서 보상할 빚을 지고 있다는 것이다.

다른 한편에서는 무고한 피해 시민에게는 태만하면서 범죄자에게만 관심을 갖는 것은 문제라고 지적하고 있다. 범죄자에게만 공적 경비로 필요한 처우와 서비스를 제공하고 피해를 당한 피해자에게는 스스로 알아서 하도록 내버려두는 것은 불공정하다는 것이다. 범죄피해자에 대한 국가보상은 바로 이러한 불균형을 시정하는 것이라고 한다. 끝으로 일부에서는 재정적 보상이 더 많은 피해자로 하여금 범죄를 신고하고 증언함으로써 당국과 협조하도록 유인할 수 있다는 점에서 피해자에 대한 국가보상을 합리화하고 있다.

그러나 일부 비판가와 회의론자들은 철학적이고 실무적인 입장에서 모두 반대하고 있다. 이들은 국가보상을 '국가온정주의 또는 국가개입주의(governmental paternalism)'와 '비겁한 사회주의(creeping socialism)'의 확산이라고 경계하고 있다. 국민의 세금에 의한 범죄보험인 국가보상은 개인주의, 자존, 개인적 책임, 독립, 응급에 대비한 준비와 계산된 위험감수 등의 미덕을 경시하는 것이라고 비판한다. 이들은 복지국가의 확대와 새로운 관료제의 팽창은 피해자에 대한 태만보다 더 큰 악이라고 주장하며 국가기관보다 사기업이 보험정책을 통하여 더 효과적이고 효율적으로 대응할 수 있다는 것이다.

2) 보상이 가능한 범죄와 자격의 제한

대부분의 보상제도는 피해자보상을 다음 세 가지 범주의 피해자로 제한하고 있다. 첫 번째 대상은 피살자의 생존 가족과 재산 그리고 치료를 요하는 신체적 부상으로 고통 받는 피해자이다. 중요한 것은 재산범죄는 제외하고 폭력범죄행동만 포함시킨 점이다. 두 번째 집단은 소위 말하는 '선한 사마리아인(Good Samaritan)'에 속하는 것으로서 선한 사마리아인은 범죄발생을 예방하거나 범인을 붙잡으려다 죽거나 다친 사람이다. 시민의 보편적 임무 이상의 행동을 한 사람에게는 우리 사회가 특별한 의무를 진다는 것이다. 마지막 범주는 특별히 법집행관을 도우려다 부상을 당한 누구라도 포함하는 것이다. 일부에서는 경찰관이 도움을 요청했는데도 도와주지 않으면 경범의 죄가 있는 것으로 규정하고 있어서 경찰관을 대신하여 행동할 때 보상하는 것은 충분히 이해가 가는 것이라고 할 수 있다. 여기서 문제가 되는 것은 누가 자격이 있는가보다는 누가 자격이 없는가라고 할 수 있다. 예를 들어 대부분의 경우 경찰관이나 소방관에 대한 보상은 금하고 있는데 그것은 그들의 행동은 직무의 일환이고 따라서 다른 보상의 방법이 보다 적절하기 때문이라고 한다.31

한편 보상받을 수 있는 행동이지만 과거에는 범죄자가 가족, 동거자 등이면 폭력범죄 피해자도 보상의 자격이 없었는데, 그 이유는 배우자학대 피해자를 보상하는 것이 어쩌면 범죄자에게도 이익을 베푸는 꼴이 될 수 있다는 우려에서였다. 그러나 최근 들어 가정폭력 피해자를 무조건 제외시키기보다는 적절한 지침을 마련하여 선별 처리하는 경향으로 바뀌고 있다. 물론 이러한 지침은 비록 가정폭력뿐만 아니라 모든 범죄에 적용되는데, 한 가지 조건은 예를 들어 범죄자를 이롭게 하지 않는 경우로서 피해자가 가해자를 고소하거나 이혼을 제기한 상태 등에 있다면 보상에 포함시키는 것이다. 또 다른 하나의 보상자격의 제한은 피해자가 반드시 심각한 재정적 곤란을 겪고 있어야 한다는 것이다. 이는 보상제도의 철학적 기초의 하나가 사회 복지적 주장에서 나온 것이지만 한편으로는 프로그램의 경비에 제한을 두기 위한 것이기도 하다. 자격요건에 영향을 미치는 또 다른 조건의 하나는 피해자의 가담이나 기여적 비행(contributory misconduct)이다. 즉, 피해자는 반드시 사건에 대한 형사책임을 공유하지 않아야 한다는 것이다. 그리고 다른 자격요건으로서는 다른 형태의 지원의 가능성 여부이다. 피해자 보상은 일반적으로 마지막 수단으로 간주되기 때문에 모든 다른 대안이 불가능한 때에만 주어져야 한다는 것이다. 끝으로, 대부분은 범죄가 경찰에 신고되고, 피해자가 경찰수사와 검찰의 기소에 전적으로 협조할 것을 요구한다. 이는 피해자 보상이 피해자를 형사사법제도로 다시 불러들이기 위한 계산된 시도임을 보여주는 것이다.

3) 피해자 보상의 평가

일반적으로 여러 가지 이유로 형사사법제도와의 접촉을 원치 않지만 그 중에서도 경제적 이유로 협조하지 않는 것이라면 그들에게 재정적 보상을 함으로써 유인할 수 있을 것으로 가정되고 피해자 보상이 이런 점에서 기여할 수 있는 것으로 알려지고 있다.

피해자 보상을 주장하는 사람들은 피해자 보상이 피해자의 형사사법기관과

---

31 Doerner and Lab, *op. cit.*, p. 86.

의 협조를 크게 증진시키는 것으로 평가하고 있다. 만약 그들의 주장이 옳다면 일부 집단이나 조직 특성의 변화와 그로 인한 범죄신고율, 해결률, 기소율, 유죄 판결률의 향상을 포함한 거시적 수준의 효과는 물론이고 개인의 변화와 관련된 것으로서 피해자 만족도의 향상을 포함하는 미시적 수준의 효과가 나타나야 할 것이다.32

　일반적으로 피해자 보상은 그 자격으로 범죄의 신고와 당국과의 협조와 참 여를 조건으로 하기 때문에 폭력범죄의 신고율과 해결률이 높아질 것으로 기대 되고 있다. 그러나 실증적 연구결과는 이러한 기대를 입증하는 증거를 내놓지 못하고 있다. 결과적으로 거시적 수준 또는 조직적 결과나 효과는 없다고 할 수 있다.33 그러나 다수의 연구에서 보상을 받은 피해자가 보상을 받지 못한 피해 자에 비해 보상제도에 대하여 만족도가 더 높은 것으로 나타나고 있다. 하지만 보상을 받은 피해자가 앞으로도 범죄피해를 당하면 보상을 요구할 확률이 더 높 은 것으로 조사된 반면에 다른 형사사법제도의 사람들과 협조하려는 의향을 갖 고 있지는 않은 것으로 밝혀졌다. 이러한 연구결과는 곧 피해자 보상이 나머지 형사사법제도에 대한 '후광효과(halo effect)'나 '파급효과(spill-over)'는 유발하지 못하고 있음을 보여주고 있다.34

　이와 같은 결과는 피해자 보상이 형사사법제도 일반에 대한 공공의 태도와 견해에는 거의 영향을 미치지 못하고 있다는 것을 보여주는 것이다. 이는 미래 의 피해자 보상은 형사사법제도나 사회에 이익이 된다는 주장에 의존해서는 안 되며 오히려 사회복지나 사회계약 주장에 호소하는 것이 더 전망이 밝을 것임을 암시하고 있다. 한편, 피해자 보상제도의 문제로는 신청건수가 적고 거부율이 높으며 처리기간이 너무 길다는 것이다. 그래서 이런 문제들이 시정되지 않으면 피해자 보상은 우리 사회의 피해자들의 고통을 크게 줄이지 못할 것이라는 평가 를 받기도 한다.35

32 Doerner and Lab, *op. cit.*, p. 91.

33 S. S. Silverman and W. G. Doerner, "The effects of victim compensation programs upon conviction rates," *Sociological Symposium*, 1979, 25: 40-60.

34 W. G. Doerner and S. P. Lab, "The impacts of crime compensation upon victim attitudes toward the criminal justice system," *Victimology*, 1980, 5: 61-67.

35 W. G. Doerner, "State victim compensation programs in action," *Victimology*, 1977, 2: 106-109.

13

범죄피해와 범죄예방 및 예측

SECTION 01 이론적 기초

1. 행위자로서의 피해자

　　일부 학자들은 범죄의 피해자를 범죄의 상황적 설명에서 행위자로 개념화하고 있다. 지금까지의 연구와 논의의 결과 이제는 피해자가 단순히 우연하게도 잘못된 시간에 잘못된 장소에 있게 된 사람이 아니라는 거역할 수 없는 증거를 가지고 있다. 이는 일부 사람이 다른 사람에 비해 그들의 행동이나 인구사회학적 특성으로 인하여 훨씬 더 범죄피해자가 될 성향이 높다는 것이다. 더구나 한번 피해자가 된 사람은 다시 피해자가 될 위험성이 더 높다고도 한다. 그 결과, 이제는 피해자가 단지 불운한 사람이라는 개념을 포기하고 범죄사건에 있어서 행위자로서 피해자에 대한 대안적 관점을 고려해야 할 때라고 할 수 있다. 그래서 피해자에 관한 정보 없이는 약탈적 범죄의 그림이 결코 완전할 수 없다고 할 수 있다. 물론 여러 가지 관점에서 피해자가 행위자로 고려되고 있다. 우선, 피해자는 어떤 사람인가라는 관점에서 행위자로 고려될 수 있다. 즉, 그들의 개인적 특성이 그들을 범죄피해의 위험성이 높은 집단으로 만들 수 있다는 것이다. 둘째, 피해자가 자주 접하는 동반자와 장소를 선택하기 때문이다. 즉, 그들이 범죄로 이어지기 쉬운 상황과 사람을 택하기 때문이란 것이다. 셋째, 잠재적 범죄자의 행위에 반응하는 방식이다. 즉, 그들이 상황을 악화, 확산, 확대시킬 수 있는 방향으로 대응하거나, 그것을 제지하지 못하거나 심지어 촉발시키는 방향으로 행동하기 때문이라는 것이다. 물론 이들 중 어느 한 가지도 피해자가 자신의 피해에 책임이 있다거나 그에 대하여 비난을 받아야 한다는 것을 함축하는 것은 아니지만 피해자가 어떤 사람이고 무엇을 하였는가는 일련의 범죄피해의 원인을 대변하는 것이다.1

놀랍게도, 피해자를 범죄사건의 핵심적 행위자로 보는 시각이 피해자의 명예를 손상시킨다기보다 피해자에게 상당한 이점이 된다는 것을 보여주고 있다. 어떻게 피해자의 행위와 특성이 자신을 취약하게 만드는가를 이해함으로써 사람들로 하여금 피해자에게 유리한 방향으로 전환하도록 할 수 있었다. 물론 피해자들이 사회경제적 지위나 성별과 같은 일부 위험요소는 변경시킬 수 없을지 모르지만 일부 행동양식이나 생활양식은 바꿀 수도 있을 것이다. 따라서 한 번 피해자가 된 사람은 장래 피해의 위험성도 더 높다는 생각에 기초한 범죄예방의 모형화도 가능해질 수 있는 것이다.

2. 범죄의 상황적 모형에 있어서 행위자로서의 피해자

현대 범죄학이론들은 범죄의 상황적 설명의 중요성을 고려하여 범죄사건을 범행의 기회와 이성적, 합리적 범죄자들의 선택으로부터 생기는 것으로 간주하고 있다. 특정한 사람들이 소유하는 소질로써 범죄행위를 보기보다는 범죄를 유발하는 상황과 그 상황에 관련된 사람 사이의 상호작용을 연구하는 것이 더 바람직하다는 것이다.

지금까지 일상활동이론, 생활양식이론, 그리고 합리적 선택모형과 같이 약간씩 다른 다수의 상황적 범죄모형이 주장되었지만 이들 모두가 범죄활동은 범죄자 내부의 선천적 조건의 결과라기보다는 기회주의적이고 합리적인 것이라고 가정하고 있다. 또한 이들 이론은 모두 범죄행동을 상황적 변수와 개인 간의 상호작용으로부터 일어나는 것임을 강조하고 있다. 쉽게 말해서 잠재적 범죄자와 잠재적 피해자가 마주쳤을 때 범죄발생의 여부는 피해자가 주요역할을 하게 되는 잠재적 범죄자와 잠재적 피해자 사이의 상호작용에 달렸다는 것이다. 즉, 분

---

1 R. C. Davis, B. G. Taylor and R. M. Titus, "Victims as agents; Implications for victim service and crime prevention," in Davis et al., *op. cit.*, p. 169.

명한 촉발이나 부주의나 수동적 협조 등을 통해서 피해자 행위가 범죄를 용이하게 할 수도 있다는 것이다. 요점은 범죄행위는 잠재적 피해자와 가해자가 서로 대면할 때 이미 결정된 결론이 아니라 피해자의 행위에 따라 범죄자의 대응과 반응에 영향을 미친다는 것이다. 또한, 피해자와 가해자의 역할은 고정되거나 이미 결정된 것이 아니라 상호 교환적(interchangeable)이며 오늘의 피해자가 내일의 가해자가 되고 오늘의 가해자가 내일의 피해자도 될 수 있다는 것이다.[2]

3. 피해위험성요소

만약에 범죄피해가 무작위로 분포된다면, 범죄피해를 당하는 사람은 단순히 불운한 사람이라고 말할 수 있을 것이지만, 만약에 범죄피해가 무작위로 분포되는 것이 아니라면 범죄피해를 당하는 사람들은 범죄피해자가 될 수 있는 어떤 특질을 소유한 특수집단이라고 해야 할 것이다. 그러나 지금까지의 연구와 조사결과는 범죄피해가 무작위적 사건이 아니라는 것을 보여주고 있다.[3]

비록 범죄피해자가 우연한 사건에 의해 무작위적으로 분포되는 것이 아니라 특정한 집단이 범죄피해의 성향(proneness)을 가지는 것으로 이해할 수 있지만 아직도 어떤 사람이 피해를 당하기 쉽고 어떤 사람은 안전한가라는 의문은 남는다. 이 의문이 바로 범죄피해위험성과 반복피해에 관한 연구의 필요성을 보여주는 것이다. 그런데 지금까지의 연구에서 범죄피해의 위험성을 증대시키는 것으로 파악된 요소들은 대체로 개인적 경력, 인구사회학적 요소, 그리고 행위유형으로 분류될 수 있다고 한다.

먼저 개인적 경력은 기본적으로 한 번 피해를 당한 사람은 미래에 또다시 피해를 당할 위험성도 높아진다는 사실에서 출발한다. 예를 들어 가정폭력의 경

---

2 E. Fattah, "The rational choice/opportunity perspectives as a vehicle for integrating criminological and victimological theories," in R. V. Clarke and M. Felson(eds.), *Routine Activity and Rational Choice*, New Brunswick, NJ: Transaction, 1993, pp. 225-258.

3 G. Farrell, "Preventing repeat victimization," in M. Tonry and D. P. Farrington(eds.), *Building a Safer Society: Strategic Approaches to Crime Prevention*, Chicago: University of Chicago Press, 1995, pp. 469-534; US Department of Justice, *Victims of Crime: A Review of Research Issues and Methods*, Washington, DC: National Institute of Justice, 1981, p. 40.

우 피해자가 가정에 남아 있는 한 반복적인 피해가능성은 매우 높다고 한다. 가정폭력의 경우뿐만 아니라, 주거침입절도도 마찬가지로 한번 피해를 당한 가구가 장래 또 피해를 당할 위험성이 한 번도 피해를 당하지 않은 가구보다 더 높다는 것이다.

그렇다면 이러한 범죄피해 연구결과가 차후의 범죄피해의 확률을 변화시키는 사건종속(event dependency)인지, 아니면 그것이 이미 존재하는 위험성의 표시로 작동하는 위험성의 이질성(risk heterogeneity)인지 의문을 가지게 한다. 다시 말해서, 범죄자가 쉽고 보상적인 표적을 재범행하는 것처럼 범죄피해로 인해 사람들을 차후 범죄에 더욱 취약하게 만드는 조건이 있는지, 아니면 일부 특정한 사람들이 피해나 재피해(revictimization)의 대상으로 선택되기 쉬운 더 취약한 표적인지가 의문으로 남게 된다. 놀랍게도 비교적 최근의 연구에 의하면 위험성 종속과 위험성의 이질성 모두가 범죄피해의 공동 설명인자라는 것이다.[4]

다수의 연구에서 재피해의 위험성은 이전 피해 직후에 가장 높다는 것이 밝혀지고 있는데, 바로 이 점이 반복 피해에 있어서 사건 종속(event dependency)의 개념을 지지하는 것이다. 즉, 반복 또는 재피해는 또 다른 범죄피해의 위험성을 증대시키는 최초 범죄피해에 종속될 수 있다는 것이다. 예를 들어, 처음 어느 집을 침입한 주거침입절도범이 다시 한 번 더 침입할 만한 가치 있는 항목을 기억해 두는 것이다.[5]

그러나 성폭력피해자에 대한 연구에서는 가정의 역기능과 최초 학대 특성이 반복 피해의 예측요인으로 알려지고 있다.[6] 일부에서는 반복 피해가 높은 임상병리적 증상과 긍정적인 관계가 있다고 하나[7] 다른 일부에서는 반복 피해자와

---

4 R. F. Sparks, "Multiple victimization: Evidence, theory, and future research," *Journal of Criminal law and Criminology*, 1981, 72: 762−778.

5 N. Polvi, T. Looman, C. Humphries, and K. Pease, "The time course of repeat burglary victimization," *British Journal of Criminology*, 1991, 31: 411−414.

6 P. J. Long and J. L. Jackson, "Children sexually abused by multiple perpetrators," *Journal of Interpersonal Violence*, 1991, 6: 147−159.

7 S. M. Murphy, D. G. Kilpatrick, A. Amick−McMullan, L. J. Veronen, J. Paduhovich, C. L. Best, L. A. Villeponteaux, and B. E. Saunders, "Current psychological functioning of child sexual assault survivors: A community study," *Journal of Interpersonal Violence*, 1988, 3: 55−79.

한 번만 피해를 당한 사람 사이에 정신장애나 일반적 역기능에 있어서 아무런 차이를 발견하지 못하였다고 한다.[8]

한편 인구사회학적 요소와 관련된 연구는 일관적으로 범죄피해의 가능성이 인구사회학적 특성에 따라 매우 다양하다는 것을 보여주고 있다. 대인범죄의 경우, 범죄피해율이 가난한 사람, 남자, 젊은 사람, 독신자, 세입자, 그리고 도시거주자 등에게 매우 높은 것으로 밝혀지고 있다. 미국의 전국범죄피해조사에서도 이들 집단이 폭력범죄는 물론이고 어떠한 범죄에 있어서도 범죄피해의 위험성이 매우 높은 것으로 조사되기도 하였다. 뿐만 아니라 반복 피해에 있어서도 이와 유사한 결과가 보고되고 있다.[9] 어쩌면 행위유형이 범죄피해 위험성과 가장 많은 관계가 있다고 할 수 있다. 실제 연구결과에 있어서도 피해자의 일과, 야간 외출빈도, 음주 등 일상활동이 반복피해와 상당한 관련이 있는 것으로 밝혀지고 있다. 반복 피해뿐만 아니라 단수 피해의 경우도 이러한 사람들이 피해의 위험성이 더 높은 것으로 알려지고 있다.[10]

행위유형과 관련된 요소 중에서도 가장 강력하고 촉발적인 결과는 비행행위와 피해의 연계라고 한다. 적어도 청소년들에게 있어서는 피해자와 가해자가 전혀 다른 집단이 아니며 그들은 동일한 부문화를 가지고 동일한 사람이 다른 사람을 가해하고 다른 사람에 의해서 피해를 당하기도 한다는 것이다.[11] 이러한 연구결과는 곧 피해의 위험성은 비행적 행위유형의 노출과 함께 증가한다는 것을 함축하고 있다. 비행행위가 청소년으로 하여금 위험한 장소와 위험한 사람과의 밀접한 근접성을 갖게 함으로써 피해확률을 증대시키는 일종의 일상활동의

8 S. B. Sorenson, J. M. Sigel, J. M. Golding and J. A. Stein, "Repeat sexual victimization," *Violence and Victims*, 1991, 6: 299-301.

9 M. D. Schwartz, "Series wife battering victimizations in the National Crime Survey," *International Journal of Sociology of the Family*, 1991, 19: 1162-1172.

10 J. R. Lasley and J. L. Rosenbaum, "Routine activities and multiple persoanl victimization," *Sociology and Social research*, 1988, 73(1): 47-50; R. J. Sampson and J. D. Wooldredge, "Linking the micro-and macro-level dimensions of lifestyle-routine activity and opportunity models of predatory victimization," *Journal of Quantitative Criminology*, 1987, 3: 371-393; S. J. Smith, "Victimization in the inner city," *British Journal of Criminology*, 1982, 22: 386-402.

11 J. Fagan, E. Piper and Y. J. Cheng, "Contributions of victimization to delinquency in inner city," *Journal of Criminal Law and Criminology*, 1987, 78: 586-609.

형태로 볼 수 있는 것이다.[12]

더 구체적으로는 범죄피해의 위험성을 증대시키는 것으로 고려되는 요소로 노출, 현명하지 못한 접촉, 위험한 시간과 장소, 위험한 행위, 위험성이 높은 활동, 그리고 조심성의 부족 등을 들고 있다. 그런데 이 요소들은 피해자의 행위와 특성을 변화시킬 수 있는 정도에 따라 구분할 수 있는데, 그 첫 번째는 나이, 성별, 신장, 외모, 사회계층과 같은 개인적 특성과 인구사회학적 특성에 관련이 있는 요소로서 피해자가 변경시킬 수 없는 요소이다. 두 번째는 소득, 혼인관계, 배우자의 선택, 거주 지역, 학교나 직장의 위치, 근무시간, 교통수단, 자기확신 등과 같이 피해자가 변경시킬 수도 있는 요소이고, 세 번째는 여가시간의 활용, 복장, 알코올과 약물의 사용, 성적 활동, 비행이나 범죄활동에의 참여, 도박, 부주의 등과 같이 확실하게 피해자의 통제 하에 있어서 바뀔 수 있는 요소이다.

4. 피해자 책임과 범죄예방

일부 학자들은 피해자 자신의 속성, 행위, 여건이 자신의 불행에 기여할 수도 있으며, 그 결과 피해자들이 종종 자신을 비난하기도 한다는 것을 연구결과 밝히고 있다. 이러한 연구결과는 곧 피해자는 범죄가 다시는 자신에게 일어나지 않도록 하기 위하여 자신을 통제할 수 있어야 한다는 것을 보여주고 있다. 범죄피해가 자신이 바꿀 수도 있었던 행위로부터 초래되었다는 것을 스스로에게 다짐함으로써 적어도 자신의 마음으로 나마 자신을 통제할 수 있게 해 줄 수 있다는 것이다. 이러한 종류의 기능적 비난을 '행위적 자기 비난(behavioral self-blame)'이라고 하는데, 범죄피해에 대해 자신의 성격상의 결함을 비난하는 '성격적 자기 비난(characterological self-blame)'과는 구별되고 있다. 대체로 성격적 자기 비난은 심리학적으로 해로운 것이지만 행위적 자기 비난은 범죄피해의 영향으로부터 건강한 재적응을 용이하게 하는 것으로 볼 수 있는 것이다.[13]

---

12 G. Jensen and D. Brownfield, "Gender. lifestyles, and victimization: Beyond routine activity theory," *Violence and Victims*, 1986, 1: 85-99.

13 R. Janoff-Bulman and I. Frieze, "A theoretical perspective for understanding reactions to victimization," *Journal of Social Issues*, 1983, 39(2): 1-17; R. Janoff-Bulman, "Characterological versus behavioral self-blame: Inquiries into depression and rape,"

만약에 한 번 피해를 당하는 것이 미래 피해의 훌륭한 예측인자라면, 범죄 예방노력을 범죄피해를 신고하는 사람에 집중한다는 것은 충분히 이해할 수 있는 일이다. 특히 범죄피해 직후에는 사람들이 범죄예방기회에 더욱 민감할 수 있어서 피해자가 취약하다고 느끼고 행위나 생활양식을 바꾸려고 심각하게 고려하는 기간이라고 할 수 있는 처음 몇 주 동안은 소위 기회의 창이 열려 있다고 할 수 있다. 실제 실험결과에서도 범죄예방교육을 받은 피해자 집단이 단순히 전통적인 상담만 받은 집단에 비해 재피해율이 많이 낮았다고 한다.[14]

이미 피해를 당한 사람들에게 경찰을 집중하는 것도 경찰자원을 보다 효율적으로 이용하는 방법으로 간주되고 있다. 미래 범행의 가능성이 높은 시간과 장소를 지적함으로써 반복 피해도 범죄자들이 발견되고 검거될 수 있는 장소와 시간을 파악하는 데 도움이 될 수 있다고 한다. 범죄자의 발각과 범죄예방 사이에 공생적 관계의 발전 잠재성이 있다고 할 수 있는 것이다.[15] 이와 같은 입장에서 보면, 경찰활동에 대한 어떠한 문제해결적 접근이라도 특히 범죄다발지역에서의 범죄통계에 불균형적으로 많이 기여하고 있는 반복 피해자에 대한 특별한 관심을 가져야 하는 것도 분명해지는 것이다.[16] 실제로 이러한 접근법을 이용한 피해자에 대한 범죄예방 프로그램의 결과 피해자의 재피해가 상당히 감소된 것으로 실험결과 밝혀지고 있다.

5. 피해자 지원과 범죄예방

범죄피해자에게 범죄예방 메시지를 전달할 수 있는 이상적 도구는 피해자 지원 프로그램이라고 한다. 범죄예방과 피해자 지원은 최근의 피해자에게 피해 즉시 필요한 것이라는 주장이 제기되고 있다. 만약 피해자에 대한 지원이 예방

Journal of Personality and Social Psychology, 1979, 37: 1798–1809.

14 R. C. Davis and B. Smith, "Teaching victims crime prevention skills: Can individuals lower their risk of crime?" *Criminal Justice Review*, 1994, 19: 56–68.

15 National Board of Crime Prevention, *Wise After the Event: Tackling Repeat Victimization*, London: Home Office, 1994, p. 2.

16 A. Trickett, D. Osborn, J. Seymour, and K. Pease, "What is different about high crime areas?" *British Journal of Criminology*, 1992, 32: 81–90.

적 요소가 있다면 지난 범행에 대한 대응(reaction to the last offense)은 곧 다음 범행에 대한 사전행동(proaction)이 되는 것이다.[17] 그런데 피해자지원 프로그램은 조기 재피해의 위협을 해소하고 피해자의 욕구를 충족시키기 위한 즉시 대응부분과 실행하는 데 더 많은 시간을 요하고 영구적인 것이 되도록 의도되는 행동의 장기대응부분을 모두 포함해야만 한다.

그러나 범죄예방이 피해자가 가장 바라는 한 가지 서비스임에도 불구하고 피해자지원 프로그램으로부터 받을 가능성이 가장 낮은 서비스이다. 피해자는 행위자가 아니라 단순히 범죄에 우연적이라는 강력한 믿음이 범죄피해는 피할 수 있는 것이라는 점을 제시하는 어떠한 활동보다도 피해자지원을 뒷전으로 밀리게 하고 있다. 그러나 이제는 피해자도 자신의 삶의 질을 향상시키기 위하여 무언가를 할 수 있다는 희망을 주는 피해자에 대한 새로운 시각을 가질 때이다.

사람들이 자신의 범죄피해의 고통으로부터 회복하고 더 안전한 삶을 영위할 수 있도록 도와줌으로써 피해자지원 프로그램이 재피해의 위험성을 줄일 수 있고 범죄의 전이를 막을 수 있다고 한다. 대부분의 범죄예방 노력이 광범위한 사회조건과 위험성이 높은 행위의 개선에 초점을 맞추고 있다. 범죄예방 프로그램이 범죄의 근본원인과 조기개입에 초점을 맞춤으로써 범행 후의 피해자 지원은 사후약방문과 같이 너무 늦어서 우리 사회를 더 안전하게 만들 수 없을 것으로 보일 수도 있다. 그러나 피해자 서비스는 사회경제적 여건뿐만 아니라 또 다른 위험성요소인 피해자 개인의 피해경력까지도 다룰 수 있는 것이다. 범죄의 늪에 사는 사람들은 자신에 대한 장래 범죄의 위험성을 줄이기 위하여 자신의 주변 환경과 행위에 변화를 주도록 강력한 동기를 부여받게 된다. 그래서 피해자 지원이 너무 늦고 너무 적다고 하는 대신에 사람들이 반복된 피해로부터 뛰쳐나올 수 있도록 도울 수 있는 장래가 촉망되는 전략으로 제시되고 있다.[18]

---

17 D. Anderson, S. Chenery, and K. Pease, *Biting Back: Tackling Repeat Burglary and Car Crime*, London: Home Office, 1995, p. 3.

18 L. N. Friedman and S. B. Tucker, "Violence prevention through victim assistance: Helping people escape the web of violence," in Davis et al.(eds.), *op. cit.*, pp. 183–184.

1) 범죄피해의 반복(Repetition)과 전이(Transmission)

최초 범죄피해의 원인에 관계없이, 범죄피해를 당한 사람은 종종 다시 범죄피해를 당할 더 큰 위험에 직면하게 된다고 한다. 예를 들어, 매 맞는 아내와 남편, 학대 받는 아동과 폭력적인 부모와 같은 가해자─피해자 쌍은 반복된 폭력의 회전원에 갇히게 된다. 학대받은 아동이 학대하는 부모가 되는 것처럼 폭력은 세대를 통하여 수직적으로 전이될 수도 있다. 학대 받는 아동이 다른 아동을 폭행하거나 학교폭력의 피해자가 다른 학생에게 폭력을 가하는 것처럼 폭력은 수평적으로도 전이될 수 있다.[19]

2) 피해자 지원의 역할

범죄피해가 사람들에게 반복되는 고통과 마음의 상처를 줄 수 있지만 그렇다고 전혀 피할 수 없는 것은 아니다. 피해자에 대한 적절한 개입이 반복된 피해의 탈출구를 마련할 수 있다는 것이다. 범죄피해로 정신적 고통과 상처를 받게 되면 사람들은 종종 탈출구가 없다고 느끼게 된다. 그러나 가정폭력의 경우처럼 우리가 피해자에게 쉼터와 같은 갈 곳을 제공한다면 가정폭력의 사슬로부터 하나의 탈출구가 될 수도 있는 것이다.

(1) 안전과 쉼터

피해자가 안전하게 또는 안전하다고 느낄 수 있도록 도와주는 것이 더 이상의 피해를 예방하기 위한 중요한 첫 걸음이라고 할 수 있다. 먼저 피해자들에게 위험성이 높은 행위를 파악하고 변화시키거나 갈등을 평화롭게 해결하는 방법을 포함한 피해회피와 범죄예방의 기술을 가르침으로써 피해자들이 자신을 위한 보다 더 안전한 환경을 만들고 불필요한 위험을 피할 수 있게 해 준다. 피해자에 대한 약물치료, 스트레스의 관리나 인지기술, 사회적 또는 대인적 연계의 구축 등을 포함하는 다양한 치료처우적(therapeutic) 전략들이 위험과 소외감을 해소시켜 줌으로써 그들의 안전감을 높일 수 있다는 것이다.[20]

---

19 *Ibid.*

20 L. Lebowitz, M. Harvey, and J. L. Herman, "A stage─by─dimension model of recovery from sexual trauma," *Journal of Interpersonal Violence*, 1993, 8: 378─391.

(2) 마음속의 상처 회복

어떤 접근이라도 모든 피해자에게 다 효과적일 수는 없기 때문에 어떤 개입이라도 효과적이기 위해서는 개별 피해자의 독특한 생태학에 맞춰져야 한다. 즉, 피해자에 대한 개입은 개별 피해자들의 삶에 대한 인적, 사회문화적, 환경적, 그리고 대인적 절박함에 대응할 수 있어야만 하는 것이다. 피해자들이 마음의 상처를 회복하도록 하기 위해서는 다양한 교육, 상담, 그리고 치료처우적 서비스가 필요할 것이다. 이들 치료처우나 기타 정신건강 서비스는 가정폭력의 피해자로 하여금 위험신호를 조기에 파악하고 근친관계에 있어서 수용 가능한 행위와 성역할에 대한 신념을 다시 평가하고 비난을 적절하게 나누는 것을 학습하게 해 준다.[21]

(3) 다른 사람들과의 연결

범죄피해자들은 종종 격심한 소외감을 느낀다고 한다. 그들은 범죄로 인하여 낙인이 찍혔고 흠이 생겼다고 느끼게 되는데, 이러한 느낌은 다른 사람들에 의하여 잘못 취급받고 따돌림당함으로써 재강화된다고 한다. 실제로 피해자를 격리시키는 것은 여성, 아동, 타인을 학대하는 사람들이 통제를 위하여 보편적으로 사용하는 전략이라고 한다. 그래서 마음의 상처를 회복하기 위한 주요단계의 하나는 다른 사람들과의 관계를 재개시킴으로써 이러한 소외와 격리를 붕괴시키는 것이라고 한다. 가족들과 지역사회 지원망과의 유대를 재구축함으로써 피해자들은 덜 취약해지고 한편으로는 다른 피해자도 도우려고 하며 폭력을 잉태하는 조건을 변화시키기 위한 지역사회의 노력에도 가담하게 된다는 것이다.[22]

(4) 경제적 지원

범죄피해는 피해자로 하여금 경제적 곤궁에 처하게도 한다. 그래서 직업훈련이나 긴급재정지원 또는 기타 방법으로 피해자들이 경제적 지원을 받을 수 있게 하는 것이 때로는 피해자들이 정상적인 생활을 할 수 있게 해 주는 피해자지원의 중요한 부분이 될 수 있다는 것이다. 이러한 경제적 향상은 또한 피해자들

---

21 *Ibid.*
22 *Ibid.*

이 자아존중심을 되찾게 하고 회복력을 복구시켜 주기 때문에 일부 피해자들에게는 치료적 효과도 줄 수 있다고 한다. 또한 이들 프로그램은 일부 여성, 노인, 아동피해자들로 하여금 경제적 종속의 덫에서 빠져나올 수 있게 해 주기 때문에 동시에 재피해의 위험성도 줄여 준다고 한다.23

3) 가해자에 대한 피해자 지원

가해자에 대한 피해자지원은 다른 하나의 바람직한 예방 전략이라고 한다. 특히 청소년들에게 있어서 피해자와 가해자가 종종 동일한 사람인 경우가 많은 것으로 알려지고 있다. 예를 들어, 다수의 가정폭력범이 아동기 학대와 피해를 경험한 사람이라는 사실에서 이를 엿볼 수 있는 것이다. 소년사법이나 형사사법 제도를 통하여 가해자에게 피해자지원을 제공하는 것이 폭력예방의 특별히 효과적인 수단이 될 수 있다고 한다.

교정시설의 수용자, 소년범에 대한 병영캠프 참가자, 외부통근과 같은 지역 사회교정 참여자들을 위한 피해자 프로그램이 그들로 하여금 자신의 범죄피해를 해결할 수 있는 비폭력적, 합법적 방법을 찾고, 폭력으로부터 멀어지게 하고, 사회로 재통합되게 하는 것이다. 이러한 종류의 프로그램들이 피해자/가해자를 위한 진정한 교정의 역할을 함으로써 그들에게 비폭력적 삶을 영위하도록 인도하는 기술과 기회를 주고 있다.24

4) 범죄예방에 있어서 피해자의 기여

피해자가족을 위한 지원집단에 참여함으로써 참여자들은 자신만이 고통을 겪고 있지 않으며 서로에게 가치 있는 이해와 지원을 주고받을 수 있다는 것을 발견하게 된다. 이들 중 관련법의 제정에 영향력을 행사하고 싶은 사람들은 피해자권리와 폭력예방을 위한 옹호단체를 결성하기도 한다. 물론 이와 같은 활동이 전혀 새롭거나 특이한 것은 아니다. 음주운전을 반대하는 어머니(MADD: Mothers Against Drunk Driving)와 같은 단체가 특정한 범죄에 대응하여 결성되고 범죄피해자와 그 가족에 의하여 대부분 지원되는 범죄예방과 옹호조직의 좋은

---

23 Friedman and Tucker, *op. cit.*, p. 189.
24 J. S. Kunen, "Teaching prisoners a lesson," *New Yorker*, 1995, July 10, pp. 34 – 39.

예라고 할 수 있다.

　이러한 피해자운동은 종종 참여자 자신에게도 이익이 될 수 있다고 한다. 사회를 향상시키기 위하여 '생존자사명(survivor mission)'을 다하는 피해자는 자신의 비극을 사회운동의 기초로 만듦으로써 자신의 개인적 비극의 의미를 전파할 수 있을 것이다. 이들 피해자들은 종종 가해자에 대한 개인적 불만을 초월하여 다른 피해자의 필요와 범죄에 기여하는 사회조건에 초점을 맞출 수 있게 된다. 이들의 분노와 분개의 느낌이 건설적인 사회활동으로 전환되고, 동시에 지역사회로부터의 소외감은 적게 느끼고 소속감과 연계의식은 더 많이 느끼게 된다. 그 결과, 이들 활동이 미래 폭력에 기여할 수 있는 범죄피해의 많은 영향을 줄일 수 있는 것이다.25

　또한 자신의 지역사회에 참여하는 피해자들은 개선과 예방을 위한 강력한 세력이 될 수 있다. 동료 상담자와 옹호자로서 피해자운동가는 다른 사람들이 폭력으로부터 회복하고 반복된 범죄로부터 탈출할 수 있도록 도움을 주고 있다. 집단적으로 활동함으로써, 이들은 개인으로보다는 더 폭넓은 규모로 폭력의 원인을 줄일 수 있을 것이다. 이들은 사회적 행위를 변화시키고 사회전반의 폭력을 줄이기 위하여 MADD, 지정운전자(designated driver)프로그램과 같은 폭력반대운동을 전개하고 있다. 피해자에게 필요한 서비스를 제공할 수 있는 법의 제정을 위한 입법청원을 하고, 가난과 차별 등 폭력으로 이어질 수 있는 광의의 사회조건을 알리고 그 개선을 위해 노력하며, 잠재적 가해자와 피해자에게 범죄로부터 초래될 수 있는 것을 보여주고 이해시킴으로써 시민의 행위와 신념을 바꾸기 위하여 자신의 경험을 알리기도 한다.

SECTION 02 범죄피해자와 범죄예방

　범죄피해자와 관련된 정책쟁점의 하나는 바로 범죄예방이라고 할 수 있다.

---

25 J. L. Herman, *Trauma and Recovery*, New York: Basic Books, 1992, pp. 207−209.

이 논의를 통해서 범죄에 대한 투쟁에 있어서 기존의 여러 가지 과정을 고려하는 것을 용이하게 해 줄 수 있을 것이다. 일부에서는 범죄의 책임이나 범죄에 대한 비난의 소지에 따라 피해자비난, 가해자비난, 그리고 지역사회비난이라고 이름붙이고 있다. 이는 상이한 유형의 범죄예방노력과 그들의 범죄에 대한 투쟁에 있어서의 승패여부의 논의를 용이하게 할 뿐만 아니라 이들이 가정하는 것과 그 가정이 피해자에게 어떻게 적용될 수 있는가의 이해를 도울 수 있다.

범죄감소라기보다는 피해예방을 선호하여, Elias는 범죄감소(crime reduction)는 대체로 피해자참여를 확대하는 것을 비롯하여 범죄와 피해를 줄이는 전략을 고안함으로써 피해자를 돕고자 하지만 모든 범죄감소정책이 다 반드시 피해자참여의 확대나 강화를 포함하는 것은 아니라고 하였다. 이러한 특성들이 지역사회범죄감소 프로그램을 가장 적절하게 기술하고 있다. 여기서 우리는 피해자참여의 원리와 의미가 조금 다르게 해석되는 피해자비난(victim blame)과 가해자비난(offender blame)으로 불리는 피해회피(victimization avoidance)와 집행강화(enforcement crackdown)라는 다른 범죄감소전략도 있다는 것을 알 수 있다. 결국, 범죄예방은 피해자비난, 가해자비난, 그리고 지역사회비난의 세 가지 입장에서 논의될 수 있는 것이다.26

1. 피해자비난 입장에서의 범죄예방

피해자비난과 관련된 범죄예방 전략은 개인의 행위변경을 조장하는 것과 재물과 환경의 표적강화(target hardening)를 포함하는 것으로 나눌 수 있다. 물론 둘 다 피해자로부터 시작하지만, 첫 번째 전략은 피해자가 개인이고, 두 번째 전략은 피해자가 재물이나 환경이다. 첫 번째 전략은 범죄를 예방하기 위해서 변화되어야 할 필요가 있는 것은 바로 개별 피해자의 행위라는 것이다. 만약 개인이 '더 어려운 표적'이 된다면 그 자신이 피해자가 될 기회는 낮아질 것이라는 가정이다. 두 번째 전략은 재물이나 환경을 '보다 어려운 표적'으로 만들 필요가 있고 이렇게 함으로써 범죄의 기회를 줄일 수 있다고 가정하는 것이다. 이러한 가정에서 우리는 이들 전략들이 범죄생리학에 있어서 주요기여요소로 가정하는

---

26 R. Elias, *The Politics of Victimization*, Oxford: Oxford University Press, 1986, p. 182.

것이 바로 범죄자들은 개인이나 환경이 제공하는 기회를 최대한 이용하며 범죄자에게 그러한 기회를 줌으로써 피해자는 자신의 범죄피해를 촉진시킨다는 것이다.27

일부 피해자와 심지어 잠재적 피해자들도 야간외출을 피하는 등 더 이상의 피해확률을 줄이기 위한 방법으로서 또는 자신이 두려워하는 상황에의 노출을 줄이는 방법으로 일종의 '위기관리행위'에 가담하는 것으로 알려지고 있다. 그러한 행위적 대응을 촉발하는 기제가 모두 그렇다고 분명한 것은 아니다. 물론 범죄에 대한 두려움은 특히 나이와 성별과 중요한 관련이 있는 것으로 보인다. 그렇다면 사람들은 범죄와 범죄의 두려움에 대한 자신의 대응을 매우 자발적으로 구축하는 것이 분명하지만 그러한 자발적 대응은 정책시안과 결과적으로 그러한 정책의 개인적 자유에 대한 함의에 있어서 긍정적으로 또는 부정적으로 작용할 수 있다.

폭행의 두려움에 대한 긍정적 대응은 호신술을 배우거나 가스분사기를 소지하는 등을 예로 들 수 있다. 이러한 노력들이 긍정적이라고 하는 것은 그것이 개인의 일상생활과 활동에 최소한의 영향만을 미치기 때문이다. 부정적 대응은 외출을 피하거나 복장과 출근방법을 바꾸는 등의 노력으로서, 이들은 개인의 자유를 최대한으로 제약하기 때문에 부정적이라고 한다. 종합한다면, 긍정적, 부정적 대응 모두는 분명히 피해자나 잠재적 피해자로 하여금 가능한 범죄피해에 대항하여 더 나은 사전주의를 취하도록 권장하고 있다. 이는 일부 피해자행위가 범죄발생을 촉진하거나 용이하게 할 수 있다고 가정하기 때문이다. 물론 이러한 노력들은 범죄피해의 특정한 경우에 해당되지만 범죄예방과 감소를 위한 일반전략으로서 이 점의 강조는 사실 범죄의 축소보다는 범죄의 두려움과 걱정을 증대시킬 수도 있다.

피해자비난의 두 번째 전략은 재물과 환경에 초점을 맞추는 것이다. 대체로 출입통제를 위한 노력과 같은 '표적강화'와 장기여행 시 우유배달을 중지시키는 것과 같은 노력을 예로 들 수 있다. 물론 이러한 대응 중 일부는 출입문이 제대로 보호되고 있을 때나 자물쇠를 다는 것이 효과가 있을 수 있는 것처럼 단지

---

27 S. Walklate, *Victimology: The Victim and the Criminal Justice Process*, London: Unwin Hyman, 1989, p. 158.

특정한 경우에만 유용할 수 있다는 것을 명심할 필요가 있다. 실제 실험결과 적절한 보안전략으로도 침입절도나 강도가 성공할 수 없게 되는 경우도 있는 것으로 알려지고 있지만 그러나 이러한 주장은 절도범을 억제하거나 제지하는 것은 감시(surveillance)라는 주장에 의하여 약화될 수 있다. 이로 인하여 일부에서는 표적강화만으로는 기대하는 효과를 반드시 성취하지 못한다는 시각을 강조하는 범죄감소에 있어서 일부 지역사회노력을 포함한 표적강화에 대한 총체적 접근을 주장하고 있다.28

지금까지의 논의는 주로 재물의 표적강화에 관한 것이라고 할 수 있다. 환경과 관련된 피해자비난 입장에서의 피해예방 전략은 대체로 Newman의 방어공간의 개념에서 출발한다고 할 수 있다. 이는 일종의 건축학적 결정론 (architectural determinism)으로서 건축된 환경이 범죄가 발생하는 촉진적 틀 (precipitative framework)을 제공한다는 것이다. 사적 공간은 거의 없고 아무도 책임을 지지 않고 감시가 거의 없는 다량의 공적 공간이 있는 그러한 건축 환경은 범죄를 위한 아주 좋은 기회를 제공한다는 것이다. 그래서 환경구조를 개선하여 범죄기회를 줄이자는 것이 중요하며, 이를 우리는 환경설계를 통한 범죄예방 (CPTED: Crime Prevention Through Environmental Design)이라고 한다.29 이 전략도 때에 따라서는 개인의 자유를 제약할 수도 있다. 재물과 환경에 초점을 맞춘 이들 피해자비난 입장에서의 범죄예방 전략도 개인의 자유를 제한할 수 있다.

표적강화는 재물소유자의 상당한 의식적 노력을 요하는 것으로, 이처럼 보다 비공식적 감시는 단순히 잠재적 범죄자만이 아니라 모든 사람에 대한 감시를 의미하게 된다. 그래서 이러한 상황적 범죄예방은 다음과 같은 두 가지 경향으로 인하여 제약을 받는 것으로 알려지고 있다. 우선 첫 번째는 '사회적 행위주의 (social behaviorism)'라고 하는 것으로서 행위를 물리적 구조와 그 구조 내에서 표출되는 기회의 산물로 보는 경향인데, 이는 범죄예방 전략이 성취할 수 있는 것에 대한 지나치게 낙관적인 시각을 갖게 한다는 것이다. 표적강화와 자연적

---

28 M. Hough and J. Mo, "If at first you don't succeed," *Home Office Research Bulletin*, 1986, 21: 10–13.

29 방어공간에 대한 자세한 내용은 O. Newman, *Defensible Space: Crime Prevention Through Urban Design*, New York: Macmillan, 1972 참조.

감시와 같은 대책의 증가는 범죄를 더 이상 줄이는 데 있어서 큰 효과를 얻기 힘들며 그럼에도 불구하고 무고한 시민의 불안을 증대시키고 자유로운 사회적 공간을 제한하게 된다.30

두 번째 경향은 '기술에 의한 정치의 대체(displacement of politics by technology)'라고 불리는 것으로서 범죄예방을 완전한 지역사회 논쟁과 참여적 의사결정을 포함하는 쟁점보다는 오히려 단순히 기술적 전문성을 증대시키는 쟁점으로 보는 것이다. 그러나 모든 범죄예방 전략이 기술적으로 규정되지 않으며, 지역사회 범죄감소지향의 최근 움직임도 전적으로 기술적 전문성에만 의존하는 것도 아니다.31

피해자를 비난하는 범죄예방 전략은 그것이 재물에 초점을 맞추건 아니면 개인에 초점을 맞추건 범죄감소의 책임을 개인에게 지우고 있다. 그러나 이는 범죄원인을 놓치게 될 뿐만 아니라 피해자화 과정을 과장하는 결과도 초래하게 된다. 사람들은 자신을 잠재적 피해자로 볼 뿐만 아니라 자신의 피해자화를 예방하는 데 잠재적으로 책임이 있는 것으로 보게 된다. 물론 이러한 피해자화 회피를 위한 제안들이 건전한 충고가 될 수 있다는 것을 부정하는 것은 아니다. 문제는 범죄에 대한 피해자 촉진 관점에 뿌리를 둔 범죄예방의 관점을 강조하는 함의에 있는 것이다. 그러한 관점은 이러한 접근에 수반되는 개인적 자유에 대한 결과를 가리게 되고 범죄원인에 대한 깊이 있는 검증을 억제하게 된다.32

2. 가해자비난 입장에서의 범죄예방

가해자비난 입장에서의 범죄예방은 '집행강화(enforcement crackdown)'라 할 수 있는 것으로 이러한 형태의 범죄예방은 경찰력과 경찰자원을 증강함으로써 범죄피해자화를 감소시키려는 것이다. 이 경우 대체로 더 많은 범죄자를 기소하고 유죄를 받게 하여 처벌할 것을 요구하는 것이다. 이는 범죄문제에 대한 해답

---

30 R. Kinsey, J. Lea and J. Young, *Losing the Fight Against Crime*, Oxford: Blackwell, 1986, p. 121.

31 *Ibid.*, p. 120.

32 Walklate, *op. cit.*, p. 161.

은 범죄에 대한 다른 접근이 비효과적이고 부적절하다는 신념에서 보다 강력한 처벌로서 접근하는 것이라는 시각을 권장하고 있다. 그 결과 양형과정에서의 대안으로서 구금이 증가하였지만 경찰에 대한 무제한적 자원의 배분을 갖다 주지는 못하였다. 따라서 그러한 가해자 비난전략은 종종 단지 일시적으로만 범죄피해자화를 줄이고 있지만 주요한 범죄예방 전략으로서 가해자비난이 범죄 피해자화율에 어떠한 영향을 미쳤다는 증거는 찾을 수 없다고 한다.

오히려 피해자비난과 마찬가지로 가해자비난도 제한된 경우에만 적용될 수 있다. 인성, 태도, 도덕성과 같은 요소들이 일부 사람들을 범죄행위를 하도록 만든다는 많은 증거들이 있으므로, 개인적 특성에 초점을 맞춘 전략들도 그 사람이 더 이상의 범행을 하지 못하도록 예방할 수 있는 것이다. 그러나 범죄의 원인이 개인의 속성이나 특성을 초월한 사회구조와 관련될 가능성을 고려한다면 가해자비난은 큰 결실을 기대하기 곤란한 것이다.

3. 지역사회비난 입장에서의 범죄예방

범죄 지리학적으로 또는 범죄의 지리적 분포에 따르면 범죄란 지역적으로 균등하게 발생하는 것은 아니다. 그 결과, 범죄예방에 있어서도 범죄예방에 대한 책임을 지역사회까지 확대하는 경향이 증대되고 있다. 그 이유는 우선, 범죄의 두려움에 대한 인식과 그러한 범죄의 두려움이 지역사회의 삶에 유독한 영향을 미친다는 믿음이 증대되고 있다는 사실이다. 둘째, 많은 사람들이 피해자나 피해자의 친지로서 범죄로부터 영향을 받고 있다는 인식이 증대되고 있다는 것이다. 이러한 두 가지 요소의 결과로 범죄의 예방에 있어서 지역사회의 역할에 관심의 초점을 맞춘 두 가지 정책적 대응이 나타나기 시작하였다. 첫 번째는 범죄예방에 있어서 개인의 참여와 가담을 더욱 권장하는 것이고, 두 번째는 지역사회 내 기관 간의 협동과 협조를 강조하는 것이다.

범죄예방에 있어서 개인의 참여증진을 강조하는 것은 새로운 것은 아니지만 최근에는 피해자화의 관점을 부각시키는 것으로서, 이는 외부로부터의 인지된 약탈적 위협에 대한 지역사회의 방어를 지향하는 '비공식적 지역사회 통제의 동원(mobilization of informal community control)'에 의존하는 것이다. 이러한 시

도의 대표적인 예가 바로 이웃감시(neighborhood watch)라고 할 수 있다.[33]

그런데 이웃감시가 범죄예방에 긍정적 조치라고 생각할 수 있는 두 가지 이유가 있다고 한다. 첫째, 범죄기회의 축소라는 관점이다. 감시(surveillance)가 범죄자를 억제 또는 제지하고 따라서 범죄를 줄일 수 있다는 증거에 따라 '노상에 감시의 눈(eyes on the streets)'을 가질 것을 강조하는 것이다. 그래서 이웃감시가 '경찰의 귀와 눈(eyes and ears of the police)'이라고 기술되기도 한다. 두 번째는 지역사회 융화(community cohesion)를 강조하는 것이다. 지역사회의 퇴락으로 그러한 지역사회의 융화도 손상될 수 있다. 그런데 이웃감시를 통하여 범죄예방이라는 공동의 목적에서 지역사회의 상이한 구성원들 사이에 일어나는 상호작용을 증대시킴으로써 지역사회 내의 신뢰와 공손함을 향상시키고 결과적으로 범죄의 두려움도 줄일 수 있다는 것이다.[34]

그러나 위의 두 가지 관점이 사실은 긴장관계를 형성할 수도 있다는 우려가 제기되기도 한다. 이웃감시는 범죄에 대한 우려와 걱정은 높지만 실제 범죄의 위험성은 상대적으로 낮은 지역에서 보편적인 것으로 알려지고 있다. 즉, 범죄가 지역사회에 대한 외부적 위협으로 간주되는 기존의 관계의 망(network of relationship)에 기초하여 구축된다는 것이다. 반면에, 범죄율이 높은 지역에서는 이웃감시가 그렇게 보편적이지 못하다고 하는데, 그것은 이러한 지역의 주민들은 범죄자가 이웃주민이며 따라서 범죄도 지역사회가 방어할 수 있는 지역사회에 대한 외부적 위협이 아니라 지역사회의 내부적 문제로 간주하기 때문이다. 이러한 상황에서는 이웃감시가 신뢰를 구축하고 두려움을 줄일 수 있는 기제가 되지 못할 수도 있다. 즉, 주민들이 지역사회에 대해서 듣고 알고 있지만 그것이 반드시 기회축소나 두려움 감소로 이어지는 것은 아니다. 이러한 상황에서는 보다 총체적인 접근전략이 바람직할 수도 있는 것이다.[35]

Bright는 범죄예방보다는 '지역사회안전(community safety)'이라는 용어를 써서 가장 위험성이 높은 집단의 보호, 범죄피해자에 대한 서비스, 범행에 대한 대

---

33 T. Hope and M. Shaw, "Community approaches to reducing crime," in T. Hope and M. Shaw(eds.), *Communities and Crime Reduction*, London: HMSO, 1988, pp. 1–29, p. 12.

34 *Ibid*.

35 D. P. Rosenbaum, "A critical eye on neighborhood watch: Does it reduce crime and fear?" in Hope and Shaw(eds.), *op. cit.*, pp. 126–145.

응, 상이한 주거지역, 그리고 경찰을 포함하는 프로그램 등을 위한 전략들을 포괄하는 틀(framework)을 제안한 바 있다. 이와 같은 시도는 범죄예방에 있어서 지역사회와 관련된 몇 가지 쟁점을 제시하고 있다. 첫째, 피해자화와 범죄의 두려움에 대한 책임을 지역사회 내 광범위한 기초 위에서 보아야 한다는 것이다. 즉, 범죄예방 전략의 시도가 반드시 경찰만의 책임은 아니라는 것이다. 둘째, 지역사회 안전과 범죄문제를 해결하기 위해서는 당국을 통한 지역의 네트워크를 구축하는 것이 중요하다는 것이다. 즉, 범죄예방의 초기책임은 반드시 시민에게 있는 것이 아니라 지역사회 내의 기관에 있다는 것이다. 이는 시민의 참여가 따를 수 있는 여건을 조성할 필요가 있다는 것을 보여주고 있다. 셋째, 이는 범죄를 지역사회에 외부적인 것이 아니라 지역사회의 문제로 보고 있다. 넷째, 지역사회 내의 특정집단이 다른 집단에 비해 더 취약하고 따라서 그들의 자유를 제약하지 않는 전략이 그들에게 이로울 수 있다고 한다. 그런데 이 점은 이웃감시가 재산과 노상범죄의 강조로부터 멀어지고 있음을 보여주는 것이다. 종합하자면 Bright의 모형은 어떤 면에서는 다기관 경찰활동(multi-agency policing) 접근법과 유사한 점이 있지만, 경찰이 범죄예방의 선도자가 아니라는 점에서 차이가 있다. 즉, 그의 모형은 범죄예방이 협동적 지역사회 선도의 문제라는 것이다. 지역사회범죄예방의 틀에서 보면 이웃감시가 일차적으로 영역성이 강조된다는 단점을 보완한다고 할 수 있다.[36]

지역사회비난은 지역사회가 자신의 범죄피해에 책임이 있고, 따라서 이 문제에 대한 해결도 지역사회의 손에 달려 있다는 것을 함축하는 것이다. 이웃감시제도가 범죄의 피해와 피해의 두려움과 싸움할 수 있는 적절한 지역사회에 기초한 기제로 고려되고 있다. 이러한 지역사회비난의 기제는 어느 정도의 지역사회 융화가 이미 존재하고 범죄가 지역사회에 대한 외부로부터의 위협으로 간주되는 지역에 더 효과적인 것으로 간주되고 있다. 그것은 이러한 지역사회 특성들이 이웃감시의 이상과 잘 맞아떨어지기 때문이다. 그러한 특성이 존재하지 않는 지역사회에서는 안전한 지역사회를 만들기 위하여 보다 복잡한 전략이 더 바람직하다는 것을 암시하고 있다. 그러나 궁극적으로는 지역사회를 비난하는 것이 관습적 범죄의 범죄피해와 관습적 범죄의 두려움에 대한 기여는 하고 있지

---

36 Walklate, *op. cit.*, pp. 165–166.

만, 다수 범죄피해의 사적 특성을 고려하는 범죄예방에의 접근까지는 이르지 못하고 있다.[37]

SECTION 03 범죄피해 위험성 요소의 탐색

범죄학에 있어서 중요한 명제가 범죄자와 비범죄자 사이의 차이를 탐구하는 것이라는 점에서 범죄학자들은 대부분 과연 무엇이 범죄자와 법을 준수하는 사람을 구별시키는가라는 의문을 던지게 된다. 예를 들어, 왜 가난한 젊은이가 부유한 할머니들보다 노상범죄의 가해자가 될 가능성이 더 높은가를 알고자 한다. 이와 유사한 경우로 피해자학의 주요 관심 중 하나는 피해자와 비피해자는 어떤 차이가 있으며 어떤 점에서 구분이 되는가를 알고자 한다. 왜 피해자들은 비피해자와 다르게 생각하고 행동하는가? 그들이 범죄자의 관심을 살 무엇을 했거나 하지 않았기 때문인가? 왜 가난한 젊은이들과 같은 특정집단이 부유한 할머니와 같은 다른 집단보다 폭행을 당하고 강도를 당할 확률이 더 높은가를 밝히고 싶어 한다. 일반적으로, 어떤 위험요소가 그들을 더 위험하게 하고 자신과 자신의 재물을 공격에 더 취약하게 만드는가? 물론 이러한 의문에 모든 피해자학자들이 다 동의하지는 않지만, 범죄피해자화는 분명히 그냥 우연히 사람을 때리는 무작위적 과정으로 보이지는 않는다. 그래서 피해자들이 "왜 나야?"라고 의문을 제기하면 피해자학자들은 대부분의 경우 그 이유는 단순히 '불운' 이상이라고 설명하고 있다. 이러한 의문에 대한 대답이야말로 정책 입안가들은 물론이고 피해위험성이 높은 집단의 사람들에게도 상당히 유용하다.[38]

통계적으로, 적어도 강간과 주거침입절도가 여름철에 많이 발생하는 것으로 알려지고 있다. 그 이유에 대해서 가해자중심의 설명으로는 이들 범죄자들이 어떤 이유에서 여름철에 더 활동적이기 때문이라고 설명하며, 피해자중심의 설

37 *Ibid.*, pp. 169－170.
38 Karmen, *op. cit.*, pp. 86－87.

명으로는 이들 범죄자들이 의도하는 표적이 계절의 변화에 따라 무언가 변하기 때문이라고 설명하고 있다. 즉, 더운 여름엔 사람들이 더 많은 시간을 집 밖에서 보내고 창문을 열어두고 집을 비우기 쉬워서 그만큼 범행의 기회가 많아졌기 때문이라고 설명하는 것이다.

이러한 위험성 요소를 세심하게 관찰한 첫 피해자학자인 Von Hentig는 특정한 개인적 속성이 그 사람의 취약성을 결정하는 데 일정 부분 역할을 한다고 믿었다. 정신지체자, 교육수준이 낮은 사람, 새 이민자 등이 횡령범죄의 좋은 표적이 되고, 욕심 많은 사람들이 사기범죄의 표적이 되며, 신체장애자와 노인들이 강도의 좋은 희생물이 되기 쉬운 것으로 지적하고 있다. 이러한 초기설명에 의하면, 다양한 심리적, 사회적, 생물학적 조건들이 특히 취약한 사람들의 범주를 설정하게 되는 것이다.

1. 차등적 위험성의 결정요소

대부분의 피해자학자들은 성, 연령, 인종과 같은 생물학적 요소, 외로움이나 탐욕과 같은 심리적 요소, 그리고 소득과 직업과 같은 사회적 요소, 관광객이나 이민자와 같은 상황적 요소들은 취약성 요소를 강조하기엔 부족하다고 주장한다. 그래서 차등적 위험성을 설명하기 위해서 보다 세련된 설명이 필요해지는 것이다.

가해자의 관점에서 보면, 개인, 가구, 또는 자동차 등 잠재적 표적은 몇 가지 차원에서 등급이 매겨질 수 있다. 그 중 첫째는 표적의 매력성이고 그 다음이 근접성과 취약성이다. 이들 요소들을 함께 엮어서 피해자학자들은 폭력과 절도에 대한 민감성의 차이를 설명하기 위한 해석적 개념으로 생활유형과 일상 활동을 지적하고 있다. 사회학적 용어로서 생활유형은 사람들이 시간과 돈을 직장과 여가를 위하여 어떻게 소비하는가와 그들의 사회적 역할에 관한 것이다. 사람들을 위험에 처하게 하는 생활유형은 자유롭게 선택되는 것이기도 하지만 구조적 제약과 역할기대에 의해서도 상당한 영향을 받게 된다. 생활유형은 대체로 잠재적 피해자와 범죄적 성향을 가진 잠재적 범죄자 사이의 접촉의 양과 질을 결정하게 된다. 그래서 생활유형의 차이가 바로 위험성에의 노출의 차이로 이어지게 되는 것이다. 장기적으로 보아, 이 노출이 집단의 피해율의 일차적 결정요인이 된다.[39] 독신의 젊은 남성과 여성이 기혼자에 비해 강도의 피해율이 더 높은 것은 그들의 생활유형의 차이로 인해 직면한 위험의 차이 때문이라는 생활유형의 기능으로 이해될 수 있는 것이다.[40]

동류집단설명(equivalent group explanation)에서는 피해자를 동정적 견지에서 보기보다는 특정한 위험성이 높은 생활유형에 가담하는 것으로 표현하고 있다. 특정한 피해자와 가해자의 쌍이 동일한 활동에 참여하는 등 동일한 흥미를 공유하고 동질적 생활유형 집단의 출신일 가능성을 강조하고 있다. 범죄자들은 자신의 범위 안에서 피해자를 선택한다. 실제로 많은 살인사건의 피해자와 가해자가 동질적, 동류집단 출신이어서 살인사건 이전에도 형사사법과의 접촉을 경험했던 것으로 조사결과 밝혀졌다는 점이 이를 대변해 주고 있다. 그 대표적인 예가 바로 마약이나 총기 혹은 조직범죄 관련 살인이라고 할 수 있다. 불운이나 계획의 불미로 인한 잠재적 살인자가 피살자가 되는 것이다.

개인의 생활유형을 제외한 차등적 위험성에 대한 또 다른 설명은 일상 활동을 중심으로 하는 것이다. 이 이론은 마약을 구입하기 위하여 현금이 당장 필요한 마약중독자와 같이 동기가 부여된 범죄자의 존재, 사람이나 그들의 재물 등 적절한 표적의 가용성, 그리고 경찰관이나 방범장치 등 보호성의 부재라는 세 가지 변수의 상호작용을 강조한다. 잠재적 범죄자들은 매력적인 표적이 잘 보호되지 않을 때 언제라도 범행기회를 붙잡게 된다는 것이다. 강도와 절도에 대한 취약성은 일상 활동이 집으로부터 가족 외의 사람들과의 더 많은 상호작용으로 이동함에 따라 증대되는 것이다. 매일의 일상이 어떤 유형의 사람, 어떤 방법으로, 어떤 시간과 장소에서 해를 당할 것인가라는 범죄피해자화의 사회적 생태(Social ecology)를 지배하는 것이다. 이러한 일상활동 설명은 피해자학과 범죄학의 몇 가지 주요한 주제들과 연계되어 있는데, 첫째는 사회적 조건이 지속적

---

39 E. Mustaine and R. Tewksbury, "Victimization risk at leisure: A gender−specific analysis," *Violence and Victims*, 1998, 13(3): 232−249; G. Jensen and D. Brownfield, "Gender, lifestyle and victimization: Beyond routine activity," *Violence and Victims*, 1986, 1(2): 85−99.

40 M. Felson, "Routine activities and involvement in violence as actor, witness, or target," *Violence and Victims*, 1997, 12(5): 209−220.

으로 범죄성향의 개인을 창출한다는 것이고, 둘째는, 절도 등의 범행기회는 소유물이 늘어남에 따라 증가되며, 세 번째는 비공식적 보호성과 연계된 예방적 대책이 경찰활동의 강화나 처벌의 강화보다 더 효과적이며, 네 번째는 특정한 활동과 여건이 사람과 소유물을 더 큰 위험에 노출된다는 것이다.[41]

2. 위험성의 감축

피해예방을 위한 특정한 사전주의의 효과성을 평가하기란 어려운 일이다. 회피전략(avoidance strategies), 위험관리전술의 실천, 환경의 재설계 등을 이용할 때 과연 잠재적 범죄자가 의도했던 표적을 공격하지 못하도록 설득할 수 있었는지에 대한 분명하게 알 수 있는 특정한 예를 찾기란 쉽지 않은 일이다. 일부 위험성축소전략이 효과가 있는 것 같지만 쉽게 계량화할 수 있는 것은 아니다. 따라서 안전의 향상을 위하여 일부 자유와 쾌락을 희생할 것인지 아닌지는 모든 사람이 직면하고 저울질해야만 하는 접점이기도 하다. 예를 들어, 노인들이 취약함에도 피해율이 낮은 것은 안전을 위해서 자유와 쾌락을 희생하여 위험성축소전략을 동원하기 때문이며, 반대로 젊은 사람들은 자유와 쾌락을 우선하여 자신에 대한 제약을 희생하지 않기 때문에 피해율이 높다고 보는 것이다.[42]

위험성과 안전성의 균형은 궁극적으로 개인적 결정의 문제이다. 그럼에도 불구하고 한편으로는 공적 논쟁의 문제이기도 하다. 일반적으로, 더 많은 보호는 더 큰 비용으로 담보되는 것이다. 만약 개인과 집단이 그 비용을 감수할 의향이 있다면 위험은 줄어들 수 있다. 그러나 위험성이 전혀 없는(zero risk) 절대적 안전(absolute safety)의 요구는 통계적 견지에서 비합리적이다. 그것은 원치 않는 사건의 가능성은 줄어들 수는 있으나 완전히 제거될 수는 없기 때문이다. 어느 정도 안전한 것이 충분히 안전하다고 할 수 있는가는 전적으로 가치판단의 문제이다. 비용-편익 분석을 한다면 반대급부가 감소하는 시점을 알 수 있기 때문이다. 어느 정도가 지나면 안전을 강화하기 위한 추가적인 노력이 아무런

---

41 D. Finkelhor and N. Asdigian, "Risk factors for youth victimization: Beyond a lifestyle/ routine activity approach," *Violence and Victims*, 1996, 11(1): 3-20.

42 Felson, *op. cit.,* 1997; Mustaine and Tewksbury, *op. cit.*

소용이 없는 낭비에 지나지 않을 수 있다. 위험성-편익의 분석이 과학적으로는 건전하고 정확한 것으로 보일지 모르지만 면밀히 검토하면 의문스러운 가정과 논쟁이 가능한 가치판단에 의하여 결정되는 것을 알 수 있다. 인간의 생명이 금전적으로 얼마나 가치가 있는 것이며, 피해자의 고통이나 공공의 범죄에 대한 두려움이 소비자나 납세자의 정당화할 수 있는 비용으로 전환될 수 있는 것인가 등과 같은 가치판단의 문제가 개입되는 것이다.43

피해자학자들은 사람들이 위험성 감소 활동들을 자신의 일상 활동에 접목시킴으로써 자신이 피해를 당할 확률을 줄이려는 방법에 대해서 논의하기 시작하였다. 회피전략(avoidance strategies)은 사람들이 위험한 사람과 위협적인 상황에 자신이 노출되는 것을 제한하기 위하여 취하는 행동들이며,44 위험성 관리전술(risk management tactics)은 자신의 노출이 불가피할 때 해를 당할 확률을 최소화하는 것이며,45 환경설계를 통한 범죄예방(Crime Prevention Through Environmental Design, CPTED)은 표적을 강화(target hardening)하고 효과적인 감시를 유지함으로써 잘 조성된 방어공간(defensible space)의 중요성을 강조하고 있는 것이다.46 위험성 감소 행동들은 개별적인 것과 집합적인 것 또는 사적인 것과 공적인 것으로 분류될 수 있다.

실무적 견지에서의 범죄예방은 범죄 위험성의 평가, 인식, 예견과 그 위험성을 제거하거나 줄이기 위한 어떤 행동의 도입을 의미하는 것이다. 이들 예방적 대책들의 일부에 대해서 범죄예방보다 더 좋은 용어는 피해예방(victimization prevention)이라고 할 수 있다. 그 목표는 단순히 범죄자로 하여금 특정한 집이나 개인과 같이 특정한 표적을 공격하는 것을 단념시키는 것이다. 방어운전처럼 피해예방은 "다른 사람들을 관찰하고 그 사람의 가능한 움직임을 예견하라"는 것이다.

---

43 Karmen, *op. cit.*, 2001, p. 94.

44 F. Furstenberg, "Fear of crime and its effect on citizen behavior," in A. Biderman(ed.), *Crime and Justice*, New York: Justice Institute, 1972, pp. 52-65.

45 보다 구체적인 내용에 대해서는 W. Skogan and M. Maxfield, *Coping with Crime: Individual and Neighborhood Reactions*, Beverly Hills, CA: Sage, 1981 참조.

46 방어공간에 관한 자세한 논의는 O. Newman, *Defensible Space: People and Design in the Violent City*, London: Architectural Press, 1972 참조.

범죄예방에서 피해예방으로의 이동은 잠재적 피해자들이 범죄를 의식할 것을 요구하고 있다. 어려움에 처하지 않을 책임을 점점 잠재적 범죄자보다 잠재적 피해자들에게 묻는다. 범죄저항(crime resistance)은 사전계획을 통하여 범죄자의 범행을 더 어렵게 만드는 것을 의미한다. 일상활동이론으로부터 도출된 제안들은 사람들이 잘 보호되고 재물이 잘 경계되는 것처럼 보이도록 하기 위한 대책들이 강구되어 잠재적 범죄자들이 보다 쉬운 표적을 찾아 다른 곳으로 눈을 돌리게 하자는 것이다.47

그런데 이와 같은 피해예방은 한편으로는 범죄의 대체와 재분배를 초래할 수도 있다는 우려를 낳고 있다. 즉, 범죄피해예방에 있어서 상대적으로 주의를 적게 기울이는 다른 사람들에게 위험이 몰릴 수 있다는 것이다. 범죄피해가 지리적, 공간적, 사회적으로 재분포될 수 있다는 것이다. 그러나 그것은 모든 사람이 직면하는 위험성을 낮출 것이라는 일상적 범죄예방과는 전혀 다른 것이다. 이처럼 범죄피해예방이 단순히 다른 사람에게 부담을 전가하는 것인지는 확실하지 않지만 한 가지 분명한 것은 표적강화전략이 상업적으로 이용되고 있다는 것이다.

SECTION 04 범죄피해 위험성의 예측

1. 위험성의 개념과 형태

위험성의 개념은 어떠한 원하지 않는 결과의 확률이다. 예를 들어, 2006년 15세 이상의 폭력적 범죄피해의 평균 위험성이 0.034였다라고 말할 수 있는데, 이는 15세 이상 모든 사람들이 평균적으로 폭력범죄피해의 확률이 0.034라는 것을 의미하며, 이 숫자는 실제로 피해를 당한 비율을 말한다. 한편, 최소 위험성(minimum risk)이 0.002라고 한다면 이는 가장 위험성이 낮은 범주에 속한 사람들에 대한 폭력범죄피해의 확률이 0.002라는 것을 의미하며 이 숫자 또한 이

---

47 L. Moore, "Your home: Make it safe," *Security Management*, March, 1985, pp. 115 – 116.

범주에 속한 사람들의 실제 피해비율과 일치한다.

이와 같은 위험성에 대한 기본적 개념으로부터 우리는 위험성에 대한 몇 가지 유형들을 검토할 수 있다.[48] 상대적 위험성(relative risk)은 위험요소의 특성을 가진 사람과 가지지 않은 사람이 경험하는 위험성의 비율이라고 할 수 있다. 예를 들어, 만약 농촌지역에 생활하는 어떤 사람이 0.050의 폭력범죄의 위험성을 가졌고 도시에 거주하는 어떤 사람이 0.055의 위험성을 가졌다면 도시거주자의 상대적 위험성은 1.10(0.055/0.050)이 되는 것이다. 이는 도시거주자가 농촌거주자에 비해 10% 더 큰 위험성을 가지고 있다는 것을 의미하는 것이다. 그러나 문제는 절대적 수치로 보면 두 집단의 차이가 비교적 크지 않을 때 발생하게 된다. 예를 들어, 한 집단의 위험성이 0.002이고 다른 집단의 위험성이 0.0101라고 하면 상대적 위험성은 5.0이지만 위험성의 절대적 차이는 단지 0.8%에 지나지 않는 것이다.

소인 위험성(attributable risk)은 하나의 위험성 요소에 대하여 모든 사람들이 가능한 최저의 점수를 가졌다면 제거될 수 있는 위험성의 비율이다. 만약 예측인자와 결과가 인과적이라고 가정한다면 소인 위험성은 그 예측인자에 기인한 위험성의 비율인 것이다. 예를 들어, 만약 음주가 주 1회 이상에서 최저 수준으로 줄어들 수 있다고 가정하였을 때, 폭력피해를 경험한 인구의 비율이 0.055로부터 0.050으로 감소한다면 인구 요소인 위험성은 (0.055−0.050)/0.055 = 0.091이 되는 것이다. 이는 곧 음주를 최소한으로 줄이면 폭력피해의 발생을 최대 9.1%까지 줄일 수 있다는 것이다.

2. 일상활동과 위험성

1) 표적의 적절성(Target suitability)

표적의 적절성은 범죄의 대상이 되는 사람이나 물건의 접근성(accessibility)과 범죄표적으로서 물건이나 사람의 매력성(attractiveness)이라는 두 가지 차원으

---

48 D. I. Streiner, "Let me count the ways: Measuring incidence, prevalence, and impact in epidemiological studies," *Canadian Journal of Psychiatry*, 1998, 43(2): 173−179; D. I. Streiner, "Risky business: Making sense of estimates of risk," *Canadian Journal of Psychiatry*, 1998, 43(4): 411−415.

로 구성되어 있다. 매력성은 잠재적 범죄자가 가지는 바람직한 물질적·상징적인 가치로서 범죄율에 긍정적 영향을 미친다고 할 수 있다. 그러나 매력성과 범죄율의 긍정적 관계는 접근성차원에 의하여 중재될 수 있는데, 표적의 매력성과 관계없이 표적에의 접근이 불가능하다면 그 표적은 범죄피해자가 될 수 없기 때문이다. 표적의 접근성 또는 노출은 두 가지 요소로 구성되는데, 첫째는 잠재적 범죄자에 대한 범죄표적의 물리적 가시성(physical visibility)과 접근성을 포함하는 것이다. 즉, 잠재적 범죄자는 표적의 존재를 알아야 하며, 그 표적과 물리적 접촉을 할 수 있어야만 한다. 둘째는 공격에 대한 표적의 자연스러운 저항을 포함하는 것이다. 종합하면, 잠재적 범죄자에게 표적의 접근성과 매력성이 커지면 그 표적에 대한 범죄율도 높아지는 것이다.[49]

2) 동기가 부여된 범죄자에의 근접성

3가지 차원으로 구성된 일상활동이론의 요소로서 그 첫 번째 차원은 범죄의 잠재적 표적이 거주하는 지역과 비교적 많은 인구의 잠재적 범죄자가 발견되는 지역 사이의 물리적 거리이다. 다수의 연구결과 이 근접성이 범죄율이나 피해 위험성을 예측하는 가장 강력한 요소의 하나로 알려지고 있다. 물론 이 근접성은 필요한 요소이지만 물리적 근접성만으로는 충분하지 않다. 이 충분성은 적절한 표적에 대하여 물리적 근접성이 있는 사람이 범행할 동기가 부여되어 있을 것을 요한다. 즉, 두 번째 차원인 동기를 필요로 하는 것이다. 세 번째 차원은 잠재적 범죄자 집단의 크기와 관련된 것으로 범죄수준에 직접적이고 긍정적인 관련이 있는 것으로 알려지고 있다. 종합하면, 근접성, 동기의 수준, 그리고 잠재적 범죄자의 규모가 커지면 범죄율이나 피해 위험성도 높아진다는 것이다.[50]

---

49 L.E. Cohen, J. Kluegel, and K.C. Land, "Social inequality and predatory criminal victimization: An exposition and a test of a formal theory," *American Sociological Review*, 1981, 46: 505－524.

50 Cohen et al., *op. cit.*; J.P. Lynch, "Routine activity and victimization at work," *Journal of Quantitative Criminology*, 1987, 3: 283－300; L.E. Cohen and M. Felson, "Social change and crime rates trends: A routine activity approach," *American Sociological Review*, 1979, 44: 588－608; J. Garofalo, "Reassessing the lifestyle model of criminal victimization," in M.R. Gottfredson and T. Hirschi(eds.), *Positive Criminology*, Beverly Hills, CA: Sage, 1987, pp. 23－42.

3) 보호성

보호성은 공식적 사회통제, 비공식적 사회통제, 그리고 표적강화활동이라는 세 가지 범주로 나눌 수 있다. 경찰, 법원, 교정과 같은 공식적 사회통제기관이 범죄를 감소시키는 역할을 한다는 인식이 있지만, 실제로는 그 역할이 매우 경미한 것으로 연구결과 밝혀지고 있다. 두 번째 방범시설과 장치와 같은 표적강화활동은 범죄사건을 줄이는 것으로 밝혀져 왔고, 그래서 폭넓게 활용되고 있지만 활용에 따른 경비의 문제로 가장 위험성이 높은 개인이나 가구에서는 통상 효과적으로 활용할 재정능력을 가지고 있지 못하다. 세 번째 범주인 비공식적 사회통제는 감시와 개입을 통하여 사람과 물건을 피해 위험성으로부터 보호하려는 개별 시민이나 집단으로서 보다 효과적이고 강력한 보호활동이라고 할 수 있다. 따라서 보호성이 강화되면 범죄율이나 피해 위험성은 낮아질 것이라고 할 수 있다.[51]

4) 범죄유형에 따른 차이

일부 연구에 따르면 특히 재산관련범죄와 폭력범죄 등 범죄유형에 따라 일상활동이론의 특정변수들이 범죄사건에 미치는 영향이 다르다는 점이 지적되고 있다. 표적의 매력성과 접근성의 경우, 단지 범죄가 도구적 행동으로 간주되는 경우에만 모든 범죄에 긍정적인 관계가 있는 것으로 예측될 수 있다고 한다. 반대로, 만약 범죄가 표출적인 것으로 인식된다면 그 예측이 그렇게 분명하지 않다는 것이다. 기회접근(opportunity approach)이 범죄자의 합리적 선택을 전제로 하기 때문에 대부분의 폭력범죄 특성을 예측하는 시도는 일상활동이론의 범주를 벗어나게 만든다. 이와는 대조적으로, 절도는 도구적, 합리적인 것으로 간주되기 때문에 매력성과 접근성이 위험성의 수준에 직접적으로 영향을 미친다고 예측할 수 있는 것이다.[52]

51 Lynch, *op. cit.*; Cohen et al., *op. cit.*; R. R. Bennett, "The effect of police personnel level on crime clearance rates: A cross-national analysis," *International Journal of Comparative and Applied Criminal Justice*, 1982, 6: 177-193; D. Cantor and K. C. Land, "Unemployment and crime rates in Post-World War Ⅱ United States: A theoretical and empirical analysis," *American Sociological Review*, 1985, 50: 317-332.

52 T. D. Miethe, M. C. Stafford, and J. S. Long, "Social differentiation in criminal victimization: A test of routine activities/lifestyle theories," *American Sociological Review*, 1987, 52:

그러나 근접성도 한계가 있다. 대인범죄와 재산범죄 모두가 사람이건 물건이건 피해자와 범죄자 사이의 신체적 접촉을 요하기 때문이다. 마찬가지로, 잠재적 범죄자 집단의 규모는 범죄유형에 따라 상이한 영향을 보여주지는 않는다고 가정해 볼 수 있다. 다만 재산범죄와 대인범죄의 차이를 둘 수 있는 근접성 개념의 한 가지 요소는 잠재적 범죄자 동기라고 할 수 있다. 여기서도 동기의 영향은 범죄가 도구적으로 간주되는가 아니면 표출적인 것으로 고려되는가에 의해서 결정되는 것이다. 재산범죄율에 미치는 동기의 영향은 폭넓게 지지되고 있지만 대인범죄에 미치는 영향은 논쟁의 대상으로 남아 있다.[53]

마지막으로, 비록 보호의 역동성과 환경은 다르지만 보호성은 대인범죄와 재산범죄 위험성 모두에 유사하게 영향을 미치는 것으로 알려지고 있다. 폭력범죄의 경우, 직장생활과 학교생활과 같은 가정 외부에서의 활동은 보호성을 증대시키면서 개인적 위험성을 줄여준다고 한다. 반대로, 그러한 활동이 재산에 대한 보호성은 감소시켜서 절도의 위험성을 증대시킬 수 있다고 한다.[54]

3. 개인적, 상황적 요소와 위험성

기존의 연구들은 범죄피해에 대한 차단제로서 사회적 유대의 역할을 보여주고 있다. 또한 자아통제(self-control)가 범죄피해 위험성의 다양성에 영향을 미칠 수 있음도 요약되고 있다. 뿐만 아니라 자아통제와 피해자가 될 확률 사이의 연계가 실증적 연구결과 제시된 바도 있다. 그러나 상황적 요소와 개인적 요소가 별개의 것으로 고려되어서는 안 된다는 주장도 만만치 않다. 즉, 일상 활동과 생활유형에 대한 배타적 초점은 범죄피해 위험성 요소에 대한 단지 불완전한 부분적인 이해만 제공할 뿐이라는 것이다. 그럼에도 불구하고 자아통제와 같은 개인적 특성과 사회적 유대가 범죄에 대한 취약성과 어떠한 관계가 있는지에 대해서는 거의 연구가 이루어지지 않고 있다.[55]

184-194.

53 Cantor and Land, *op. cit.*

54 Miethe et al., *op. cit.*

55 C. J. Schreck, "Criminal victimization and low self-control: An extension and test of a general theory of crime," *Justice Quarterly*, 1999, 16: 633-654; M. Felson,

이러한 견지에서 다음과 같은 두 가지 특징을 기초로 한 인과모형이 개발되었다. 우선, 특정한 여가활동과 비행적 교우와의 접촉이 범죄피해의 위험성이 상대적으로 높은 상황으로 유도하고 반면에 약한 사회적 유대와 낮은 자아통제력은 다른 사람에 비해 일부 사람들을 더 취약하게 만드는 요소라고 가정되고 있다. 이는 곧 범죄피해의 위험성은 개인의 생활유형에만 의존하는 것이 아니며 또한 개인적 속성이 범죄피해 위험성의 유일한 근원도 아니라는 것이다. 따라서 결론적으로는 개인적 속성과 상황적 요소가 상호의존적일 수밖에 없다는 것이다.56

생활유형이론은 사람들이 자신의 일상생활에 자신의 시간을 어떻게 할애하는가가 범죄피해의 잠재성이 높은 상황에 자신이 노출되는 정도에 영향을 미치게 된다는 점을 강조하고 있다. 자신의 더 많은 시간을 잠재적 범죄자와 근접하여 보내거나 감시할 수 있는 보호자로부터 멀리 떨어져서 여가활동에 참여하는 사회집단이 더 많은 위험성에 놓이게 되는 경향이 있다는 것이다.57

지금까지의 연구에서 취약성을 높이는 몇 가지 생활유형의 특징들이 밝혀지고 있다. 단순히 더 많은 시간을 집 밖에서 보내는 것이 가까이 하기엔 그렇게 안전하지 못한 사람들과의 더 많은 신체적 접촉을 하게 함으로써 위험성을 증대시킨다고 한다. 그러나 사람이 집 밖 어디를 가서 무엇을 하는가가 범죄피해의 위험성을 이해하는 데 매우 중요한 이유는 그들이 그 시간을 비행동료들과 보내게 되어 범죄피해자가 될 확률이 높아지기 때문이다. 이는 잠재적 범죄자들은 자신의 보편적 일상에서 벗어나 멀리서 피해자를 찾지 않기 때문이다. 이는 곧 비행소년의 친구가 바로 자신의 가장 적격한 피해자 집단이라는 점을 암시하고 있다. 뿐만 아니라, 비행교우와 시간을 보내는 것은 다른 동료집단에 의한 보

"Linking criminal choices, routine activities, informal control, and criminal outcomes," In D. B. Cornish and R. V. Clarke(eds.), *The Reasoning Criminal: Rational Choice Perspectives on Offending*, New York: Springer-Verlag, 1986, pp. 119-128.

56 C. J. Schreck, R. A. Wright, and J. M. Miller, "A study of individual and situational antecedents of violent victimization," *Justice Quarterly*, 2002, 19(1): 159-180.

57 D. W. Osgood, J. K. Wilson, P. M. O'Malley, J. G. Bachman, and L. D. Johnston, "Routine activities and individual deviant behavior," *American Sociological Review*, 1996, 61: 635-655.

복의 형태로 범죄피해의 위험성을 수반하기도 한다는 것이다.[58]

부모나 교사와 같은 비공식적 권위자로부터 멀리서 일어나는 동료들과의 활동이 비행의 위험성을 증대시키는 필요한 요소라고 한다. 이들 권위자들은 때로는 범죄피해에 대한 보호자로서 뿐만 아니라 사회통제기관으로서의 기능도 수행하기 때문에 가정과 감시적보호자의 눈으로부터 멀리서 동료들과 많은 시간을 보내는 사람은 피해자가 될 확률도 높을 뿐만 아니라 범죄에 가담할 확률도 높아진다는 것이다. 결과적으로, 구조화되지 않고 감시되지 않는 동료들과의 여가활동은 범죄피해의 위험성을 증대시킬 수 있다는 것이다. 따라서 위험한 생활유형이 범죄피해 위험성을 증대시키는 또 다른 요소라고 할 수 있다는 것이다.[59]

물론 이들 요소가 범죄피해의 위험성에 직접적으로 기여하지만, 이들 요소들은 상호 관련이 될 수도 있다. 예를 들어, 위험한 생활유형과 비행친구와의 접촉은 아마도 우연의 결과만은 아닐 것이다. 이들 두 요소가 개인의 생활유형 선택에 영향을 미치고 그것이 다시 간접적인 활동을 통하여 범죄피해에 영향을 미칠 수 있는 것이다. 일반적으로 자아통제가 낮은 사람은 가정 밖으로 나가는 경향이 있기 때문에 범죄피해의 위험성을 증대시키게 된다.[60]

4. 지역사회와 위험성

지금까지 대부분의 범죄피해에 관한 연구는 범죄피해의 개별적 또는 집단

---

58 E. E. Mustaine and R. Tewksbury, "Predicting risks of larceny theft victimization: A routine activity analysis using refined activity measures," *Criminology*, 1998, 36: 829－858; G. F. Jensen and D. Brownfield, "Gender, lifestyle, and victimization: Beyond routine activity theory," *Violence and Victim*, 1986, 1: 85－99; J. L. Lauritsen, R. J. Sampson, and J. H. Laub, "Addressing the link between offending and victimization among adolescents," *Criminology*, 1991, 34: 209－228; R. J. Sampson and J. L. Lauritsen, "Deviant lifestyles, proximity to crime, and the offender－victim link in personal violence," *Journal of Research in Crime and Delinquency*, 1990, 27: 110－139.

59 D. W. Osgood, J. K. Wilson, P. M. O'Malley, J. G. Bachman, and L. D. Johnston, "Routine activities and individual deviant behavior," *American Sociological Review*, 1996, 61: 635－655.

60 M. R. Gottfredson and T. Hirschi, *A general Theory of Crime*, Stanford, CA: Stanford University Press, 1990, p. 157; R. Matsueda and K. Anderson, "The dynamics of delin－quent peers and delinquent behavior," *Criminology*, 1998, 36: 269－308.

적 상관관계를 강조하는 두 가지 구별된 노선을 따라 발전하였다. 개별적 접근은 주로 개인이나 가구의 집단에 따른 범죄피해위험성의 차이에 초점을 맞추고 있는 반면, 집단적 접근은 사회단위(social units)의 특성과 집단적 범죄피해율 사이의 관계를 검증하고자 하였다. 범죄의 사회생태학적 이론과 연구의 오랜 전통이 범죄피해율이 사회적 지역의 특성에 따라 다양하다는 것을 보여주고 있다. 안정적이지 못한 거주자, 인구가 많고 소득수준이 낮은 가구의 비율이 높고, 인종적으로 이질적인 인구구성을 하고 있는 지역사회가 범죄피해율이 높다는 것이다.61

대부분의 개인적 접근에 의한 범죄피해 위험성의 연구는 일상활동이나 생활유형과 같은 기회 이론적 전통의 틀 속에서 진행되어 왔다. 이들은 동기가 부여된 잠재적 범죄자가 매력적인 표적에 근접해 있고 비공식적 보호가 부족할 때 범죄발생의 확률이 극대화 된다는 것이다. 그런데 이러한 가정은 '직접적인 접촉적 약탈범죄(direct contact predatory crime)'에만 적용되는 것이라는 주장도 제기되고 있다.62

물론 일정한 사회경제적, 인구사회학적, 생활유형적 차이가 개인의 범죄피해위험성의 차이를 부분적으로 설명하고 있지만, 상이한 범죄피해위험성을 결정하는 데 있어서 거주지역의 특성이 어떠한 역할을 하는지에 대해서는 설명이 부족하다. 폭력피해의 수준이 높은 지역에 거주하는 사람은 동기가 부여된 범죄자들과의 근접성으로 인하여, 그리고 좋지 못한 사회경제적 조건을 가지고 있는 지역사회 거주자는 동기가 부여된 범죄자들에의 노출로 인하여 폭력범죄피해의 위험성이 더 높다는 일부 연구 성과들은 범죄피해자화의 환경적 특성을 강조한다는 점에서 중요한 기여를 하고 있다. 즉, 개인적 속성 외에도 개인 간에 관찰된 범죄피해위험성의 다양성에 독립적으로 기여하는 지역사회에 대한 특성들이 있다는 것이다.63 일부에서는 그 중의 하나가 바로 지역사회의 융화(Cohesion)라

61 D. A. Smith and G. R. Jarjoura, "Household characteristics, neighborhood composition and victimization risk," *Social Forces*, 1989, 68(2): 621–640.

62 L. Cohen and M. Felson, "Social change and crime rates trends: A routine activity approach," *American Sociological Review*, 1979, 44: 588–608.

63 M. R. Lee, "Community cohesion and violent predatory victimization: A theoretical extension and cross–national test of opportunity theory," *Social Forces*, 2000, 79(2):

고 한다. 그런데 지역사회의 융화가 범죄피해 위험성의 차이나 다양성을 설명하는 데 기여할 수 있다는 주장은 바로 범죄피해위험성의 개인적 차이를 설명하는 주요이론인 일상 활동과 생활유형이론에 기인하는 것이다. 개인의 상이한 생활유형 활동의 차이는 생활유형과 일상 활동의 관점에서 보호성의 개념은 중요하다. 그러나 보호성이란, 주택과 같은 자신의 재산에 대한 보호성일 수도 있고, 자물쇠와 같은 표적 강화도구에 관한 것일 수도 있으며, 제3자에 의한 감시에 관한 것일 수도 있는 것이다. 그 중에서도 지역사회의 융화와 관련이 있는 것은 바로 지역의 비공식적 보호성이라고 할 수 있는 세 번째 경우의 보호성이다. 즉, 강력한 지역사회유대(community tie)가 높은 수준의 보호성의 증거이고, 따라서 범죄피해 위험성을 낮출 수 있다는 것이다.

이들의 주장에 의하면, 범행을 설명하는 요소들이 실제로 범죄피해자화도 설명할 수 있다는 것이다. 이러한 주장은 피해자와 가해자가 인구사회학적으로 거의 완벽하게 서로를 반추하고 있다는 사실로 다시 강화되고 있다. 과거 범행 경험이 범죄피해자화 위험성의 강력한 예측요소이고, 반대로 과거의 피해경험이 범행의 강력한 예측요소라는 연구결과도 이러한 주장에 힘을 실어주고 있다. 그것은 바로 지역사회 융화를 보호성(guardianship)이라고 하는 기회이론의 중심적 요소로 개념화하는 데서 그 연결고리를 찾을 수 있다. 융화적인 지역사회의 주민들은 집합적 선(collective good)을 대신하여 공적 일탈과 범죄활동에 개입하는 경향이 있기 때문에 소위 '집합적 효율성(collective efficacy)'이 폭력을 줄일 수 있다는 것이다.[64] 결과적으로, 보호성이 핵심적인 설명요소이고 지역사회 융화를 통한 보호성 또는 비공식적 사회통제의 적극적인 활용이 직접적으로 지역사회의 범죄피해 위험성을 줄이게 된다는 것이다.

683-706.

64 R. J. Sampson, S. W. Raudenbush, and F. Earls, "Neighborhood and crime: A multilevel study of collective efficacy," *Science*, 1997, 277: 918-924.

14

피해자학의 미래

60년대 이후 피해자권리가 증진되어 왔고 확대되어 왔다. 점점 더 많은 피해자들이 자신의 권리를 인식하게 되고 권리를 행사하게 됨에 따라 이들 권리가 형사사법제도 내에서 받아들여지고 존중되게 되었다. 이러한 경향은 피해자로 하여금 더 많은 권리에 대한 새로운 요구를 제기하도록 권장하고 있다.[1]

이러한 경향의 핵심은 피해자는 공정하게, 동정적으로, 그리고 존중하여 처우 되어야 하며, 형사사법과정의 모든 중요한 단계에 관하여 통지받고, 출석하고, 방청할 권리를 가져야 하며, 위협과 희롱으로부터 보호받고, 배상이나 보상을 받을 권리를 가져야 한다는 것이다. 뿐만 아니라, 보석, 유죄협상의 수용, 양형, 그리고 가석방을 결정하는 절차에 있어서 진술서를 제출하거나 진술할 수 있는 기회, 합리적 통보, 접근의 권리가 피해자에게 주어져야 한다는 것이다. 또한 비합리적인 지연이 없이 신속한 재판을 받고, 피의자로부터의 배상, 재소자의 석방과 탈출에 대한 통보, 이러한 모든 권리에 대한 시의적절한 통보 등에 관한 권리도 주장되고 있다. 이러한 권리의 주창자들은 피의자, 재소자, 피고인에 대한 권리에 비해 피해자의 권리에 대해서는 침묵하는 헌법적 불균형을 해소할 것이라고 주장한다. 그러나 일부 비판가들은 재산범죄를 제외하고 폭력적 범

---

1 E. Viano, "Victim's rights and constitution: Reflections on a bicentennial," *Crime and Delinquency*, 1987, 33: 438−451.

죄의 피해자에게만 그러한 참여적 권리(participatory rights)를 제한하는 것은 절도가 폭력보다는 훨씬 더 보편적 범죄이기 때문에 절대 다수피해자의 권리를 공식적으로 빼앗는 부도덕한 비용절감 타협이라고 주장한다. 더구나 자신의 권리가 침해된 피해자를 위한 의미 있는 구제의 기회도 제거하였다는 것이다. 즉, 국가나 기관 또는 공직자에 대해서는 소송을 제기할 수 없으며 절차를 중지하거나 재개하거나 또는 뒤집을 근거나 기회도 제공되지 않는다. 결국 그러한 권리들이 대부분은 집행될 수 없는 것이며 단순히 상징적인 것이고 실질적으로는 의미가 없는 것이다. 또 다른 반대자들은 친피해자적인 조항을 헌법에 추가한다면 그것은 정부의 강제력을 강화할 수도 있다는 점을 지적하고 있다.2

그런데 피해자권리는 워낙 다양하기 때문에 비교와 분석을 위해서는 군집화되어야 한다. 권리를 범주화하는 한 가지 방법은 특정한 권리로부터 어떤 피해자집단이 직접적으로 이익을 얻는가를 고려하는 것이고, 두 번째 방법은 형사사법절차의 어느 과정에서 행사되는 권리인가를 고려하는 것이며, 세 번째 방법은 어떤 비용 또는 누구의 희생으로 얻어지는 권리인가를 고려하는 것이다. 그중에서도 만약, 집단이나 개인 간의 갈등이 '제로섬게임(Zero sum game)'이라면 피의자나 피고인과 같은 범죄자의 직접적인 비용으로 얻어지는 피해자권리, 기관의 예산이나 관계공무원의 특권이나 편의 등 형사사법제도의 비용으로 얻어지는 피해자권리, 그리고 피해자가 자신의 새로운 권리를 어떻게 행사하는가에 따라 범죄자나 공무원 어느 일방의 비용으로 얻어지는 피해자권리 세 가지 유형으로 나눌 수 있다.

먼저 범죄자의 비용으로 얻어지는 피해자의 권리를 보자. 일부에서는 범죄자의 권리에 대해서는 지나치게 많은 관심이 주어졌지만 그들이 해치는 무고한 사람들의 고통에 대해서는 충분한 관심이 주어지지 않았기 때문에 균형을 바로 잡기 위해서는 피해자의 권리가 범죄자의 비용으로 주어져야 한다는 것이다. 이러한 관점에서 개혁이란 일부 법원결정과 법률적 경향을 뒤집고 힘의 균형을 범죄자로부터 그들이 해친 피해자에게로 이동시키는 것을 의미한다.3

---

2 Karmen, *op. cit.*, p. 310.

3 S. Hook, "The rights of the victims: Thoughts on crime and compassion," *Encounter*, April 1972, pp. 29－35.

피해자의 혐의를 풀기 위한 방법으로서 범죄자를 처벌하는 것을 강조하는 사람들은 피해자와 정부의 이익은 범죄자를 체포, 기소, 유죄확정, 그리고 구금하는 것이라는 점에서 대체로 일치한다고 가정한다. 범죄자의 비용으로 얻어지는 피해자권리는 피의자의 유죄확정을 용이하게 하고, 이들 피고인이 인과적 또는 공과적 응보(just desert)를 면할 수 있게 하는 법률적 구멍을 막고, 이들 재소자에 대한 원치 않는 어떠한 관대한 행동도 제거할 것을 요구한다.

그러나 이에 대한 비판도 없지 않다. 우선, 재소자가 더 고통을 받게 하는 것이 피해자가 고통을 덜 받는다는 것을 의미하지는 않는다는 것이다. 둘째, 이들 권리의 대부분은 실제로 피해자의 권리를 강화하거나 힘을 실어 주기보다는 오히려 단순히 정부의 시민통제능력을 강화시켜 주는 것이다. 반피고인, 친경찰, 친검찰 성향의 대책이나 방안들은 국가의 입증책임과 무죄의 추정이라는 기본적인 원칙을 약화시키는 것이다. 그래서 재판 전 석방이 거부되고 부적절하게 취득된 증거가 피의자에게 불리하게 이용되는 경우 이러한 적법절차의 안전장치가 붕괴되는 것이다. 끝으로, 이러한 의례화된 복수의 추구는 자신이 신고한 범죄자가 성공적으로 기소된 극히 일부의 피해자에게만 해당될 뿐이라는 것이다.4

일부 피해자권리는 오랫동안 그들의 외관상 고객의 요구를 무시하였던 형사사법기관과 그 공무원들의 비용으로 얻어질 수 있다고 한다. 많은 지역사회의 열병을 앓게 하는 범죄문제는 사회에, 더 정확하게는 사회체제에 부분적으로나마 책임이 있다고 할 수 있다. 따라서 국가는 범죄자를 잡지 못하거나 유죄를 확정짓지 못할지라도 피해자의 고통을 최소화하고, 정상적으로 회복할 수 있도록 개입할 의무가 있다. 범죄자를 처벌하는 데 사로잡혀 피해자를 지원할 필요성을 도외시해서는 안 된다는 것이다. 또한 피해자의 사생활과 존엄성을 존중하는 공정한 처우의 기준이 마련되어야 한다. 과거 일상적으로 주어지지 않던 서비스를 제공하기 위해서는 더 많은 추가적인 노력과 시간, 자원이 확대되어야

---

4 L. Henderson, "Victim's rights and wrongs," *Stanford Law Review*, 1985, 37: 937 – 1021; D. Hellerstein, "The victim impact statement: Reform or reprisal?" *American Criminal Law Review*, 1989, 27: 390 – 434; D. Hall, "Victims' voices in criminal court: The need for restraint," *American Law Review*, 1991, 28: 233 – 243; A. Abramovsky, "Victim impact statements: Adversely impacting upon judicial fairness," *St. John's Journal of Legal Commentary*, 1992, 8(1): 21 – 35; L. Simonson, "The victims' rights movement: A critical view from a practicing sociologist," *Sociological Imagination*, 1994, 31: 181 – 196.

한다. 그렇기 때문에 이들 권리는 기관의 예산과 공무원의 특권을 비용으로 하여 피해자가 얻을 수 있는 것이다.

그런데 앞선 주장에 대한 비판가들은 통보나 보호와 같은 요구들이 형사사법의 업무와 경비를 증대시키고 그로 인해서 그들의 공공안전의 우선순위를 방해하게 된다고 경고한다. 그러나 찬성하는 사람들은 공정한 처우의 약속만으로는 충분하지 않다고 믿고 있다.

피해자권리운동 내부의 옹호집단들에 의한 가장 강력한 요구는 권한의 문제에 관련된 것이다. 일부 피해자들은 주요단계에서 형사사법과정의 결과에 영향을 미치기를 원한다. 수동적인 관찰자의 역할 대신에 적극적, 능동적 참여자가 되기를 원한다. 이러한 견지에서 피의자, 피고인, 수형자가 참여하고 진술할 때는 언제라도 피해자도 참여하여 진술할 수 있어야 한다는 것이다.

그런데 피해자가 얻을 수 있는 이러한 참여적 권리는 피해자가 실제로 그들의 잣대를 어떻게 이용하는가에 따라 범죄자, 기관원, 또는 양자 모두의 비용으로 얻어질 수 있는 것이다. 이 경우 피해자들은 정부의 동맹으로 그리고 대심제도에서 검찰과 경찰과 같은 편인 일종의 어린 동료로서 간주되고, 따라서 피해자에게 힘을 실어 주는 것은 곧 정부의 범죄자 통제 능력의 강화를 의미하는 것이다. 잠재적으로 억압적인 국가의 권한을 더욱 증강시키는 것은 헌법적 권리의 보전과 균형의 유지에 대한 우려를 자아내게 된다. 그러나 만약 피해자가 독립적인 행위자로 간주되면 피해자권한의 증대는 개인적 특권이 장애를 받거나 기관의 임무가 변경되거나 예산이 제약을 받게 될 것을 두려워하는 형사사법종사자들의 저항을 불러일으키게 될 것이다.[5]

피해자들은 주로 응보를 바라는 것으로 주장되거나 가정되곤 한다. 만약 응보가 그들 최고의 우선순위라면 범죄자에 대한 가능한 엄격한 처리를 요구하는 모든 기회를 활용할 것이다. 이들은 낮은 보석금, 낮은 유죄협상, 조기석방에 반대하고 법정 최고형이 부과되기를 바랄 것이다. 반대로 권위주의적 사법당국에 반하여 상이한 요구를 하는 피해자도 있을 수 있다. 매 맞는 여성의 가장 큰 관

---

5 A. Karmen, "Who's against victims' rights? The nature of the opposition to pro−victim initiatives in criminal justice," *St. John's Journal of Legal Commentary*, 1992, 8(1): 157−176.

심은 폭력성향의 남편을 위한 처우일 수 있고, 이 경우 피해자는 가해자가 교화 개선 프로그램을 받을 수 있도록 전환(diversion)되기를 더 바랄 수 있다. 절도피 해자는 보호관찰의 조건으로서 배상과 같은 자신의 재정적 손실을 완전하고 신 속하게 회복할 수 있는 시설수용의 대안을 선호할 수 있다. 그래서 의사결정과 정에 추가적 상대로서 피해자의 개입은 과거 검찰, 판사, 보호관찰 등이 누렸던 재량권의 자유로운 행사를 제약하게 된다.[6]

중요한 의사결정과정에의 참여기회의 보장은 몇 가지 정책적 의문을 제기 한다. 우선 강력범죄의 무고한 법을 준수하는 성숙한 피해자라는 유형에 적합하 지 않는 피해자에게도 이러한 권리가 확대되어야 하는가, 또한 집행기제의 부족 으로 집행책임의 분명한 선이 없어서 어느 기관이 피해자에게 고지할 책임이 있 는가이다.

피해자학자들은 사법에 대한 상이한 접근이나 차별적 처리의 증거를 발견 할 수 있다고 확신한다. 즉, 특정 집단의 사람들이 다른 사람들에 비해 자신의 권리를 고지받고 그 권리를 행사하고 의사결정에 영향을 미치기 위하여 이용할 가능성이 더 높다고 한다. 실제로 많은 피해자들이 자신의 사건의 진행상황, 양 형과 가석방심사에 영향을 미치는 피해자진술서 작성 그리고 석방에 대해서 아 무런 통보도 받지 못하는 형편이다. 그래서 대부분의 피해자들은 그러한 권리를 행사하고 사법과정과 절차에 참여하지 못하고 있으며, 참여한 피해자도 결과에 크게 만족하지 못한 것으로 알려지고 있다.[7] 이처럼 피해자권리의 실행을 방해 하는 저항에 대한 설명의 하나는 검사, 변호사, 판사 등 법원 내부자들인 법조인 집단이 자신들의 신속하고 기계적인 사건 처리과정에 영향을 미치려는 외부인 의 시도를 좌절시키려는 경향이 있다는 것이다. 사실, 일부 회의적인 사람들은 피해자는 아무런 헌법적 지위를 갖지 못하고 있으며, 피해자의 공정한 처우를 받을 권리도 단순한 입발림에 지나지 않는다고 비판한다. 이러한 좌절적인 상황 으로 인하여 일부 피해자 활동가들은 전혀 다른 방향으로 자신들의 노력을 전환

---

6 Karmen, *op. cit.*, 2001, p. 315.

7 A. Karmen, "The implementation of victims' rights: A challenge for criminal justice professionals," in R. Muraskin(ed.), *Issues in Justice: Exploring Policy Issues in the Criminal Justice System*, Bristol, IN: Wyndham Hall, 1990, pp. 46-57.

시키고 있다.[8]

SECTION 02 회복적 사법의 지향

1. 회복적 사법의 이론과 실제

사실 회복적 사법이 전혀 새로운 것이 아니라 전통적으로 형사사법의 지배적인 패러다임이었다. 목적은 가능한 빨리 질서와 평화를 회복하고 복수의 결과를 피하기 위한 것이었다. 그러나 이러한 기제는 현대국가의 생성과 함께 멀어지고 당사자 간의 화해와 피해자의 원상회복이 아니라 범죄자의 처벌에 초점을 맞추는 국가중심사법의 응보적 모형으로 대체되었다.[9]

범죄를 억제하는 데 있어서 응보의 제한적 효과에 대한 불만이 교화개선모형(Rehabilitation model)을 불러왔으나 이 또한 심각한 한계가 있는 것으로 밝혀졌으며 그 결과 다시 엄격한 형벌적 정책으로 되돌아가고 있다. 특히 소년사법은 둘 다 만족스럽지 못한 응보적 모형과 교화 개선적 모형 사이의 시소와 같은 특징을 보인다. 이런 면에서 회복적 사법은 일종의 형사사법의 제3의 모형이라고 할 수 있을 것이다. 참고로 사법의 과거 패러다임과 새로운 패러다임을 비교하면 다음 <표 14-1>과 같다.[10]

회복적 사법은 피해자들이 자신들의 피해를 회복하며, 가해자와 피해자 상호 간 적대감을 종식시키도록 노력한다. 또한 양자가 사건을 뒤로 하고 각자의 생활을 재건할 수 있도록 사건을 종결하는 것이 목표인 회복적 사법과정에 능동적으로 참여할 기회를 받고 있다. 이것이 바로 회복적 사법의 목표들이다. 이들은 평화구축, 중재, 협상, 분쟁해결, 갈등관리, 건설적 개입과 같은 비처벌적 방

---

8 D. Gewurz and M. Mercurio, "The victim's bill of rights: Are victims all dressed up with no place to go?" *St. John's Journal of Legal Commentary*, 1992, 8(1): 251-278; S. Gegan and N. Rodriguez, "Victims' roles in the criminal justice system: A fallacy of empowerment," *St. John's Journal of Legal Commentary*, 1992, 8(1): 225-250.

9 Strang, *op. cit.*, p. 43.

10 H. Zehr, *Changing Lenses: A New Focus for Crime and Justice*, Scottsdale, PA: Herald, 1990; Smith and Hillenbrand, *op. cit.*, p. 251에서 재인용.

표 14-1 사법의 패러다임

과거 패러다임(피해자로서 국가)	새로운 패러다임(회복적 사법)
1. 범죄는 국가의 위반으로 규정	1. 범죄는 다른 사람에 의한 한 사람의 위반
2. 과거, 유죄에 기초한 비난설정에 초점	2. 미래, 책임/의무, 문제해결에 초점
3. 대심적 관계와 과정이 보편적	3. 대화와 협상이 보편적
4. 처벌하고 미래 범죄 예방/억제 위한 고통의 부과	4. 양자 회복의 수단으로서 배상; 화해/회복의 목표
5. 의도와 과정에 의해 규정되는 사법; 올바른 규율	5. 올바른 관계로 규정된 사법; 결과로 판단
6. 범죄는 개인 대 국가의 갈등	6. 범죄는 대인간 갈등으로 인식
7. 하나의 사회적 손상을 다른 사회적 손상으로 대체	7. 사회적 손상의 복구에 초점
8. 지역사회는 뒷전, 국가에 의해 대변	8. 회복적 과정에서 촉진자로서 지역사회
9. 경쟁적, 개인주의적 가치의 권장	9. 상호성의 권장
10. 국가로부터 취해지는 행동; 피해자 경시, 가해자 수동적	10. 피해자/가해자 인식; 피해자 권리/욕구 인식; 가해자 책임수용 권장
11. 가해자책임 처벌받는 것으로 규정	11. 행동의 영향을 이해하고 잘못을 바로잡는데 도움을 주는 것으로 가해자책임규정
12. 순수한 범행 자체를 법률적 견지에서 규정; 사회적, 정치적, 경제적, 도덕적 관점 회피	12. 범행을 도덕적, 사회적, 정치적, 경제적, 전체적으로 규정
13. 국가와 사회에 대한 빚	13. 피해자에 대한 빚/책임
14. 가해자의 과거행위에 초점 맞춘 대응	14. 가해자행위의 해악적 결과에 초점을 맞춘 대응
15. 범죄의 악인 제거불가	15. 회복적 행동을 통하여 범죄낙인 제거
16. 회개와 용서 권장 안 함	16. 회개와 용서 가능성
17. 직업적 대리인에 의존	17. 참여자의 직접개입

법에 의존한다. 이들 전술은 상호이해, 피해자의 고통에 대한 가해자의 동정, 범죄를 유발한 문제의 원인에 대한 피해자의 민감성, 당사자는 물론이고 지역사회 내에서의 긴장을 화해시키는 장기적 합의 등을 위하여 이용되고 있다. 회복적 사법은 피해자권리운동, 특히 권한강화, 고지, 직접참여, 가해자책임, 배상에 중요한 주제들을 포용하고 있다.

그렇다면 회복적 사법이란 무엇인가? 회복적 사법은 여러 가지 형태가 있지만 보통 피해자, 가해자, 지역사회의 회복(restoration)을 일컫는다.[11] 회복적 사법은 그래서 범죄로 인한 손상(harm)의 복구(repair)를 강조한다.[12] 회복적 사법의 또 다른 핵심은 범죄가 발생하는 여건, 환경에 대한 관심이다. 그래서 회복적 사법은 시민, 지역사회집단, 그리고 시민사회의 기타 제도의 역할을 강조하는 범죄에 대한 덜 공식적인 대응으로의 전환을 권장한다. 사실, 회복적 사법의 핵심가치는 피해자욕구, 가해자욕구뿐만 아니라 지역사회욕구까지 균형을 이루는 것이다. 더구나 지역사회의 사법정의욕구는 단순히 범죄자를 처벌하거나 처우하는 것으로만은 충족될 수 없으며, 오히려 제재, 범죄자책임과 재통합, 안전과 피해자회복이라는 복합적 욕구를 성취하기 위해서는 통합적 접근이 요구되며 회복적 사법이 이러한 욕구를 충족시킬 수 있다고 한다.[13] 참고로 응보적사법과 회복적 사법을 비교하면 아래의 <표 14-2>와 같다.[14]

Van Ness는 회복적 사법 이론의 기초를 다음과 같은 가정으로 규정하고 있다. 우선, 범죄는 일차적으로 피해자, 지역사회 그리고 가해자 자신에게 손상을 초래하는 개인 간의 갈등이다. 형사사법과정의 우선적 목표는 범죄로 야기된 손상을 복구하는 동시에 당사자들을 화해시키는 것이어야 한다. 형사사법과정은

표 14-2 응보적 사법과 회복적 사법의 비교와 대조

쟁 점	응보적 사법	회복적 사법
범죄의 특성	국가규율의 위반	특정개인에 손상을 가하는 행동
관할권	형사사법기관과 공무원에 의해 처리	지역사회구성원에 의해 해결
목 표	응보, 억제, 무능력화를 위한 유죄확정과 형벌	피해자의 회복, 가해자의 교화개선, 조화의 회복
방 법	대심제도, 증거의 엄격한 규칙에 따라 유죄설정	중재, 협상, 솔직한 토론, 배상
피해자의 역할	기소를 위한 제소와 증인에 제한	중심적 존재, 직접참여자
가해자의 역할	반드시 비난수용, 결과 감내	반드시 책임수용, 갱생
지향성	과거 잘못된 행동, 결과의 두려움 통한 예방	과거의 손상과 미래의 회복, 교화개선

11 M. Brown and M. Polk, "Taking fear of crime seriously: The Tasmanian approach to community crime prevention," *Crime and Delinquency*, 1996, 42(3): 398-420.

12 K. Daly and R. Immarigeon, "The past, present and future of restorative justice: Some critical reflections," *Contemporary Justice Review*, 1998, 1: 21-45.

13 G. Bazemore and C. Washington, "Charting the future of the juvenile justice system: Reinventing mission and management," *Spectrum*, Spring 1995, pp. 51-66.

14 Office of Justice Programs, *National Victim Assistance Academy Handbook*, Washington,

피해자, 가해자, 지역사회의 적극적인 참여를 용이하게 하여야 하고 다른 사람들을 배제하고 정부에 의하여 지배되어서는 안 된다는 것이다.[15]

한편, 이를 바탕으로 회복적 사법을 특정범행에 관련된 모든 당사자들이 함께 모여 범행의 여파를 어떻게 다룰 것이며 미래에 어떻게 응용할 것인가를 집합적으로 해결하려는 과정으로 규정하고 있다. 그러나 일부에서는 이보다 더 구체화되어야 한다는 주장에 따라 범행관련 당사자를 피해자, 가해자, 그리고 양당사자의 가족을 포함한 영향을 받은 지역사회로 규정하고 있다. 그렇다면 회복되어야 할 것은 무엇인가? 대체로 재산손실, 부상, 안전의식, 존엄성, 자력감, 신중한 민주성, 정의실현에 기초한 조화, 사회적 지원 등이 회복되어야 할 대상으로 지적되고 있다.[16]

회복적 사법 중에서 두드러진 것은 '피해자 — 가해자 화해(victim — offender reconciliation)'로써 이는 보통 양형 이후에 피해자와 가해자 사이에 중재를 하려는 지역사회 선도프로그램이다. 피해자 — 가해자 화해는 가해자로 하여금 개인적으로 자신의 행위에 책임을 지게 하고, 가해자에게 범죄의 인간적 영향을 느끼도록 하며, 피해자를 만나서 피해를 되갚게 하고, 사법제도에서의 피해자 참여를 증진시키며, 피해자와 가해자에 대한 사법의 질을 향상시키기 위한 것이다. 프로그램 참여자는 가해자를 개인적으로 직접 만나고 범행의 이유를 이해할 수 있는 기회, 가해자로부터의 배상, 가해자가 자신의 범행에 대한 죄의식을 가지는 점, 중재자의 관심 등에 만족스럽게 생각한다. 반면, 가해자가 배상하지 않은 경우, 범죄와 프로그램 사이의 지나친 시간의 경과, 지나친 시간의 소비 등에 불만을 표시하였다.[17] 그러나 이 프로그램은 전반적으로 전체 지역사회에 대해서 보다 강력한 범행이 가지는 사회적, 도덕적 함의를 충분히 고려하지 않는다는 비판을 받고 있다.[18]

DC: Department of Justice, 1997; A. Crowe, "Restorative justice and offender rehabilitation: A meeting of the minds," *Perspectives: The Journal of the American Parole and Probation Association*, Summer 1998, pp. 28 – 40; H. Zehr, "Justice as restoration, justice as respect," *The Justice Professional*, 1998, 11(1): 71 – 87.

15 D. Van Ness, "New wine in old wineskins: Four challenges of restorative justice," *Criminal Law Forum*, 1993, 4: 252 – 276.

16 Strang, *op. cit.*, p. 45.

17 Smith and Hillenbrand, *op. cit.*

피해자 — 가해자 중재(victim — offender mediation)는 양 당사자에 의하여 공정한 것으로 간주되는 중재자의 중재 아래 갈등해결의 과정을 제공하는 데 초점을 맞추고 있다는 점에서 위의 피해자 — 가해자 화해모형과 유사하다. 이 프로그램은 가해자에게 자신의 행위에 대하여 개인적 책임을 물으며, 범죄의 인간적 영향을 강조하고, 자신의 피해자를 대면하여 잘못을 수정함으로써 자신의 행위에 대하여 책임을 질 수 있는 기회를 제공하고, 사법과정에 피해자와 지역사회의 적극적인 참여를 증진시키고, 피해자와 가해자 모두 참여케 하여 사법의 질을 향상시키는 것을 목표로 한다. 하지만 보상을 더 강조하고 화해를 덜 강조한다는 점에서 약간의 차이가 있다. [19]

이처럼 회복적 사법 프로그램에는 상당한 다양성이 있지만 그 모든 프로그램에 핵심적인 것은 피해자와 가해자의 직접참여원칙이라고 할 수 있다. 그러나 근래에 와서 양 당사자 외에 보다 넓은 지역사회의 역할과 그 지역사회에 미친 손상의 복구를 주창하고 있다. 이에 유사한 프로그램이 캐나다에서 시작된 원주 또는 써클양형(circle sentencing)으로서 이는 범죄원인의 기초가 되는 상황의 논의에 가해자, 피해자, 각자의 가족, 그리고 지역사회 구성원을 포함시키는 것이다. 이 프로그램은 중재, 평화구축과정, 합의적 의사결정의 원리에 토대하지만 주류 법정절차와 운용인력에 의존한다는 비판을 받고 있다.[20]

한편 가족집단회합(family group conference)은 청소년 가해자와 피해자뿐만 아니라 그들의 가족까지 만나는 것을 포함하고 있다. 이 가족집단회합이 앞의 피해자 — 가해자 중재나 화해와 다른 점은 지역사회의 의도적 개입이라고 할 수 있다. 회합에 자격이 있는 범행과 범죄자, 입법적 기초의 존재, 운영기관에 따라 다양한 형태가 있다. 이 모든 종류의 회복적 사법은 자신의 피해에 대한 공식적 대응에 있어서 피해자가 경험하는 처우의 향상이라는 열망을 공유하고 있다는

---

18 M. Cavadino and J. Dignan, "Reparation, retribution and rights," *International Review of Victimology*, 1997, 4: 233 — 253.

19 M. Umbreit, R. CVoates, and B. Kalanj, *Victim Meets Offender: The Impact of Restora — tive Justice and Mediation*, Monsey, NY: Criminal Justice Press, 1994, p. 5.

20 C. LaPrairie, "Altering course: New directions in criminal justice and corrections: Sentencing circles and family group conference," *Australian and New Zealand Journal of Criminology*, 1995, December 1998, pp. 78 — 99.

것이다. 구체적으로 피해자에게 사법과정에의 참여기회의 제공, 자신이 피해자로 선택된 이유에 대한 더 나은 이해와 의문에 대한 대답, 피해자에 대한 감정적, 물질적 손실의 회복, 피해자의 두려움 감소, 피해자에게 자신이 공정하게 대우받았다는 느낌의 제공 등이 피해자에게 가져다주는 결과라고 할 수 있다.[21]

물론 문제가 없는 것은 아니다. 80년대의 중재나 보상 프로그램들은 때로는 피해자의 희생으로 지나치게 가해자와 그들의 욕구에 초점을 맞춘다는 비판을 받아왔다. 그래서 이들 프로그램은 피해자의 구조적지위에 대해서는 일반적 가치가 거의 없는 것으로 밝혀졌다. 물론 개별피해자들이 약간의 이익을 느꼈을 수도 있지만 그러한 프로그램 운영의 동기는 대부분 증가하는 수형자 인구와 관련된 일반적 문제들로부터 나온 것이다. 따라서 피해자에 대한 이익이라는 견지에서는 이들 프로그램이 보여줄 것이 별로 없다. 가해자에 대한 이익은 분명한 것으로 보이지만 국가에 대한 이익은 더 분명하게 보이는 것이다.[22]

2. 회복적 사법의 장점과 문제

피해자들이 우리가 가정해왔던 것처럼 그렇게 피의자의 처벌만을 원하고 있지 않다는 조사결과가 나오고 있고, 다수의 피해자들이 처벌보다는 보상의 기회나 심지어 화해를 환영한다고 말하고 있다. 기존의 처벌 패러다임에 대한 환멸과 함께 이와 같은 증거들이 배상과 중재의 목표를 재지향하는 보상적 사법모형의 논의를 조장해왔다는 것이다.[23] 그 결과, 일부에서는 사법정의 실현의 또다른 방법, 가해자의 잘못과 피해자의 권리를 해결하는 또 다른 패러다임을 고려할 때가 왔으며 회복적 사법이 그러한 패러다임으로 간주될 수 있다고 주장한다. 바로 이런 점에서 회복적 사법은 다음과 같은 응보적 사법의 단점을 보완할 수 있는 여지가 있다고 한다.

---

21 B. Galaway and J. Hudson, *Restorative Justice: International Perspectives*, Monsey, NY: Criminal Justice Press, 1996, p. 9.

22 S. Walklate, *Victimology: The Victim and the Criminal Justice Process*, London: Unwin Hyman, 1989, p. 129.

23 L. Zender, "Victims," in M. Maguire, R. Morgan, and R. Reiner(eds.), *The Oxford Handbook of Criminology*, Oxford: Clarendon Press, 1994, p. 1234.

먼저, 회복적 사법은 피해자의 견해가 고려되는 보다 덜 공식적인 과정이라고 한다. 대부분의 피해자들은 직접적인 배상을 협상하기 위하여 자신의 가해자를 만날 기회를 받아들이고 나머지 중 다수는 직접 가해자를 만나지 않고 합의에 도달하기를 바란다고 한다. 결과적으로 대다수 피해자들은 응보보다는 자신에게 일어난 일에 대한 충분한 인식을 바란다는 것이다. 또한 다수의 피해자는 범죄의 영향을 판사에게 그리고 가해자에게 말하고 또한 알리고 싶어 한다는 것이다. 많은 피해자들이 회복적 사법에 대한 만족을 표시하며 그 이유로 자신의 능동적 역할과 감정적 치유를 들고 있다. 결국, 회복적 사법의 중심은 피해자의 사법과정에 직접적인 개입을 통하여 사건을 종결 할 수 있는 기회라고 할 수 있다. 따라서 회복적 사법이 피해자가 추구하는 공식적 과정이 덜한 사법과정을 제공한다는 것이다.[24]

두 번째, 회복적 사법은 사건의 처리 과정이나 결과에 대한 더 많은 정보를 피해자에게 제공한다. 회복적 사법의 구조는 피해자가 사건의 처분에 있어서 능동적 역할을 수행할 수 있도록 힘을 실어주는 것이다. 피해자의 능동적 참여와 종결의 기회는 당연히 피해자에게 더 많은 정보를 제공한다. 따라서 회복적 사법이 피해자에게 제공할 수 있는 세 번째는 바로 참여의 기회라고 할 수 있다. 네 번째는 회복적 사법이 피해자가 추구하는 공정하고 존중해 주는 처우를 피해자에게 제공한다는 것이다. 실제로 프로그램에 참여한 피해자들이 협의된 배상합의가 자신에게 공정하며, 중재자도 공정했다고 느낀다는 것이다. 다섯 번째는 회복적 사법이 물질적 회복을 가져다준다는 것이다. 프로그램 참여자의 대다수가 가해자로부터 배상을 받는 것이 중요한 것이었다고 한다. 실제로 가해자들이 합의를 지키는 비율이 상당히 높은 것으로 나타나고 있는 것도 법원을 통하기보다는 회복적 사법을 통해서 배상을 받을 가능성이 더 높다는 것을 보여주고 있다. 끝으로, 회복적 사법은 피해자에게 사과와 감정적 회복을 제공한다는 것이다. 대부분의 회복적 사법에서는 가해자가 피해자에게 진심으로 사과를 하고 피해자는 그것을 받아들이는 것을 조건으로 하고 있다. 물론 물질적 회복도 중요하지만 많은 경우 설명과 사과를 받는 심리적 영향이 더 가치가 크다고 한다. 그래서 최근에는 사과를 하는 것이 회복과정의 핵심으로 간주되고 있다.

---

24 Strang, *op. cit.*, pp. 50–51.

물론 회복적 사법이 장점만 있는 것은 아니며 당연히 몇 가지 문제도 있고 비판받는 부분도 없지 않다. 먼저, 일부 피해자는 회복적 사법의 결과로 더 두려워할 수 있다는 것이다. 만약 강력사건에 회복적 사법이 제공되면 피해자가 보복을 두려워할 수도 있다는 것이다. 물론 회복적 사법은 보복을 사전 차단하는 합의에 대하여 협상하고, 심지어는 관계를 개선할 수 있는 기회를 피해자에게 제공하지만 충분히 구조화되고 관리되지 않는 경우에는 피해자가 회합에 참여한 사람들에게 밝혀진 것들이 그들의 재피해화를 초래할 잠재성을 가질 수 있다고 느끼는 것이다.[25] 실제로 많은 피해자들이 자신의 가해자를 만나는 것이 위협적인 경험이라는 것을 알게 되거나 걱정을 증대시키는 보복을 두려워할 수 있다는 것이 밝혀지기도 하였다.

두 번째로 피해자들이 회복적 사법의 결과로 권한 불균형을 경험할 수 있다. 회복적 사법은 피해자와 가해자 사이에 이미 존재하는 권한 불균형을 반복하거나 영속화시킬 잠재성이 있다는 비판을 받아 왔다. 회복적 개입은 특히 피해자가 가해자와 과거 관계가 있을 때 경험할 수 있는 압박과 구조적 불균형의 문제를 해소하기 위한 것은 아니다. 권력과 강제가 비공식적 구조 내에서도 재피해화시키기 위하여 작동할 수 있다고 한다. 그러나 회복적 사법이 원래 가해자 중심적이라고 할 수 없기 때문에 피해자가 더 많은 관심이 자신의 상황과 필요에 의해 주어지고 있다는 것을 느끼게 한다는 점에서 그러한 비판을 해결할 수 있는 잠재성을 가지고 있다는 주장도 나온다.[26]

세 번째로 피해자가 회복적 사법에서 '이용'될 수 있다는 것이다. 70~80년대 다수의 중재 프로그램들이 뻔뻔스럽게도 가해자에 초점을 맞춘 것이었던 반면 최근의 회복적 사법은 훨씬 더 피해자에게 초점을 맞추는 성향이 있다. 피해자의 관점에서 회복적 사법 성공의 핵심쟁점은 재피해자화의 위험으로 인하여 피해자가 참여의 이점을 볼 수 있어야 하고 결코 단순히 가해자의 교화개선을 위한 도구로 이용되어서는 안 된다는 것이다. 그러나 일부 피해자들은 중재자의 가해자 지향적 편견의 인식으로 인하여 참여를 강요받고 재피해를 당했다고 느낀다는 것이다. 일반적으로 회복적 사법이 중재자가 피해자의 손상을 충분히 심

---

25 LaPrairie, *op. cit.*

26 *Ibid.*

각하게 고려하지 않음으로써 범죄피해회복을 실패시킬 수도 있다고 경고한다.[27]

네 번째로 일부에서는 회복적 사법이 지나치게 피해자에 대한 손상(harm)에 초점을 맞추고 강력범죄에서 핵심적 요소인 범죄자의 정신태도를 경시하고 있다는 것을 지적한다. 즉, 범죄책임과 처벌은 특정사건에 있어서 실제 일어난 것이 아니라 일차적으로 피의자의 행동의 위험성이나 사악함에 따라 결정되어야 한다는 것이다. 범죄자의 범죄의사가 아니라 개별 피해자에 대한 손상에 초점을 맞추는 것은 형법과 전통적인 처벌적 대응에 대해서 다시 생각할 것을 요구한다. 회복적 사법에서 합의된 제재는 범행의 심각성에 비례하는 것이 아니며 유사한 범행을 한 범죄자가 동일한 방법으로 제재되지 않을 수 있다는 점을 우려하는 것이다. 그런데 회복적 사법에서는 사법정의의 평등성은 피해자의 평등한 처우를 의미하기 때문에 피해자에 대한 평등한 처우는 어쩔 수 없이 가해자에 대한 평등한 처우를 손상시키게 되며 그 반대의 경우도 마찬가지다.[28]

다섯 번째, 회복적 사법이 공익보다는 사적 잘못(private wrong)에 지나치게 초점을 맞춘다는 비판을 받고 있다. 회복적 사법은 범죄가 사회에 대한 위반뿐 아니라 아마도 일차적으로는 특정한 피해자에 대한 사적 잘못이라는 범죄관에 기초하고 있고, 더구나 형사사법제도의 일차적 목적은 그 사적 잘못의 복구에 초점을 맞추는 것이라는 입장을 견지하고 있다. 그러나 비판가들은 회복적 사법이 사회 속의 개인이 경험한 손상을 통하여 사회 전체가 고통 받는 손상에는 충분한 관심을 주지 않는다고 반대하고 있다. 형법이란 단순히 사적 이익보다는 공익을 건드리는 그러한 형태의 잘못을 벌하기 위한 것이며, 형벌은 공익적으로 행사되는 국가의 기능이라고 이들은 주장한다. 그것은 국가의 관심은 개별 사건 그 자체뿐만 아니라 다른 잠재적 미래 피해자와 지역사회 전체의 이익에도 주어져야 하기 때문이다.[29]

---

27 L. Longclaws, B. Galaway, and L. Barkwell, "Piloting family group conferences for young aboriginal offenders in Winnipeg, Canada," in J. Hudson, A. Moris, G. Maxwell, and B. Galaway(eds.), *Family Group Conference: Perspectives on Policy and Practices*, Sydney: The Federation Press, 1996, p. 197.

28 A. Ashworth, "Punishment and compensation: Victims, offenders, and the state," *Oxford Journal of Legal Studies*, 1986, 6(1): 86–122; R. Barnett, "Restitution: A new paradigm of Criminal Justice," *Ethics: An International Journal of Social, Political, and Legal Philosophy*, 1977, 87(4): 279–301.

여섯 번째, 회복적 사법에 대한 비판은 양형에 있어서 예측가능성의 잠재적 부족이다. 피해자와 가해자를 회복과정에 참여시킴으로써 처분의 불균형을 초래할 수 있는 것이다. 이러한 양형 불균형은 법 앞에 동등한 보호를 받을 권리를 침해할 수도 있는 것이다.[30]

SECTION 03 보복적 사법(Retaliatory Justice)의 지양

보복적 사법도 어쩌면 앞에서 기술한 회복적 사법과는 아무런 공통점도 없는 또 다른 하나의 '비공식적 사법(informal justice)'이라고 할 수 있다. 이는 협의와 협상이 아니라 무력의 사용에 의존하는 전혀 다른 형태의 갈등해소라고 할 수 있다. 공식적 사건처리에 대한 이 무법적 대안은 '스스로 하라(Do-it-yourself)'라는 접근법을 구체화하는 것이다. 일종의 '뒷골목사법(Back-alley Justice)', '노상사법(Street Justice)', '장외사법(Curbstone Justice)', 혹은 '선구자사법(Frontier Justice)'이라고 불리고 있다.[31] 이는 자경주의(Vigilantism)라고 불리는 구식 충동의 현대적 표현이다. 그런데 이와 관련된 대부분의 신고된 사건은 피해자가 자기방어(self-defense)의 논리 하에 법에서 허용하는 범위 이상의 무력을 행사하거나 과거 사건을 복수하거나, 가족이나 친지가 피해자를 대신하여 수행한 보복행위이거나, 또는 피해자의 도움요청에 대한 동시적 군중행동 중 하나에 해당되는 것이다.[32]

---

29 A. Ashworth, "Some doubts about restorative justice," *Criminal Law Forum*, 1993, 4: 277-299.

30 J. M. Balboni, "Balanced and restorative justice: Reengaging the victim in the justice process," in Sgarzi and McDevitt(eds.), *op. cit.*, pp. 370-383.

31 Karmen, *op. cit.*, p. 331.

32 L. Shotland, "Spontaneous vigilantism: A bystander response to criminal behavior," in J. Rosenbaum and P. Sederberg(eds.), *Vigilante Politics*, Philadelphia: University of Pennsylvania Press, 1976, pp. 30-44.

1. 자경주의의 유래

역사적으로, 자경주의는 범죄피해에 대한 대응으로 나타난 것이라고 할 수 있다. 피해자의 곤경을 보면서 자경단원들은 그들이 극적인 조치를 취하지 않는다면 자신들이 다음 피해자일 수 있다고 두려워한다. 그래서 건강한 신체와 정신을 가진 사람들이 함께 모여 자신들의 가족, 재산, 생활방식을 위협하는 무법자를 추적하는 것이다.

이들 자경단원들은 자신의 불법행위로 인하여 법률적 문제에 봉착하는 경우는 거의 없다. 그들은 스스로를 진정한 애국자요, 도덕과 전통의 헌신적 수호자로 그리고 있다. 이들은 혁명의 권리, 대중적 주권, 개인적 생존을 자연의 첫 번째 법이라고 선언한다. 이들은 범죄자에게 범행에 대하여 전적인 책임을 묻는 것처럼 자신의 안전에 대하여 개인적으로 스스로 책임이 있다고 믿는다. 만약 자신의 안전과 보호를 위하여 당국에 의존할 수 없다면 법집행과 범죄자 처벌의 짐을 스스로 져야 한다고 믿는다. 이들은 목표가 수단을 정당화하는 것으로 믿고 법을 어기는 것은 법의 지배를 보전하기 위하여 필요한 것으로 주장한다. 대부분의 자경단원들은 자신의 폭력을 피해자의 보복과 범죄자의 처벌이라는 입장에서 변호한다. 그러나 또 다른 이유도 있다. 범죄자에게 교훈을 주고 그들을 예로 삼아 잠재적 범죄자를 억제하는 것은 자신의 범인성을 합리화하기 위하여 군중공격에 가담한 사람들이 인용하는 목표이다. 그러나 경쟁적 종교, 인종, 정치집단을 통제하고 이방인에게 지배집단의 윤리기준을 부과하고 폭동을 가라앉히기 위한 부정적 동기도 있을 수 있다.[33]

현재 자경주의는 실제 실시되고 있는 것 이상으로 주장되고 있다. 생존주의자들(survivalist)이 집을 요새화하고 무기를 쌓아 두는 것은 자경주의가 아니다. 주민들이 시민순찰을 조직하고 경찰의 추가적인 눈과 귀로 봉사하는 것도 자경주의가 아니다. 수호천사(guardian angels)와 같은 주거지 순찰과 지하철 순찰도 그들이 자신의 활동을 사건을 신고하고 부상당한 피해자를 돌보고, 용의자를 체포하는 데 국한되는 한 자경주의가 아니다. 만약 그들이 경계선을 넘어서 '뒷골

---

33 Karmen, *op. cit.*, p. 332.

목 사법'을 시행하지 않는다면 그들은 자경단이 아니다.[34]

2. 자기방어(Self-Defense)

누구에게나 범죄피해에 저항하는 것은 궁극적인 권리이다. 공격을 받는 사람은 법에 의해서 자신을 보호할 권리가 주어지는 것이다. 그렇다고 이러한 자기보전(self-preservation)이 자경주의와 혼돈되어서는 안 될 것이다. 자기방어를 위하여 대항해서 싸우는 것을 규정하는 법규는 네 가지 상이한 합리성에 기초하고 있다. 우선, 처벌적 합리성(punitive rationale)에 의하면 공격자에 대하여 무력을 사용하는 것은 공격자가 고통을 받는 어떠한 손상도 당연한 것이기 때문에 허용된다는 것이다. 필요성(rationale of necessity)이라는 합리성에 따르면, 상당한 위해를 두려워하는 피해자가 자기보호의 수단으로 무력에 호소하는 외에는 다른 선택의 여지가 없을 때 폭력의 사용이 용서된다는 것이다. 개인주의자 합리성(individualist rationale)에 의하면, 자신의 자율성을 침해하는 사람에게 어떠한 영역도 양보하거나 허용할 필요가 없다는 것이다. 끝으로 자기방어에 대한 사회적 합리성(social rationale)하에서는 공격에 대한 저항은 질서를 유지하는 방법으로서 정당화되고 있다.[35]

일반적으로 자기방어의 권리는 해악을 위협하는 것으로 간주되는 적으로부터 자신의 생명을 보호하기 위한 이성적 무력의 허용 가능한 사용으로 공식화되고 있다. 자신을 상당한 위험에 처하게 하거나 목격자를 위태롭게 하는 불필요한 적대감의 상승을 감퇴시키고 무고한 시민이 위험한 범죄자로 오인 받을 수 있게 하는 무서운 오해를 예방하기 위하여 피해자를 제약하는 몇 가지 요건과 기준을 마련하고 있다. 아무런 위해를 의미하지 않았던 사람이 다치거나 죽게 되면 실수를 한 그 사람은 폭행과 살인의 책임을 지게 된다. 첫 번째 제약은 공격자에 의한 위협이 현저해야 한다는 것이다. 만약 잠재적 공격자가 조건부 위

---

34 G. Marx and D. Archer, "Community police patrols and vigilantism," in Rosenbaum and Sederberg(eds.), *op. cit.*, pp. 129-157.

35 G. Fletcher, *Bernhard Goetz and the Law on Trial*, New York: Free Press, 1988; Karmen, *op. cit.*, p. 333에서 재인용.

협이나 미래 위협을 가할 때는 피해자가 무력을 사용할 수 없는 것이다. 두 번째 요건은 공격자가 공격을 거두어서 피해자를 현저한 위험으로부터 배제시킨다면 무력은 더 이상 이용될 수 없는 것이다. 세 번째 요건은 위해가 현저하다는 피해자의 믿음이 합리적, 이성적이어야 한다는 것이다. 이성적, 합리적인 사람은 적의 규모, 하루 중 시간, 위치, 무기의 존재여부, 그리고 유사한 요소를 고려하기 마련이다. 네 번째 요건은 공격을 격퇴하기 위하여 피해자가 이용하는 무력의 정도가 공격자에 의하여 제기된 살상의 위협에 상응해야 한다는 것이다. 끝으로 피해자 행동의 시기가 적절해야 한다. 추정되는 공격자가 자신의 범행의 도를 드러내기도 전에 미리(지나치게 빨리) 가격하는 것은 불법이라고 할 수 있다. 또한 충돌이 끝난 이후의 보복적 가격(너무 늦게)도 자기방어의 한계를 넘는 것이다.36

3. 잠재적 피해자의 무장

과연 의도된 피해자가 만약 자신이 공격이나 위협을 받을 때 자신의 총기를 뽑을 수 있는 위치에 있다면 더 유리한가 아니면 더 불리한가? 한편에서는 총기를 무고한 생명을 구할 수 있는 평형장치로 보아 책임질 수 있고 법을 준수하는 성인에게 총기에 대한 즉각적인 접근을 허용하는 정책을 추구한다. 다른 한편에서는 총기를 경미한 갈등을 살상적 충돌로 상승시키는 촉진제로 보아 총기를 더욱 규제할 것을 촉구하고 있다. 이들에게는 총기가 겨냥하는 적에게 보다는 총기를 휘두르는 자신에게 더 위험한 것으로 고려되고 있다. 물론 양측 모두 적절한 자기방어용과 부적절한 이용 사이에 균형점이 있다는 것을 시인하고 있지만 균형을 위한 비용이 이익을 능가하는지에 대해서는 입장을 달리하고 있다.37

총기소유의 옹호자들은 총기의 소지를 폭력범죄의 위협에 대한 합리적, 이

---

36 D. Austern, *The Crime Victim's Handbook*, New York: Penguin, 1987; Karmen, *op. cit.*, p. 334에서 재인용.

37 G. Kleck and M. Gertz, "Armed resistance to crime: The prevalence and nature of self-defense with a gun," *Journal of Criminal Law and Criminology*, 1995, 86(1): 150-187.

성적 대응이거나 방어수단으로 간주한다. 이들이 주장하는 자기방어를 위한 무장의 이유는 첫째, 의도된 표적이 싸움에 대비하고 준비될 가능성이 일부 잠재적 공격자로 하여금 문제를 일으키지 않도록 할 수 있다는 것이다. 둘째, 표적의 손에 있는 총기를 단순히 보는 것만으로도 잠재적 범죄자의 계획을 바꾸게 할 수 있다는 것이다. 셋째, 범죄가 진행 중일 때 피해자가 무기에 호소함으로써 공격자를 퇴치하거나 범죄자의 범행의지를 꺾을 수 있다는 것이다. 넷째, 법을 준수하는 무장한 시민은 경찰이 도착할 때까지 공격자를 붙잡아놓을 수 있다. 끝으로, 생사의 투쟁에서 총기는 위험하고 보다 신체적으로 강한 적과의 충돌에서 생존할 가능성을 높여 줄 것이라고 한다.38

무장한 자기방어와 자기의존의 일부 주장자들은 의도된 피해자들은 만약 자신의 재산, 생명, 가족, 그리고 지역사회가 위험에 처하게 되면 맞싸워야 할 도덕적 책임을 가지고 있다고 주장한다. 이를 효과적으로 하기 위해서는 법을 준수하는 시민들이 평형장치로써 총기를 소지하고 훈련받을 필요가 있다는 것이다. 경찰의 존재가 자신을 보호할 의무를 들어 주지 않으며 경찰관이 개인적 경호원이 될 수 없는 것이다. 자신의 존엄성을 위하여 폭력에 저항하는 준비는 자기존중은 물론이고 범죄억제를 위한 전제라는 것이다.39

총기옹호자들은 총기가 약탈자들이 범행을 위하여 사용되는 것보다 의도된 피해자들이 자기방어를 위하여 사용하는 경우가 더 많다고 믿고 있다. 이들은 총기로 생명을 잃은 사람의 수가 총기로 생명을 구한 사람의 수를 능가한다는 것에 의문을 표한다. 잠재적 피해자에 의한 총기소지의 범죄억제효과는 범죄적 성향을 가진 사람들에 의한 총기소지의 범죄유발충동을 상쇄할 수 있을 것이다. 심지어 일부 총기소지 주창자들은 총기휴대권리의 확산이 범죄율을 낮추었다는 주장도 한다. 반대자들은 한편 물론 많은 사람들이 총기를 뽑아드는 것으로 그들 자신의 생명을 구할 수 있다는 믿음을 가지고 있지만 총기발사가 많은 무고한 생명을 앗아가는 것이 현실이라고 믿는다.

총기통제주창자들은 자기방어를 위하여 총기를 소유하는 것은 실제로는 위험성을 높이고 잘못된 안전의식을 갖게 한다고 주장한다. 가정에 총기를 보유하

---

38 Karmen, *op. cit.*, pp. 335-336.
39 J. Snyder, "A nation of crowds," *The Public Interest*, 1993, 113: 40-56.

는 것이 누군가 살해될 확률을 증대시킨다는 연구결과들을 증거로 내놓고 있다. 또한 한 해에 총기사고로 죽는 사람이 수년 동안에 걸쳐 침입강도와 절도에 의해 살해되는 것보다 더 많다고 한다. 더구나 강도와의 총격전에서 피해자들이 강도를 이기기보다 지는 경우가 더 많다. 일부 강도는 피해자의 총기를 빼앗아 피해자를 쏘기도 한다. 이들 회의론자들은 그래서 가족에 대한 가장 큰 위협은 외부가 아니라 내부로부터 발생하며, 따라서 총기에 대한 접근으로부터 발생하는 위험성이 그로 인한 이익을 훨씬 능가한다고 결론내리고 있다.[40]

무장한 피해자에 의하여 퇴치된 폭력, 강도, 절도, 주거침입 미수 등의 실제 건수는 하나의 추측의 대상이다. 심지어 퇴치되어 미수로 끝난 사건이 많다고 하더라도 많은 것이 반드시 좋은 것만은 아니다. 인지된 위협에 대항하여 자신의 무기를 뽑아드는 사람이 실제로 무고하고 비촉발적 피해자(innocent unprovoked victim)가 아닐 수도 있다. 또한 무장된 피해자에 의한 위협이 무장경쟁을 상승시키고 약탈적 노상범죄자로 하여금 보다 강력한 총기를 갖고 먼저 총격을 가하게 할 수도 있다.[41]

4. 보복적 폭력으로의 회귀

자기방어란 범죄의 완수를 방지하기 위하여 또는 의도된 피해자를 위해로부터 구하기 위한 무력의 사용을 내포하고 있다. 보복적 사법은 범행이 완수된 후에 범죄자를 처벌하기 위하여 무력을 쓰는 것이다. 일단 위협이 지나가면 피해자는 복수를 위하여 폭력을 사용할 수 없다. 그러나 이러한 구분은 이론적으로나 말로는 쉽지만 현실적으로는 쉽지 않다.

보복적 폭력의 혐의를 받고 있는 사람들이 체포되지 않고, 철저히 기소되지도 않고 재판 후에 배심에 의해 기각될 때, 평론가들은 그 의미와 상징주의를 해독하려고 노력한다. 보복적 폭력의 혐의를 받는 사람이 그들의 의문스러운 행동에 대해서 처벌되지 않을 때 다양한 해석이 가능하다. 일부에서는 선구자형사

---

40 G. Green, "Citizen gun ownership and crime deterrence: Theory, research and policy," *Criminology*, 1987, 25(1): 63–82.

41 Kleck and Gertz, *op. cit.*

법(frontier-style justice)을 지지하고, 일부에서는 법을 스스로 해석하여 어떠한 방법으로든 공격으로부터 스스로를 보호할 필요가 있다고 주장한다.[42]

보복적 폭력의 정도를 측정할 수 있는 적절한 통계가 있는 것은 아니다. 그럼에도 불구하고 일반적으로 자경단 폭력의 사례는 비교적 그렇게 빈번하게 발생하는 것 같지는 않다. 그러나 자경주의를 좀 더 폭넓게 규정하면 처음 깨달았던 것보다 좀 더 보편적일 수 있다. 대부분이 아니라면 적어도 다수의 자경주의 사례는 피해자와 그 동료(가족, 친지, 대중 등)들이 당국이 자신들의 진짜 동기를 찾아내기를 원하지 않기 때문에 결코 발각되거나, 신고, 수사, 기소되지 않는다. 어려움에 처한 사람을 구하고 가해자를 붙잡기 위하여 진행중인 범죄를 종식시키고자 자발적으로 개입하는 목격자는 군중심리나 정신(mob mentality, crowd psychology)에 휩쓸리게 되고 범죄자를 현장에서 바로 처벌하는 데 일조하도록 강요받는 느낌을 가질 수 있다. 무고한 피해자가 대치상황에서 유리한 고지를 점하게 되면 법이 허용하는 것 이상의 무력을 사용할 수도 있다. 때리는 남편에 맞서 살해하는 매 맞는 아내는 자기방어의 한계를 벗어나는 것이다. 신체적으로나 성적으로 학대받은 아동이 성장하여 학대하던 부모를 살해하는 것도 자기방어의 범위를 벗어나는 것이다. 심지어 경찰관이 저항하는 용의자를 제압하기 위하여 과도한 무력을 사용하는 경우도 실제로 경찰자경주의의 발발이라고 할 수 있다. 범죄자도 자경단원으로 행동할 수 있는데, 그들은 개인적 문제나 사업상의 문제를 형사사법기관으로 가져갈 수 없기 때문에 분쟁을 해결하기 위해서 잔인한 무력에 호소하게 된다. 자경주의는 또한 영역이나 세력다툼 또는 보복 등의 이유로 조직폭력에서도 발현될 수 있다.[43]

자경주의는 지나치게 정치적 측면도 지니고 있어서 대부분은 KKK와 같은 극우집단이나 준 군사집단의 이념이며 사상이었다. 사회의 친피해자, 반범죄 성향에 편승하려는 기회주의적 정치인들은 표를 얻기 위하여 '범죄와의 전쟁'을 외치고 있다. 이 전쟁에서 피해자는 사상자요, 범죄자는 적이며, 거리는 전쟁터이고, 형사사법 인력은 군대이다. 그런데 형사사법제도가 붕괴되었기 때문에 전쟁

---

42 R. Bahr, "The threat of vigilantism," *Kiwanis*, May 1985, pp. 20-24.

43 K. Kotecha and J. Walker, "Vigilantism and the American police," in Rosenbaum and Sederberg(eds.), *op. cit.*, pp. 158-174.

에서 패하고 있다는 경고가 혼란을 확산시키게 된다. 정부는 마비가 되었고 행동할 의지가 없으며, 경찰은 불필요한 규칙으로 수갑이 채워졌다. 또 법원은 지나치게 부드럽고, 재소자는 오히려 응석을 부리고 있다는 주장들이 피해자로 하여금 자신의 무력을 동원하도록 조장하게 된다. 만약 상황이 절망적이게 되면, 합리적 해결책으로써 폭력적 행동이 떠오르게 될 수 있다.44

노상범죄문제에 대한 자경단해결의 감정적 매력은 일종의 보복이야말로 사법정의의 모든 것이라는 개념에 기초를 두고 있다. 법률제도가 범죄자가 가한 고통에 직접적으로 상응하는 광범위한 처벌을 부괄 수 없기 때문에 일부 사람들이 요구하는 보다 엄격한 처벌과 사법제도가 부과하는 실제 구금형벌 사이의 간극이 넓어짐에 따라 거리의 사법(street justice)이 일부에서는 공식적 사법보다 더 적절한 것으로 호소력을 가지게 된다.

자경주의에 대한 충동은 두 가지 상대적 이념에 의하여 감시를 받는다. 전문화를 강조하는 법집행요원과 정부의 책임 있는 인사들은 보통시민이 아니라 전문가들이 형사사법과정을 통제해야 한다는 주장으로 자경주의를 거부한다. 이들은 시민들에게 정당한 당국자와 법원이 사건을 처리하도록 내버려둘 것이며 '스스로 한다(Do-it-yourself)'는 충동을 거부하도록 강요한다. 자유주의적 민권운동가들은 적법절차의 안전장치와 헌법적 보장은 무고한 개인이 잘못 비난받지 않고 군중지배의 대상이 되지 않도록 하기 위하여 성실하게 지켜져야 한다고 주장한다.

'스스로 한다'는 사법(Do-it-yourself Justice)은 지나치게 신속하고, 지나치게 확실하고, 지나치게 비공식적이라는 점에서 비판받고 있다. 피해자와 그들의 동료들이 형사사법 게임의 모든 규칙들을 필요 없게 만들고 보통 경찰, 검찰, 판사, 배심 등이 해오던 역할을 맡게 된다. 피해자의 권리와 피의자의 권리 사이의 미묘한 균형이 뒤집어지고 용의자가 그들의 무고함을 얼마나 주장하건 상관없이 죄가 있는 것으로 추정받게 된다. 자경주의의 역사는 다른 사람의 잘못에 대하여 엉뚱한 사람이 대가를 지불하게 되는 잘못된 신원(mistaken identity)으로 점철되고 있다.

또한 이러한 노상사법(street justice)은 지나치게 가혹한 것으로 비난받고 있

---

44 Karmen, *op. cit.*, p. 342.

다. 법률에 의하면 훨씬 더 가벼운 처벌을 받을 수 있는 범행에 대해서 죽음을 포함한 체벌이 한순간에 가해진다. 회복적 사법과는 달리, 평화적 해결을 지향하지 않고 반대로 강제로 문제를 해결하려는 것이다. 원래 주장과는 달리, 자경주의는 법을 지키는 것이 아니라 법을 어기는 것이다. 그들은 합법적인 자기방어로써 무력을 사용하지 않고 불법인 신체적 처벌을 가하기 위하여 보복적 폭력을 가하는 것이다.

자경주의의 역할전환을 통하여 과거 자신에게 고통을 가하는 것으로 의심하는 개인을 신체적으로 해하여 피해자가 법위반자가 된다. 처음 피해자에 비해 상대적으로 유리한 입장에 있었던 범죄자가 범죄적 폭력의 수수자가 된다. 이처럼 피해자가 범죄자가 되고 가해자가 피해자가 되도록 전환시키는 것이 결코 범죄문제에 대한 해결은 아니다. 잘못한 사람을 보복하고 과도한 무력을 행함으로써 복수로 가득한 피해자는 민사소송의 대상이 되고 형사적으로 기소될 위험을 감수하게 된다. 그렇지 않아도 이미 너무나 많은 범죄자가 있는데, 자경주의와 보복적 폭력을 권장하는 것은 범죄자의 수만 더 늘리는 결과가 되고 말 것이다.

찾아보기

V

Van Ness 388

Von Hentig 12, 101, 125, 255

W

Walklate 22

Weis 19

Wolfgang 15, 49, 255

Wooldredge 115

저자약력

동국대학교 경찰행정학과 졸업
미국 Michigan State University 범죄학, 석사. 박사
경기대학교 교학처장, 대외협력처장, 행정대학원장 역임
동국대학교 입학처장, 사회과학대학장, 행정대학원장, 경찰사법대학장, 경찰사법대학원장 역임
법무부 법무연수원 교정연수부장(민간인 개방형 임용 이사관) 역임
경찰청 국가경찰위원회 위원 역임
대한범죄학회, 한국공안행정학회, 한국경찰학회, 한국대테러정책학회,
한국산업보안연구학회 회장 역임
현재 동국대학교 경찰사법대학 교수
　　　사단법인 목면사회과학원 이사장

저 서

『범죄학』,『경찰학』,『교정학』,『피해자학』,『범죄, 그 진실과 오해』,『현대사회와 범죄』,
『범죄심리학』,『연쇄살인범 그들은 누구인가』,『청소년비행론』,『하루 한 줄 행복에 물들다』
『세기와 세상을 풍미한 사기꾼들』, 등
『폭력의 해부학』(역저)

제2판
피해자학

초판발행	2007년 7월 15일
제2판발행	2020년 2월 25일
지은이	이윤호
펴낸이	안종만·안상준
편 집	전채린
기획/마케팅	이영조
표지디자인	조아라
제 작	우인도·고철민

펴낸곳　　(주) **박영사**
　　　　　서울특별시 종로구 새문안로3길 36, 1601
　　　　　등록　1959. 3. 11. 제300-1959-1호(倫)

전 화	02)733-6771
f a x	02)736-4818
e-mail	pys@pybook.co.kr
homepage	www.pybook.co.kr
ISBN	979-11-303-0822-7　93350

copyright©이윤호, 2020, Printed in Korea

정 가　　　27,000원